MISSION FAILURE

美國如何丟掉世界？

America and the World in the Post-Cold War Era

後冷戰時代美國外交政策的致命錯誤

Michael Mandelbaum

麥可・曼德爾邦

林添貴——譯

目錄

推薦序

美國，從一方之霸到不知所措的當家

賴怡忠（遠景基金會執行長）

麥可．曼德爾邦（Michael Mandelbaum）數年前的著作《美國如何丟掉世界？後冷戰時代美國外交政策的致命錯誤》（*Mission Failure, America and the World in the Post-Cold War Era*）一書再版，時值川普政府改變美國過去對中政策，美中關係目前更從戰略競爭向戰略對抗邁進，曼德爾邦這本在歐巴馬總統執政後期出版的書，幾乎準確預測了日後川普政府之後對中、俄政策的定位與執行，在這個時候重溫這本力作，對於我們的現實判斷會更具參考價值。

對後冷戰時代的美國外交政策總批判

曼德爾邦這本書出版於二〇一六年歐巴馬政府執政後期，全面檢討後冷戰時代的美國外交政策，從對中與對俄關係、全球經濟對於外交政策的影響、人道干預政策的良窳、反恐戰爭、對阿富汗戰爭與對伊拉克戰爭、中東問題等比較重大的問題逐一分析，得到了美國在這些議題的外交政策多數都是失敗的結論，最後提到後冷戰秩序的終結，特別是中國崛起、俄羅斯反撲以及流氓國家的猖獗等，認為這些發展與美國後冷戰外交政策的失誤息息相關，即便不能認為這必然是美國政策所導致的結果。

因為曼德爾邦教授本身的學養以及他長期與政府合作的關係，使他對於美國政府外交政策的討論過程與形成決策的核心概念相當熟悉，也因此能對政策結果與外交事件的互動過程有著比一般人更清楚的掌握，閱讀這本書猶如看一部後冷戰時代的美國外交決策史紀錄片，十分引人入勝。看完後相信讀者可以對後冷戰國際情勢的演變過程有更清楚的了解。

但是這本書沒明說的，是相對於後冷戰時代美國外交政策的「任務失敗」（Mission Failure），隱含了認為美國冷戰時代的外交政策是「任務成功」（Mission Accomplished）。但如果根據作者所言，後冷戰時代剛開始時美國外交致力於防止核武從傳統擁核大國向外擴散、倡導經濟全球化所帶來的互惠繁榮對維和的契機、以及經營大國關係以避免新競爭的出現等，但這三項工作到後來都沒有成功，甚至在二〇一四年俄羅斯公然侵略烏克蘭，中國更直接以填島造陸方式，無中生有地擁有幾乎整個南海的控制權，北韓更在二〇一六年試爆它過去前所未見的高當量核彈。換句話說，後冷戰時代的美國外交政策，在經過二十五年後又回到原點。

但問題可能無法以「冷戰政策是成功、後冷戰政策是失敗」這樣的區分來理解，畢竟後冷戰時代是冷戰環境的繼承，除了無法簡單切割外，當時在冷戰時代成功的政策，可能會導致在後冷戰時代政策經營的困難，甚至是失敗。

此外，衡量後冷戰時代的成功與否標準，也可能無法單純拿冷戰時代來類比。畢竟冷戰時代是敵我對立，因此對方的失敗或是我方打贏，就可以算是成功。但後冷戰時代對美國的角色變得很不一樣。簡單來說，美國在冷戰時代是一方之霸，只要照顧好自己這邊陣營的朋友，管好不聽話的小弟，必要時容忍一些作為有瑕疵、但願意配合的投機分子，只要可以協助對抗敵方即可。但後冷戰時代美國忽然變成天下共主，不僅自己陣營朋友的利益要確保，也不能太過偏袒己方，讓過去的對手什麼也分不到而翻桌幹架，更重要的是，幫派間無論大小事都會被期待當話事人，但還沒做可能就暗箭一堆，有利益自己不能先吃，有問題自己要先幫大家排除。這種有功無賞，打破要賠的大當家，當然吃力不討好。

後冷戰時代，美國面臨的自我定位與戰略設計問題

冷戰結束意味著美國勝出而蘇聯解體，而勝利的美國還成為世界超強。中國在九十年代的國際情勢分析報告往往第一句話都是現在是「一超多強」的時代，法國說美國不是Superpower而是Hyperpower。美國著名專欄作家克勞薩默（Charles Krauthammer）以世界處於「單極狀態」（The Unipolar Moment）描述美國的世界地位。

美國的確在冷戰結束時變得超強無比，過去兩強相爭搞到後來兩敗俱傷的戲碼並沒有出現。但是美國卻面臨要如何面對後冷戰時代的國際事務經營問題，特別是其自我定位的問題。

冷戰時代，美國要做的是如何對抗與打倒蘇聯，所有的外交決定都圍繞著這個無上律令。既要擴大結盟基礎，還要弱化對手陣營。有能力時全力搞國際圍堵，力有未逮時就搞個低盪政策與蘇聯共存，等力氣恢復後再與蘇聯一搏。那時的戰略圖像非常清晰，威脅很明確，敵我對立分明。反正看到蘇聯就採取懷疑或是反對立場，即便會有微調，但正確率八九不離十。可是在後冷戰時期因為敵人已經垮台，拔劍四顧兩茫茫，缺乏一個敵人作為戰略設計的組織原則，使得後冷戰時代要如何發展戰略規範，成為一個惱人的問題。

冷戰剛結束是在老布希當政時期，不僅蘇聯解體，美國還在波灣戰爭打了一場漂亮的勝仗。擔任國防部政策次長的沃夫維茲（Paul Wolfowitz）那時負責起草後冷戰時代的美國國防戰略，就

提出美國必須維持超強軍力以嚇阻任何可能的競爭者不會嘗試挑戰美國，也認為美國的行動不應該被國際建制所束縛，以伊拉克戰爭的聯盟合作為例，美國未來可能會更多倚賴這種臨時性的志願者同盟，而不是既有的國際組織。美國也必須維持既有的同盟。但這些構想被抨擊得一無是處，已過世的美國參議員愛德華·甘迺迪更說這是類似帝國主義的戰略。在強大的國內反對聲浪下，前述所謂的「沃夫維茲信條」（Wolfowitz Doctrine）就被迫改寫。

除了對美國外，美國的朋友也同樣有困擾。冷戰時在抗蘇的大旗下大家暫且把與美國的分歧放一旁，但冷戰結束後這些分歧就再度浮現，當時為了抗蘇的戰略設計，也多被挑戰存廢問題，因為國內民眾不一定會再買單了。

美日同盟與美歐關係就是這樣的例子。冷戰時代作為美國歐亞大陸兩端圍堵蘇聯的同盟，在冷戰結束後也都遇到是否要維持這個同盟的疑慮。日本的左派認為美同盟是把日本扯進冷戰漩渦的主謀，日本右翼認為美日同盟是壓制日本自主發展的瓶塞。當時的東京都知事石原慎太郎出版了一本《日本可以說不》的書而大賣，如果不是一九九四年北韓核武危機與一九九六年台海危機，美日同盟能否持續還不是那麼確定。

歐洲則是圍繞在德國統一問題上，出現了歐盟統合，當時立即與美國主導的北約出現微妙的競合關係。而歐盟以德法等大陸歐洲為主導的發展，更與冷戰北約「容美、排俄、壓德」（Keep U.S. in, Keep Russia out, Keep Germany down）的安排有所不同。之後隨著前東歐國家希望加入北約以取得安全保障的期待下，北約不僅取得持續的理由，同時還出現向東擴張的趨勢，但也因此讓俄羅斯深感威脅，於二十一世紀普丁當政後開始強勢回應。

冷戰剛結束時，除了對美國及其盟邦對圍繞冷戰而建構的安全體制，出現是否還要持續的疑慮外，處於敗北一方的前蘇聯盟邦也紛紛跳船求生。前華沙公約組織國家多數提出希望加入北約以及歐盟的想望，蘇聯在亞洲的盟友如印度、越南及北韓則出現完全不同的發展。印度雖是民主國家，但在冷戰末期是親蘇陣營，冷戰結束後先是有金融危機，接著是與巴基斯坦的危機惡化，印度之後出現親美的走向。類似的親美發展也在越南身上出現。

基本上越南與印度這兩個前蘇聯盟友會走向親美路線，與其和中國的戰略對立有關。親蘇是針對中國，之後會親美也與中國因素有關。但北韓則是在沒有蘇聯支持，中國又與南韓在一九九二年建交，平壤感到被北京背叛，因此更強調自力更生，企求透過核武達到戰略威懾，並省下建立傳統武力的經費以進行經濟發展。因此北韓走的是先建構核武力，經濟發展順序延後，是個與印度、越南相反的策略。但也因此加深其與日、美、韓的緊張關係。

另一個很大的問題與蘇聯撤出阿富汗後的南亞及中東局勢發展有關。美國當時為了對抗蘇聯入侵阿富汗以及其與伊朗的合作，一方面透過巴基斯坦培養反蘇聖戰士（Mujahideen），一方面鼓勵伊拉克與伊朗的對峙。當蘇聯撤出阿富汗後，美國與對蘇聖戰合作的理由也消失，聖戰士或留在當地，或各自回到母國。之後美國也撤出阿富汗，該國開始進入軍閥內戰的階段，直到塔利班取得政權為止。而在冷戰時代被美國拉攏對抗伊朗的伊拉克，在冷戰結束後因其對科威特的侵略引發國際反擊與第一次波灣戰爭，伊拉克從過去的美國盟友，開始成為破壞中東現狀的威脅。

當時老布希總統謹守冷戰時代的現實主義外交，為了維持中東遜尼派與什葉派的平衡，在協助科威特復國後無意進一步入侵伊拉克消滅海珊政權，這個決定讓科威特等持續擔憂伊拉克威脅。加上海珊政權對庫德族發動毒氣攻擊，聯合國就以英美聯軍為首開始在沙烏地、科威特長期駐紮以執行伊拉克禁航區命令，但此舉也使美英等國與沙烏地王室結合更緊密，直接捲入沙烏地的內政鬥爭，並讓沙烏地的聖戰士將矛頭對準美英等。

此外，巴基斯坦將其在冷戰時代對抗蘇聯於阿富汗所組織的聖戰工程，之後結合其為了對抗印度而在南亞的地緣戰略布局，讓我們開始看到了聖戰士、阿富汗內戰、伊拉克威脅長期化帶來的中東遜尼派的激進化等這三個議題的複合關係。使中東議題從原先的以巴爭議擴散，也不再限於遜尼派－什葉派鬥爭。這不僅讓南亞成為新的爭議焦點，也引入更大的地緣政治漩渦。

另一個讓美國感到困惑的是中國。一九八九年天安門事件讓美國發現先前以為會改革開放的中國在本質上可以這麼殘暴，第二年出現的蘇聯解體更進一步摧毀了美中合作的戰略邏輯，雙方的價值差異成為關注焦點。但無意再打另一次冷戰的美國急著想獲取和平紅利，因此要如何面對誓死不放棄共產黨領導的中國，變成美國政策界十分苦惱的問題。沒有共同價值以建立連帶，沒有共同敵人使大家可以忽視歧異，美國當時在事實上不知道要如何看待中國與應對中國。所謂的「圍堵vs.交往」的辯論，就是在這個背景下出現的。

但與一九九〇年代美國在國際上遇到的其他問題相比，中國似乎不是那麼大的問題。譬如說，美國在一九九一年之後需要在科威特與沙烏地阿拉伯長期駐軍，一九九四年又差點進攻北韓以除掉其核武發展；基地組織對美國的「干擾」也越來越嚴重（一九九二年世貿大樓爆炸案，之後的肯亞使館爆炸案等）；歐洲對於發生在其中心點的前南斯拉夫共和國暴力分裂帶來的種族屠殺也束手無策，直到一九九九年北約因科索沃事件大舉轟炸塞爾維亞，是在美國威脅要入侵塞爾維亞後才中止，讓整個前南斯拉夫共和國問題出現終止跡象。

這段期間美國發現雖然身處一超多強的境地，其自身軍力大到從第二名到第十名加起來都還可能不是美國對手，但似乎被要求管理全世界所有的大小事務：不管是歐洲的南斯拉夫暴力分裂問題，非洲盧安達種族屠殺、索馬利亞軍閥割據、搶奪糧食餓殺國內民眾的人道危機，或是第一次北韓核武危機等，這些國家威脅不了美國，但似乎都需要美國出面解決。但也因為這樣，美國進入一個外交政策破碎化，傾向以短期危機管理以面對問題的方式。時任布魯金斯研究所總裁，後任外交事務協會（Council on Foreign Relations）總裁的理查·哈斯（Richard Haass）在一九九九年出版那本《不情願的警長》（*A Reluctant Sheriff*），相當程度解釋了柯林頓政府如何認知這段期間的國際事件及其與美國外交政策的關係。

雖然稍早時卡特政府時代的國家安全顧問布里辛斯基（Zbigniew Brezeniski）也出版他那本

《大棋盤》（*The Grand Chessboard*），是嘗試以傳統的地緣戰略分析為美國的後冷戰外交提供一個首尾一致的策略架構。雖然布里辛斯基似乎提供了一個根據大國關係且首尾一致的地緣戰略邏輯，但柯林頓政府更認為當時在製造問題的不是中、俄等大國，而是一些實力無法威脅美國、但對其周邊地區帶來問題的中小型國家，而這些國家似乎都有所謂的治理失敗，或是內部問題導致其對國際環境充滿敵意。當時有幾個很夯的名詞，如「失敗國家」，以及「流氓國家」，就泛指這個現象。流氓國家使壞搗蛋，失敗國家則因種種理由導致治理失敗，特別是無法面對全球化的挑戰。美國必須處理這些要嘛是有能力的流氓國家，或是國不成國，被恐怖組織或是大黑幫占據的失敗國家等，所帶來的問題。

比較起來，在九〇年代時，中、俄對美國都不具威脅。中國雖然有一九九六台海危機，但本身不是美國對手，只是美國也不想持續打冷戰。美國俄羅斯專家們甚至開始認為俄羅斯是個衰敗強權，葉爾欽根本無能治理，俄羅斯經濟也只剩下石油，美國反而更擔心蘇聯時代的核武是否因為欠缺管理而跑到恐怖分子手中，即所謂「我不擔心擁有一千顆核彈的國家，我更擔憂只有五、六顆核彈的組織」的問題。

「笨蛋，答案在經濟」的形形色色後冷戰外交政策變種

另一個冷戰結束帶來的變化是經濟全球化，過去世界經濟所謂「資本主義vs.社會主義」兩元對立的體系已經不再。先是中國，接著是前東歐國家，再來是俄羅斯及前蘇聯加盟共和國等，紛紛進入世界經濟圈。社會主義陣營整合入市場的結果，是提供了大量優質的科技與勞動力。

賺錢是第一要務，資本主義規則也跟著全球化。美國在歐亞大陸的東西兩翼協助建構了APEC與歐盟，但APEC立即發現中國巨大的量體對其影響，歐盟也發現前東歐國家可以提供的勞動力與市場，美國之後再積極改革關貿協定（GATT）並在其上建立了世界貿易組織（WTO），把原先歐亞大陸東西兩翼，以及一九九四年完成的北美自由貿易協定等連統合一起。已確立自己在後冷戰時代的經濟優勢地位。

但也因為不想再打冷戰之故，經濟全球化成為柯林頓期待的新國際政策良方。當時北美自由貿易協定極具爭議，將其貶抑為「巨大的吸塵聲音」（Giant Sucking Sound，意指它會把美國人的工作機會吸走）的億萬富豪裴洛（Ross Perot）在共和與民主兩黨夾殺的一九九二年總統選戰中，拿到近兩成選票，也間接造成老布希連任失敗。當時面對反全球化的國內質疑聲音，華府菁英訴諸的是「戰略邏輯」，強調這可以讓其他窮國翻身，讓美國有更廣大的市場可以銷售產品，也會讓美國不再需要花力氣解決這些國家的問題。隨著柯林頓成為美國總統，他原先以國內問題為主

的那句「笨蛋，問題在經濟」（It's Economy, Stupid），也搖身一變成為國際外交戰略的顯學。

當經濟全球化可以解決美國的外交問題，大國外交就更不是重點。賺錢比較重要，促進自由貿易（Free Trade）比促進公平貿易（Fair Trade）更關鍵。當經貿遇上國安，國安就自動退位。柯林頓政府快速解除金融管制，還為好萊塢的全球市場開路，敏感科技輸出的審查由商務部代替國防部，以公司競爭的商業機密保護，代替了國安情資的保護原則。中國就是這個轉型過程的最大受益者。

後冷戰時代號稱解釋全球化的權威，湯馬斯·佛里曼（Thomas Friedman）在其《了解全球化：凌志汽車與橄欖樹》的讀書會上親自說，全球化對國家的挑戰更像是注入一種新的操作系統，舊型態的國家如果沒有意會這個變化，還拿DOS作業系統處理問題（是的，九〇年代初微軟視窗3.1不算是真正的視窗，因此很多玩家還是習慣用DOS），但不知道現在已經進入視窗95的時代，自然會失敗。把全球化當成國家是否可以進化升級的指標，而不是治理要面對的問題與挑戰，還是個可以提供其他國家共同服從的操作軟體，讓大家服膺同樣的規則。既然是這樣，面對大國關係，當然是全力推動全球化以使大家適應同一套規則，對於失敗國家與流氓國家，則是幫助其轉型到全球化，以及用全球化與自由貿易的巨大威力，讓流氓國家順從。

因此後來所出現的問題，可能不是曼德爾邦現在所指出的，即因為全球化開始遲緩甚至逆向，才導致後冷戰時代在當下出現失序，並對美國的外交政策帶來挑戰。更要問的是，是否美國在後冷戰初期把外交政策外包給了全球化，反而因此失去自己的位置，並帶來後冷戰時代那些曼德爾邦所質問的結果呢？

以冷戰建制經營後冷戰國際環境，出問題是必然

另一個要問的問題相對簡單。美國在冷戰時代因著東西對抗所建構的種種體制，幾乎是原封不動的繼承到後冷戰時代。雖然不少東西確實有經過轉型，而在今天持續存在。然而，我們不禁要問，本質仍建築在兩元對抗邏輯的冷戰建制，要如何能經營後冷戰時代的國際需求？這是必然會出問題的。而現在一般公認的大國競爭關係與地緣政治的強勢回歸，何嘗不是既有建制慣性的結果，導致運動方式再度向類冷戰的國際型態回歸呢？

美國在冷戰時代建構的同盟與駐軍體系，除了從菲律賓撤軍等少數例外，基本上在後冷戰時代多被留存下來，有的甚至還獲得強化。北約在冷戰結束後沒有解體，甚至因應前東歐國家的安全需要，反而還持續向東擴大，帶來俄羅斯的緊張與反感。美國在亞洲同盟體系基本上也沒有解散。美國國防部在一九九五年的「東亞戰略評估」（East Asian Strategic Review）中的結論，就是維持在亞洲的十萬駐軍，當時還引起美國日本研究群內部的一片譁然。

但是這樣的體系無能處理恐怖組織等不以國家為單位的武裝暴力集團，美國的盟邦體系可以

對抗一個實體國家，但對於不需要國家的民間單位，美國既有的建制很難起到作用。偏偏後冷戰初期，美國還是倚賴這些冷戰建制來處理危機。

如果既有的軍事建制無法對抗，美國就傾向以多國合作的警察行動來應付，畢竟根據國際交往規則，軍事建制是針對國家為目標的作戰，但如果威脅不是來自國家，一般的做法就可能是交給警察來應對。這也是當九一一事件發生時，包括日本、歐洲等國家會傾向認為這應該是國際警察的合作行動，不應該是反恐「戰爭」。只是警察行動的程序必須包括定罪、問責與審訊，往往對阻止事態惡化無能為力，更直接的軍事行動實屬必要。但對於這些非國家的民間組織，冷戰時代建立的同盟體係、經濟安排、七國峰會、甚至包括二戰後建立的聯合國等，幾乎都應對無力。

此時冷戰建制面臨的新問題可以分為兩類。第一類是冷戰建制無能應對若干在後冷戰時代出現的問題，但美國卻錯將力氣放在如何說服反對者維持既有體系，而不是創建新機制以協助處理問題。第二類問題剛好相反，是對冷戰建制的缺乏使用，導致對後冷戰時代的大國關係缺乏關注，以至於對中、俄等大國關係因缺乏管理而惡化，被迫進入與這些國家的新冷戰。

如先前所述，冷戰時代北約的建立就是依循「容美、排俄、壓德」原則。冷戰結束後德國不再被壓低，美國持續留在其中，但比起蘇聯更羸弱的俄羅斯卻依然被排除在外。面對一個想要西化的葉爾欽俄羅斯，美國本來可以利用北約含納俄羅斯，同時要求莫斯科進行改革。以莫斯科當時自認是冷戰手下敗將的心理，這個要求不是沒可能成功。但美國卻持續排斥俄羅斯，使莫斯科進一步認為北約東擴是針對它，之後其態度開始越來越具敵意，且開始把愛沙尼亞、烏克蘭、喬治亞等區域認定為其不可退讓的戰略底線。二〇〇七年對愛沙尼亞發動全面駭攻，二〇〇八年利用北京奧運發動「五日戰爭」入侵喬治亞，二〇一四年併吞克米里米亞，並動用軍隊介入東烏克蘭，以上都與俄羅斯這樣的認知有關。

相對於對俄羅斯的抵制，美國對中卻是全面擁抱。其瘋狂與不設防程度導致芝加哥大學教授約翰米爾斯海默教授（John Mearsheimer）在二〇〇一年寫了一本《大國政治的悲劇》，警告美國對中國「交往」的做法是在製造與養大新的戰略對手。但「交往」（Engagement）當時已經成為對中政策的顯學，為此之故還發明了 交往促變」的主張。明明是自己想進中國市場，利用中國便宜的勞動力與鬆散的環境法規悶頭大賺錢，但卻高調包裝成一個促進中國民主化的戰略。冷戰的國家同盟建制被丟棄一旁，任何議題一旦被中國高聲抗議就立即順著北京的意思走，生怕影響中國領導者易碎的玻璃心。

最有名的例子是當一九九八年北韓發射大蒲洞飛彈越過日本上空，引發日本想要採購美國飛彈防衛系統以應對來自北韓的飛彈威脅，但中國卻擔心這會影響其對準駐沖繩美軍的飛彈，會降低其威懾力而大聲抗議，而美日當時竟然鄭重其事而對中國再三解釋，希望取得中國對美日的諒解，「准許」美國可以在日本部署，或恩准日本可以採購美國的飛彈防禦武器。

美國在歐洲維持冷戰建制甚至擴大，但依舊排除俄羅斯，在亞洲則以全球化與經濟發展促進民主為名，大力含納中國，且不再善加利用其冷戰同盟體制來處理中國的挑戰。這使得本來可以好好處理對中、俄等大國關係的冷戰體制被沿襲舊慣來使用（對俄羅斯），或根本沒被好好使用（對中國）。這一牽拖的嚴重性一直要等到二〇一七年才真正完全浮現。正如曼德爾邦二〇一四年所批判的一樣，美國現在開始被迫認識到大國競爭關係已經回來，新冷戰已經開始了。只是大國競爭關係固然被認識到，可是後冷戰時代所出現的，如非國家集團、恐怖主義、國際武裝集團等勢力對國際安全的衝擊，依舊沒有一個合適的機制去處理。

美國如何丟掉中國——始於美國抨擊民主台灣為麻煩製造者

對於台灣讀者來說，看這本《美國如何丟掉世界？》可能最關心的就是涉及美中台的部分了。曼德爾邦也批判了美國對中國的幻想，包括質疑了「交往促變論」與「全球化促進民主論」的立論核心。但我們要知道的是，在天安門事件之前，美國式的民主普遍被中國知識分子視之為未來要走的方向。八〇年代能夠出國留學的中國人是萬中挑一的菁英，個個幾乎都是美粉。但這個趨勢在一九九四年以後開始下滑，之後甚至被逆轉。現在被美國聯邦調查局視為中共同路人的中國學生學者聯誼會，在後冷戰初期還是反共的堡壘之一。美國不一定有能力丟掉全世界，但美國的後冷戰作為肯定丟掉了中國民心。

美國在後冷戰時代對中共百般迎合，卻因擔心民主化會導致台灣民心脫離一中，造成其台海戰略經營的困擾，因此極力打擊台灣民主的正當性。除了發明「一中政策」（One-China Policy）限制了台灣民主可以發展的外部環境，要求台灣不能違反這個框架，甚至還暗示只有不挑戰一中的民主才是負責任的民主，否則就是自私自利的民粹主義云云。面對中共因畏懼民主而攻擊台灣的舉動，美國竟然反向指控是台灣挑戰一中現狀才造成台海緊張。

後冷戰時代台灣因為民主和平轉型而獲得國際聲譽，但也因民主對於國家未來選項持開放的本質，以及台灣認同與一中漸行漸遠，使得台灣與美國在很長一段時間裡關係並不順暢。美國一面說希望中國民主轉型，但另一方面卻對華人社會民主轉型最成功的台灣多所抨擊，甚至還曾與中共一起以「中程協議」為名，企圖逼台灣上統獨談判桌。讀者看到這本書對美國後冷戰外交政策的抨擊時，可以比較一下美國對台海兩岸的民主敘事與外交操作，不難看出為什麼華府會丟掉中國與台灣，以及為何現在是他們全面補課，以圖重回正軌的時候。

推薦序

美國外交思維的鐘擺效應

陳方隅、李可心（美國台灣觀測站共同編輯）

《美國如何丟掉世界？》的原型最早是一九九六年的一篇發表在《外交事務》（*Foreign Affairs*）雜誌上的文章〈外交政策是社會工作嗎？〉（Foreign policy as social work），主要內容是在批評柯林頓總統的外交政策，針對的是美國對索馬利亞、海地、波士尼亞等地的人道干預政策。曼德爾邦認為，外交政策不能夠像社會政策一樣，想要去「照顧」其他國家的人。從這篇文章的概念發展出《美國如何丟掉世界？》這本書，作者把分析對象從一九九〇年代以來的人道干預，一路寫到歐巴馬政府時期，中間包括：美國對中國和俄國的政策，科索沃危機，反恐戰爭及阿富汗戰爭，以及中東世界的衝突和阿拉伯之春等等。作者針對許多外交政策實行的個案做詳細分析，並且下了一個大膽的結論：從一九九〇年代到二〇一四年為止，美國外交政策幾乎都是失敗的。

冷戰結束後，美國已是世界最強的國家，經常可以由自己的偏好來決定外交政策，不太需要考量到其他國家的反應，更不必要考慮蘇聯軍事平衡的問題。美國前國務卿歐布萊特（Madeleine Albright）就在一九九八年二月的一場電視專訪中說道：「如果我們不得不使用武力，那是因為我們是美國。我們是不可或缺（indispensable）的國家。我們站在高處，對於未來，我們比其他國家看得更遠，並且看到了那對我們所有人所構成的危險。而我知道，穿著軍裝的美國男性和女性，永遠願意為自由、民主和美國的生活方式作出犧牲。」*然而曼德爾邦在書中的內容正是大大地駁斥了美國當時的外交態度。他認為，美國由於道德感使然，用「傳教士」般的態度去推行外交政策，因此常陷入「轉型陷阱」：以軍事力量改變了一地的政治權力版圖之後，試圖幫助當地建立一個新的國家，但往往以失敗收場。失敗的主因在於缺乏足夠的資源，政策執行者也缺乏在當地建立起社會連結的能力，後果就是幾乎所有嘗試幫助「舊社會」轉型成「新國家」的政策，最後都無法成功。作者認為，推行這些政治轉型或建立新國家的作法，就像是追求市場上的奢侈品，白費很多資源，但是對美國的國家利益來說卻沒有實質助益。

曼德爾邦對美國外交政策的批評，反映著美國國際關係界的反思以及思潮轉向。冷戰結束時，許多國際關係學者主張「現實主義」（Realism）已失去了解釋國際關係的能力。現實主義是國際關係中的主流學派，認為國際處於一種無政府狀態，在國家之上，再沒有更高的權威，因此主權國家即是國際體系中最高權力的個體與行為者。現實主義派相信「權力」是國家安全的保障，國家的生存之道是自救以及追逐更高的權力。但國家在競逐中必然會產生衝突，使得國與國之間總是充滿著猜疑與恐懼，再加上國家的一切行動是受到自身利益驅使，而非理想或道德，因此現實主義也認為國際法與國際道義無法帶來和平。

在冷戰結束前，現實主義主導著美國外交政策，不論是制衡蘇聯的「圍堵政策」，或是季辛吉撇開民主價值開啟了美國和中國關係正常化的過程，都有著現實主義的影子。然而冷戰結束後，現實主義的外交政策開始備受批評，相反地，主張國際合作、民主自由並重視非政府組織的自由主義逐漸佔上風。著名的現實主義國關學者瓦特（Stephen M. Walt）就提到：「冷戰後二十年的美國外交，長期受到民主黨的自由國際主義（Liberal Internationalism）及共和黨的新保守主義（Neo-Conservatism）主宰，而現實主義長期受到冷落。」[†]相信更多合作與接觸能將讓中國轉型為自由民主國家的「接觸政策」，以及立志將穆斯林國家拉進自由世界陣營的「伊拉克戰爭」，分別為自由國際主義與新保守主義的體現，而這兩種外交取向皆是從自由主義衍伸而來。然而隨著越來越多文獻發現這些「被改造」的國家並未依照美國設想的方向邁進，甚至在「被改

* 參見Secretary of State Madeleine K. Albright, interview, "The Today Show" with Matt Lauer, NBC-TV, 19 February 1998. https://1997-2001.state.gov/statements/1998/980219a.html

† 參見Stephen Walt, "What would a realist world have looked like?," Foreign Policy, 8 January 2016. https://foreignpolicy.com/2016/01/08/what-would-a-realist-world-have-looked-like-iraq-syria-iran-obama-bush-clinton/

造」後對美國造成更大的威脅，國際外交圈的現實主義者在冷戰結束的三十年後，聲勢再度崛起，而曼德爾邦在書中對後冷戰時期美國外交政策所提出的批評，便是對自由國際主義以及新保守主義的批判。很顯然的，曼德爾邦並不屬於理想主義（主張人道干預）或新自由制度主義（認為國際組織這類多邊機制可以促成更多國家間的合作）的自由派學者，比較屬於保守派的陣營；二〇一九年，曼德爾邦就在《外交事務》發表了一篇文章〈新圍堵〉（The New Containment），其中使用非常現實主義的「權力轉移理論」語言，稱中國、俄國、伊朗為當今世界秩序的三大挑戰者，認為這三個國家都是修正主義的國家（revisionist state），正在挑戰美國的霸權地位。可見曼德爾邦對世界局勢的看法是標準的現實主義（不過要注意的是，現實主義也有很多不同流派）。

曼德爾邦在這本書的論證方式野心勃勃，用的是全稱式命題：所有外交政策都失敗。這種說法自然會引起一些批評，因為美國其實並沒有在所有地方都試圖去建立新國家、新社會，並不是在所有地方都試圖推動社會轉型。譬如，美國在對中國政策上就很少以「改變中國社會」為主要目標，而且美國對中國也不曾像對海地、索馬利亞、波士尼亞等地一樣，出兵進行人道干預。因此，這樣的理論框架會受到一些挑戰。本書第二個主要被批評的論點是，使用「文化決定論」來論證說不需要去干預各地的政治發展。曼德爾邦傾向於認為阿拉伯國家缺乏多元主義的政治文化，因此不可能成功進行政治轉型。阿拉伯之春後，民主轉型的失敗被拿來當成論證之一。作者認為這些傳統政治文化，讓民主轉型變得非常困難，需要很長時間以及大量資源的投入才有可能發生，因此他認為美國不需要去管太多。這樣的看法無疑是簡化了民主轉型的歸因，但作者的論述也展現出了近年來國際關係、歷史與文化研究領域的「去西方化」反思。有越來越多的研究開始鑽研非西方國家的文化與歷史脈絡，並反對以西方歷史脈絡所發展出的民主與自由主義思想作為全球治理的標準。

即使有上述的限制存在，本書仍然非常值得一讀。它最主要的優點是，回顧了美國自一九九〇年代以來各個重要的外交政策背後的脈絡，總結了各方的意見，讓我們知道當時是哪些人在推動與反對這些政策，並且詳細論述這些外交政策失敗的原因。此外，書中更討論了國內（各界動員的狀況以及執政菁英們的看法）與國外因素對美國外交政策的影響。

細讀本書的內容就會發現，影響國內外情勢的因素相當多，但整體而言，美國內部以及全球的思潮與政策方向往往就像是個鐘擺，當一股思潮發展到一個階段，就會有越來越多的缺點被揭露、受批評，而另一股反向的思潮便會隨之而來，不論是文中所提的美國外交態度（現實與自由主義），或是對全球治理的看法（西方與去西方化），皆是如此。曼德爾邦的筆下，正是對前一段思潮的批評，並為下一波思潮寫下的伏筆。如今觀看當前川普政府的主張，就可以發現川普以及他的內閣也有著與曼德爾邦類似的反思。譬如對於國際衛生組織（WHO）、「跨太平洋夥伴協定」（TPP）、巴黎氣候協定、《禁止核子擴散條約》等以自由主義、國際合作為基調的跨國組織、協約，川普總統皆持反對立場；面對中國與伊朗，美國目前執政者也一改過去較自由主義的政策，轉向更現實主義的模式，將它們視為（區域性的乃至全球性的）霸權地位挑戰者。此外，在歐洲與北約組織方面，川普政府也認為歐洲各國的確需要提升國防經費，不能單靠美國的防衛力量；這與曼德爾邦的立場相同，不過在執行面上，川普政府卻與曼德爾邦有所出入。曼德爾邦雖批評自由主義，但仍舊主張要加強與盟邦的關係來做圍堵，譬如前文所提曼德爾邦在二〇一九年於《外交事務》所發表的文章中就指出，當修正主義國家的綜合國力達到霸權國家的一定比例時，軍事衝突就無可避免，因此美國應盡全力發展圍堵計劃，限制中國、俄國、伊朗這三個挑戰者的發展，除了美國自己必須展現決心之外，也必須要拉更多盟友一起加入圍堵。由此可見，雖然外交態度的鐘擺已轉向，但在批判自由主義的思潮當中，執行面上仍有許多不同的聲音，相對於川普總統，曼德爾邦並沒有對「多邊」的機制（多國共同參與）感到反感，甚至認為這是必要的途徑。

對台灣人來說，本書可以讓不同立場的人們都找到其中的重要看點。懷疑美國對台及對中政策的人，能在這本書中找到很多美國所作所為過於強硬又常常不太負責任之處，可以用來指責美國是多麼不可信任。另一方面，對於主張應該加強與美國各種不同層面交流的人來說，這本書可以幫助理解美國的外交決策者以及政策圈的人到底在想什麼，進而去思考，該如何在多變的外交情勢中，把台灣議題鑲嵌在美國的國家利益當中。對於後者的閱讀群眾來說，筆者認為，從本書內容來看，我們在看美國政治的時候可以注意以下的重點。

首先，外交決策掌握在菁英的手裡，一般人知悉甚少。譬如以中國政策來說，本書第一章就有提到，從一九七二年尼克森政府與中國建交開始，美國的對中政策其實只是由少數的外交菁英秘密地進行，非常少受到美國民眾的關注。這樣的情況一直到一九八九年天安門事件，美國老百姓才意識到中共政權對人權的迫害，導致美中關係的複雜化。

第二，除了國際上重大事件的發生會影響外交政策走向之外，媒體也是一個重要的因素。譬如書中提到，ＣＮＮ等自由派媒體常常會將國外的人道危機畫面傳回國內，引發民眾的注意，進而在國內興起人道救援的呼聲。這跟現在的狀況其實很像。譬如筆者觀察到在二〇一八年中左右，美國的自由派媒體如ＣＮＮ、《紐約時報》（*New York Times*）、《華盛頓郵報》（*Washington Post*）等，對中國報導的看法有一個非常重大的轉向：原本以「反對貿易戰」為主調，轉向報導「中國是一個威脅」的比例大幅增加，這也影響到民眾對中國看法的改變。根據皮尤研究中心（Pew Research Center）的民調，美國人對中國的負面觀感持續創下新高。*然而書中也提到，根

* 參見Laura Silver, Kat Devlin & Christine Huang, “U.S. Views of China Increasingly Negative Amid Coronavirus Outbreak,” Pew Research Center, 21 April 2020. https://www.pewresearch.org/global/2020/04/21/u-s-views-of-china-increasingly-negative-amid-coronavirus-outbreak/

據不同時期的民意調查，大多數人們仍然是對「外交政策」無感，因此外交政策很少成為大選當中的決定性因素。對台灣人來說尤其要知道的是，在美國的各級選舉當中，中國因素的重要性其實並不高，出現在媒體上的頻率和焦點也都不如在台灣所見的狀況。在台灣，中國因素、認同、統獨等議題在政治上有直接且全面的影響，但在美國則並非如此。

第三，兩大黨內都有很多不同意見。譬如民主黨的柯林頓政府主張對不同地方進行人道干預，相對來說，共和黨的老布希主張偏向現實主義、只考量權力的變動，不認為需要追求太多理念型的政策。然而，當時共和黨內也有人主張要強力干預波士尼亞的人道危機，以彰顯美國所追求的價值。後來，比起民主黨內的理想主義者們，反而是「新保守派」更注重在海外推動及促進「美國價值」。另一個例子是歐巴馬從阿富汗撤軍的決定，表面上很合乎民主黨內自由主義、理想主義者們的目標，但當時民主黨內的反對聲浪也不小，很多人仍然認為該繼續加強軍事手段。

筆者認為，用觀察者而非特定政黨支持者的心態來閱讀本書，所獲得的收穫將會更多。《美國如何丟掉世界？》讓我們透過曼德爾邦的分析、評論，了解美國政治。雖然曼德爾邦所提供的並不是唯一的視角，但所代表的政學界風向卻是相當值得注意，裡頭多面向的分析也值得學習。對於台灣人而言，這些都是拓展台灣在美跨黨派支持以及國際地位的重要知識。

導論

一九九一年三月三日，在伊拉克南部舉行的一項儀式標示美國外交政策史上新時代的開端。在沙伏旺空軍基地（Safwan Airbase），美軍司令官諾曼・史瓦茲柯夫將軍（General Norman Schwarzkopf）代表老布希總統政府，於英、法及沙烏地阿拉伯將領陪同下，簽字接受伊拉克將領提出的停火協議。伊拉克在一九九〇年八月入侵、占領盛產石油的弱小鄰國科威特而引爆的戰爭，以美國及盟國決定性地大勝畫下句點。

波斯灣戰爭（Gulf War）也替美國歷時更久、更加重要的另一場戰爭畫下休止符。至此，為期四十年，和蘇聯及其盟友、扈從以及他們所代表的馬列主義意識形態的政治、經濟和軍事鬥爭，也告一段落。所謂冷戰（Cold War）的這場鬥爭之結束，替波斯灣戰爭訂出路線。一九四五年以來第一次，蘇聯沒有反對美國這項大型國際行動。美國因此不用擔心蘇聯支持的國家干預，就能夠糾合廣大的國際同盟，攻打伊拉克獨裁者薩達姆・海珊（Saddam Hussein）的部隊，進而把伊拉克驅逐出科威特。盟軍勢如破竹地擊敗伊拉克軍隊。雖然海珊的伊拉克是蘇聯的扈從，雖然蘇聯官員也試圖在伊拉克和美國政府之間居中調停，但是最後結果是，自從第二次世界大戰以來第一次，莫斯科和華府站在同一邊。

柏林圍牆在一九八九年十一月——也就是沙伏旺空軍基地儀式之前十五個月——打通，比起其他任何事件更能象徵冷戰的結束。儀式之後九個月，即一九九一年十二月，蘇聯本身瓦解，更使得冷戰的結束再也不可能逆轉。然而，伊拉克沙漠中的這場儀式具體而微地展現出來，這場與第一次世界大戰、第二次世界大戰並列二十世紀三大牽涉最廣、意義最深的全球衝突的冷戰之結束的主要結果。此後，美國擁有恐怕是史上前所未有、無人敢攖其鋒的實力。美國外交政策進入一個將任由它自己選擇如何發揮的時代。

美國可以選擇無所作為、以靜制動。它也可以選擇像第一次世界大戰之後，或是第二次世界大戰之後短暫一段期間，從遠方的國際駐軍撤退。但是情勢並未如此發展。兩次世界大戰之後的撤退，置美國於危險境地，而今美國人已習慣在全球發揮廣泛影響力，而且這個角色的負擔也沒重到不堪負荷。事實上，冷戰結束之後，美國國際活動的經濟負擔反而減輕。它最昂貴的項目支出就是軍事預算，一九八八年占國民生產毛額的百分之七以上，到二〇〇〇年已降到不足百分之四。

惰性——只要現狀尚可容忍，就聽任它持續下去——是人類事務的一股強大力量，它影響到美國對冷戰結束的回應。冷戰所涉及到的軍事部署、政治承諾和經濟體制，在伊拉克投降之前，已是大家熟悉、視為家常便飯的東西。它們對美國人民沒有造成特別的窒礙或不安，因此他們不覺得有迫切需要去終止它們。甚且，對某一群美國人而言，也就是政府人員、學者、記者和參與美國外交政策執行的其他專業人士，乃至對外交政策感到極大興趣的許多公民，美國在全球擔負的角色若是突然改變，反而會讓他們手足無措。和全國其他民眾不同，這個非正式、鬆懈聯結的美國外交政策社群，非常關心美國和世界的關係。這個社群的成員雖然在特定議題上立場各異，都強烈傾向維持美國的國際角色。[1]

因此，當美國和蘇聯的衝突終止時，美國一點也沒有淡出國際舞台，冷戰結束之後的美國外交政策呈現相當的持續性。或者說，外交政策的**形式**——負責執行的機制——維持不變。但是政策的**內容**——美國所追求的目標——倒是變了。沒錯，它們打破過去四十年，以及冷戰之前美國整個歷史的外交政策之模式。事實上，就主要目標而言，後冷戰時期的美國外交政策與有史以來大多數國家的外交政策大不相同。美國以獨樹一幟、史無前例的方式施展它和蘇聯停止衝突後所獲得的強大力量。

❖

美國外交政策的新時代始於終結一九九一年波斯灣戰爭的沙伕旺空軍基地儀式之後。伊拉克北部的庫德族（Kurds）是與統治伊拉克的遜尼派阿拉伯人（Sunni Arabs）不同的民族，於是起兵反抗海珊與遜尼派政府。遜尼派主導的伊拉克軍隊雖然被美國率領的盟軍痛擊，他們仍然有足夠火力可以粉碎庫德族。數千人喪生，數十萬人逃亡。到了四月底，兩百萬庫德族難民擠在和伊朗及土耳其接壤的邊境。

美國受到庫德族人的苦難震撼，加上盟友土耳其呼籲要協助它阻擋庫德族難民潮湧入，另外聯合國安全理事會通過六八八號決議，把庫德族的苦難定性為對「該地區國際和平與安全」的威脅，美國可以依此為根據實行干預，遂糾合盟軍出面保護他們。數千名美、英及盟軍部隊在伊拉克北部設立安全區，提供糧食及帳篷給被圍困的庫德族。盟軍飛機在安全區上空巡邏，阻止伊拉克武裝部隊繼續進攻，並且畫出一塊一直維持了十二年之久的「禁航區」（no-fly zone）。[2]

雖然是波斯灣戰爭的後續處理，建立庫德族保護區的舉動卻大大違背盟國打這場戰爭所揭櫫的原則，也偏離美國在冷戰時期的政策，事實上也違反歷史上幾乎每個國家的外交政策。盟軍之所以發動波斯灣戰爭，是因為伊拉克的對外行為。其目標是匡正伊拉克跨越國際邊境，侵略另一個主權國家的結果。既然庫德地區位於各國所承認的伊拉克合法疆界之內，美國及其盟國在此成立安全區，等於介入伊拉克內部政治。

甚且，美國發動戰爭對付占領科威特的海珊部隊，是基於下述假設：如果美國侵略行為被縱容、不予制止，他將得以恫嚇鄰國沙烏地阿拉伯，並且控制波斯灣石油，而這些石油能否安全流向石油消費國家則攸關美國的經濟福祉。反之，美國在這場戰爭過後，援助陷入另一戰爭的一群人，其苦難雖然令人鼻酸，卻和美國公民的福祉無關。

拯救庫德族的行動因此是個風向球：海珊侵略科威特威脅到美國的利益，但他攻擊庫德族則衝撞了美國的價值。波斯灣戰爭是自衛行為，而打著「提供安慰計畫行動（Operation Provide Comfort）」的旗號干預庫德族事務，則充分反映是善行義舉。從此，它樹立美國後冷戰時期外交政策的主導模式。沒有公開宣布，沒有經過辯論，甚且也不明就裡，美國外交政策目標就此徹底改變。

往後二十年，美國主要的國際倡議涉及到其他國家的內政和經濟，甚於其對外行為。美國外交政策的主要焦點從戰爭轉移到治理，從其他政府的對外行為轉移到他們的國內行為及內部如何組織。美國總是想要把它已介入的國家改造成符合美國本身及西方盟國標準的民主、憲政秩序。冷戰時期，美國的目標是圍堵；到了後冷戰時期，美國外交政策的推力是**改造**。冷戰的核心是西方的防衛；後冷戰的外交政策期望延伸西方的政治和意識形態。[3]

美國在一九九一年以前就關心過其他國家的內政事務。從十九世紀開始，美國在其南方鄰國墨西哥，以及在墨西哥南方更小、更弱的中美洲國家進行軍事干預，並持續到二十世紀。越戰期間，美國嘗試、但沒有成功，想改造南越政府，以便它和共產主義的北越競爭，爭取越南人民

「民心向背」。但是美國政府進行這些倡議，是把它們視為更廣泛的政策之一部分，追求的是比較傳統的目標，譬如，美國打越戰是保護美國不受全球共產主義侵略政策的一部分。唯有進入後冷戰時期，其他國家的內政事務才變成美國外交政策的首要焦點。這個時代的特殊也在這裡。原本的嗜好變成全職的工作。

美國之外的其他國家也不是完全不會干預外國人民。直到二十世紀，帝國都是最重要的政治組織型式，控制帝國的列強直接負起治理他們的責任。美國本身雖然起義反抗英國帝國統治才獨立，立國以來一般也都反對帝國，卻從一八九八年至一九四六年直接治理菲律賓。[4]然而，大部分帝國主義列強對其附庸在政治上如何組織架構，只有低度關切，他們只志在維持對附庸的控制。他們大多把帝國視為擴張本身財富與權力的工具，不在意如何改善受其治理的人民之福祉。[5]

再者，到了一九九一年，帝國時代已經終結。統治其他民族在道德上不被接受，而且代價太沉重、不值得。不論美國人對其後冷戰外交政策的宗旨抱持什麼想法，他們肯定不認為自己是走英國、法國、哈布斯堡或鄂圖曼帝國的足跡，想要取得並經營一大塊帝國領域。

重視其他國家的內政，是柯林頓、小布希和歐巴馬三位總統外交政策的共同特色。持平地說，他們以及他們所聘任的外交政策官員可不認為自己追求的是相同的外交政策。甚且，對幾乎每個觀察美國外交政策的專家，以及美國民眾而言，後冷戰頭二十年最重要的事件，似乎把這段時間區分為截然不同的兩段。發生在這段時期中期的九一一恐怖攻擊事件，改變了一切。

這項攻擊的確改變了許多事情，深刻影響到未來十年美國外交政策的方向。若非九一一事件，小布希政府的政策方針將大大不同。可是，這些方針最終導致和柯林頓政府同樣的作法，亦即改造其他國家的內政結構。

柯林頓和小布希的外交政策還有另一個共同特色：兩個政府一開始都沒有想要改造別人。他們會推動此一使命，是出於不同的理由。柯林頓的中國與俄羅斯政策之制訂主要是回應美國國內的壓力。柯林頓政府在索馬利亞、海地、波士尼亞和科索沃進行軍事行動，是為了保護當地居民不受地方政府的壓榨欺凌。小布希政府發動阿富汗和伊拉克兩場大戰，則是為了最傳統的理由：報復針對美國的直接攻擊，保衛美國的安全。這兩個政府，以及後繼的歐巴馬政府，全都費盡心血和政治資本到另一個大家熟悉的國際活動——調停以色列和阿拉伯國家之間的衝突，這件事似乎與當事國家的內政事務並不相干。

可是，儘管原始目標不同，甚至有時候美國政府也不完全明瞭究竟怎麼一回事，三任政府最後都殊途同歸，他們的政策方針都導致美國政府走上想要改造中國、俄羅斯、索馬利亞、海地、波士尼亞、科索沃、阿富汗、伊拉克和廣大的阿拉伯世界之政治體制、政治作法和政治價值。後冷戰時期的美國外交政策產生二十年之久、一系列無心插柳柳成陰的結果。為什麼會這樣呢？

歸根究底，美國想要在某些地區改造其國內政治及經濟作法的根本原因，是因為它有能力做得到。沒有別的單一國家或同盟能夠制止它。美國巨大的實力，以及勝過所有其他國家的可支配資源，已在一九九一年波斯灣戰爭一覽無遺，這正是後冷戰時期美國外交政策採取的方向之最根本原因。

自古以來，大多數政治實體即使只是想要重塑其他民族受治理的方式，都力有未逮。那些並不弱小的列強，必須投注主要資源保護自己不受其他列強覬覦，譬如美國自一九四五年至一九九一年都必須提防蘇聯的野心。相形之下，冷戰過後，美國沒有重大敵人必須防備。一七九六年，美國第一任總統喬治．華盛頓預見到有一天他的嬰兒國家將「擁有巨人的力量，沒有別人能使我們畏懼」。[6]冷戰結束後，這一天到來。

權力之於國際體系中的主權國家宛如金錢之於個人：愈有錢，運用範圍就愈廣。絕大部分國家在絕大部分時間裡，就像絕大部分時間裡的絕大部分個人一樣，活在匱乏之中。他們必須節用資源以備不時之需：以國家來講，就是安全；以個人來講，就是衣食溫飽、有房舍可住。可是，有些人精打細算，或幸運過人，或兩者兼具，可以積累大筆財富，於是能把錢花在不必要的地方。後冷戰時期的美國就發現自己處於類似的位置：它成了國際社會上的億萬富翁。冷戰時期省吃儉用的日子已經結束，開始可以隨意揮霍了。[7]它選擇花費一些過剩的權力在以地緣政治來說類似奢侈品的東西上：改造其他國家（the remaking of other countries）。然而，固然巨大的後冷戰實力給予美國選擇的**機會**，但實力本身並不能決定美國所做的選擇。這個選擇另外有三個原因。

第一、改造這些國家的內政事務似乎是鞏固美國其他收穫所必需的。中國和俄羅斯在一九九〇年代初期比起它們還是正統共產主義國家時更加友善，不再那麼好勇鬥狠。柯林頓政府估計，推動中國政府尊重人權，以及俄羅斯實施自由市場，可以強化這些正面的後冷戰趨勢。柯林頓政府派遣美軍部隊到索馬利亞、海地、波士尼亞和科索沃，緩解飢饉、對抗壓迫和制止屠殺，有助於建設穩定、正派的政府，以便確保這些夢魘不再發生。小布希在推翻阿富汗和伊拉克敵視美國、荼毒人民的政權之後，發現自己已經與這兩個國家的內政事務緊緊綁在一起，以便防止類似（或甚至更危險）的政府掌握權力。

第二，冷戰之後，建設西方式的政治和經濟體制似乎相當可行，儘管這其實是錯誤的。全世界似乎都往這個方向發展。民主正在邁步向前：有一項研究指出，從一九七〇年至二〇一〇年，全世界民主政府從三十個增加到一百一十九個。[8]自由市場做為經濟組織的形式更是流行，即使像中國這樣厭惡政治民主的政府也擁抱市場經濟。美國為了在原先並不存在這些體制的國家推動它們，有理由相信自己是在推開已經打開的大門。

後冷戰時期美國歷任政府選擇集中力量，在眾多非西方國家鼓勵或甚至移植西方式體制，其第三個理由是，在美國人看來這是很自然的一件事。想要這麼做的動機早已根深柢固存在美國人心中。這是美國政治和文化基因的一部分。它可以追溯到第一批遷徙到北美洲的歐洲拓荒者，他們橫渡大西洋來到新大陸，不只是要逃避宗教迫害，也想要建設社群可做眾人表率。他們希望把這些社群打造成《舊約聖經》裡所謂的「賦予國家的光明」（a light unto the nations）。一六三〇年，還在前往麻薩諸塞灣途中的船上，清教徒領袖約翰・溫瑟羅普（John Winthrop）就向同伴們宣布，他們的新屯墾區將是「山上之城」，將受到普世注意、欽羨和效仿。三百五十年之後，美國總統雷根最愛引用這幾個字來形容美國，由此足證這些觀念之歷久彌新。

簡單地說，美國人一向認為他們的使命是讓世界變得更美好，也一直希望協助別人變得更像美國人。冷戰結束後美國具有空前巨大的力量，使他們破天荒有機會試圖實現它。後冷戰時期的美國外交政策包含政府對此一機會的反應。

不足為奇的是，這個反應具有某種宗教意味：自從清教徒在一六二〇年踏上麻薩諸塞普利茅斯（Plymouth Rock），宗教就影響美國至深且鉅。由於美國是由虔誠教徒基於信仰理由建立的國家，宗教信仰一直都很強烈，宗教思想和實踐在美國公共生活一直至關重要。英國作家切斯特頓（G. K. Chesterton）稱呼美國是個「以教會為靈魂的國家」。後冷戰時期的美國外交政策很像美國宗教傳統的一個特色：派遣傳教士到海外宣講福音、感化異教徒。十九世紀，美國有許多基督教傳教士到國外旅行及居住。二十世紀，美國政府建立世俗版的「教會」，傳播美國認為對其他國家有益——尤其是在經濟方面有益——十分重要的價值、技能和體制。它就是美國「和平工作團」（Peace Corps）。美國在一九九〇年代以及二十一世紀最初十年的主要國際倡議也是異曲同工，但雄心壯志更宏大：他們想要感化的不只是個人，而是整個國家。

這些「教會」也有一個共同特質：他們全都失敗。

❖

美國未能讓中國政府保障人權，未能在俄羅斯建立順暢的自由市場、或真正的代議制政治體制。美國也未能在索馬利亞、海地、波士尼亞和科索沃，扶立運作良好、普被接受的政府。它沒有把阿富汗和伊拉克改造為寬容、治理有方的國家。它沒有給中東帶來民主，也沒在以色列人和阿拉伯人之間締造和諧。

和美國公共生活中的許多事情一樣，政府在推行為這些目標所制訂的政策時受到猛烈批評，而且批評者往往都能抓到一點道理：因為這些政策都不能盡善盡美。美國在執行其後冷戰「宣教」時毫無疑問有些瑕疵，然而，那並不是失敗的罪魁禍首。

失敗也不見得全是資源不足的緣故，雖然這個缺點不容諱言：在某些個案上，美國還可以有更多的努力空間。在這兒，美國外交政策出現矛盾。美國巨大的實力使它有可能推行在巴爾幹、非洲、東亞、中東和西半球想要達成的使命。但從另一方面講，美國卻只有在認為對其本身福祉構成重大威脅時，才願意在海外進行曠日廢時、所費不貲的項目，而這些威脅往往都來自和美國作對的強大國家。因此，固然後冷戰世界決定美國外交政策的關鍵因素在於沒有其他國家能真正挑戰美國的安全，但這一點也限制了美國民眾願意投入的資源。對於美國在後冷戰時期想要干預、能夠做些什麼，最重要的限制不是來自國外，而是來自國內。它們比較不是出於其他國家的抵制，而是得不到美國人民的支持。

不過，美國改造他國之計畫之所以失敗，主要原因在於別的地方，特別是考量到它的目標之本質。它沒有達成目標，是因為既有的外交工具無能為力。外交政策的工具不外就是大砲、金錢和威逼利誘。它們可以影響其他國家在其國境之外的所作所為，但它們對其他國家在其境內想做什麼，影響力則大打折扣。一旦以改造他國作為其外交政策的目標，美國政府彷彿試圖用海綿打開罐子的人。套句俗話，它把一樁「不可能的任務」攬在自己身上，必然徒勞無功。

美國有企圖卻功敗垂成的是一般所謂的「國家建設」（nation-building）。事實上，美國的失敗涉及到兩項工作。其一是「建設國家」（building nations），也就是在不同背景的族群培養國家共同體的意識。另一個工作比較合適的說法應該是「建設國家機制」（state-building）：創造可運作的政治體制。美國在這兩方面都沒有成功，原因很簡單，這兩者都不是在它力所能及的範圍之內可以完成的。

第一次世界大戰之後，戰勝國決定國家的邊界應該以民族做為基準，即有共同語言、族群、歷史或某些組合的一群人應該組成共同的政府。民族國家成為大家最熟悉、也被普遍接受的大規模政治單位，迄今仍然如此。可是，有時候國家的邊界與民族團體的位置並不相符：有些民族散布在不只一個國家之內，也有兩、三個不同民族團體住在同一個國家之內。有時被分隔的民族希望住在同一個管轄區之內，有時多個民族劃在同一國之內，其中一個民族決定打壓另一個民族，這都會造成暴力相向。波士尼亞、科索沃、阿富汗和伊拉克也因此烽火連天。

美國可以、也的確驅迫塞爾維亞人和穆斯林一起住在波士尼亞，以及要遜尼派、什葉派穆斯林阿拉伯人與庫德族一起留在伊拉克之內。但是華府沒有辦法在沒有外國駐軍的情況下，讓他們自願、和平的共同相處。若想要長治久安，美國需要建立普遍共有的波士尼亞、科索沃、阿富汗和伊拉克國家認同，來取代會刺激衝突的狹隘的效忠意識。但是美國雖是全世界最強大的國家，也沒有能力做到這一點。

以建設國家機制而言，美國在俄羅斯、海地、巴爾幹、阿富汗和伊拉克試圖建設、或協助建設行政、立法、司法等政府體制，這本來就吃力不討好。它牽涉到執行這些機制的許多人，還有必須支援及接受它們的更多人，他們的習慣、技能和信念都必須有所調整。這些事情沒有辦法一蹴可及，至少需要花一個世代的時間。

更棘手的問題是針對邊界要劃在哪裡沒有共識。人們如果不想住在一個國家，或是相信政府建立後會對他們不利，他們就不會攜手打造政治體制。依照後冷戰時期美國的政治理想，國家機制理應民主、透明、和尊重個人自由，這使得這項工作更加艱鉅。

還有另一個困難妨礙美國人在外國建設國家機制，同樣的困難也妨礙了國家的建設：狹隘的效忠範圍。現代政府機制要正常運作必須不講個人感情、要求全員普遍遵守規範。以法治而言，這一點尤其重要。但是，人類的自然效忠對象既不普遍，也講求個人情義：他們會效忠某人往往是因為與此人有血緣關係或是與此人有歷史及相互施惠的交情。[9]這個世界有許多這類的社會，在中國、俄羅斯、索馬利亞、阿富汗和伊拉克都有。

冷戰結束之後的美國外交政策並非全軍覆沒。美國也達致某些成功。它沒有說服中國政府尊重人權，或使俄羅斯成為穩定的民主政體，但是它的確一度短暫地找出和中國交往的可行方式，也看到俄羅斯從蘇聯計畫經濟的廢墟建立粗糙、但已可起步的自由市場。它沒給以色列和巴勒斯坦人帶來和平，但是美國的努力似乎使得中東地區至少在一九九〇年代暫時獲得和平。甚且，美國的軍事行動在其他地方也成功。美國威脅要動用武力，迫使海地結束軍人獨裁統治。美軍部隊在巴爾幹兩度擊敗或協助擊敗塞爾維亞部隊，也趕走阿富汗的塔里班政權，以及薩達姆·海珊的伊拉克政府。所有這些勝利——沒錯，對手都很弱小——美國所付的代價很低。美國發動的**軍事任務**（military mission）成功。但是隨後的**政治宣教**（political mission），也就是改造美國軍事戰勝地區的努力卻失敗了。

一九九〇年代美國對俄羅斯及中國政策的成敗得失，是本書第一章的主題。第二章討論的是美國在索馬利亞、海地、波士尼亞和科索沃的軍事行動及後續發展——即柯林頓時期的「人道」干預。美國在阿富汗和伊拉克的經驗分別是第三章和第四章的主題。第五章則處理後冷戰時期三任美國總統政府，華府在伊拉克之外的中東之紀錄。

回顧起來，吸引舉國上下之矚目、亦耗費國家最大資源的政策，其實往往無關美國及全世界長期的安全與福祉。美國人覺得急迫的事情未必是重要的。真正關鍵的是在冷戰結束之後出現的良性國際秩序，美國應該要擔當首席捍衛者的角色。比起使特定國家依據美國的標準變得更好，防止世界整體失序反而更重要，但前者卻成了美國外交政策的主要目標。美國在這方面的成績是第六章的主題。

全書想要闡述的是美式的主觀意圖碰上了非美式的客觀現實時的困境。在距離美國本土數萬公里的海外，美國人的善良意圖不敵盤根錯節、險阻重重的現實。

第一章

中國、全球經濟及俄羅斯

「中國政府站在歷史錯誤的一邊。」

——比爾．柯林頓針對中國人權狀況告訴中國領導人江澤民[1]

「北約東擴將是整個後冷戰時期美國外交政策最致命的錯誤。」

——喬治．肯楠[2]

新世界新政府

比爾．柯林頓一九九二年參選，當選美國第四十二任總統；選戰中，他經常讓人勾起對第三十五任總統約翰．甘迺迪的記憶。柯林頓播放一段錄影帶顯示，一位來自阿肯色州十七歲的高中生一九六三年在白宮和甘迺迪握手。他在就任後不到一星期，從華府跨過波多馬各河到阿靈頓國家公墓中的甘迺迪總統墳前致悼。他宣誓就職後發表的演說，其主題恍若三十二年前甘迺迪的就職演說：世代交替。[3]

兩個新政府都象徵世代遞嬗。甘迺迪的就職，意味著總統大位由第二次世界大戰歐洲盟軍最高統帥艾森豪交棒給在太平洋戰場上一名海軍低階軍官，而新總統出生於一九一七年，已是艾森豪從西點軍校畢業後兩年。同樣地，柯林頓出生於一九四六年，即二戰結束次年，而他的年齡與他要接篆的老布希總統的長子同年。老布希和甘迺迪一樣，二戰期間在太平洋戰場擔任海軍軍官，也是曾經參加過二戰的七位美國總統中最後一位。

然而，柯林頓承接大任時的背景，和甘迺迪就職初期的環境，可說是迥然不同。甘迺迪在任的一千天，他的世界和艾森豪時期大體相同：兩者都籠罩在冷戰之下。反之，柯林頓所繼承的世界，和他的前任僅僅四年前才就任時的世界卻南轅北轍。在老布希執政期間，因為冷戰結束，國際格局發生重大革命。

從這層意義來講，一九九二年美國總統大選可說很像一九四五年英國那場具有分水嶺性質的那場大選，當時英國選民捨棄辯才無礙、意志堅定、率領他們走過二戰風暴的邱吉爾首相，換上在野黨工黨主政。英國選民決定捨棄歷來最偉大的人物之領導，因為他率領的大戰已經勝利，現在該是集中心力面對國內事務，尤其是社會福利議題的時刻。因此，他們相信工黨更適合領導新局。一九九二年美國大選也具有相同的意義：柯林頓當選是因為冷戰已經結束。

冷戰結束對總統大選的影響有一個最鮮明的指標，就是柯林頓和佛蘭克林・羅斯福以降九位國家首長都不一樣，他從來沒服過兵役。[4] 由於歷來九位總統都曾領導對抗蘇聯的全球鬥爭，全可說是戰時總統。憲法規定總統就是三軍總司令，對於美國選民而言格外重要，因為他們認為服役經驗是承擔大任的重要條件。

事實上，羅斯福在職十二年讓人看清楚二十世紀的總統有兩大類型職責。他在白宮的前半段時期，扮演「新政醫生」（Dr. New Deal）角色，推行各種措施以帶領美國走出所謂「經濟大蕭條」（the Great Depression）的全球經濟低谷。一九四一年十二月七日，日本偷襲珍珠港之後，他搖身一變成為「戰爭醫生」（Dr. Win-the-War），主理亞洲對日作戰和歐洲抗德作戰。一直到老布希總統為止，每一位後任總統都得承擔對內提振經濟福祉，對外確保國家安全的職責。相形之下，柯林頓被選來處理的只有經濟問題。

他在競選期間強調經濟議題。選民對外交政策沒有太大興趣，這一點對柯林頓的對手、競選連任的老布希總統相當不利，因為後者的主要政績是戰戰兢兢地帶領國家走過冷戰終結。以外交政策而言，老布希可謂杜魯門總統以後美國最有建樹、最成功的總統。美國選民卻以尋求連任的總統最低的普選得票數報答他。一九九二年總統大選有一項不尋常的特色，就是億萬富翁羅斯·裴洛特（H. Ross Perot）以獨立候選人身分參選，拿走將近百分之十九的選票。裴洛特的招牌政見就是降低聯邦政府財政赤字，而降低赤字本質上是和平時期的議題。戰時，政府是傾囊而出一心求勝，至少避免敗戰。只有戰爭結束了，財政責任才躍為公共議題的榜首，一九九二年的美國就是如此。儘管呼應甘迺迪世代交替的主題，柯林頓的第一任就職演說並不像甘迺迪演說的調子那樣強調外交政策。它強調的是美國在國內碰到的挑戰。他就任後不久也保證「會像雷射光一樣聚焦」在美國的經濟。

由於美國並沒有從它在冷戰期間承擔的全球地位及國際承諾撤退，柯林頓政府不能完全忽視世界。他必須要有一套外交政策，而身為後冷戰時期的第一位總統，[5]他面臨的問題是冷戰時期歷任總統所不曾經歷的。他們的外交政策目標很清晰：在全世界圍堵共產主義的力量和影響。一九九三年還沒出現清晰、明確的目標。柯林頓政府必須決定美國在全世界應當做些什麼，這是他的前人所不曾有過的考驗。

在被批評了九個月政府未能提出適合後冷戰新時代的外交新政策後，國家安全顧問安東尼·雷克（W. Anthony Lake）在一九九三年九月二十一日發表演講，揭櫫新政策。他說：「繼承圍堵主義的，肯定是擴大的戰略，亦即擴大全世界採行市場民主的國家群體。」

「擴大」（enlargement）是個很笨拙的字詞，它讓人想到醫學疾病，而不是偉大、英勇的全國壯舉。然而，透過培養民主的政治制度和自由市場經濟，以改造其他國家內部政治和經濟，變成雷克所代表的政府與其後任努力以赴的目標。美國的確承擔起擴大的使命。

然而，儘管雷克話說得很漂亮，改造他國並不是柯林頓政府或繼之而後的小布希政府，在推動其外交政策時所刻意要做的事。以這些空泛之詞表達目標，也沒有為政府提供達成目標的指導原則。柯林頓政府所宣示的擴大，只是期望而不是方案，只是口號而不是戰略。

前人沒有清晰的方針，後繼的新政府在選擇外交政策時，就沒有戰略可資依循，只好照程序走。這些政策產生自大家熟悉的美國政府決策過程：國內政治利益和壓力的交互作用和角力。

這種過程並沒有決定美國所有的公共政策，也不曾決定冷戰時期的外交政策。美國的政治議題一般可分為兩大類。少數議題上升到國家級重要地位。它們影響整個國家，而且經常影響深遠。它們是重要公共辯論的主題。它們決定選舉的勝負成敗。國家依循這些頭等重要議題的政策通常源自公共討論，並得到多數國民的支持。

但是絕大部分的議題不屬於這一類，它們沒有顯著的重要性。許多被歸類到第二類的議題，只涉及到可謂小規模資源的分配——雖然有時候金額高達數十億美元——譬如，補貼某種經濟利益，或訂定只影響到三億二千多萬美國人中極少數的稅則。很少人關心（或甚至知道）這些議題，少數關心的人雖然人數不多，卻經常如願以遂。少數派當道，而不是多數派主政；這種情況正是因為極大多數的民眾不參與，而有良好組織、高度熱忱、且通常財力雄厚的少數派，能讓行政部門採納他們偏愛的計畫，或爭取到國會將之制訂為法律。

戰爭與和平的問題，涉及到美國人的性命安危，可列入第一類議題。冷戰期間，絕大部分外交政策議題關係到與蘇聯及國際共產主義的殊死戰，因此得到全國人民的注意。外交政策的辯論有時涉及面極廣，通常也很尖銳，成為全民焦點。參與這些辯論的人不免都會堅稱他們主張的路線可以最大化美國的國力和安全，因此最符合全國利益。譬如，一九六〇年的大選選出甘迺迪為總統，其中最精彩的一幕就是他和共和黨對手、當時的副總統尼克森的辯論，兩人激辯誰更能強硬對抗蘇聯。

到了一九九三年柯林頓就任總統時，外交政策議題已落到較不重要的第二類議題。利害關係已比過去低了許多，這類議題只受到地域性的關切，不再是全國關注的重心。於是，國內利益及壓力比起過去數十年有更大的空間去影響美國外交政策的決定。因此之故，這些利益和壓力決定了柯林頓政府對中國及俄羅斯這兩個昔日正統共產主義大國的政策方針。

中國與人權

美中關係史上有一個始終不變的特色，就是它並不連貫、一致。雙方關係經歷一系列的轉折，從友好到對抗然後又言歸於好，[6]而其中一次轉折替柯林頓的中國政策定了調。美國和全世界人口最多的這個國家的交往始於十九世紀，傳教士率先東去，向中國人傳播基督福音；後冷戰時期美國外交政策顯示它和中國的關係依然故舊，只不過過去傳播宗教信仰，而今傳播世俗價值。[7]

十九世紀末葉，美國政府加入歐洲帝國主義列強，在中國沿海地區硬是畫出經濟特區。然而，第一次世界大戰後，美國方向大反轉，試圖保護中國對抗日本帝國的蠶食鯨吞（但是沒有成功），後來在第二次世界大戰則與中國政府站在同一邊和日本作戰。

在一九四五年之後的中國內戰中，美國支持蔣介石的國民黨，但是國民黨輸了內戰，敗退台灣。一九五〇年冬天，毛澤東的共產黨部隊介入韓戰，協助北韓對抗美國。然後就是長達二十年的敵對，雙方政府實質上沒有任何正式接觸。

另一次轉向發生在一九七二年。經過秘密外交準備後，尼克森總統在是年二月訪問中國，開啟了兩國雖非正式結盟，但展開軍事、政治合作的時代。蘇聯原本是中國的保護人，但是到了一九七〇年代雙方交惡（一九六九年還一度爆發小規模的邊境交火），基於共同反對美國冷戰時間頭號敵人蘇聯的需求，美、中修好。它遵循的是地緣政治最古老的規則：敵人的敵人就是朋友。

美中修睦還不只是出於地緣政治考量。一九七九年，毛澤東過世後三年，中國開始引進市場經濟，因此帶動一連三十年、每年兩位數增長率的經濟起飛。毛澤東時代對中國人生活的方方面面嚴格管控，現在大為放鬆。外國人開始訪問中國，中國人也出國旅行，而且兩者人數都不少。美國及其他國家開始與中國貿易，並到中國投資，這和毛澤東時代中國經濟和全世界斷裂的情況有如天壤之別。

這些發展給美國人一種以為中國正在快速改變的印象。這個印象沒有錯。從這兒，許多人推論，中國正在扭轉中國共產黨一九四九年後實施的政治和經濟制度。但這就錯了。雷根總統一九八四年訪問北京回國後，談到中國是「這個所謂的共產中國」。由於雷根所表述的印象相當流行，一九八九年六月三日和四日發生在北京市中心天安門廣場的事件尤其震撼，導致蘇美關係另一次大轉向，並由柯林頓政府繼承。

一九八九年四月五日，具有改革思想、兩年前遭罷黜的中國共產黨領袖胡耀邦於北京逝世。

民眾很罕見地公開表現同情，前往天安門廣場悼念。隨後幾天，群眾愈聚愈多，全國另三百四十一個城市也出現悼念人群。[8]起先原本是向胡耀邦致敬的群眾，逐漸顯示支持他所代表、而共產黨拒絕執行的改革思想，甚至抗議他們所不喜歡的政府政策。聚集在天安門廣場的學生在五月十三日發起絕食抗議來推動主張。北京市民也站出來支持他們：聚集在廣場的民眾終於爆增到近一百萬人。[9]

政府出手鎮壓。它宣布戒嚴，派部隊進北京驅散民眾，朝手無寸鐵的平民開槍，殺害數百人。[10]鎮壓後，政府逮捕數千名異議人士。許多人失去工作或被抓去坐牢，有些案件審判經由電視播出。有些人設法逃亡國外。美國人以為共產政府不容忍政治異議、嚴加鎮壓的行徑已經消失，卻又故態復萌——或許應該說是，根本沒離開過。因此，美國民意大譁，轉而反對北京政府。一九八九年二月的一項全國民調，百分之七十二受訪人表示對中國有好感。六個月之後，民意大翻轉，百分之五十八受訪人相當反感。[11]在這個環境下，美國政治人物想辦法表達他們選民（以及他們本身）感受的不滿情緒。

美國政府裡最貼近民意的國會率先表態。一九八九年有四萬三千名中國學生在美國留學，[12]其中許多人不想回中國。國會通過法案，允許他們簽證屆期不用離境，可以留下來。眾議院以四百零三票贊成、零票反對的懸殊比例通過，參議院則不用表決，一致嗆聲贊成。[13]

一九九〇年初，國會更進一步動作，既表達對中國政府行動的不滿，也試圖改變中國。根據一九七四年《貿易法》的「傑克遜—范尼克修正條款」（Jackson-Vanik amendment），中國是個非市場經濟的國家，只能經由總統指定才能得到貿易最惠國待遇。唯有透過此一待遇，中國才有可能擴大與美國的商務往來。卡特總統在一九七九年賦予中國貿易最惠國待遇，往後歷任政府年年續發許可。一九九〇年，眾議院以三百八十四票贊成、三十票反對表決通過，以後每年續發貿易最惠國待遇前，總統必須出具報告證明中國政府在人權表現上有改善。參議院沒有就本案表決，但貿易特權成為中美關係的熱點。

老布希總統反對國會所設想的美國對中政策。緊接著六四天安門事件之後，他凍結兩國之間的軍事關係，切斷國際對中國放款，也中止雙方政府高層的接觸。然而，同時他也試圖盡可能把兩國關係和國內民眾的反中情緒做出區隔。事實上，就在六月底，雖然他已下令中止高層接觸，他仍然派遣國家安全顧問布倫特・史考克羅夫（Brent Scowcroft）秘密訪問北京，向中國領導人擔保他會堅持美中和睦交好。十二月份，史考克羅夫再度銜命赴北京訪問。訪問的消息傳出之後，在美國國內受到相當大的批評。批評者引述中國古代皇朝迫使所有的外賓要向皇帝跪拜的作法，指控布希政府向中國「叩頭」（kowtow）。儘管遭到批評，一九九一年，國會兩院通過法案，將貿易最惠國待遇和中國人權政策掛鉤，布希總統逕予否決。[14]

布希歷任美國駐北京辦事處代表、中央情報局局長和副總統，他強烈相信中、美軍事和政治合作的戰略重要性。身為總統，他也相信掌管中國政策的應該是他而非國會。可是，美國民眾對中國政府在天安門廣場及其後的作為非常氣憤，使得美國政治系統內部對中關係的權力天平轉為對他不利，這一來在兩個重要方面改變了中美關係。

首先，它脫離了一九七二年建立的模式。原先的模式是中美關係由雙方少許官員審慎、且往往秘密地處理，但是一九八九年六月四日之後，它進入美國國內政治的喧囂擾攘中。於是一反過去的常態，民眾和他們選出的代議士堅持在美國的對中政策上要有話語權。其次，一九七二年以來的雙邊關係原本只涉及地緣政治考量，尤其是蘇聯構成的共同威脅。天安門事件之後，中國國內問題也牽扯進來。過去中美關係只涉及到大國事務，亦即美國利益。反之，天安門事件之後，兩國的政治價值和政治實務也牽扯進來。美國的對中政策不再只以中國政府的蘇聯政策做為基礎，必須考量到北京政府如何對待中國人民。

這代表脫離了一九七〇年代末期的作法。當時，卡特總統揭櫫保護全球人權為其政府外交政策核心。可是，他並沒把中國列入侵犯人權名單之中，即使在北京有高舉他注重的人權政策的民運人士被捕，他也沒有出聲。[15]老布希想師法卡特對待中國，卻沒能成功。

中國政府並不尊重或保護人權。中國政治的根本原則是共產黨大權獨攬、肆意妄為。如果政府有義務尊重個別中國人的權利，這個國家將會有徹底不同的政治制度。它就不再是共產主義。美國國會對延續貿易最惠國待遇所訂的條件，等於是要求中國發動革命。中國共產黨領導人基於私利，必然堅決反對它。當然，也不排除至少有些人真心相信，由他們來統治中國會更好。

一九八九年六月三、四日和往後幾個月的鎮壓，當然違反人權，但這件事絕不是中國共產黨第一次犯這種暴行，也不是最慘烈的一次。毛澤東及其黨羽奪得中國政權之初，就殺害了數百萬人。而一九六〇年代末期毛澤東發動的文化大革命十年動亂，也有數十萬人喪生或遭到迫害。一九五〇年代，毛澤東想要加快工業化腳步發起大躍進運動，造成大飢荒，高達三千萬人因此喪生。以中國人民受苦的幅度衡量，中國共產黨在一九八九年下半年的政策，貽害程度與從前的暴行相比只是小巫見大巫，可是，天安門事件在美國引發強烈反應。

會有這種差異的主要原因是，外在世界並不曉得中國過去的暴行，當時中國對外國人保持閉關鎖國。反之，到了一九八九年，國際新聞界已在北京駐點。從四月到六月，記者把抗議活動鉅細靡遺發布目擊紀錄。某些事件經由電視報導出去，吸引前所未見的大量觀眾。[16]有一張畫面特別吸引全世界的想像力：在北京的長安大街上，一名男子站在路當中，擋住四輛裝甲車。這張畫面讓美國人定型化對中國的印象：一方面是個手無寸鐵的小市民，為爭取自由以血肉之軀勇敢阻擋裝甲車前進；另一方面卻是兇狠的共產黨軍事機器。一點也不奇怪，美國人站到橫眉冷對坦克車的這名男子這一邊。

天安門事件透露原來還有許多中國老百姓生活在水深火熱之中，美國國會出於同情抗議者及中國人民的心理，試圖迫使北京政府尊重人權。同時，中美關係脈絡出現變化，也削弱布希總統想要保護兩國軍事和政治關係此一反向的脈動。天安門事件也凸顯此一變化。五月中旬，示威行動鬧得如火如荼時，蘇聯領袖戈巴契夫（Mikhail Gorbachev）訪問北京。他是三十年來第一位到中國進行國事訪問的蘇聯最高領導人。原定在天安門廣場舉行的歡迎儀式，被迫移到其他地方。戈巴契夫的訪問代表中、蘇兩國敵對落幕。當年兩國齟齬才造成中國在一九七二年向美國靠攏。然而，戈巴契夫到訪還代表另一個更加重要的發展：冷戰結束。他的到訪是他本人所發起的國際政治改造的一部分，兩年半之後，它以蘇聯解散達到最高潮。

由於冷戰在一九八九年六月已明顯即將落幕，美國不再像從前那麼需要為了和中國刻意交好，而忽略中共系統性的人權侵害。民眾和國會不再覺得迫於對抗蘇聯的需要，必須對中國忍讓。尼克森一九七二年在北京曾對中國領導人透露：「促成我們在一起的是，我方認識到，重要的不是國家內部哲學。」[17]冷戰結束推翻此一認知，替國會要求美國改變對中政策排除障礙。戈巴契夫使得世界更安全，美國可以放手要求中國改變其政治制度。柯林頓政府即決心這麼做。

一九八九年下半年的局勢也使改造中國的可行性變高。從六月至十二月，東歐共產主義政權陸續崩潰。波蘭、匈牙利、捷克斯洛伐克、東德、保加利亞和羅馬尼亞各國人民風起雲湧推翻他們的共產政府。除了羅馬尼亞以外，全部和平達成任務，開始民主轉型。情勢很清楚，共產主義在歐洲已將退潮，取而代之的是民主。中國已經自發性地出現和平示威，天安門廣場的抗議民眾也打造一座三十三英尺高、高擎火炬的塑像，把它稱為「民主女神」。中國又怎麼會有異於上述東歐國家呢？

把中國的貿易最惠國待遇和其人權紀錄掛鉤處理的主張，吸引廣大的支持。共和黨籍總統反對它，反而使民主黨政治人物更熱心支持它，他們最高興在政治爭議中和民意站在同一邊，對抗頭號政治對手。某些共和黨保守派嫌惡共產主義，即使是親美、反蘇的中國共產黨也一樣討人厭，因此他們也支持掛鉤處理的主張。[18]全球推動人權的團體當然也不遺餘力支持。一向傾向支持民主黨的工會組織也響應。這和他們不滿中國工廠搶走勞工就業機會不無關係。他們既反對中國政府侵犯中國人民權利，也盼望貿易設限或許可以保護本身就業機會。到了一九九二年大選時，中國貿易地位和人權紀錄掛鉤處理成為重大議題。控制國會的民主黨和競選連任的共和黨總統，立場針鋒相對。

柯林頓競選時，照單全收民主黨的主張。他沒有理由改弦更張。它在全國普受歡迎。他必須極力交好的民主黨國會領袖也強烈支持它。[19]一九九二年七月在紐約舉行的民主黨全國代表大會上，兩位參加過一九八九年六月天安門廣場活動、爾後逃出中國的中國學生應邀上台，受到熱烈歡迎。大會通過一項政綱，強調「有朝一日，〔中國〕也將走上東歐及前蘇聯共產主義政權的道路。美國必須盡力鼓勵此一發展」。[20]柯林頓本人指控其對手「漠視民主」，「放縱獨裁者」。[21]要求中國改善人權紀錄，使柯林頓能比共和黨現任總統採取更堅定、更強硬的立場。過去冷戰期間，民主黨在和共產國家來往時，往往顯得比共和黨更軟弱、更沉默，而備受攻訐。柯林頓的立場翻轉了兩黨在冷戰時期的角色。

但是柯林頓並非出於個人的信念而採取此一立場。他從來沒到過中國（但曾經訪問台灣），對於任何國際重大政治議題幾乎都沒有過發言紀錄，在競選期間也很少談論外交政策。他呈現的形象是：我可以領導國家提振經濟（美國在一九九二年剛經歷溫和的經濟衰退）。對他來講，把保護人權和延續中國貿易最惠國待遇掛鉤處理，符合政黨邏輯和選情需求。他在一個對國家來講次要的問題上採取鮮明立場，是因為它從國內政治角度考量有道理。

柯林頓一當選，就把此一立場化為行動。行政部門說服國會民主黨領袖不要在一九九三年通過把貿易和人權掛鉤處理的立法，他一方面先准中國延續一年的貿易最惠國待遇，一方面簽署行政命令要求中國改變其國內治理。這道命令規定，中國若要再得到貿易最惠國待遇，國務卿必須確認它在下列方面取得「全面重大進展」：釋放及交代清楚政治犯，允許探監，保護西藏文化，允許中國人接觸國際廣播。[22]美國政府正式把和中國持續貿易與中國政治改革連結起來。老布希不做的，柯林頓要做。一百年前，美國傳教士致力於改造中國個人的精神生活，現在美國政府想要改造整個國家的政治生活。迫使中國內部治理的改革，而且是大規模改革，成為美國官方政策。

被柯林頓派來執行此一政策的國務卿華倫・克里斯多福（Warren Christopher），於一九九四年三月前往北京訪問，距離中國遵行規定的截止期限已剩下不到三個月的時間。克里斯多福是在洛杉磯地區執業的律師，曾經在卡特總統的國務卿范錫（Cyrus Vance）底下擔任國務院第二把手。[23]一九九二年當選後，柯林頓派他為政權交接團隊負責人，負責協助候任總統籌組內閣。當時，克里斯多福曾說，他「認為接了這份差事後，我以後不會出任重要職務」。[24]可是，他一方面負責篩選閣員，另一方面竟然自己脫穎而出擔任國務卿。

卡特政府下台十二年以來，克里斯多福從來不曾公開參加過外交政策辯論，也沒對特定議題或立場表達主張，就擔任重要公職的人士而言，他公開演講的口才也奇差無比。耐心十足，做事一板一眼，專精公司法的他，據說是個相當成功的談判家。他擔任國務卿期間的確花了不少時間談判，從中東問題到與歐洲盟國交涉，乃至最著名的一九九四年三月訪問中國之行都是。可是，以上談判沒有一項得到成功的結論。

克里斯多福想說服中國政府遵守柯林頓行政命令的條件，但很快就清清楚楚、完完全全踢到大鐵板。為了強調堅決不接受這些條件，中國政府在他出發赴北京當天逮捕十三名民運人士。他在中國首都逗留的三天中，充滿了激烈抗辯，和過去進行會議刻意鋪陳的融洽氣氛南轅北轍。中國總理李鵬曾經冷血支持鎮壓天安門示威活動，他告訴克里斯多福，中國「絕不接受美國的人權觀念」。[25]中國外交部長公開譴責美國的中國政策，宣布他自己對克里斯多福此行到訪相當失望。[26]

克里斯多福訪問北京是想取得中方讓步，結果卻空手而還。柯林頓想把貿易最惠國待遇和中國人權紀錄掛鉤的努力宣告失敗。[27]政府決定不再戀戰，必須改弦更張。柯林頓在五月二十六日公開宣布：「我們已經走到這項政策的盡頭。」他承認：「該是改走新路的時候了。」[28]

這項政策會失敗是因為美國沒有力量執行它。控制中國境內大局的是中國共產黨，不是美國政府。美方盤算，進入美國市場對中國來講相當重要，中國會付出加強保護人權的代價來確保市場。中國領導人肯定希望能繼續把商品賣給美國消費者。但是此事雖然重要，在他們的政策優先排序表上卻沒有維持其政治制度來得重要。他們從現存的政治制度獲得利益，而且他們相信——至少某些人有些時候相信——這套制度能保證中國富強。他們決心不重蹈歐洲各國共產黨的覆轍。中國領導人的統治基礎相當大一部分奠立在保護國家主權獨立上面，西方列強和日本在十九世紀和二十世紀上半葉曾經侵犯中國的主權，而今他們豈能容許外國人來告訴他們如何管理中國內政事務。[29]

美國人想要中國人改的東西，恰是中國領導人誓死捍衛的東西，中方也願意付出高昂代價維護它。美國總統、他的政府和他的國家想要推動變革的承諾，卻只有三分鐘熱度。它們也不是第三方國家的高度優先事項，若想要讓掛鉤政策有效，就得爭取第三方國家支持美國的貿易優惠需以政治改革為前提的立場。但在亞洲，想要針對中國的政治問題對北京實施制裁，不是無法讓人共鳴，就是不能持久。即使美國在東亞最親密的盟國日本，也寧可維持和中國的貿易關係、而不想拿貿易與人權問題掛鉤。[30]利害關係不對稱，是柯林頓政府初期中國政策失敗的原因之一。第二個原因是：這個議題涉及到國內政治，它持續影響美國的中國政策，但是美國政治已經起了變化。

到了一九九四年，美國企業界已經動員起來，反對以對中貿易為槓桿來追求政治目標。許多公司已把中國納入營運範疇，做為在美國採用或銷售的零組件或產品之來源，或是做為美國製造的商品及服務的快速成長的市場——大部分更是兩者皆是。中國從一九七九年改革開放以來的經濟成長成績亮麗，在美國產生一股政治支持力量，主張維持兩國經濟關係。一九八九年，企業界不敢出聲。天安門大屠殺的震撼，使得擁護與中國政府維持良好關係會招來非議，被罵為鐵石心腸還算是最好的情況。再者，中國的經濟成長已經遲緩下來，而天安門事件後的鎮壓也強化中共黨內對過去十年實行市場改革存疑之人士的權力。回到政府加強控制中國經濟，減少賦予外國人的機會，變成非常有可能。

五年之後，經濟又恢復成長。一九九二年，中共最高領導人鄧小平有一趟刻意高調宣傳的「南巡」，稱讚市場改革，重申政府應該持續及擴大改革開放。這段決定性的南巡之後，中國再度成為經濟飛躍的樂土。美國企業界不肯因為貿易與人權掛鉤處理而錯失機會，因此向政府清楚表達了心聲。[31]

於是美國政策從試圖改變中國內政，轉變為善加利用它提供的經濟機會，但這並不只限於中國。經濟交往——增進跨國貿易與投資——不僅成為柯林頓政府和中國來往的基礎，也成為它一般外交政策的基礎。在處理對北京交涉失敗的過程中，柯林頓政府找到和世界交往的基礎，而且似乎頗適合後冷戰的新環境。這個作法也有國內政治的考量：它給總統本人帶來政治好處。

美國一拋棄貿易與人權掛鉤的手段之後，貿易和投資成為美國對中國政策的法寶，即使它需要處理中、美關係另一個更棘手、更危險的問題——台灣地位問題——時，也沒有脫離這個宗旨。雙方對中國的人權政策意見不合有可能激生齟齬，也有可能造成兩國經濟撕裂，但是為台灣問題爭吵卻有爆發戰爭的風險。

台灣島距中國海岸約一百六十公里，原本由原住民居住。十七世紀始，來自華南的移民開始入台拓墾。清朝在一六八三年征服台灣，但是直到一八八五年才正式設省。十年後，日本搶走台灣，此後即未由中國大陸的政府統治。

蔣介石的國民黨輸了國共內戰，於一九四九年撤退到台灣，以便利用它做為反攻大陸的復興基地。一九五〇年六月韓戰爆發，美國總統杜魯門派美國海軍第七艦隊巡弋台灣和大陸之間的台灣海峽。中國軍隊在同年十一月介入韓戰、對抗美國，為未來二十年中美敵對定了調。這段期間，台灣成為美國的保護國。國民黨政府繼續以代表全中國的正統政府之姿出現，不認為自己是獨立自主的台灣之執政當局。

一九七二年推動與北京修好時，尼克森政府與中國政府簽署《上海公報》，反映了此一地位。它說：「美國認識到，在台灣海峽兩邊的所有中國人都認為只有一個中國，台灣是中國的一部分。美國政府對這一立場不提出異議。」尼克森顯得並不關心台灣的未來，但是其他美國人關心。卡特政府一九七九年和北京建立全面外交關係、切斷和台灣正式關係時，國會以無從否決的懸殊票數通過《台灣關係法》。《台灣關係法》承諾，美國與台灣維持準官方外交關係，嚴肅看待對台灣的攻擊（雖然未必會動武防阻對台灣的攻擊），以及提供台灣防衛武器。

台灣做為實質獨立國家、而非法理獨立國家，延續到後冷戰時期，這是因為一九四五年至一九五〇年中國內戰[32]，加上冷戰的進行所造成。若是國民黨打贏內戰，落敗的共產黨會撤退到蘇聯，而非台灣。若是韓戰未爆發，中國沒有介入韓戰，台灣就不會受到美國保護，而大陸政府或許會設法征服它（北京在一九五〇年就嘗試過）。[33]台灣的地位或許可以看做是地理上的偶然。它離大陸太遠（一百六十公里）而不易征服，因為需要發動兩棲作戰進攻，這在任何情況下都是高難度的軍事行動。但是它又沒有遠到深入太平洋，脫離共產黨軍事力量打擊範圍，因而可以放心地宣布獨立，不甩北京政府的想法。

台灣的地理位置使它成為控制中國海上航線的基地，對於大陸的任何政府而言，這條海上航線的經濟、軍事重要性都不容小覷。這也是共產黨政府堅持對台灣主權的一個原因。[34]它還有另一個同等重要的政治誘因。中國共產黨的統治權，以及民眾接受它的統治地位，可不像其他國家的共產黨是源自於它效忠馬列主義的原則。中國已經加入毛澤東思想的元素。冷戰結束時，它也大幅拋棄這些原則。中國共產黨的政治正當性有很大一部分來自於它保衛中國領土的完整性。[35]毛澤東在一九四九年宣布創建中華人民共和國時高喊：「中國站起來了！」他的意思就是中國已經強大了，能勇敢面對過去一個世紀侵略、壓榨和割據中國領土的外來列強。

中國共產黨宣布全力矢志恢復中國歷史版圖，以中國悠久歷史上的最大版圖為目標。這個願景得到廣大中國人民的支持，他們也不問毛澤東加諸於人民身上的是什麼樣的統治機制。共產黨政府認為台灣是中國的一部分，先後遭到日本和美國竊據。共產黨統治者在冷戰期間及之後，願意暫緩擁有台灣（毛澤東說，這個問題可以擺上一百年，鄧小平則說五十年不妨）：這是因為他們沒有軍事力量可以完成此一目標，加上中國對付蘇聯的防務需要，迫使它必須與台灣的靠山美國結盟。可是，北京嘴上絕不放鬆，堅持主張兩岸統一。北京強調他們將把台灣試圖正式、永久脫離中國的企圖視為挑釁，屆時它即有正當理由發動戰爭。

美國在台灣地位上的利益沒有共產黨政府在大陸的統治正當性來得那麼致命。但是美國的利害關係也不容輕忽。歷史創造出這些利害關係。冷戰結束時，美國已和台灣發展出親密關係：它在過去四十年提供台灣軍事援助。鑑於這段歷史，台灣若被中國軍隊武力征服不僅會冒犯美國人，也會傷害美國做為可靠友人的信譽。為了嚇阻共產黨攻擊美國盟邦，這個信譽在冷戰期間相當重要。它也不會因為冷戰結束，突然就失去重要性。甚且，台灣採納自由市場經濟，與包含美國在內的西方世界有密切貿易往來，已成為重要的經濟骨牌。

再者，冷戰結束後，台灣也變了，使它的地位更有爭議，也更危險。它變成民主國家。

一九八〇年代中期開始，執政的國民黨解除戒嚴，允許組織反對黨，也舉行自由選舉。土生土長的李登輝在一九八八年繼蔣介石之子蔣經國之後出任總統，推動許多改革，同時也開始培養獨特的台灣意識，不再把台灣看成是國民黨想要統治的大中國底下的一個省。[36] 一九九二年，台灣政府放棄控制全中國的主張，提升台灣宣布獨立的可能性。這一切讓中國的共產黨政府起了戒心，它認為全面民主和台灣獨立威脅到它的利益。台灣當局放棄對全中國的主權主張，實質上等於接受中國內戰戰敗的事實，可是這恐怕也是歷史上第一次，交戰的一方承認戰敗、投降，卻被敵對方視為敵意動作。

雖然北京起了戒心，台灣向民主轉型卻改善了它在美國人民心目中的形象。它不再是已經結束的冷戰之威權政體盟友，搖身一變蛻變成全球民主社群的一員。雖然就美國的戰略利益而言，台灣的價值降低，[37]但以美國政治價值而論，它反而變得彌足珍貴。部分基於這個原因，再加上持續承諾提供防衛武器給台灣，老布希政府在一九九二年十月同意出售一百五十架F-16戰鬥機給台灣。F-16在德克薩斯州生產，此一軍售案保證這個政治上重要大州的就業機會。而且消息是在總統大選進入緊鑼密鼓階段、離投票日不到幾週時宣布，此一決定肯定得到布希本人首肯。中國當局對此相當憤怒，而美國政府更加禮遇李登輝總統也讓北京不滿。

一九九四年五月四日，李登輝啟程前往中美洲訪問，再轉赴南非參加曼德拉總統就職典禮，專機在夏威夷州檀香山市希克姆空軍基地（Hickam Air Force Base）過境。柯林頓的國務院深怕招惹中國不悅，故沒有准他在夏威夷過夜。李登輝為表抗議，乾脆拒絕下飛機，也告訴唯一一位奉派來迎接的美國官員，他不接受美國給他的次等待遇。[38]美國國會的反應也很氣憤。下個月，參議院以九十四票贊成、零票反對，通過一項決議案，要求國務院發放簽證給台灣官員。

次年，台灣政府要求美方發簽證給李登輝，讓他回到一九六八年得到農業經濟博士學位的康乃爾大學參加校友會活動。雖然國會不是最後決定的事權單位，卻跳進來：眾議院以三百九十六票對零票、參議院以九十七票對一票，分別贊成李登輝訪問母校。國內政治考量再次對美國的中國政策產生重大影響。面對國會如此一面倒的支持，柯林頓政府發了簽證。李登輝在康乃爾發表一篇擲地有聲的演講，為台灣發聲。中國政府怒不可遏，懷疑這是美國走向支持台灣獨立的一步。

李登輝強勢外交的目的之一，是為他自己在一九九六年三月二十三日的總統大選營造聲勢。一九九六年大選是台灣第一次全民直選總統，事實上也是大中華地區有史以來第一次人民投票選舉國家領導人。李登輝以百分之五十五的得票率當選。[39]共產黨當局也把這解讀為挑釁，反應之激烈遠超過只以言詞痛批他訪美之行。

中國人民解放軍二月份在台海對岸集結十五萬大軍。一九九六年三月八日，共軍向台灣附近海域發射飛彈，比起前一年類似演習距離更接近本島。美國派出兩支航空母艦戰鬥群前往台灣附近海域，不過沒進入兩岸之間的台灣海峽。國防部長威廉·裴利（William Perry）是柯林頓派任的七位高階外交政策官員（兩位國務卿、兩位國家安全顧問和三位國防部長）當中最能幹的一位。他說：「北京應該知道，這支艦隊也會提醒他們，他們雖是軍事大國，西太平洋最強大的頭號軍事大國是美國。」[40]

美國和中國在一九九六年春天並沒走上戰爭邊緣，不像一九六一年夏天為了柏林地位問題，以及一九六二年十月為了蘇聯飛彈進駐古巴，美、蘇兩國劍拔弩張。* 中、美雙方在一九九六年都沒有預期要開戰。但是每一方都發出訊號：對方如果太過份，即如果台灣宣布獨立或是中國直接攻擊台灣，它就準備開戰保衛本身利益。[41] 台灣附近海域的發展可以做為提醒或警告，冷戰結束並沒有完全消除戰爭的可能性，而且一旦開戰，這一次交戰雙方都有核武。

和冷戰期間的美蘇危機一樣，一九九六年三月西太平洋這一幕對直接牽涉到的兩國也有醍醐灌頂的警示作用。中國未來不再有任何針對台灣的軍事行動，且雖然不樂見、但是容忍尚未正式獨立、卻運作有如獨立的台灣，出現全民直選產生的總統。至於美國，原先已經放棄把貿易和人權掛鉤處理的政策，私底下也向中國政府保證不支持台灣獨立、不支持成立兩個中國，也不支持台灣加入聯合國，柯林頓政府已經決定持續培養、而非阻止，要以經濟交往做為它不僅是與中國、也是與其他國家整體關係的基礎。

經濟主導的外交政策

柯林頓政府既然未能推動中國政治改革，立即反轉政策。此後美國政府的優先目標是和北京改善關係，尤其是擴大中美經濟關係。老布希本來就想這麼做。柯林頓打著要以不同方法和中國交往的政策入主白宮，但卻發現他本人採取的政策正是其前人想保留、而他高唱反調的政策。

官員的論調也變了。雷克一九九三年演講，訂下美國要「擴大」市場民主陣容的目標時，把中國列為與全球大趨勢背道而馳的「強烈反彈國家」（backlash states）之一。現在，官員們強調中國的國際重要性，以及需要尊重它。[42] 一九九七年，在天安門事件後被鄧小平挑選來擔任中國領導人的上海人江澤民，前來美國訪問。次年，柯林頓報聘，到中國訪問。一九九八年，美國停止它年年連署，企圖在聯合國通過決議案譴責中國人權紀錄的作法。一九九六年，美國運用相當大影響力，開始為中國加入新成立的全球自由市場經濟體聯合會的世界貿易組織（World Trade Organization，簡稱ＷＴＯ），展開談判。一九九九年，談判順利得到結論。二〇〇〇年，國會在政府敦促下，通過以後不用再年年審核是否給予中國貿易最惠國待遇的法案，一勞永逸賦予它改名為「永久正常貿易關係」（Permanent Normal Trade Relations，簡稱ＰＮＴＲ）的這個待遇。

柯林頓政府從它原先的中國政策撤退，因為它很尷尬地發現，它並沒有能力把人權和經濟關係掛鉤處理。一旦發現力有未逮，它立刻放棄。可是政府官員另有一套說詞。他們說，新作法是

* 註釋：雖然一九六〇年代這兩場危機最後都沒爆發戰爭，我們也無從正確評估雙方已經多麼靠近戰爭邊緣，但參與事件的雙方人士都相信戰爭一觸即發。一九九六年春天並不是中、美首次為台灣差點兵戎相見。一九五〇年代，共產黨對台海若干國軍據守的外島數度猛烈砲轟。美國暗示性地警告要以核武報復，才使北京不再輕舉妄動。

半途修正，只是戰術修正、不是戰略改變，殊途同歸。

克里斯多福國務卿在一九九三年一月的人事任命案聽證會上表示，新政府將「透過鼓勵這個偉大國家的經濟力量和政治自由化，尋求加速中國從共產主義轉向民主政治的和平演變」。[43]掛鉤策略失敗後，政府宣稱它不會限制、而是藉由擴大和中國人經濟交往，來鼓勵中國內部的自由化。根據政府的說法，美國沒有放棄推動中國改革的使命；它只是把促其實現的主要工具從棍棒換成胡蘿蔔而已。從威脅要讓中國人民更貧窮，以逼迫中國政府改變美方所不喜歡的負面作法，轉換成中國人若富起來會變得更自由的正向思維。柯林頓的第一任財政部長勞伊德・班森（Lloyd Bentsen）在一九九四年表示他反對掛鉤策略時，提到下述立場：「促進人權的一個方法是鼓勵市場改革和貿易。」[44]北京暫時擱置統一台灣的野心，但仍相信遲早總會遂其心願。同樣地，華府放棄積極嘗試改造中國內部政治，因為它相信不需直接干預，最後也會實現。

當然，隨著中國因與美國貿易以及獲得美國投資而富起來，美國人也會更富有。按照新政策，美國將獲益匪淺。如果不是因為新方法有利於柯林頓，它也不會被採納。由於柯林頓是個講究「共識」而非「信念」的政客——換句話說，他關心的是盡可能討好許多人，而不是即使面對強大反對，也要勇往直前推動某一特定政策，更何況他對中國本來也沒有什麼強烈的信念——新政策合乎他的政治性格。*

可是，新作法並不完全是獨善其身，或純然是國內政治算計的產品。它的根本假設前提——

經濟成長以及和外在世界增加接觸，可以催化中國的政治改革——並不是完全沒有道理。事實上，這個進程已經開始了。江澤民時期的中國絕對比毛澤東時期的中國更加自由，而改變的主要原因肯定是一九七九年以後的經濟改革。比起一九四九年後三十年那一世代，新世代的中國個人對自身的經濟狀況有更大的掌控，和中國之外世界的接觸也更多。

我們很清楚看到，蓬勃的經濟發展快速、劇烈地改變了中國的經濟和社會，因此，認為它們會鼓舞中國人民要求效法西方政治模式，施壓共產黨領導人適度開放，也不是不合理的想法。[45]經濟對政治會有決定性的影響，是中國統治者早已拋到九霄雲外的馬列主義中心信條。現在他們發現這個意識形態最大的歷史敵人祭出這個法寶來對付他們。

中國領導人當然不樂見美方所追求的結果。他們認為「和平演變」是西方想要推翻他們的奸險陰謀。不容諱言，美國政府的確也是希望這一點最終能夠實現。不過，中國領導人歡迎柯林頓政府採取的經濟交往政策，只是理由恰恰相反。他們雖然相信和美國貿易往來會讓中國富起來——過去十多年已是如此——卻也相信經濟成長會強化、而非削弱他們對中國的控制。

---

* 註釋：和柯林頓相反，美國總統雷根和英國首相柴契爾夫人是「信念型」的政治人物，比起「共識型」的政治人物，可謂稀有動物。當然，民主國家的公職人員就某個意義而言都是共識型政治人物，因為他們在選舉中至少全都需要贏得多數選民的支持，否則根本無法出任公職。信念型政治人物輸掉選戰，就變成蘇格拉底所謂對大眾提出諍言的「牛牤」。

除了保衛中國領土完整(國界在哪裡,由他們界定)之外,共產黨統治中國的正當性也繫於是否能讓中國人民繁榮富庶。[46]自從一九七九年以來,他們的成績相當亮麗。和西方尤其是美國的經濟交往——中國出口商品大部分運往美國——對中國的經濟成功貢獻良多。北京政府因此歡迎情況能夠持續下去,最好還能夠更加擴大。歐洲共產主義的崩潰使得美國對民主制度的前景信心十足,可是中國共產黨當局相當緊張,而且基於同樣的理由,對本身制度的表現不免有疑慮。這使得在他們領導下加強中國經濟表現變得格外重要。

對於兩國之間的經濟交往,美國政府和中國政府發現他們有如投資人站在共同的財經策略相對立的兩方,一方「看多」資產,押注它的價值會上升,另一方則「看空」,認為價值會下跌。在這種情況下,一方會賺,另一方會輸,他們不可能都對。然而,在一九九〇年代後半期,美國的經濟交往政策似乎讓中、美政府皆大歡喜。一方面,天安門事件之後萎縮的個體自由恢復緩慢、穩定的提升。另一方面,中國共產黨保持對權力的壟斷,也有能力防止任何人、在任何時候想要發揮其個人權利。同時,兩國之間的商務也讓雙方都富起來。

就柯林頓政府而言,若能找到一個合理可行的中國政策,就能回答另一個更大的問題:在後冷戰的新世界裡,什麼才是外交政策合適的目標?柯林頓上任之前並沒有腹案,但是在任期中逐漸發展出來的答案是,美國在新世界的中心主旨是擴大國際貿易、投資和積極參與的國家之數量。柯林頓政府把擴大和中國經濟交往做為全球外交政策的中心項目。

當然，美國政府並不是在冷戰結束後才第一次注意到全球經濟。第二次世界大戰之後，美國為了使商品和資本更便利地跨越主權國界而流通，協助組建國際經濟秩序，此後數十年亦十分努力維護它、擴張它。這麼做有一個理由：冷戰。經濟相互依存可把以美國為首的反蘇同盟更緊密地團結在一起，鞏固美國在全球對抗共產主義的地位。美國花費偌大努力去促進的貿易與投資，尤其是在西歐、東亞和東南亞，也有助於這些地區締造空前的後一九四五年經濟大成長。藉由超越共產主義經濟制度的成就，美國的成績有助於共產主義在歐洲崩潰，西方也因而贏得冷戰。

然而，在冷戰時期，美國政府關切的議題排行榜中，國際經濟排在國家安全後面。畢竟，生存重於繁榮。冷戰期間，國際經濟學只是外交政策的分枝。柯林頓政府把這個順序翻轉過來：它大部分的外交政策變成經濟政策的一個子題。

這有一部分是偶然。蘇聯既已終結，美國及其友邦、盟國不再面對重大的軍事或政治威脅。國際史上幾乎必然會有的強權衝突，現在若非永久消失，至少是進入冬眠期。生存不再危如懸卵，繁榮的重要性相對即增加。

另一方面，冷戰終結也帶來了全球化浪潮，即全球經濟整合的進程。它透過科技和政治結合而出現。廉價的衛星通訊、手機電話和網際網路等新科技問世，使得商品、金錢（和人類）可以比從前更快速、更大量地跨越長距離流動。同時，愈來愈多像印度和中國等國家，原本和二戰之後美國帶頭振興的全球化國際經濟秩序不相干、或關連不大，現在卻選擇加入它。

他們的作法就是追求經濟成長，二十世紀下半葉經濟史顯示，成長來自於依據自由市場原則來發展經濟，並與其他國家的市場整合起來。冷戰過後，經濟繁榮變得對全世界各國政府都格外重要，因為許多國家和中國一樣，創造繁榮成為政治正當性的基礎。美國政府本身很少漠視經濟考量。促進全球貿易和投資是達成柯林頓所承諾的美國經濟成長唯一的途徑，他本身的政治前途十分依賴它。

就實務上來講，經濟在外交政策上分量加重，代表比起過去，如今國際經濟問題占掉政府高階官員、尤其是總統大部分的時間和注意力。它也代表原本政治及安全事務官員針對白宮對主要國家政策之影響力，移轉到主管經濟事務的同僚手上。貿易及人權議題脫鉤處理後，對中國的政策就發生這個狀況。[47]它也發生在一九九八年東亞金融危機期間的對印尼的政策上面。柯林頓政府經濟官員想在給予印尼的國際貸款上附加條件，但是外交政策官員認為此舉不智，理由是這些條件會冒犯戰略地位重要的印尼政府而不被接受。結果是經濟官員占了上風。[48]

美國外交政策議題的新排序，還可以從另個一角度觀察。冷戰期間，美國主要的國際倡議、也就是總統投注大部分時間和政治資本的，是涉及到國家安全的議題——譬如，一九六〇年代的美蘇武器條約。政府必須面對的重大危機也是，其中最危險的莫過於一九六一年的柏林地位問題爭議，以及一九六二年的蘇聯在古巴部署飛彈之風暴。柯林頓時期，首要的國際倡議和主要危機都是經濟問題。總統念茲在茲的不是武器條約，反之，他全力遊說爭取國會通過貿易協定。政府窮於應付的不是軍事危機，而是亞洲、俄羅斯、拉丁美洲，乃至美國本身層出不窮的財金危機。

柯林頓上任時，通過贊成貿易協定的立法已經變得很困難。[49]冷戰時期歷任總統用來向美國人民及國會議員推銷這些協定的政治論述——這些協定會增強美國對抗蘇聯的地位——已經失去魅力。即使在冷戰結束前，已有許多工業爭取保護以對抗外國競爭，換句話說，他們反對降低貿易壁壘。工會是民主黨的重要支柱，一度強力主張擴大貿易，現在反過頭來反對擴大貿易。工會開始主張貿易協定裡要納入條文，規定所有的簽署國遵守美式勞動標準。但貧窮國家認為這些規定在行政上太繁重、在經濟上不利，而且在政治上應該反對。民主黨的另一個重要支柱環保團體對貿易政策也說三道四，堅持協定要包含環保措施。

工會和環保團體都插手柯林頓政府最重要的一場貿易戰役：北美自由貿易協定（North American Free Trade Agreement，簡稱ＮＡＦＴＡ）的談判。老布希政府已經談判、並簽署了北美自由貿易協定，成立包含美國、加拿大和墨西哥的自由貿易區。北美自由貿易協定引起工會和環保團體的反對，因此國會民主黨領袖也反對它。

柯林頓在競選總統期間，對北美自由貿易協定採取模稜兩可的立場。他支持它，但附帶條件是必須納入有關環保議題和勞動標準的附帶協定，且加、墨兩國也需要增加進口。但就任之後，他收到相互衝突的建議：經濟官員偏向支持批准協定，但是政治官員整體上反對它。[50]反對北美自由貿易協定的人士，不僅包括民主黨資深議員和民主黨重要利益團體，還包括一九九二年參選總統的獨立黨候選人羅斯・裴洛特，他指控北美自由貿易協定將會降低美國的就業機會。他警告說由於墨西哥工資低廉，就業機會和工廠將會外移。

柯林頓決定支持它，並爭取國會批准它。他宣布他的貿易代表和其他兩國談判的附帶協定令人滿意，於是親自投入政治鬥爭，爭取國會核准[51]。他四處奔走，在公開場合為北美自由貿易協定背書。他遊說國會議員支持它，祭出常見的招數：送給他們有利其選區的政策，換取他們的一票。當他著手啟動時，沒有人知道協定能否通過，但是他投資下去的心血和政治資本沒有白費。[52]眾議院以二百三十四票贊成、二百票反對，通過協定；參議院則以六十一票對三十票過關。法案在兩院都得到兩黨議員的支持。柯林頓在一九九三年十二月八日簽字，協定自一九九四年元旦起生效。

北美自由貿易協定一役象徵柯林頓政治前途、美國貿易政策，甚至全球經濟的轉捩點。和他的中國政策一樣，國內政治考量決定了柯林頓對貿易議題的立場。由於他為協定拉票成功，聲望大升，彌補了上任第一年的左支右絀，比較像個有所作為的領袖。由於他違逆民主黨一向依賴的重要利益團體的立場，他增強了自州長時代、至大選期間一路開拓的「新民主黨」的形象。他代表北美自由貿易協定努力爭取支持，也給他帶來另一項政治利多：美國企業界的支持。傳統上，企業界和民主黨政治人物關係不親近；而且企業界才成功地反對他把貿易和人權掛鉤處理的中國政策。

到了一九九三年，貿易已經成為更加重要而又眾說紛紜的政治議題，比起冷戰時期大部分時間更加嚴重。柯林頓決定支持北美自由貿易協定，使美國政治天平轉為對貿易擴張有利。他的支持發揮決定性作用，因為對降低貿易壁壘最強大的反對，來自和他的政黨攜手合作的團體。從這層意義來看，他在貿易政策上的決定，就有如前任總統尼克森對美國之中國政策所做出的轉向一樣。一輩子反共的尼克森在一九七二年啟動對毛澤東中國的修睦，比起任何一位民主黨政客，他賦予這個政策更廣泛、更堅固的政治基礎。同樣的道理，在民主黨大半都反對擴大貿易的措施時，柯林頓卻毅然支持北美自由貿易協定。比起共和黨的總統，他賦予擴大貿易更廣大的政治基礎和更大的政治正當性——因為共和黨本來就會支持自由貿易協定。

讓美國堅定地與自由貿易站在同一陣線後，柯林頓終於奠定了全球走向擴大跨國商務的大趨勢。美國自從二戰結束以來就帶頭推動移除貿易壁壘。如果美國總統反對北美自由貿易協定，或甚至只是不肯全力推動它在國會獲得通過，他不啻是發出美國將放棄五十年來的承諾的訊號。這一來就會改變全球的貿易政治，不僅不利貿易擴張，也會危及全球化。但是當他把支持全球經濟整合當作外交政策的主要議題，可以產生截然不同的效應。

北美自由貿易協定是柯林頓政府從前朝繼承下來的兩個懸而未決的財經議題之一。另一個是在後一九四五年多邊貿易談判第八回合所達成的協議。這項協議涉及到一百二十三個國家，一般稱之為「烏拉圭回合」（Uruguay Round），因為一九八六年的第一次會議在烏拉圭東方角市（Punta del Este）召開而得名。它將為範圍廣大的商品項目、甚至服務業，降低關稅。另外它要成立「世界貿易組織」，總部設在瑞士日內瓦。世界貿易組織將要取代一九四七年即已成立的臨時機構、不料卻存在了將近五十年的「關稅暨貿易總協定」（General Agreements on Tariffs and Trade，簡稱GATT）。

雖然它對美國貿易政策和全球經濟的影響遠比北美自由貿易協定來得大，烏拉圭回合協議的政治爭議卻沒有那麼大，這或許是因為它的批准程序發生在北美自由貿易協定大戰一年之後。不過世界貿易組織還是碰上反對。眾議院在一九九四年十一月二十九日通過它，票數是二百八十三票贊成、一百二十三票反對。兩天後，它在參議院以七十六票對二十四票獲得兩黨支持，情況類似北美自由貿易協定。

一九九四年是柯林頓政府在貿易法案上成績璀璨的一年。此後，它就得不到「快軌」（fast-track）談判的授權。所謂「快軌」就是總統有權向國會提出貿易協定法案，國會不得提出任何修正條款，必須就全案可與否做表決。雖然有些小協議生效，卻不再有重大貿易協定獲得立法通過。世界貿易組織一九九九年在西雅圖開會，柯林頓親臨演講，場外示威演變成暴動。縱使如此，一九九〇年代的全球及美國貿易量持續增加。政府經濟官員的注意力也轉移到國際金融方面。

貿易可以增強經濟成長，因此各國汲汲營營從事貿易活動。柯林頓政府設法爭取國會通過的貿易協定其目標就是增進參與全球經濟各國所能得到的最大好處，即創造財富。美國在一九九〇年代國際經濟政策的其他重大考量，實質上則具有恰恰相反的目的。包括總統在內的高級官員，向陷於金融危機的各國提供建議、施加政治壓力和提供金援，以便防範全球經濟運作出現最不幸的效應：財富的損失。

金錢是市場經濟所不可缺的東西，但是它也十分危險。它可以快速、大數量的移動，而大規模、突然的移動可以造成嚴重的傷害。投資人乃至銀行願意把錢投入似乎會有高投資報酬率的資產或機構。可是，投資人的心理也可以突然轉變，瞬間撤走資金。這會劇烈降低資產的價值，使借錢的機構陷入財務危機，進而摧毀財富。自由貿易——商品及服務不受阻礙跨越國境流通——一向都增強整體福祉。英國經濟學家大衛・李嘉圖（David Ricardo）一八一七年就這麼說，此後迭經知識考驗，證明顛仆不破。但是，此一說法卻不能套用在金錢的跨國流通上。它通常會帶來經濟福祉，但不是永遠如此，有時候它也會造成傷害。

跨國移動的金錢特別容易受到突然、大量外逃的影響，因為投資人和放款人往往對存放在外國的金錢之安危特別敏感，他們對當地不熟悉，因此只會更加關切。一九九〇年代，因為科技和政治推動的全球化蔚為風潮，跨國金錢流動大增。[53]美國政府積極鼓勵這個趨勢，因為它讓美國銀行及其他金融機構大發利市。[54]因此，資金突然外流也就增加，造成重大經濟傷害的潛在危機也大增。柯林頓政府準備好要舒緩這些傷害。

一九九〇年代，許多國家因為資金大量逃出他們的機構和資產，而爆發金融危機。危機不僅導致資產價值降低，也使機構陷入險境。它也因為迫使當地貨幣貶值，以致進口（通常是食物和燃料）價格揚升，造成民生困苦，再加上當地利率必須上升以抑制資金外流，進一步拖累當地經濟。危機經常危及到當地整個金融體系，因為銀行衰弱了，甚至倒閉了。

投資人或放款人對他們的錢是否安全失去信心，因此搶著把它們提領出來，這就導致金融危機。成功的危機管理——其實是危機終結——需要先恢復信心，讓受困的機構或政府有充分的資源，可以讓擔心會有重大損失的資金主人放心。經濟學家把提供這種恢復信心資源的人稱為「最後的貸款人」（Lender of last resort）。在大部分富裕國家，大多由政府扮演這個角色。然而，一九九〇年代陷入金融危機的國家，需要強勢貨幣來解燃眉之急，可是他們的政府卻沒有足量的銀彈。錢得來自美國和其他國家及國際金融機構，尤其是國際貨幣基金（International Monetary Foundation，簡稱IMF）聯手伸援。

成立於二戰結束時的國際貨幣基金，雖然旨在協助各國在不虞經濟瓦解下調整其匯率，在往後數十年卻已演變成全世界實質的「最後的貸款人」。因此，它的角色是借錢給瀕臨破產的政府，盡一切可能減低各國身陷金融危機的時間和損害。只要危機不再擴大，國際貨幣基金就可以保護它試圖拯救的國家以外的人。因此它的服務延伸到住在它活動的國家之外的人。

國際貨幣基金的服務不是免費的。受援國必須加計利息、償還他們領到的錢，絕大多數也都這麼做。[55]國際貨幣基金的錢來自最富有的國家之捐獻，美國是最大的捐獻國。因此美國政府對於放款的時間、地點和條件有相當大影響力。從這個角度看，國際貨幣基金有時候就是美國的國際經濟政策之工具。批評國際貨幣基金的人信誓旦旦地指控它是美國的打手。

和貿易議題一樣，柯林頓政府最初遇到的有財政痼疾的國家是墨西哥。墨西哥政府出售以美元計價的公債（大部分賣給外國人），取得強勢貨幣來支付它經常帳的赤字。它承諾依披索（peso）和美元的固定匯率償付借款。一九九四年，投資人擔心墨西哥將把披索貶值，這將會降低他們持有的公債之價值，於是他們開始出脫公債。這一來耗盡墨西哥的美元供給，增加墨西哥政府必須貶值或甚至付不出錢償債的壓力。

美國沒有受到任何國際條約的約束必須拯救披索，但是柯林頓政府發現有強大的政治和經濟理由這麼做。墨西哥通貨貶值會使當地物價上漲、失業上升。美國官員擔心，它不僅會導致墨西哥減少購買美國出口商品，進而危及美國的就業，另外墨西哥非法移民也會湧進美國。它會損害柯林頓政府最大的國際成就——北美自由貿易協定，也會折損墨西哥擁抱北美自由貿易協定所代表的全球化之名聲。更不用說美國也嚴重關切，墨西哥的經濟困苦會透過所謂傳染的過程——看到他們的錢在墨西哥不安全，國際投資人可能也認為錢擺在其他地方也不安全，進而把錢撤走——傷害到其他國家的貨幣和銀行體系。[56]

因此柯林頓政府決定出手拯救墨西哥，借給墨西哥政府數十億美元，支撐披索，以便恢復各方對披索的信心。國際貨幣基金也參加救援行列，但是由美國領導。墨西哥政府承諾執行經濟改革，強化在地投資。國會不肯投票支持貸款給墨西哥。為外國財政危機調集經濟資源，在美國相當不得民心。民調顯示美國民眾以百分之七十一對百分之二十四，壓倒性地反對金援墨西哥。[57]和他決定支持北美自由貿易協定時一樣，通常很小心的柯林頓決定忽略民意。他的政府繞過國會，動用聯邦政府的「外匯安定基金」（Exchange Stabilization Fund），這是財政部長可以裁量調度的一筆錢。最後，美國借給墨西哥二百億美元，國際貨幣基金也借出接近二百億美元的錢。

救援行動成功了。披索、墨西哥金融體系都沒有崩潰。一年之內，墨西哥貨幣穩定下來，它的強勢貨幣準備增加。它甚至提前償還所借的錢。然而，墨西哥只是一九九〇年代後半期全世界出現金融危機的一系列國家當中的第一個。美國一直與國際貨幣基金合作，或透過它設法頂住這些困難，阻止危機惡化。

泰國的銀行從西方借強勢貨幣，然後以泰銖放貸給本地企業。當市場心理轉為不信任泰國時，銀行無法以他們承諾的匯率償還從國外借進來的錢。一九九七年七月，泰國政府停止泰銖和美元匯率聯動制，泰銖大幅貶值。國際貨幣基金介入，提供一大筆貸款，止住泰銖巨貶，而交換條件是泰國實施改革，提升泰國的長期信用評等。和墨西哥危機不同的是，這一次美國沒有扮演領頭羊的角色。然而，當亞洲金融風暴散布到其他更大、經濟重要性更高的國家時，美國的角色也就吃重了。

遭遇金融危機的下一個國家是印尼。援救泰國之後兩個月，國際貨幣基金代表團抵達印尼首都雅加達，談判一筆巨額貸款。做為准許貸款的條件，國際貨幣基金要求印尼當局就導致危機的經濟問題進行大幅改革。它牽涉到政治上的敏感領域：許多改革對象指向有利於掌權已經三十年的蘇哈托（Suharto）總統家屬及親友的資產。美國在國際貨幣基金背後推動，堅持以這些改革做為放款條件。蘇哈托不從，柯林頓親自打電話給他，奉勸他接受國際貨幣基金所要求的改革。[58]最後，許多要求都付諸實行。

接下來出事的是南韓。所有陷入金融風暴的國家當中，南韓對國際經濟的重要性最大。一九九七年年底，韓元巨貶。國際貨幣基金於是年十二月撥出的第一筆貸款未能遏制住跌勢，[59]翌年年初的第二筆貸款成效比較好。美國在援救南韓上，還是透過國際貨幣基金出手。美國做出兩大貢獻。第一，柯林頓政府堅持，收受援助的條件之一是韓國政府開放外資進入其金融業。對於從事國際業務的美國大型金融機構而言，這是天大的福音。第二，美國出力在一九九八年安排南韓的主要債權人接受「暫停」（standstill）協議——貸款機構停止索討立即償付借款。這涉及到債權銀行或多或少自願同意續貸、延貸，展延償付日期，以及將短期融資改為長期貸款。[60]雖然看起來像是自願，實情並非如此。美國財經官員在柯林頓的第二位財政部長羅伯．魯賓（Robert Rubin）領軍下，透過勸說和半逼迫才爭取到。美國政府的力量、聲望和關係網絡，使美國得以策畫調度出這一空前的方案。這是其他政府，甚至國際貨幣基金本身都辦不到的事。最後，此一安排沒有傷害到債權人，而且南韓的經濟也復甦了。

美國財經官員在國內也得安排「暫停」協議。一九九八年九月，美國大型避險基金「長期資本管理公司」（Long Term Capital Management）瀕臨破產邊緣。它在四個月內虧損四十六億美元，部分原因是全球各地金融危機層出不窮，傷害到它的投資組合。美國官員擔心萬一長期資本管理公司倒閉，會像龍捲風一般撕裂美國金融體系，傷害和它業務往來的金融機構，引爆美國甚至其他國家的經濟重挫。[61]他們擔心的正是十年後投資銀行雷曼兄弟公司（Lehman Brothers）倒閉後所出現的狀況。紐約聯邦準備銀行出面召集，政府安排長期資本管理公司的債權人接受「暫停」協議。雖然它最後未能維持長期資本管理公司繼續營業，但是爭取到足夠時間有秩序地安排資產清算，讓金融市場能夠安全地吸收。

一九九八年底，金融風暴由亞洲傳染回到拉丁美洲，降臨在南美洲最大、最重要的國家巴西身上。國際貨幣基金再次出手干預。巴西政府為了保持長期以來的優良債信，起先不肯接受貨幣貶值和「暫停」協議。[62]由於美國支持巴西這一點，國際貨幣基金也就沒有堅持。十一月，國際貨幣基金湊足四百一十五億美元貸款給巴西，巴西同意削減支出和加稅。在一九九九年初，巴西貨幣開始大貶趨勢，這次就得安排債權人「暫停」了。到了春天，巴西貨幣及其經濟開始回穩。

一九九〇年代的金融危機落幕。

危機消退後，一九九九年二月十五日當期的《時代》雜誌封面報導凸顯出柯林頓政府國際經濟政策的重要性——當然，其重要性的部分原因是它必須處理的危機十分重要。封面出現美國權力最大的三位財經官員——財政部長羅伯・魯賓、財政部副部長勞倫斯・桑默斯（Lawrence Summers）和聯邦準備理事會主席艾倫・葛林斯班（Alan Greenspan）——鮮黃色的標題稱呼他們是「拯救世界委員會」，內文詳細報導他們防堵危機的經過。

他們得到的注意可謂打破先例。冷戰時期，媒體聚光燈照在負責政治與軍事事務的官員身上——譬如艾奇遜（Dean Acheson）、杜勒斯（John Foster Dulles）、季辛吉（Henry Kissinger）和貝克（James Baker）這些致力於籌劃同盟、和約及武器控制協定的國務卿們。反之，後冷戰的第一個政府裡，負責處理全球經濟事務的官員站上舞台中央。他們才是攸關全球利益興衰的大人物。甚且，和冷戰時期著名的外交官一樣，柯林頓的經濟團隊成員堪稱相當成功。他們協助防止一九〇年代的金融危機更加惡化或威脅全球經濟。泰國、印尼、南韓、巴西及其他遭逢金融風暴的國家，雖然經濟受到損傷、人民至少短暫變窮，但是都能再站起來。美國等其他國家可都避免了重大傷害。

和對中國的掛鉤政策，以及其他地區的政策所不同的是，當柯林頓政府參加或有時候主導拯救這些國家的經濟危機時，其主要目的不是要改造受援國家內部的制度。然而，危機的確產生改造它們的效果。

他們取得貸款的條件旨在改善其經濟表現，但是這些條件也有政治後果。國際貨幣基金要求各國政府公開執行其政策，停止把資源導向受寵的親信，即不得再有「權貴資本主義」（crony capitalism）的行為。雖然目標只是要避免更進一步的金融危機，但是透明化，以及在公共生活實行不講個人情面、只重利弊得失的客觀標準，乃是政治民主和經濟效能的基礎。[63]這些條件在一個國家產生極其深刻的影響。美國示意、國際貨幣基金加諸印尼身上的條件，觸發一系列反應，導致蘇哈托獨裁政權垮台與自由選舉，建立了百廢待舉但毋庸置疑的民主政體。

經濟官員並不是傳教士，負責治理陷入金融風暴國家之經濟弊病的美國官員及其他人士，也沒有自命為民主改革的推動者，但是他們卻變成這樣的人物。柯林頓政府透過國際貨幣基金，以及其他國家的配合，無意間*製造出更加西式的改革。他們或其後任政府雖然明言此一使命，在中國、索馬利亞、海地、巴爾幹、阿富汗、伊拉克以及廣大的阿拉伯世界努力推行此一政策，但卻做不到。美國在無心插柳時，反而成了更成功的民主改革之傳教士。

針對陷入金融風暴的國家伸出援手幾乎在所有國家至少都取得某種程度的成績。但是，在一個國家卻失敗了，那就是俄羅斯。儘管國際貨幣基金貸給它鉅款，它在一九九八年八月十七日跳票還不出錢。在柯林頓政府的世界觀和政策裡，俄羅斯和其他受困國家不一樣。它更加重要。比起對中國，柯林頓政府插手其內政事務和外交政策更深。美國大張旗鼓地試圖在俄羅斯扶植民主政治和經濟改革。儘管有此意念，柯林頓政府對俄羅斯的種種作法卻弄巧成拙，不幸破壞了本身的目標和美國的利益。它的俄羅斯政策讓情勢更加惡化。

俄羅斯：自由經濟與民主政治轉型

柯林頓政府所處的國際秩序是由一系列與俄羅斯有關的事件塑造而成的。以影響的廣度和歷史重要性而言，這些事件可以和現代史上的大戰和革命相比擬。但是和其他創造歷史的發展又不同，一九八〇年代和一九九〇年代的這些事件，很不可思議地竟沒有太多暴力和流血。

一切始於一九八五年，一位新領導人接掌蘇聯。米海爾・戈巴契夫決心重振成長趨緩的蘇聯經濟，引進一系列改革，放鬆共產黨對社會的鐵腕控制。這些改革允許、其實是鼓勵，橫跨十一個時區的全國、乃至戰後蘇聯冊立共產政府的東歐國家破天荒地開放言論自由，以及六十年來首度寬容黨外的政治活動。有如魔術師學徒的故事，戈巴契夫的措施產生他沒預料到的效應。他推動的改革後來竟產生革命性的後果：一九八九年，東歐人民推翻他們的共產黨統治者，到了一九九一年年底，蘇聯本身也崩潰。蘇聯一瓦解，旗下十五個加盟共和國——跨越歐洲、高加索和中亞，西起波羅的海、東抵太平洋，南鄰黑海、北達北極——紛紛獨立。

冷戰也因此結束。當東歐國家不再是共產主義國家時，冷戰的根本起因——莫斯科主宰這些國家，西方擔心若不加以牽制，西歐也會淪入鐵幕——就消失了。蘇聯解體劇烈地縮小其後繼國

＊註釋：美國的目標很清楚，就是避免金融危機傳染，穩定艱困國家的經濟，和替美國企業界製造商機。

家的版圖、財富和軍事力量，因而降低它們對西方的潛在威脅。其中面積最大、兵力最強的俄羅斯聯邦放棄蘇聯的共產主義政治和經濟，開始建立自由市場經濟體制和民主政治制度。

刺激美國過去四十五年外交政策的威脅因此煙消雲散。這一來，美國和世界其他國家之間的關係就有如有個男子每天上班工作，孜孜矻矻四十五年，有一天一覺醒來，發現他突然失業了，他被迫退休——雖然退休金還不錯。

面對共產主義崩潰，老布希政府採取很謹慎的作法，很小心不去直接涉入導致它滅亡的一連串重大事件。然而，布希及其外交政策官員也不是毫無作為。他們凡有作為，都做得很高明。他們在蘇聯正式解散前，和它簽訂好幾項武器控制協定；支持原本實行共產主義的東德併入實施民主、資本主義的西德。幾乎所有的德國人都渴望兩德統一，可是，美國及西德的盟國英國、法國，對這件事卻比戈巴契夫本人更保留。

然而，布希政府很小心地避開共產黨崩解的國內大戲。它找不到有效介入的著力點，因為大趨勢對美國十分有利，美國也沒有理由干預。一九九一年底，獨立、非共產主義的新俄羅斯成立，由戈巴契夫的政敵波里斯．葉爾辛（Boris Yeltsin）、一個前共產黨員的民主派人士所領導。布希政府步步為營，不讓美國捲入葉爾辛所宣示的往自由市場和民主政治推進的改革。布希政府官員不完全相信他，也不敢斷定曉得他真正要把俄羅斯帶到何方。他們也沒有信心美國可以有效地代表美方利益介入。

柯林頓採取完全不同的作法。他擁抱葉爾辛，私底下很親熱地喊他「老波（里斯）」。[64]他鼎力相助這位俄羅斯總統，甚至一度毫無保留、力挺到底。除了擴大及保衛全球化之外，確保葉爾辛在俄羅斯建立自由市場及民主政治能成功，成為柯林頓真正信仰的兩大外交政策之一，他投入極多時間和政治資本。[65]柯林頓上任初期想要改造中國的政策多多少少是意外出現，是為了走一條國內政治勢力反對較少的路而出現的結果。反之，他想要改造俄羅斯，卻是經過思考的結果，有堅定的信心基礎。在俄羅斯政策上，柯林頓不是心不甘情不願的傳教士。

柯林頓政府看重改造俄羅斯勝於改造中國，因為俄羅斯政府和中國政府不一樣，它本身也贊成改造。此外，積極支持這條路線似乎相當有利，因為若能把昔日反西方政治價值和實踐的堡壘，轉變為民主的、資本主義國家陣營的一員，將代表偉大的歷史成就和地緣政治勝利。因而柯林頓邁向他所謂的「與俄羅斯改革的戰略同盟」。[66]

要確保俄羅斯不再退回到專制且窮兵黷武的蘇聯或帝俄，這個同盟似乎有必要。像俄羅斯這樣一個具有在悠久的國外擴張、國內專制鎮壓的歷史的國家，不能不提防它有故態復萌的可能性。[67]萬一舊病復發，至少就會抹煞掉共產主義在歐洲終結所帶給美國及其盟國的若干收穫。由於俄羅斯繼承蘇聯的核武，情勢會特別危險。因此，支持葉爾辛就是保護後冷戰歐洲新政治秩序的必要步驟，這好比率領救援小組撲滅一系列金融危機，為的是保護後冷戰時代全球新經濟秩序。

柯林頓終於支持這位俄羅斯總統。因為縱使葉爾辛三杯黃湯入肚就會胡言亂語，但從西方價值和西方利益的角度看，他算是俄羅斯最好的領導人，也是改革前途所繫的關鍵人物。這使得西方、尤其是美國，和他的政治、經濟成績緊緊綁在一起。

柯林頓透過與葉爾辛頻繁見面——一九九二年至一九九九年期間，兩人碰面十七次——以及大力贊賞他，給予他政治支持。美國的政治支持也包括對葉爾辛違反他在俄羅斯理應培養的民主規範睜一隻閉一隻眼。柯林頓政府為自己的不作為找理由辯解，宣稱葉爾辛雖不完美，仍是在俄羅斯推行民主的最佳希望。

一九九三年秋天，葉爾辛發布總統律令，解散俄羅斯國會。柯林頓支持他。他和國會的衝突升高，效忠國會領袖的勢力攻打莫斯科的公共設施。葉爾辛強悍地下令砲轟國會大廈，打死一百四十七人。柯林頓不改對這位俄羅斯總統的支持。

葉爾辛在一九九四年十二月下令攻打高加索的車臣省，因為當地出現訴諸暴力手段、非民主的分離運動。這一來掀起長達一年半的戰爭，高達五萬人喪命，其中有許多平民，大多數被俄羅斯軍隊殺害。柯林頓政府雖然不高興俄羅斯這麼蠻幹，但沒有公開批評它，柯林頓甚至拿俄羅斯在二十世紀末和叛亂的車臣省作戰，比擬為美國本身的南北戰爭。[69]

比砲打國會大廈和車臣戰爭更傷害葉爾辛聲望的是俄羅斯的經濟不振。一九九六年，俄羅斯即將舉行總統大選。葉爾辛的民意支持度在年初時十分低，眼看他輸定了。他的主要對手是俄羅斯共產黨黨魁金納迪・朱加諾夫（Gennady Zyuganov）。共產黨依法仍可自由活動，不過它還未堅定承諾推行民主政治或自由市場。柯林頓決定盡全力協助葉爾辛當選總統。他私底下說：「……除了不能為這傢伙做提名演說之外，我們必須全力以赴從每個方面幫他。」[70]他升高支持的論調，籌劃一場七國集團峰會（富有的民主國家俱樂部），讓葉爾辛出席，提升他在國內選民心目中的聲望。然後又促請國際貨幣基金借錢給俄羅斯，以為這會增強葉爾辛的政治優勢。

葉爾辛一度考慮取消大選，不敢冒敗選風險。柯林頓政府不贊成，但沒有公開說出來。它也沒有對葉爾辛籌措財源的一套辦法公開表示其保留意見。按照這套「貸款換股」（loans for shares）辦法，有錢的俄羅斯人把錢借給政府，換得權利標購有價值的國有資產。許多情況下，他們以極低的價格設法標到。[71]

葉爾辛後來贏得選舉，擔任總統到一九九九年底辭職，讓位給總理佛拉狄米爾・普丁（Vladimir Putin）。由於維持葉爾辛掌權是柯林頓政府的主要目標，葉爾辛長期在位可謂美國對俄羅斯政策的成功——雖然柯林頓政府對葉爾辛政治生命的貢獻或許稱不上決定性。[72]

葉爾辛在職時，雖有少許例外，整體上保持住對民主的信念。俄羅斯舉辦尚稱自由與公平的選舉。俄羅斯人享有出版、言論和政治活動的自由。葉爾辛執行親西方、或至少不是反西方的外交政策。從這層意義看，柯林頓在葉爾辛身上的投資有成果。或者說，就算從某個程度講，沒有柯林頓的俄羅斯政策這些趨勢還是會發生，這些投資至少在大方向上是對的。

然而，美國全面支持俄羅斯獨立後的第一任總統也有缺點。葉爾辛在職期間，不論是當選連任之前或之後，都不孚民心，大部分原因是經濟蕭條，但也因為他縱容貪瀆，包括他的政治盟友透過以貸款換股自肥。俄羅斯人民對葉爾辛的某些不滿也就轉移到美國身上。

俄羅斯政府在一九九一年底繼承蘇聯政權之後，做為主權國家最迫切的任務不是政治而是經濟問題。它必須在中央集權的蘇維埃經濟制度的廢墟上，建立可運作的自由市場經濟。俄羅斯和西方都認為，這方面成功與否不僅會決定葉爾辛的政治前途，也會影響俄羅斯民主本身的命運。

從中央計畫轉型到自由市場不是一件簡單的工作。第一次世界大戰之後共產黨在俄羅斯帝國取得政權，早已推翻既有的自由市場，實施中央計畫；第二次世界大戰之後在東歐也是同樣安排。逆轉這個過程是十分艱鉅的挑戰。東歐人有個說法，我們知道怎麼從水族館製作魚湯，但是我們不知道怎麼把魚湯變成水族館。其中的寓意是，從中央計畫轉型到自由市場，在一九八九年之前是從來沒有過的事情，這一年，波蘭和東歐其他國家剛脫離共產黨控制，開始推行市場改革。可是他們手上並沒有藍圖。在這一年之前，由於共產主義的崩潰突如其來就發生，根本沒有人想像到會有這種轉型。

俄羅斯的轉型從物價自由化開始，但通貨膨脹立刻發生。由於蘇聯當局在執政的最後幾個月濫印紙鈔，使得情勢益加嚴重。俄羅斯也必須建立市場運作所需要的機制，譬如分配資本的金融、執行契約的法律等。自由市場需要把財產由國有轉移到民間。俄羅斯新政府幾乎必須同時並進，執行這些複雜、又往往有爭議的措施。

葉爾辛政府一九九二年初發動轉型工程時，老布希政府雖然同情他想要達成的目標，卻沒有提議協助。反之，美國對俄羅斯新政府擬定的初步經濟方案反而使轉型更加困難：美國政府堅持前蘇聯政府必須先償還積欠的債務。俄羅斯同意承擔還債責任。[73]除了對葉爾辛的性格和能力有所懷疑之外，還有別的因素影響布希的政策，美國國內的政治氣候不允許它提供援助給新俄羅斯。美國本身陷入溫和的經濟衰退，布希本人要競選連任，而且大部分美國人不贊成以任何形式提供外援給任何國家。[74]

反之，柯林頓和俄羅斯改革之戰略同盟卻導致美國大舉參與它的經濟轉型。它分成三種形式。美國直接贈款給俄羅斯一筆經費。[75]美國也和其他國家提供技術援助，由專家就市場經濟提供顧問意見，以及和俄羅斯財經官員一起工作。[76]

最後，俄羅斯和一九九〇年代其他國家一樣，接受國際貨幣基金的貸款，理由也一樣：要強化對其貨幣的信心。泰國、印尼和南韓的經濟體質差，負債的是民間部門，而俄羅斯的財政困難源自政府赤字太高。俄羅斯政府和美國在內的其他國家政府沒什麼不一樣，出於政治理由，很難維持其收支平衡。舊蘇聯經濟的一部分仍然原封不動，需要政府大量補貼才能生存。在新俄羅斯更民主的政治制度裡，其公司經理人可以、也的確有效地遊說，爭取政府援助。[77]甚且，若是關閉這些虧損累累的大型國有企業，造成數十萬人失業肯定會爆發難以收拾的社會動盪。

起先葉爾辛政府大印紙鈔來支付它的預算和經常帳赤字，但是它加劇了已經很嚴重的通貨膨脹。因此它開始以固定匯率借強勢貨幣。它靠賣給民間投資人「國家短期債務」（GKO）——利息很高、很快就到期償付的債券——借錢。[78]為了支持俄羅斯政府所承諾的匯率——這才能使債券有吸引力——以及協助償付赤字，俄羅斯也接受國際貨幣基金貸款。

在紓困給陷入亞洲金融風暴的國家時，美國帶頭堅持嚴苛條件，但對於俄羅斯，柯林頓政府卻帶頭主張慷慨大方。由於俄羅斯赤字居高不下，政府又無法加稅和削減支出來降低赤字，國際貨幣基金官員和會員國政府愈來愈不願借錢給俄羅斯。他們從放縱俄羅斯看到典型的「道德風險」（moral hazard）現象，即當個人、公司或國家不當的經濟行為沒有受到通常因該行為會遭到的負面結果所懲罰，就會受到鼓勵而不知悔改。在這個案例上，國際貨幣基金等於製造道德風險，鼓勵俄羅斯經濟不負責任，也不顧其政府未能履行貸款延期所承諾的條件，還繼續借錢給它。可是，美國政府堅持繼續借錢給莫斯科。

美國力挺俄羅斯，有一陣子鼓勵了民間資金流入，解救了莫斯科政府的若干燃眉之急。投資人還有信心，不是因為相信俄羅斯會整頓其經濟，而是相信美國絕不會允許俄羅斯的財務惡化到莫斯科根本還不了債的地步。由於它從蘇聯繼承來的版圖、地理位置和軍事機器，俄羅斯被認為是「不能讓它倒的核武大國」（too nuclear to fail）。

然而，它還真是倒了。[79]一九九八是全球經濟重挫的一年。亞洲金融風暴降低外國投資人對

「國家短期債務」的胃口。金融風暴引起亞洲景氣衰退，石油價格應聲而跌，使得俄羅斯賺取強勢貨幣的可靠源頭受傷。那一年夏天，投資人面臨赤字不降、對於政府信守固定匯率的能力疑慮有增無減，「國家短期債務」的市場開始枯竭，於是開始棄盧布而逃。七月間，國際貨幣基金在美國施壓下，同意貸款二百二十五億美元，分十八個月到位，以提振投資人信心。這項貸款照例附帶俄羅斯政府必須削減支出、提高稅收以弭平赤字的條件。俄羅斯政府沒有實行這些措施，強勢貨幣持續外逃。一九九八年八月十七日，俄羅斯的「國家短期債務」到期，付不出錢贖回，盧布大貶，一口氣貶值三分之二。

八月十七日之後，俄羅斯的經濟表現好轉。盧布貶值後，因為它變便宜了，出口反而增加。政府採取措施降低預算赤字。最重要的是，俄羅斯是個能源豐富的國家，二十一世紀頭十年國際石油價格猛漲，救了它。

然而，一九九八年夏天的償債跳票和盧布貶值，使得美國和後共產主義的新俄羅斯之間的「俄羅斯改革戰略同盟」戛然而止。和美國官員密切合作的經濟改革派離開俄羅斯政府。他們所主持的改革在俄羅斯失去政治奧援。八月十七日跳票事件實質上也使葉爾辛的威信盡失。他雖然擔任總統一職直到次年年底，但是他已失去政治威望，淪為跛鴨。而且此時他也精疲力竭。

當戰略同盟停止時，目標也已經部分達成。雖然肯定不是全部，但是柯林頓政府盼望俄羅斯會出現的轉機大半都出現了。俄羅斯的政治制度已經有了重要的民主特徵：言論自由、出版自主和自由選舉。西方式經濟的主要元素也已到位：物價取決於供需律、不由中央計畫單位規定；雖未必完全順暢，銀行和股市都在營業；即使不公平，大部分蘇維埃國有財產已移轉到民間手上。貪瀆風氣盛行，全國財富大部分屬於有政治靠山的人物，但是一九二〇年代以來首次，俄羅斯有了可運作的市場經濟。

再者，相當吻合美國利益的是俄羅斯從蘇聯繼承下來的軍事力量，無論是人員、武器還是工廠，都幾乎腰斬。共產黨依據馬列主義恢復執政，集所有權力於黨一身、政府控制經濟、政治甚至社會生活的方方面面，這樣的想像在一九九八年已經乏人問津，因為它早在一九九三年就被拋棄。

在不同的情境下，俄羅斯在一九九〇年代或許可以更深入、更快速地轉型到民主政治和自由市場。葉爾辛或許可以在蘇聯終結後立即進行重大政治改革——舉辦選舉、制訂新憲法——而強化民主治理。[80]由於在大眾眼中，葉爾辛已經和俄羅斯的民主緊緊綁在一起，如果他是個更堅強、可靠、不酗酒的總統，他或許可以增進民主在俄羅斯人民心目中的信譽。不過話又說回來，一個更溫和審慎的人，恐怕就不會有膽量、想像力或勇氣幹下葉爾辛所幹的事情，先挑戰、再摧毀整個共產主義制度。這可是驚天動地的大事件。

就經濟轉型而言，如果美國和西方國家在蘇聯瓦解的第一年，就提供更慷慨的援助（或許包含債務減免），它或許就能更快速、更順利地進展。當時，堅貞的改革派在俄羅斯政府裡位居要律，葉爾辛的聲望很高，轉型必然會帶來激烈騷亂，可是當時反對的聲浪極弱。布希政府對葉爾辛心存疑慮，加上國內另有事務分心，它從來沒有認真考量對俄羅斯伸出援手。[81]

俄羅斯改革也受到其他地方事件的拖累。如果亞洲金融危機沒有發生，沒有動搖對盧布的信心；如果金融危機引發的景氣衰退沒有害油價下跌、壓制了俄羅斯賺取強勢貨幣，俄羅斯或許可以避免一九九八年八月十七日的金融崩潰。[82]如果是如此，俄羅斯人對葉爾辛、對他主導的新政治制度，以及他任上所推行的經濟改革，或許會有好印象。[83]俄羅斯在後葉爾辛的政治環境就會對民主政治和自由市場更友善，而俄羅斯的國內、國外政策也或許會走上不同的路線。

當然這一切都是臆測之詞，無法證明它能否成立。實情是，當時以及後來對俄羅斯經濟政策最強烈的批評其實都不能成立。俄羅斯人及其他人指控說，葉爾辛政府及其美國顧問錯在太快實施太激烈的經濟改革。根據這個批評，實行「震撼治療」（shock therapy）造成俄羅斯人民不必要的苦難，使他們轉而反對改革。事實上，俄羅斯並**沒有**進行震撼治療：在東歐幾個國家的改革才是真正既深又廣。甚且，真正實施震撼治療的地方，產生的效果優於在俄羅斯更溫和、局部改革的效果。[84]

甚且，俄羅斯轉型面臨強大的障礙，即使不同的人物、不同的政策恐怕也無法克服。政治民主想要運作成功，需要有一套獨特的體制、規範和根本價值。民主興盛的地方，這些東西都經歷長久時間、甚至好幾個世代的累積。[85]俄羅斯根本沒有這些東西。它必須從零開始。

民主政治在俄羅斯也必須與在二十一世紀頭十年有強大影響力的一個特別障礙競爭：「資源詛咒」（resource curse）。天賜俄羅斯豐富的能源，卻讓一群自命的菁英有誘因、也有辦法讓自己永久掌握權柄，繞過自由選舉，並壓迫政治自由。[86]

期待俄羅斯在面臨這些障礙下能夠迅速、輕易地建設順利運作的民主秩序，是不切實際的。不過美國官員卻似乎經常懷抱這種期許。這個說法也適用於在俄羅斯建設自由市場經濟。俄羅斯在過去將近七十年裡，對自由市場經濟根本沒有直接經驗。[87]

俄羅斯要轉型到民主政治和自由市場，還遭遇另一個困難；美國想在其他國家培養這些政治和經濟制度也遭遇到此一困難。民主與市場都需要有特別的體制，這種體制在範圍上必須一體適用、別無例外：它們施用到每個人身上，不偏不私，一視同仁。法治就是這種體制的原型、最根本的形式。

雖然這些體制在富裕的工業民主國家裡被視為理所當然，而且被遵行不怠（這些國家之所以富有和民主，正是**因為**這些體制被遵行不怠），但它們自古以來並不尋常，甚至或許可說是不自然。人皆有所私心偏好。歷史上絕大多數社會，同一個家庭、部落或民族的成員，或是有相互義務和互惠互助習慣的同伴，在公共領域裡也會享有特權地位。幾乎在任何地方，撇開這種關係去做政治決定和分配經濟資源，就算不是不可想像，也是非常罕見，甚至會被認為不符道德。[88]

社會科學家使用「世襲」（patrimonial）這個字詞來形容依據個人關係、而非公正無私的規則為基礎的政治和經濟秩序，即使到了二十一世紀，包括俄羅斯在內許多地方，某種形式的世襲制度仍很盛行。蘇聯共產主義雖然號稱由不偏不倚的馬克思列寧主義治理，實務上還是以世襲制運作：政治透過個人關係網絡和恩寵來決定。[89]後蘇維埃的俄羅斯繼承和繼續以這種方法處理公眾事務和管理經濟生活。[90]和葉爾辛有關係的官員和寵信商人，有時候被稱為「那個家族」（the family）[91]：它阻礙了朝向柯林頓政府想幫忙建立的西方式政治及經濟的進展。

回想起來，美國及其他西方政府對俄羅斯建立民主政治和自由市場的前景過度樂觀，部分是源自它們認為已有先例：一個世代以前的德國和日本轉化為民主國家，改變了一九四五年以後歐洲和亞洲的地緣政治。然而，美國在第二次世界大戰的這兩大強敵能夠順利轉型，是因為他們的環境比較單純。第一是兩者都在戰場上決定性地遭到慘敗，然後由西方國家部隊占領，這一點和俄羅斯不一樣。冷戰一開始，占領軍的角色從壓制被擊敗的敵人，搖身一變成為保護有價值的盟友、抵抗共同威脅，這使得美軍有長期屯駐的可能性。美軍屯駐有助於保障這兩個國家的民主政體，不致引發占領通常無可避免會產生的痛恨心理。俄羅斯沒有堪可比擬的情況。

第二，和俄羅斯不同的是，德國和日本也都不需要建立過去自身沒有經驗的自由市場經濟。兩者在二戰之前都曾經有過具備高度生產力的市場經濟。戰爭摧毀了他們的經濟基礎設施，但是建設、操作它們的人，以及他們的技能和經驗仍然存在。第三點是德國和日本都得到美國大量援助。德國自一九四七年就接受馬歇爾計畫（Marshall Plan）援助，而韓戰一九五〇年六月爆發後，日本受惠於美國的軍事採購。

東歐前共產主義國家在俄羅斯之前就往民主政治和自由市場轉型，整體而言，它們的建設成績相當不錯。然而，它們其實占了起步早的優勢。它們在二戰之前有過自由市場，有些還有過民主政府。它們比較小，比俄羅斯容易管理；也比較少有大型、虧錢的工業集團有待清算。此外，它們還有另一個重要優勢：它們的人民自認為在文化上屬於西方，只不過在一九四五年後因為蘇聯紅軍部隊進駐而被迫和西方分離——實質上就是遭到綁架。採納自由市場經濟和民主政治，對它們來講，不是走向未曾體驗的領域，而是回復到正常、渴望，而且曾經熟悉的往日經驗。這是它們數十年來一直渴望，卻不准有的東西。因此它們遠比俄羅斯人更願意忍受短暫的損失和紛擾去爭取自由市場和民主。反之，俄羅斯人不像他們深刻認同西方理念。一方是一九四五年以後的德國和日本，以及一九八九年以後的東歐，另一方是後共產主義的俄羅斯，兩方之間的重大差異不是美國的力量能夠決定性或快速地改變。

因此，方方面面都考量過後，俄羅斯在一九九〇年代往民主政治和自由市場的轉型，雖然走得辛苦、成績也不理想，但或許已算差強人意。[92]在主張透過快速、激烈的「震撼治療」建立自由市場時，東歐人有時候會引用一句格言：「不能靠跳兩小步就想越過鴻溝。」然而，俄羅斯的轉型比較不像跨越鴻溝，反倒像是翻山越嶺。沒有人能靠短跑衝刺登上聖母峰。要攀登高山無可避免地得循序漸進、一步一腳印，而且還不一定會成功：登山客有時候在登頂前功虧一簣。

至於美國人在一九九三年至一九九八年之間的協助和鼓勵，固然有時候柯林頓政府把功勞往身上攬、把失敗的責任往外推，其實俄羅斯並沒拿到美方足夠的金錢援助，所以未能在公共政策上做出成績，美國提供的建議它也沒有完全遵行。可以說柯林頓的俄羅斯政策使美國裡外不是人：對葉爾辛執行的政策只有半吊子的影響力，可是在俄羅斯人心目中卻激起民怨，因為這些政策和美國人有太多關聯，引起強烈不滿。[93]

俗話說，好心沒好報。但這句話雖然可以連結到美國支持俄羅斯改革這件事，但又不能完全適用，因為美國的支持不純然是出於善意，而有自私自利的盤算。轉型若是成功，俄羅斯固然有許多好處，美國也會獲利。然而，儘管柯林頓政府積極推動其俄羅斯政策，在它卸任時美國在俄羅斯的地位卻比老布希總統卸任時更低，美國的利益也大受損傷。不過，之所以會有這樣的發展，倒不是因為美國的經濟援助方案不夠好，而是美國對歐洲安全政策的路線出現變化。

俄羅斯：北約東擴的傷害

蘇聯強大的軍事力量對美國及其盟國構成致命威脅。冷戰時期美國外交政策的主軸即在於如何應付這個威脅。蘇聯的崩解化解此一心頭大患，使美國比起第二次世界大戰之前更加安全。就西方的安全而言，歐洲共產主義的終結根本是天外飛來的禮物。

可是，還有一些問題猶待解決，前蘇聯境內數以千計的核武該怎麼辦？[94]一個曾經窮兵黷武、不惜與西方開戰的強權不再控制核武，可望增加美國和全球的安全。但從另一方面來講，原本興建與部署它們的這個多元民族、共產主義大帝國裂解，核武落到超過一個以上的政府手中，再加上萬一部分核武可能逃過新政府的控制，落入反美、反西方的個人手中，豈不是產生新威脅。所幸，蘇聯瓦解後的頭幾年，美國處理得相當成功。

打從原子時代肇始以來，核武散布到尚未擁有它們的國家——所謂的「核擴散」（nuclear proliferation）——一直就是美國政府關切的議題，它認為核武愈擴散，爆發核子戰爭的機會就愈高。蘇聯也有同樣的顧慮。兩國合作在一九六八年制訂《禁止核子擴散條約》（Nuclear Non Proliferation Treaty）。這項條約把簽署國分為兩種：一種是加入時已經擁有核武的國家，可以繼續保有它們；另一種是沒有核武的國家，承諾不取得核武。蘇聯裂解，使得蘇聯的核武分散到俄羅斯、烏克蘭、哈薩克和白俄羅斯等四個獨立國家手中。這一來核武突然意外地擴散開來。

布希政府的國務卿貝克出面斡旋，扭轉了蘇聯核武擴散出去的問題。經由美方的努力，一九九二年五月各國在葡萄牙首都里斯本簽署協定，三個非俄羅斯國家同意把它們境內核武移交給俄羅斯，並且遵守《禁止核子擴散條約》。[95]

冷戰時期美國雖然很關切蘇聯擁有核武，美國官員並不擔心這些武器會被不法分子偷竊或截獲。警察國家絕對不容許這種事情發生，而蘇聯道道地地是有史以來最強大的警察國家。不論它有多少短處，蘇聯政府非常能幹，掌控一切，包括核武在內。

俄羅斯新政府保證比其前任政府要減少對社會的控制，從美國的觀點來看——更不用說俄羅斯人民了——這是一樁好事，但這可不適用在核武上。美國官員擔心武器本身、它們包含的爆炸性核融合原料，以及製造武器所需的專業知識（有經驗的科學家和工程師），會落到不該有的人手中。

鑑於箇中危險，喬治亞州民主黨籍聯邦參議員山姆．努恩（Sam Nunn）和印第安那州共和黨籍聯邦參議員理查．魯嘉（Richard Lugar）共同起草、並說服國會通過一項法案，美國撥款防止出現這類未經授權、危險的核子「外洩」。[96]努恩—魯嘉法案的正式名稱是《合作降低威脅法案》（Cooperative Threat Reduction Program），它提供經費及專業人才把前蘇聯境內的核武及生化武器解除武裝、妥善保管。《合作降低威脅法案》所設想、而要避免的狀況——核武遺失、被竊或秘密製造——在冷戰過後二十年裡並沒有發生。

柯林頓政府繼承布希留下的反核擴散外交與努恩—魯嘉法案，以及另一個對美國安全的重大貢獻。冷戰的最後幾年，美國和蘇聯簽署一系列條約，限制他們部署來對付對方的軍事力量：一九八七年一項條約，撤除歐洲所有的中程核武（Intermediate-range nuclear force）；一九九〇年的《歐洲傳統兵力條約》（Treaty on Conventional Forces in Europe）大幅削減雙方部署在歐洲的非核武，如坦克、兵員、大砲和飛機等；一九九一年的《第一期戰略武器裁減條約》（first Strategic

Arms Reduction Treaty，簡稱START I），裁減美、蘇長程核武。這些協定加總起來實現了兩項原則，改造了歐洲安全局勢。在歷史上發生許多次最慘烈大戰的歐洲，建立史無前例、全新的安全秩序。

這些條約所揭櫫的第一項原則是透明化（transparency）。有史以來第一次，拜雙方在冷戰期間開發出來的人造衛星監視技術之賜，加上限武條約規定各國軍事設施要開放給直接檢查（正式名稱是「現場檢查」（on- site inspection）」，每個國家隨時都可以知道其他國家擁有什麼武器，以及其他國家如何調遣其兵力。透明化解除害怕遭到突襲的恐懼感，自古以來各國政府念茲在茲的就是這一點，它對冷戰時期美國軍事規畫人員的影響很大。

這些武器協定也在歐洲大陸灌輸防衛優先（defense dominance）的原則。條約把雙方的兵力重新配置，使它們可以有效抵禦攻擊行動，但無法發動攻擊。沒有一個國家擔心遭別國攻擊，而且沒有一個國家兵力足以攻擊成功，也就不可能出現攻擊。結合透明化和防衛優先兩大原則，前者降低對戰爭的恐懼感，後者限縮戰爭的誘因，這是締造和平的方程式。軍事平衡注入歐洲軍事部署的原則，而俄羅斯政府願意接受它們，遂在歐洲建立「共同安全」的新秩序，它比起過去任何部署更能預防武裝衝突。[97]柯林頓政府從前人手上繼承此一非凡的有利情勢，卻一手把它搞砸了。

有項決議破壞了美國在冷戰結束時所獲得的地緣政治利益，也就是把西方國家在冷戰時期建立的軍事同盟「北大西洋公約組織」（North Atlantic Treaty Organization，簡稱NATO）向東擴張，納進東歐前共產國家，最後更納入前蘇聯部分加盟共和國。柯林頓政府決定北約東擴的決策背景很怪異。第一，柯林頓的前任在討論東西德統一時，明白地向蘇聯領導人保證，北約組織**不會**擴大。[98]第二，美國政府行政部門內部從來沒有一個決策過程正式評估這個議題並做出結論。[99]國防部要負責執行這個倡議，但國防部長裴利本身對美國戰略利益的了解導致他予以反對，可是一直到總統已經做了，他都不知道柯林頓已決定北約東擴。[100]

在美國背信、決策過程又不正常的背景下，北約會員國在美國催促下於一九九七年七月在馬德里開會，通過邀請波蘭、匈牙利和捷克共和國等三個東歐國家入會。他們在一九九九年正式入會，接下來十年，愛沙尼亞、拉脫維亞、立陶宛、斯洛維尼亞、斯洛伐克、保加利亞和羅馬尼亞等七國也加入。

打從一開始，俄羅斯就反對北約東擴。從葉爾辛政府到它的政敵，俄羅斯各黨各派異口同聲反對。[101]俄羅斯人覺得被騙了，因為美國人背棄不擴大北約組織的承諾。他們覺得遭到排擠，因為美國官員清楚表示不會邀請俄羅斯加入。他們也覺得不受尊重，因為他們認為北約東擴的唯一理由——事實上新會員國覺得有必要加入的理由也是如此——就是對新俄羅斯的不信任，認定它會恢復蘇聯對世界、尤其是對其鄰國的侵略政策。一九九四年，葉爾辛在布加勒斯特會議就提出不祥的警告，認為北約東擴會有造成歐洲「冷和」（cold peace）的風險。[102]結果證明他有先見之明。西方和美國與俄羅斯的關係變成緊張，甚至針鋒相對，不再像柯林頓政府剛上台時那樣，當時俄羅斯對西方友善、有夥伴意識，渴望和西方整合。

柯林頓政府設法安撫俄羅斯。它擬訂一份規範北約與俄羅斯雙邊關係的特別文件《共同關係、合作暨安全基礎法》（Founding Act on Mutual Relations, Cooperation and Security）。*俄羅斯獲邀請加入「七國集團」（Group of Seven），換取它吞下北約東擴的苦果，以及同意把殘餘的俄羅斯軍隊全部撤出波羅的海三國。[103]美國的這些補償動作沒有達成目標。俄羅斯接受北約東擴是因為它別無選擇。它缺乏政治或經濟力量去反對它，軍事抵抗更是不可能。但是俄羅斯人絕對不會認為北約東擴是公平、合法的舉動，他們認定這是西方背信、斲害俄羅斯威信和利益的行徑。

北約東擴惹惱了俄羅斯，衝擊了西方和美國在歐洲的所欲達成的目標。它使俄羅斯反對相當有利的後冷戰和解局面。它使得只要美國有任何國際倡議，俄羅斯幾乎不假思索地一概反對。總而言之，它浪費掉冷戰結束為美國帶來的巨大好處，導致俄羅斯外交政策的轉向，後冷戰時代因此宣告結束。[104]柯林頓政府的這項決定完全沒有換到任何收穫，北約東擴成為美國外交政策史上最大敗筆之一。

如果說北約東擴的決定很怪異，柯林頓政府解釋得也不清不楚。政府官員和其政治盟友為北約東擴、深入歐亞大陸所提出的理由，也站不住腳。他們宣稱，秉持後冷戰美國外交政策的傳教精神，成為北約會員國可以推進東歐民主化。然而，他們給不出理由可讓人相信，北約或任何軍事同盟可以做為捍衛人民權利和舉行自由選舉的模範。冷戰時期，葡萄牙、希臘和土耳其都是北約會員國，這並不保證它們就是民主國家，每個國家都有一段期間由威權政府執政。

東歐國家也不需要傳教士鼓勵才推行民主政治。他們早已改信西方民主信念。他們已經深刻認同西方，也決心加入歐盟，不論是否加入北約組織，他們不會放棄民主信念。在前共產國家當中，對民主的信念最動搖不定、其未來的政治路線對西方會有最大的影響，而北約最能協助民主化的地方，正是俄羅斯。可是它沒被邀請加入北約。事實上，北約東擴使得俄羅斯民主倒退，傷害了它的民主派。他們力主和美國深化關係，可是俄羅斯人現在認為美國背信忘義，棄其不顧。[105]

柯林頓政府堅稱，讓東歐國家加入北約，防止了歐洲大陸重現冷戰時期的分裂。邱吉爾最著名的一句話，形容歐洲被「鐵幕」畫分為兩個世界，鐵幕最鮮明的象徵就是柏林圍牆，以水

---

* 註釋：柯林頓本人很清楚為什麼北約和俄羅斯此一協議不會改變俄羅斯對北約東擴的態度。他說：「讓我講白了。俄羅斯人從我們給他們的此一交易所得到的，是有機會與北約組織坐在同一房間，跟著我們一起同意某些事情，但是他們不同意某件事情的話，卻沒有能力制止我們去做。他們只能以退席表達他們的不贊同。至於他們第二個好處是，得到我們保證不會把軍事武器放到現在要變成我們的盟國的那一些他們的舊盟國去，除非剛好有一天早上我們醒過來、突然決定改變主意？」引自James Goldgeier and Michael McFaul, Power and Purpose: U.S. Policy toward Russia after the Cold War, Washington, D.C.: The Brookings Institution, 2003, pp. 204–205.

泥牆加鐵絲網把德國前首都畫分為東、西兩區。事實上，北約東擴產生和柯林頓政府的盼望截然相反的效果：它在會員國和非會員國之間建立起一道後冷戰的新界線。俄羅斯被刻意排除在外，美國官員告訴俄羅斯，不會邀請它入會。[106]由於俄羅斯對北約東擴的敵意深重，北約擔心會觸發和俄羅斯衝突，不敢邀請和俄羅斯領土毗鄰的幾個國家入會：譬如，喬治亞非常渴望加入；在烏克蘭，加入北約與否的爭辯，加深了說烏克蘭語的西部地區和說俄羅斯語的東部地區兩者之間的分裂。[107]

柯林頓為北約東擴提出的理由不足以服眾，[108]事實上也不是東擴的主要理由。和把人權與貿易掛鉤處理的中國政策一樣，國內政治考量才是美國決定北約東擴的主要原因。[109]祖先來自這些新會員國的美國人極力遊說讓它們加入北約。共和黨政客因為冷戰期間在外交政策上一向持強硬立場，而頗獲好評，現在也想重振此一名聲，因而力主東擴的主張。這些努力能成功是因為政治大環境的轉變。冷戰期間，這一類的倡議由於涉及到的安危利害太大，一定會受到全國熱切辯論。涉及到蘇聯的任何重大政策都會影響到全美國的安全。冷戰結束後，局勢變了。民眾的印象是，北約東擴只是對東歐國家的友善之舉，美國不需花費任何代價。日後證明其實長期代價相當可觀，可是在一九九〇年代初期，沒有和此一印象相反的跡象出現。冷戰結束已把對俄政策從一向為數不多、生死交關的國之大政，降低到次要地位。

美國政治上列入次要地位的議題通常比較欠缺公共能見度，決心堅定的少數派因為沒有遭到強勁的反對，往往就如願以償。北約東擴案就是如此。美國全國上下對這個議題不太注意。少數團體在政治上動員起來支持它。外交政策圈許多人，包括最著名的前任外交官、俄國事務專家喬治．肯楠（George F. Kennan）都反對北約東擴，可是背後沒有組織力量支持他們。[110]反對派論述強而有力，可是缺乏政治實力。因此，肌力勝過腦力。參議院依據審理水壩、郵局該不該興建，或稅法該不該修、會不會獨厚某個產業或公司同樣的邏輯，通過北約東擴。某些重要的政治勢力支持它，可是並沒有具備政治影響力的團體出來唱反調。

假如美國企業界在一九九〇年代初期看待俄羅斯猶如中國，充滿了蓬勃發展的經濟機會，可能就會動員起來反對北約東擴，猶如他們反對對中國採取人權和貿易掛鉤處理政策一樣，理由相同：擔心東擴案會傷害美國進入俄羅斯市場的機會。果真如此的話，北約東擴或許根本就不會發生。可惜，俄羅斯沒有像中國一樣吸引到美國企業界的注意力。

假如反對北約東擴案的政治勢力更強大，柯林頓政府或許就會採取其他措施，讓擔心其巨大鄰國及前帝國野心的東歐國家放心，而又不觸怒俄羅斯。它或許就會維持及擴大美國政府面對後冷戰歐洲安全新局面所提出的原始構想——和平夥伴關係（Partnership for peace），這是它的國防部看好的方案。[111]它也可以針對北約三個新會員國當中唯一真正和俄羅斯有邊界毗鄰的波蘭，提供明確的安全保證。[112]它可以設法讓俄羅斯加入北約，或是設計一個新的泛歐洲安全組織取代北約。因為沒有遭遇政治壓力，柯林頓政府完全沒考量以上任何方案。它擴大北約，因為政治上並無阻力。

美俄為北約東擴失和，在雙方都出現最壞的反應：俄羅斯方面，對美國的動機疑忌甚深，有時候已幾近偏執，而且對於蘇聯瓦解造成其國家地位一落千丈，引為奇恥大辱。美國方面則自以為是，自認為他們最清楚什麼才是對俄羅斯最好，即使俄羅斯自己的領導人都不同意。[113]

在這場爭執中，美國占了上風。俄羅斯沒有力量抗拒北約東擴。然而，和對中國的人權及貿易掛鉤政策一樣，柯林頓政府向國內壓力讓步，卻在國外惹出麻煩。可是，和中國這個案例不同的是，柯林頓政府沒有修正自己、設法與俄羅斯修補關係。北約東擴變成潰爛的膿瘡。它所引起的怨恨心將傷害未來二十多年的美國利益。

傷害和怨恨是可以預料的。事實上也有人預料了。[114]反對北約東擴的人士指出，柯林頓政府硬推東擴案，忽視了二十世紀兩次世界大戰的一個重大教訓：不要欺人太甚，需要與敗方修好。第一次世界大戰後，戰勝國提出嚴苛的和平條件，使德國人忌恨在心。德國後來拚命努力推翻和約，終於導致第二次世界大戰。第二次世界大戰之後，西方盟國歡迎西德加入他們的政治、經濟和軍事陣營，結果皆大歡喜。冷戰之後，柯林頓政府循的是第一個先例，得到類似、但萬幸還不是同樣災禍慘重的後果，至少到二〇一四年是如此。

俄羅斯反對無效，北約堅持東擴，這教給俄羅斯人兩個教訓，而其實美國人也應該緊記在心：美國的承諾不能相信；俄羅斯國勢衰微，被西方吃得死死。俄羅斯政府在葉爾辛的接班人普丁領導下，在重振國力上取得進展，對美關係不再事事忍讓。俄羅斯獨立，葉爾辛出任總統時，他的外交政策核心是與西方合作。普丁主政下，合作中斷。往後近二十年，俄羅斯的目標似乎就是挑戰美國。

持平地說，北約東擴後，東歐國家和從前一樣仍是民主國家，吻合原先倡議的目標。但是，本來就會如此。柯林頓政府所繼承的歐洲共同安全秩序並沒有完全瓦解，至少沒有立即瓦解；但是即使秩序維繫不斷，不是因為跟當年建立秩序時一樣，俄羅斯接受它，而是因為俄羅斯沒有力量推翻它。歐洲的和平不是奠立在俄羅斯同意，而是因為俄羅斯積弱不振。倘若有朝一日，俄羅斯覺得自己夠強了，和平就會受到挑戰。

美、俄關係在一九九〇年代末期惡化時，批評柯林頓政府的人士開始提出一個問題，令人想起一九五〇年共產黨贏了中國內戰後，共和黨人口誅筆伐民主黨總統杜魯門政府那一幕。現在他們逼問柯林頓政府：「是誰丟了俄羅斯？」如果問題針對的是誰害了在蘇聯廢墟上未能建立完全成熟的民主政體和穩定運作的自由市場經濟，正確的答案是恐怕不能怪罪特定的某個人。因為，不論美國怎麼做，根本不可能在十年之內把俄羅斯變成斯拉夫版本的瑞典。然而，如果是問，把俄羅斯外交政策從親美變成反美是誰的責任？答案很清楚：柯林頓政府。

北約東擴是美蘇撕破臉的第一個及最強大的因素，但不是唯一。一九九〇年代，美國在巴爾幹進行兩場戰爭，增強俄羅斯人的怨恨，認定它們代表美國魯莽、傲慢的暴行。這兩場戰爭起自柯林頓政府在美國外交政策上的重大創舉。這項創舉就和它起初對中國及俄羅斯的政策一樣，源於傳教士精神，企圖改造其他國家內部的政治經濟結構。這項新政策叫做人道干預。

第二章

人道干預

「美國有無可迴避的責任要建立和平的世界，與終止依然破壞文明的不義與局勢。」

——梅德琳．歐布萊特（Madeleine Albright）[1]

「這到底有什麼好處？」小彼得金（Peterkin）問。
「我說不出為什麼。」他說。
「但那是著名的勝利。」

——羅伯．紹伊（Robert Southey），〈布倫亨戰役〉（The Battle of Blenheim）

外交政策的新發明

任何一位總統，即使像比爾．柯林頓這樣對外交政策興趣不大的總統，就職後也必須花些時間注意和中國及俄羅斯的關係，以及國家的貿易政策。每個都十分重要，不容忽視。然而，柯林頓政府甚至投資更多精力和政治資本在對全球和平及美國福祉並不重要的地方。

它派遣美軍部隊到四個貧窮、很少受到美國注意的小地方：東非索馬利亞、加勒比海的海地*，以及東南歐巴爾幹半島的波士尼亞—赫塞哥維納（Bosnia- Herzegovina）和科索沃（Kosovo）。柯林頓政府在這四個地方都有創新之舉：為了拯救苦難人民發動軍事行動。這個作法代表柯林頓政府對美國外交政策的獨特貢獻，也是國際事務上的創舉，後來被稱為「人道干預」（humanitarian intervention）。

和柯林頓初期的中國政策、俄羅斯政策一樣，人道干預的目標並不是保護美國利益此一傳統的外交政策目標，而是要宣揚美國的價值（以及柯林頓政府認為的普世價值）。和提議對中國實施貿易制裁一樣，美國想要保護住在這四個地方受到政府迫害的人權。

甚且，和俄羅斯及中國的情況一樣，政府針對索馬利亞、海地、波士尼亞和科索沃採取的政策以改造這四個地方的經濟和政治制度為目標。這四個地方也成為美國使命的目標。此外，就和在俄羅斯及中國的情況一樣，這四項使命全都失敗。然而，除了相似點之外，人道干預和柯林頓對中國及俄羅斯政策也有重大差異，而這些差異使它們成為美國外交政策的創舉。

索馬利亞、海地、波士尼亞和科索沃的重要性與中國和俄羅斯有天壤之別。當美國揭櫫其價值在這四個地方進行干預時，那是它干預的唯一依據：這裡頭完全不涉及到任何美國戰略或經濟實質的利益。美國甚至派出武裝部隊到這四個地方。派兵到中國或俄羅斯這兩個核武大國進行干

* 註釋：海地非常靠近北美洲，在美國外交政策上比起其他三個地方有更大的角色。一八〇四年，當地奴隸起義反抗法國成功，建立獨立的海地共和國，當時美國國內為了應否承認新政府產生激烈辯論。見Ronald Angelo Johnson, Diplomacy in Black and White: John Adams, Toussaint Louverture and Their Atlantic World Alliance, Athens, Georgia: University of Georgia Press, 2014. 從一九一五年至一九三四年，美軍占領海地。然而，冷戰期間，美國不太注意這個國家。

預是不敢想像的。這在索馬利亞則不是不可能，美軍開拔進去防止飢荒。在海地也不是不可能，

美軍的原始任務是逼退軍事執政團、恢復民選文人總統主政。在波士尼亞和科索沃，美軍干預以保護穆斯林不受鄰近的塞爾維亞人欺壓。

軍事干預當然不始於冷戰結束之後。美國在和蘇聯長達四十年的衝突過程中，多次派兵出國作戰，譬如大規模進入朝鮮半島和越南。在此之前，它也派兵到海外，譬如一八九八年到古巴和菲律賓作戰。事實上，強國攻打弱國有非常悠久的歷史。它是修昔底德（Thucydides）關於西元前五世紀古希臘雅典和斯巴達之戰之不朽名著的主題。[2]但是，過去的軍事作戰和美國在一九九〇年代進行的軍事作戰的主要差異在於動機，兩者可謂南轅北轍。

自古以來，主權國家都曾經踏出國門作戰，去占領領土、搶奪財富或擊敗敵對國家。美國在一九九〇年代的干預完全不出於這些目的。這些行動不是要帶給美國人財富、權力或安全，事實上也沒有達成這些東西。他們有的是純粹無私的目的：行動的受益人無一在美國生活、工作或投票。[3]

和柯林頓對中國及俄羅斯的政策相比，這四項人道干預起先只有很簡單的目標。它們沒有要改造索馬利亞、海地、波士尼亞或科索沃，只想要保護當地居民。柯林頓政府以拯救苦難人民的英勇騎士自居，沒把自己當做是到遠方設計和建造政治、經濟新秩序的人。可是美國最後在每個地方都試圖大刀闊斧地進行改造，這些嘗試最後變得漫長且昂貴，可是並沒有比想要誘導中國政

府尊重中國人民權利，以及在俄羅斯扶植民主政治和自由市場的作為，來得更成功。

由於這個模式，柯林頓時期的人道干預貢獻兩個新名詞給美國政治詞彙。一是「任務蔓延」（mission creep），意指起初的拯救任務在規模上愈變愈大。另一是「國家建設」（nation-building），指的是美國在索馬利亞、海地、波士尼亞和科索沃推動的項目。事實上，「國家建設」並不能完全正確地描述美國企圖在這些地方做什麼。國家是一群人因語言、族群、宗教或其他共同文化特徵而集結在一起，因此只能靠長期間發展。雖然比較不常用、卻比較正確的名詞應該是「建設國家機制」（state- building）：美國功敗垂成的是建設每個地方明顯欠缺的東西——現代、有效率、民主、能支援繁榮的國家體制。

美國在人道干預之後企圖實現的改造，比起它想在中國及俄羅斯培養的，更加有野心，因為美國政府有更加強大的力量可以促成其實現：它所幸占領了索馬利亞、海地、波士尼亞和科索沃。它不僅有更大的契機去改造這些地方，也有誘因去改造它們，因為打造穩健的體制似乎是防止暴力復發的可靠辦法——干預行動就是被暴力所引發。然而，儘管美國投入不少時間和金錢，儘管美軍部隊駐紮在這些地方，美國在這四個地方都未能建立現代化的國家機制或良好的市場經濟。

一九九〇年代人道干預的動力來自於希望在全世界推動美國價值和美國利益。美國很少出兵國外不打出義正辭嚴的旗號，一定都宣稱它出手協助將有助於世界更加幸福、自由與繁榮。然而，一九九〇年代以前，改進世界從來沒被用來做為出兵國外的頭號正當理由，當然更不曾做為唯一理由。伍德羅・威爾遜（Woodrow Wilson）總統對美國參加第一次世界大戰曾說：「我們不為自己特別有所求。我們為的是讓這個世界更安居樂業。」[4]毫無疑問，威爾遜真心相信美國的無私，但是美國也是為了典型的地緣政治目標而參戰：防止任何國家獨霸歐洲大陸。此處指的是德意志帝國，事實上美國也是在德國擊沉美國船隻後才介入戰局。美國在第二次世界大戰為捍衛自己而戰，但也是因為日本攻擊夏威夷領土、而德國對美宣戰才挺身自衛。

激起人道干預的價值當中最主要的一項就是救民於水火之中。和希望改進世界一樣，同情心不是冷戰結束後才突然冒出來變成美國世界觀的一部分。然而，比起以前，向善及同情心在一九九〇年代美國外交政策中受到更大重視，而且會在國外啟動軍事干預，是因為美國在後冷戰世界擁有空前無比的力量。

美國派出部隊拯救瀕臨危險的索馬利亞人、海地人、波士尼亞穆斯林和科索沃阿爾巴尼亞人，是因為它有餘裕。其他國家沒有辦法或動機制止這些行動。而且雖然有些國家反對美國的軍事行動，尤其是俄羅斯人批評美國在巴爾幹的兩次干預，但並沒有人積極試圖封殺或阻撓美國的行動。一九九〇年代在國際權力體系上美國一枝獨秀，加上美國人長期以來希望讓其他國家更像美國，還有美國人的同理心——雖然未必比其他民族更悲天憫人，但也不落人後——導致柯林頓政府端出人道干預這項外交創舉。此外還有另外兩項原因。其一是到了一九九〇年代，國際政治的慣例有一項特色被包括美國人在內的許多人詬病已久，並要求改革。其二是柯林頓委派負責外交政策大任的官員個人之志趣傾向。

以主權概念為基礎的國際法早在十七世紀就成形：主權國家的政府在其國境之內擁有不受挑戰的權威。[5]若其他國家試圖以武力侵犯其權威，即違背國際法。沒有這個規範，任何一種國際秩序都將喪失基礎：任何國家都可以合法有權——或至少法律上未禁止——隨時攻擊其他國家。《聯合國憲章》第二條即確認主權原則。[6]

主權的概念意味其他外來國家無權干涉政府對其治下人民之所作所為。政府幹了許多可怕的事，尤其是在二十世紀。在二十世紀進程中，不准外來力量干涉制止政府暴行的規定似乎愈來愈難站得住腳。[7]

鑑於第二次世界大戰期間種種罪行和暴行，出現一些不具拘束力的公約，限制政府依法能對治下人民做些什麼。這些公約旨在保障個人與生俱來的權利，沒有任何權威有權侵犯它們。一九四五年《聯合國憲章》即使在本文裡支持主權概念，〈序言〉還是確認基本人權的存在。聯合國大會於一九四八年表決通過《世界人權宣言》（Universal Declaration of Human Rights）和《防止暨懲治滅絕種族罪行公約》（Convention on the Prevention and Punishment of the Crime of Genocide）。一九五〇年，《歐洲人權公約》（European Convention on Human Rights）開放供各國簽署。[8]

一九七〇年代，國際間又出現一股新浪潮，保護個人不受其政府迫害。[9]一九七五年全歐和平及安全會議落幕，簽署一份《赫爾辛基最後終法案》（Helsinki Final Act），包括蘇聯及其東歐附庸國家在內，所有簽署國承諾尊重一系列個人權利。（共產國家都能遵守這些承諾。）致力糾舉侵犯人權的非政府組織，譬如「國際特赦組織」（Amnesty International）和「人權觀察」（Human Rights Watch）也聲名大噪。卡特政府比起以前歷屆政府，在美國外交政策上面更加重視保護人權。

到了一九九〇年代，全世界大部分大規模侵犯人權的暴行，不是因某國家侵略另一國家而發生，也就是說並沒有明目張膽地違反國際法。[10]反之，大多是發生在國內的侵犯行為，且經常是政府對本身人民痛下毒手。主權公約禁止其他國家插手拯救這些人民。這種禁令愈來愈難被人接受，也愈來愈難被遵守。聯合國秘書長裴瑞茲（Javier Perez de Cuellar）一九九一年四月在法國的演講道出許多人的心聲。他引述聯合國憲章第二條之後，表示：

> 但是我們可以，甚至應該質問，聯合國日後通過的其他某些文件，尤其是《世界人權宣言》，是否未隱含質疑這個主權不可侵犯的概念。《憲章》所確立的國家權利，和《人權宣言》所確立的個體權利，不是已建立兩者之間的平衡了嗎？我們清楚目擊民意態度可能已出現無可置疑的大轉變，認為以道德為名保衛受壓迫的人，應該超越國界和法律文件。[11]

如果說保護人權果如裴瑞茲所說，有時候應該超越主權的至高性，那麼有兩個問題必須先回答。第一，如何及何時應該決定主權的不可侵犯之例外情形？第二，如果需以軍事干預拯救遭到迫害的公民，應該由誰來做？

一九九〇年代雖在索馬利亞、海地、波士尼亞和科索沃都有救援任務在進行，針對第一個問題並沒有出現取得共識的答案。人道干預的作法沒有在理論層次上釐清處理原則。至於第二個問題，柯林頓政府倒是有個答案：由美國承擔起保護受害者的責任。它這麼做是因為冷戰結束後美國有實力這麼做，也因為政府裡有些高階外交政策官員相信，他們及他們的國家有權利、甚至有責任運用美國的武裝部隊保護人權。

柯林頓政府有相當大的自由訂定美國外交政策的方向。由於外交政策處理複雜、不熟悉的議題，涉及到的議題和事件又遠在天邊，一般大眾不會長期關注。[12]外交政策在一般公共政策當中，就有如外國電影片在好萊塢豪華大戲中的地位一樣乏人問津。美國只有少數人密切注意它們，包含以總統為首的外交政策圈菁英。這些人有巨大的裁量權執行針對其他國家的政策。

然而，它並沒有無限制的裁量自由。外交政策有它的界限，逾矩會有很大的政治風險。冷戰期間，這些界限一方面排除掉放棄和蘇聯在全球鬥爭的可能性，另一方面把對抗推到要和美國的核子武裝對手進行武裝作戰的臨界點。政府若是太趨近某一極端，會遭到外交政策菁英和民眾的抵制。總統候選人若是不了解或不知尊重重大的外交政策之分際，就得不到贏得大位所必需的政治支持。

冷戰一結束，這些特定的限制變成無關緊要。外交決策圈有很大的空間選擇美國在海外要怎麼做。柯林頓政府選擇人道干預。在種種原因當中，它選擇這麼做是因為高層官員對美國在冷戰時期的外交政策的某些特色頗有保留。譬如，他們反對越戰。他們認為越戰不僅在戰略上徒勞無功——美國最後還打敗仗——在道德上也有瑕疵。他們認為美國保衛腐敗、不民主的南越政府，而且越戰還害死許多平民。人道干預讓他們有機會為他們認為的高尚目標發揮美國的實力。

柯林頓政府的許多官員曾在卡特政府任職，而卡特政府當年以在全球保衛人權為美國外交政策之優先項目。人道干預符合卡特外交政策的精神。它也符合他們所屬的民主黨之政綱，可以運用政府力量援助迫切待援的人。在此，援助的對象住在美國境外、並非美國人。他們受到的是軀體上實質的迫害，不像民主黨在國內推動的計畫，受援人只是經濟上陷於困境。

人道干預對柯林頓外交政策官員還有另一個吸引力。和好不容易才登上權力高層的許多人一樣，他們也想留下政績。換句話說，他們希望外交政策成就能讓同儕刮目相看，也能名垂青史。他們和所有志向宏偉的人一樣（沒有強烈企圖心的人也罕能在鬥爭激烈的官僚體系中出人頭地），想為自己建立豐碑。人道干預，就拯救索馬利亞人、海地人、波士尼亞穆斯林和科索沃阿爾巴尼亞人而言，或是就國際作業和美國外交政策的創舉而言，都是值得建立的豐碑。從這一點講，他們宛如美國政壇上典型的利益團體，一意孤行力推對他們極具價值、但對廣大民眾未必有特殊利益的政策。不過，廣大的民眾原則上也不反對政策菁英的作法。

並不是外交政策圈所有成員都贊成人道干預的可行性。柯林頓政府選擇派兵干預的地方，老布希政府都比較疏遠。老布希刻意避開在索馬尼亞進行「國家建設」，而柯林頓則一頭栽進去。老布希不派兵介入替遭政變推翻的海地總統搞復辟，柯林頓則樂意出手。波士尼亞戰事在一九九二年、即他任期最後一年爆發，各方要求美國介入，老布希相應不理。

老布希處理美國對外關係的作法很像國際政治學者所謂的「現實主義者」（realist），各國專心保衛自己的重大利益、尤其是國家安全。柯林頓外交政策比較接近另一派「理想主義者」（idealist）的作法，後者的主要目標是在國外促進美國的價值。高階外交政策官員對波士尼亞戰爭有兩段評論廣受報導，它們充分凸顯兩派作法和兩個政府的差異。老布希總統的國務卿詹姆斯．貝克在回應有人力促介入波士尼亞時，他說：「在那場戰鬥裡，沒有我們家的狗。」他的意思是，美國在波士尼亞戰爭中沒有重大利害關係牽扯其中。老布希總統任命的參謀首長聯席會議主席柯林．鮑爾（Colin Powell）將軍在柯林頓上任後又任職六個月才退役。鮑爾反對美國介入波士尼亞戰爭。柯林頓的第一任駐聯合國大使梅德琳．歐布萊特則主戰。她和鮑爾辯論時說：「你嘴上常說我軍驍勇善戰，但若有兵不用，又有什麼用處？」[13] 鮑爾認為軍隊只應該用來保衛美國的利益；歐布萊特則希望用來傳播美國的價值。

鮑爾很快就退役，而歐布萊特在柯林頓政府一待就是八年，在這段期間，她的主張占了上風。由於權力從主張美國在海外走現實主義路線的政府，移轉到主張理想主義路線的新政府，一九九二年的總統大選原本不把外交政策議題當一回事，卻對美國外交政策產生了重大影響。

共和黨和民主黨一般對人道干預立場互異，前者大多反對柯林頓的構想，後者大半支持。但是外交政策圈內倒不一定嚴守黨派立場而各有所好。譬如，參議院共和黨領袖羅伯・杜爾（Robert Dole）主張介入波士尼亞。共和黨內有少數人堅決主張動用美軍拯救受壓迫民眾。通常被稱為「新保守派」（neo-conservatives）的這些人贊成在海外促進美國價值，他們認為雷根總統在這方面成績斐然。在他們看來，人道干預一直是雷根外交政策最強有力的特色之一。[14]

固然政府採取主動和執行美國的外交政策，這些政策需要民眾支持才能長期運作。在外交政策方面，和在美國民主制度中的其他公共事務一樣，民眾是最後的決定者。美國人民並不熱衷人道干預。民眾並沒有施加壓力要柯林頓政府介入索馬利亞等四國。持平地說，有人說全天播報新聞的有線電視創造出他們所謂的「有線新聞網效應」（CNN Effect），把遠方民眾受苦的影象即時傳送到美國觀眾家的客廳，產生強大的公共壓力，要求派出美軍解救倒懸之生民。[15] 描繪索馬利亞飢荒和波士尼亞集體屠殺的畫面，讓事件受到民眾注意，當然對美國外交政策會有影響。但是民意調查顯示，根本沒有所謂大多數美國人相信美國有迫切責任制止暴行這一回事。[16]

民眾固然沒有極力主張人道干預，也沒有從原則上反對在索馬利亞等四國的行動。它根據成本代價來評斷它們。美國人對任何特定外交政策願付的代價，要看他們認為那個政策的目標有多麼重要而定。代價可以是以金錢計算，但最重要的是美國人的性命。一般而言，涉及到的美國利益愈重要——美國的國家安全是最重要的利益——民眾就愈願意付出性命財富去保護它。有時候有人說，美國民眾不會支持國際行動，除非其目標是超乎國家安全及自我利益之上。事實剛好相反。美國人傾向於**只肯**付代價保護美國利益。*他們是現實主義者，不是理想主義者。他們把在海外證明美國價值當做是奢侈品，不是必需品。[17]

美國人願意容忍他們的政府執行以價值為本的政策，只要這些政策代價不太高的話。他們願意讓柯林頓政府在索馬利亞等四國進行救援工作，但不能犧牲太多美國人性命，或任何美國人性命。政府發現，美國人在索馬利亞喪生，在國內產生政治風暴。對美國以軍事行動拯救苦難民眾的主要限制，不是來自其他國家，而是來自美國民眾的保留態度。

因此，柯林頓批准的人道干預使他陷於更尷尬的政治地位。一邊是他自己政府的外交政策官員，他們許多人認為干預是對全球福祉和國際正義的重大貢獻；另一邊是選民，他們基本上不反對人道干預，但是他們反對犧牲美國人性命去執行它們。他像英國作家安東尼．特拉勒普

* 註釋：柯林頓的顧問狄克．莫理斯（Dick Morris）「認為『唯有透過虐待人類——尤其是孩童——的鏡頭畫面，美國人民才願意走出他們本質上孤立主義的偏見』。紀錄顯示，這種觀察可能相當接近神聖的空話。」見John Muller, "Public Opinion as a Constraint on U.S. Foreign Policy: Assessing the Perceived Value of American and Foreign Lives," Paper prepared for presentation at the National Convention of the International Studies Association, Los Angeles, California, March 14- 18, 2000, p. 13.

（Anthony Trollope）一八五七年小說《巴切斯特高塔》（*Barchester Towers*）中的巴切斯特主教蒲洛迪（Proudie），不斷地被他作威作福的太太和他心懷鬼胎的牧師往相反方向拉扯。柯林頓就像這位主教，對於他太太和牧師吵來吵去的事根本沒興趣，只想耳根清靜。他對於在他監督下的干預也不怎麼熱切。他和蒲洛迪主教一樣，主要目標就是滿足，或至少不去得罪，他必須打交道的兩批人馬。以此來講，他算是相當成功。他雖然缺乏堅定信念，卻有勇氣。在索馬利亞慘敗後，他在派兵出國時，小心翼翼地不再讓美軍人員涉險。他的政府用這種方法大體上能夠執行軍事干預，而又不折損美軍子弟性命，以免民意支持度大幅滑落。

其實有點諷刺的是，這位第四十二任總統對美國外交政策史上兩大傑出貢獻之一，[18]竟不是他本人親自規劃。更加諷刺的是，這個精緻的柯林頓式理想主義作為實際上是由他的前任總統老布希、一名現實主義者所開始。

索馬利亞、海地和盧安達

美軍初次出手拯救難民，發生在老布希政府時代的伊拉克北部。看到薩達姆．海珊的部隊被美國率領的盟軍趕出科威特之後，伊拉克北部的庫德族揭竿起義，反抗海珊的高壓統治。[19]伊拉克軍隊立刻出手血腥鎮壓，數十萬庫德人逃離家鄉，聚居在與土耳其接壤的邊區。國務卿貝克參訪邊區後向老布希總統報告：「你不會了解人類在此地是如何熬過夢魘。死傷不計其數。我們必須有所動作，而且現在就得行動。我們若沒有動作，數以千計的人將會喪命。」

美國整備出一套援助庫德族的方案，並且將北緯三十六度線以北的伊拉克劃為「安全區」，起先由美軍部隊保護，後來改為「禁止飛行區」，由美軍飛機巡邏，制止海珊的飛機進攻。聯合國安全理事會通過決議，認可此一作法，首度認定一國之內的高壓統治足以構成對國際和平與安全的威脅。[20]

雖然打破美國外交政策的慣例，也為十二年後第二次伊拉克戰爭結束，所建立的有實無名獨立的庫德族國家奠定基礎，這次干預當時沒被當做是國際關係上的創舉，其本意也不是如此。它只是基於驅離侵略者這個最傳統也最典型的理由所發動的戰爭的收尾。然而，老布希政府雖是現實主義者，卻於一九九二年在索馬利亞發起第一次純粹、又絕不含糊的人道軍事干預。

索馬利亞位於非洲之角（Horn of Africa），濱臨印度洋，從十九世紀末期至一九六〇年由英國和義大利各自割據一塊殖民統治，[20]一九六〇年兩塊地區才合併組成獨立國家。軍事強人默哈米德・席亞德・巴瑞（Mohamed Siad Barre）於一九六九年奪權成功，獨裁統治到一九九二年才被趕下台而流亡出國。索馬利亞陷入無政府狀態，以宗族為基礎的各路民兵混戰一團。動亂中，出現類似伊拉克北部的人道危機：數十萬索馬利亞人逃離家園，許多人躲到鄰近的肯亞和衣索比亞。他們很難取得糧食。首都摩加迪休（Mogadishu）由軍閥占據。他們搶下食物供應給自己和追隨者享用。一般民眾則忍饑受餓。

美國曾在一九八〇年代提供經濟援助給索馬利亞，[22]但在當地並無戰略或經濟利益。然而，為了確實杜絕饑荒，布希總統決定派遣武裝部隊到索馬利亞，以確保食物送到等待救濟、有需要的人手中。一九九二年十二月，共有三萬五千名美軍部隊抵達索馬利亞。有人估計，美軍進駐救了數萬人、甚至數十萬人性命。[23]

索馬利亞任務和布希外交政策的指導原則及既定作法相牴觸；但是布希已在一個月前競選連任失利，在他領導下美國外交政策的最後一章等於是告別作。這樁義行的執行者對它的範圍、成本和期間都胸有成竹：一旦美軍部隊建立充分秩序，讓援救物資能通過，按照計畫他們將由聯合國部隊替代。[24]

布希之所以批准索馬利亞計畫，或許是因為他很介意先前他因為拒絕干預波士尼亞戰事，曾遭人批評他的巴爾幹政策冷血無情，他的外交政策也缺乏道德考量。[25]他肯定沒有遭到民間強力要求介入索馬利亞，[26]他也沒打算為二十世紀最後十年一系列的人道干預創造先例。可是，索馬利亞行動卻的確開創了先例。和後來的海地、波士尼亞和科索沃行動一樣，賑災救人的任務無意之間、但又似乎無可避免地變成「國家建設」工程。但是和日後的行動不一樣的是，美國在索馬利亞搞「國家建設」計畫為時甚短。而且這些計畫全都失敗。

柯林頓政府接任初期，國際進駐索馬利亞的宗旨變了。「任務蔓延」出現。聯合國接管作業後，秘書長賈里（Boutros Boutros- Ghali）發起一個改造索馬利亞的政策，想要終結困擾索馬利亞的暴亂與饑荒。這個宗旨也不是不合理。一九九三年三月底，聯合國安全理事會通過決議案，要求「復興索馬利亞的政治體系和經濟」。[27]歐布萊特此時擔任美國駐聯合國大使，強烈支持此一決議案。她說，它代表「史無前例的願景，旨在重建整個國家」。[28]烽火連天、民不聊生的索馬利亞是所謂「失敗國家」（failed state）的典型代表。賈里和歐布萊特提議徹底改革，著手解除地方民兵的武力。

如此深刻介入索馬利亞事務超過了當初老布希政府的構想，也使得聯合國與美國，和當地最強大的宗派頭目穆哈默德·法拉·艾迪（Mohammed Farah Aidid）槓上。他成功推翻席亞德·巴瑞，盤據摩加迪休，期望自己能獨霸全國。一九九三年六月三日，艾迪的部隊在首都攻擊巴基斯坦的聯合國維和部隊，打死二十六名軍人。美國駐索馬利亞代表海軍將領強納森·郝威（Jonathan Howe）下令逮捕他，並懸賞兩萬五千美元抓他。[29]

八月間，美國派出一營特戰部隊協助對付艾迪的作戰。十月三日，他們發動直昇機攻擊，突襲摩加迪休一家旅館，企圖逮到艾迪。但是整個行動出了岔錯。兩架直昇機被艾迪的民兵以地面火力擊落。美軍陷入都市鬧區裡，遭到憤怒的武裝暴民圍攻。美軍十八人陣亡，七十四人負傷。（索馬利亞人總傷亡逾千人，其中五百人喪生。）有個美軍士兵屍體被拖著遊街、當地群眾歡呼的影像在全美國電視台播出。[30]

美國民眾既震驚又憤怒。參議院通過決議案，要求美軍部隊立刻撤退回國。有一項民調顯示，三分之二民眾認為索馬尼亞有可能變成另一個類似越南的軍事泥淖。[31]柯林頓本人大吃一驚，相當驚慌。他根本沒注意索馬利亞這個問題。[32]他下令增派部隊馳援索馬利亞，把情勢穩定下來，也保證六個月內撤軍——後來的確如期撤退。他在宣布這些措施的演講中表示：「重建索馬利亞社會，不關我們的事。」[33]美國承諾在非洲之角「國家建設」，戛然而止。

因為失去了美國人民的支持，這項任務也失掉柯林頓政府的支持。它失去民眾的支持則是因為摩加迪休惡戰改變了民眾對美國在索馬利亞之外交工作的認識。計畫推出時自我標榜為拯救瀕危難民的任務，美軍扮演一種急救人員的角色，因此一開始任務取名「恢復希望行動計畫」（Operation Restore Hope），意在救援，而非戰鬥。但是索馬利亞首都交戰引起民眾對它有不同的認識——它分明就是戰爭啊。這是一場他們並不支持的戰爭。

國防部長列斯．亞斯平（Les Aspin）成為作戰失利的代罪羔羊，兩個月後下台。[34]聯合國也難辭其咎，遭到美國國會責怪。這只有一部分有道理。沒錯，把布希政府原本規劃的索馬利亞計畫擴大的是賈里。但是美國派駐聯合國和摩加迪休的代表都支持他，而且此一致命的作戰行動完全在美軍指揮下進行。

索馬利亞計畫的確呈現國際政治和美國外交政策的兩項重要特色，它們和一九九〇年代和再下一個年代發生的干預行動一脈相承。第一是人道干預作業無可避免都會和政治扯上關聯。索馬利亞人民是人為災禍的受害人。傷害他們的衝突之所以會發生，是因為不同的團體有不同的目標，而且為了達成目標在所不惜。這些相互衝突的目標，不論是在索馬利亞、或是在海地、波士尼亞和科索沃，全都屬於政治範圍。想要終結對每個地方發生的慘劇，首先需要終結當地的政治衝突，這就涉及到要和一個或一個以上的競爭者對抗。它需要美國人扮演戰士，而非善心人士。

可是，這個迫切目標又和索馬利亞計畫的第二個特色牴觸。當目標是拯救外國人，而非保護美國人時，美國民眾只願花很少代價在軍事干預上。沒錯，在索馬利亞乃至於在海地、波士尼亞和科索沃，政治上可容忍的美軍子弟死亡人數最高是零。[35]犧牲一超過那個上限，索馬利亞計畫立刻得不到民意支持。柯林頓深明這一點，據而處理其政府日後的人道干預作業，尤其是在比起非洲之角非常接近美國本土、而且美國有過干涉歷史的海地。

海地位於加勒比海西班牙島（Hispaniola）的西半部，距離邁阿密約一千零九十五公里。海地人民透過一八〇四年一次奴隸革命，推翻法國殖民統治而獨立，但是它在十九世紀和二十世紀長期身陷貧窮和高壓統治。一九一五年至一九三四年期間，它遭到美國占領。美國占領期間是給海地留下若干基礎設施，但是改不了它不幸的政治和經濟命運。一九五七年至一九七一年，佛朗斯瓦・杜華利（Francois Duvalier）實施暴政統治。他號稱是巫教祭司，綽號「醫生爸爸」（Papa Doc）。他過世後，兒子讓・克勞德・杜華利（Jean- Claude Duvalier）繼位。一九八六年，小杜華利遭軍事政變推翻。一九九〇年，天主教神父出身，因為神學思想偏激被教會免職的讓・伯特納・亞里斯提德（Jean- Bertrand Aristide）當選為海地總統。在職八個月後，軍方又在一九九一年九月政變，推翻亞里斯提德，接管政府。

受到軍事執政團的高壓統治，加上經濟凋疲，海地人民開始坐上破船飄洋過海逃往美國。老布希政府採取的政策是，縱使難民到了佛羅里達，一經查獲一律遣送回國。一九九二年大選期間，柯林頓一如他對布希之中國政策的批評，也痛批此一作法，承諾要善待海地難民。中央情報局讓他看空照圖，海地出現新一波造船熱潮，估計推行他的寬鬆政策會再吸引二十萬名以上難民。[36]候選人柯林頓擔心在美國會引起民意反彈，於是收回此一政見。但是就任之後，他覺得有必要改善海地國內環境。柯林頓政府發動一項經濟制裁方案，對軍事執政團施壓，最後逼得將領們同意讓亞里斯提德回國復職。回國日期訂在一九九三年十月三十日。

為了準備亞里斯提德復職，大約兩百名美國官兵和二十五名加拿大工程師坐上美國海軍艦艇哈蘭郡號（USS *Harlan County*）前往海地，預備培訓警察及參加其他項目。他們在十月十一日抵達首都太子港（Port-au-Prince）。碼頭上有一百多名海地人聚集，毫無疑問是受到軍事執政團慫恿而來。軍事執政團雖然答應，其實不願放棄權位。群眾譏笑謾罵，高喊反美口號，此時摩加迪休之役才剛過一星期，口號已出現：「索馬利亞！索馬利亞！」挑釁意味十足。船艦在外海徘徊，柯林頓政府鷹、鴿兩派莫衷一是，辯論是否命令它靠岸。十月十二日，為了避免重蹈索馬利亞覆轍，政府決定撤回哈蘭郡號，人員全部退回美國。[37]西半球最貧窮國家的一小撮暴民嚇退美國政府。

柯林頓政府顏面掃地，收緊對海地的經濟制裁，另外想辦法讓亞里斯提德回國復職。它決定派兵打進去。一九九四年九月中旬，兩萬五千名部隊奉命接管海地，要把遭政變推翻的總統亞里斯提德送回太子港。美國再度準備派部隊涉險，但目的不是保護美國利益，而是確保別人的福祉。這次是替遭到軍人政府壓迫的海地人出頭。

發動攻擊的時間逼近，前任總統卡特自動請纓到海地，試圖交涉讓美軍和平入境。和他同行的兩個人，一位是參議院軍事委員會主席、喬治亞州聯邦參議員山姆·努恩，另一位是一年前退役的參謀首長聯席會議前任主席柯林·鮑爾。部隊開拔的消息傳到太子港，卡特等三人成功地說服軍事執政團不要抵抗就下台。

和索馬利亞不一樣的是海地兵不血刃，美軍毫無死傷。或許是這個原因，另一和索馬利亞不同的一點是，美軍沒有立刻撤出海地，有若干部隊逗留到一九九六年。然而，儘管美軍在加勒比海逗留得比在非洲之角久，政治和經濟改造的成績也沒有比較成功。[38]

柯林頓政府人道干預的下一章又回到非洲。美國決策者留下深刻印象，不僅是因為當地的情況比索馬利亞和海地更悽慘，也因為和索馬利亞與海地不一樣，美國並未介入。

美國和非洲中部大湖地區盧安達（Rwanda）的關係、歷史淵源和利害關係，比起和索馬利亞更是淡薄。可以說，在一九九四年之前，即使是嫻熟國際事務的美國人，也很少能在地圖上找到盧安達的位置。盧安達從一八八六年至一九一六年是德國屬地；一九一六年起至一九六二年止是比利時殖民地，其人口由兩大部落族群組成：圖西族（Tutsi）在殖民時期獨擅勝場，而胡圖族（Hutu）人數較多。獨立之後，兩個部落族群關係惡劣。

一九九〇年代初期，圖西族發動武裝起義，反抗胡圖族掌控的政府。一九九三年，在聯合國斡旋下，雙方在坦尚尼亞阿魯夏城（Arusha）達成協議，圖西族在政府和軍隊的角色要增強。聯合國派出一小支維和部隊進入盧安達，監督停火協定。

一九九四年四月六日，胡圖族總統搭乘一架私人飛機前往首都吉佳利（Kigali），卻遭地對空飛彈擊落。胡圖族責怪圖西族叛軍開火（至今還未釐清責任歸屬），開始屠殺盧安達的圖西族，以及溫和派的胡圖族政客。一百天之內，至少五十萬名圖西族人喪命，占全國圖西族人口總數四分之三以上。[39]其中半數死於大屠殺展開後的頭兩個星期。圖西族叛軍在一九九四年六月和七月征服全國，才制止了胡圖族的濫殺。但接下來輪到胡圖族流離失所，估計有兩百萬難民逃到鄰近國家，尤其是薩伊共和國（Zaire）。

暴亂第一天就有十名比利時維和部隊被槍決。西方政府由法國領頭安排盧安達境內數千名西方公民緊急撤退。屠殺開始後一星期，他們全部撤出。[40]法國支持胡圖族政府，實際上派部隊進入盧安達監督撤僑行動，但是法軍沒有採取行動制止殺戮。至於柯林頓政府，雖然屠殺使他們震撼，但鑑於索馬利亞前車之鑑，它也毫無動作。*

當時究竟怎麼做，才能夠拯救圖西人？這值得深刻的反省。聯合國派在盧安達的部隊司令官羅密歐・達拉利（Romeo Dallaire）將軍後來說：若有五千名維和部隊就能拯救五十萬條人命。[41]殺戮開始時，聯合國派在盧安達的人員只有約二千五百人，其中不到一半是維和部隊，訓練和裝備都不足以制止殺戮。[42]換句話說，唯有從國外調兵介入才能保護圖西人。有一項審慎的研究做了如下結論：由於外國人未預料到會發生屠殺，也因為殺戮發生得太快，即使屠殺一發生西方政府就火速展開行動，也救不了那麼多人的性命。[43]

盧安達大屠殺讓柯林頓政府甩不掉罪惡感，因為它沒有就其高階官員所秉持的制止集體大屠殺才吻合美國基本原則的立場行事。圖西族亟需保護，美國卻未伸出援手。柯林頓總統一九九八年到盧安達短暫訪問，為美國的不作為道歉，後來也稱這是他總統任內最遺憾的一件事。[44]美國雖未伸手拯救圖西族，他們的命運倒是影響到美國的外交政策。它使外交圈更加強烈地要求動用

＊註釋：柯林頓政府很小心地不用「種族滅絕」（genocide）這個字眼形容盧安達情勢，深怕會惹出它無法履行的責任：「……透過當時的駐聯合國大使、日後的國務卿歐布萊特，柯林頓政府確保『種族滅絕』這個字眼〔在聯合國〕絕不適用在盧安達的情況……蘇珊・萊斯（Susan Rice）深受歐布萊特提攜，後來出任主管非洲事務助理國務卿，她向當時任職的國家安全會議同事發問：『如果我們使用「種族滅絕」這個字，又被認為毫無作為，這對十一月〔國會〕選舉會有什麼影響呢？』」參見：David Rieff, *A Bed for the Night: Humanitarianism in Crisis*, New York: Simon & Schuster, 2002, pp. 161-162.

美國武裝部隊去保護前南斯拉夫波士尼亞—赫塞哥維納省的另一個遭受圍困的人民。

波士尼亞：難分難解的三方混戰

南斯拉夫成立於第一次世界大戰之後，做為南方斯拉夫民族的聯邦，原名為「斯洛維尼亞、克羅埃西亞暨塞爾維亞王國」（the Kingdom of the Slovenes, Croates and Serbs）。二戰期間它遭到軸心國家入侵，戰後重組為多元民族的國家，由共產黨統治，下轄六個社會主義共和國，分別是塞爾維亞、斯洛維尼亞、蒙第內哥羅（比其他五個面積小許多）、馬其頓、克羅埃西亞和波士尼亞—赫塞哥維納。二戰期間領導共產黨抵抗侵略者的狄托（Josip Broz Tito）出任最高領導人。狄托拒絕俯首聽從俄羅斯，他所統治的南斯拉夫比起蘇聯及其衛星附庸國家較不專制。但是在這個國家若想表達民族主義傾向也都遭到嚴格取締。狄托的南斯拉夫是以他自己詮釋的馬列主義、以及他試圖培養的南斯拉夫愛國主義為基礎而建立。

在美國一九七二年與中國修睦之前，所有的共產國家當中，南斯拉夫與美國關係最為親善。華府對此心存感謝，也以溫和的方式鼓勵南斯拉夫在歐洲共產國家當中獨樹一幟，與蘇聯保持相當大的政治獨立。老布希政府兩位高階外交官員早年曾在南斯拉夫服務：老布希即將卸任前、短暫擔任國務卿的勞倫斯．伊戈伯格（Lawrence S. Eagleburger）曾在大使館任職；國家安全顧問布倫特．史考克羅夫擔任過武官。柯林頓政府的高階官員沒有一個曾與南斯拉夫有過直接接觸，但這並不妨礙他們就任時對其命運已經有了既定立場。

狄托在一九八〇年去世，十年之後，歐亞大陸上正統共產主義土崩瓦解，他一手創建的國家也分崩離析：民族主義是把它炸毀的炸藥。[45] 民族主義感情比起對共產主義的信念，或是對一個統一的南斯拉夫之忠誠，力量都更強大。民族主義政客普獲民意支持，在斯洛維尼亞、克羅埃西亞和塞爾維亞掌握大權。其中塞爾維亞面積最大，野心勃勃的共產黨黨工米洛塞維奇（Slobodan Milosevic）以塞爾維亞人及塞爾維亞利益的保護者自居。一九九〇年選舉，民族主義派在斯洛維尼亞和克羅埃西亞勝出，把爭取各自的獨立放上南斯拉夫政治議程之首。[46]

一九九一年夏天，克羅埃西亞走向從南斯拉夫獨立之際，由塞爾維亞人居住的東部地區，因得到塞爾維亞人主導的南斯拉夫國民軍（Yogoslav National Army）的協助，先分裂出去。同時，斯洛維尼亞在六月間宣布獨立。它和南斯拉夫國民軍爆發十天的短暫戰爭，但是聯邦軍隊旋即撤退，斯洛維尼亞成為主權國家。在這兩個個案，都只出現有限度的作戰。

克羅埃西亞和斯洛維尼亞脫離南斯拉夫，對波士尼亞造成壓力。波士尼亞和前兩者、以及塞爾維亞有非常不同的特徵：沒有任何一個民族獨大。波士尼亞境內的克羅埃西亞人占總人口百分之十七點三，塞爾維亞人占百分之三十一點四，穆斯林人數最多，但也只有百分之四十三點七，未占過半數。巴爾幹地區從十五世紀至十九世紀長久受鄂圖曼帝國統治，穆斯林是本地改信伊斯蘭的居民之後裔。[47]

波士尼亞從來沒有獨立的歷史。它一向都是某個大政治實體的一部分：從一四六三年至一八七八年隸屬鄂圖曼帝國，從一八七八年至一九一八年隸屬哈布斯堡帝國，此後就是南斯拉夫聯邦的一個省。在南斯拉夫開始分崩離析之前，從來沒有人住過、或預期會住在一個獨立的波士尼亞裡。它能以南斯拉夫加盟共和國之一的身分獨立，純屬歷史的意外。狄托在一九四三年第二次世界大戰期間決定讓它做為加盟共和國，或許是因為更吻合其民族組成之安排太複雜，而且他肯定也完全沒想到它有朝一日會成為主權國家。[48]在波士尼亞歷史上，三大族群大部分時間都能和平共存。沒有一個族群必須擔心另兩個族群之一會獨霸，因為他們全被外來勢力主宰，分別是鄂圖曼、哈布斯堡和共產黨。三者彼此也少有經濟和社會的整合。[49]二戰期間，三者之間的關係並不和平，發生不少流血衝突，此一記憶在共產主義時期仍然沒有消失。它在省內許多民眾內心留下不滿和疑忌，尤其是吃最多苦的波士尼亞塞爾維亞族人。[50]

它所位處的國家要分裂，使波士尼亞陷入極大的困境，因為它實質上就是南斯拉夫中的南斯拉夫。如果南斯拉夫聯邦的組成民族不能和平相處，又怎麼能期待它底下一個省的相同民族能夠和平共存？如果住在南斯拉夫的多數人不認為自己是南斯拉夫人，期待住在波士尼亞的大部分人會自認是波士尼亞人，就未免太不符合實際，這種國家認同根本就不存在嘛！[51]可是克羅埃西亞和斯洛維尼亞已經要脫離南斯拉夫，波士尼亞若不獨立，在塞爾維亞人主宰的南斯拉夫裡，就會成為一個小省分，這是波士尼亞的克羅埃西亞族群和穆斯林所不樂見。穆斯林希望波士尼亞獨立，他們雖不占全國人口過半數、但卻是最多數，他們期待可分配到最大分額的權力。然而，克羅埃西亞族群和塞爾維亞族群可不願留在由穆斯林主導的、獨立的波士尼亞國家裡頭，因此他們強烈地企圖脫離波士尼亞。從他們的觀點來看，最好的情況是分別投靠克羅埃西亞，以及塞爾維亞人主導的南斯拉夫，至少他們可以避免在新獨立的波士尼亞共和國淪為少數民族。這就是波士尼亞戰爭的起因，柯林頓政府最後也被牽扯進去。柯林頓政府不是因為它對衝突的根本原因有什麼特定主張而介入，而是為了人道原因。可是，還有別的原則也有關聯。

波士尼亞的穆斯林、以及塞爾維亞和克羅埃西亞人全都拿出國際間確認的原則做根據來強化自己的立場，但是卻各執一詞。穆斯林端出來的是國際法上有堅實基礎的既有邊界神聖不可侵犯。當然，南斯拉夫既有邊界已經不會再被保留，但是依據規則，主權移交給下一個最大的單位，即加盟共和國，而波士尼亞就是它底下的加盟共和國之一。根據既有邊界神聖不可侵犯原則的推論，蘇聯在一九九一年底解散，變成十五個獨立國家，而他們原本都是這個多民族大國底下的加盟共和國。斯洛維尼亞和克羅埃西亞即依據此一原則宣布獨立。

反之，波士尼亞的塞爾維亞人和克羅埃西亞人祭出的是民族自決的原則。這是美國總統威爾遜在第一次世界大戰之後於巴黎和會上端出來擺到國際事務中心的一項原則。民族自決的原則認為獨特的民族——塞爾維亞族群和克羅埃西亞族殆無疑義肯定是——有權成立自己的主權國家。而且弦外之音是主權國家最好就是由一個單一民族組成，或至少由一個占多數的族群為主組成之。*

每個原則都舉得出被優先重視的理由。如果不承認既有國界，會鼓勵國際紛亂，因為不滿意的團體可以造反，發動作戰企圖脫離既有的國家，或是征服其全部或部分地區。另一方面，拋棄民族自決又可能使具有自我認同的團體陷於他們不想隸屬、或並未選擇要隸屬的政治單位。第一個原則保住秩序，卻可能犧牲了正義；第二個原則卻翻轉優先順位。

獨立的斯洛維尼亞和克羅埃西亞，其主權邊界或多或少還與民族人口相吻合，事涉主權的兩大原則不起衝突。但是在波士尼亞，由於沒有單一民族占主導多數，它們就相互衝突了。這些衝突未循法律程序或是理性辯論來解決。戰爭爆發了，而且把美國捲進來。

南斯拉夫解體之際，歐洲共同體（European Community）[52]介入，試圖遏制暴力擴大。冷戰期間，歐洲國家十分依賴美國的軍事保護以對抗蘇聯，允許美國在地緣政治議題上當老大。現在冷戰結束了，他們想在解決衝突、尤其是位於歐洲的衝突時，有自己的聲音。一九九一年，出席一項涉及南斯拉夫問題的談判會議（接下來五年，相繼還有多次談判）時，盧森堡外交部長賈克·浦斯（Jacques Poos）宣稱：「歐洲的時代終於到了！」

歐洲國家對於想要獨立的前南斯拉夫共和國握有一道利器：可以給予或否定正式外交承認。他們協商好一致行動以便最大化影響力，不料德國在一九九一年十二月單獨行動，承認斯洛維尼亞和克羅埃西亞。歐洲其他國家跟進承認。†接下來各方注意力轉到波士尼亞身上。

歐洲共同體一九九二年二月開會討論波士尼亞問題。雖然它或許可以提出合乎邏輯的一條路來解決波士尼亞問題，在當時及其他任何時候，這個國際共同體都沒有支持三方正式分割波士尼亞的方案，因為這會讓塞爾維亞人和克羅埃西亞人可以分別自由加入南斯拉夫和克羅埃西亞。他們不支持「三方分波案」，至少有三個原因。第一，歐洲及美國不願違反尊重既有邊界的原則。第二，「三方分波案」會出現一個小型、脆弱的穆斯林政治實體。第三，或許最重要的是，這三個族群不是各自集中在波士尼亞某個鮮明的地理區域。他們彼此混居，所在地犬牙交錯。在內戰爆發前，沒有一個容易的方法把波士尼亞劃分為三個族群同質的區域。

歐洲派出的調停代表、葡萄牙籍官員荷西·卡蒂列羅（Jose Cutileiro）提出的方案是波士尼亞在既有邊境之內獨立，但是三大族群在新國家之內享有自治權。卡蒂列羅方案代表的或許是避免大規模流血的最佳機會。事實上，經過三年半內戰、死了好幾萬人之後達成的解決方案，在關鍵點上與卡蒂列羅方案也大同小異。[53]但是起初三方都無法就方案細節取得協議。一九九二年

---

* 註釋：南斯拉夫的塞爾維亞人一般的立場是，南斯拉夫應該保持完整（他們是人數最大的族群），但若是分裂，波士尼亞也應該分割。他們贊成南斯拉夫統一，但若不可能統一，他們反對波士尼亞統一。波士尼亞的穆斯林立場截然不同，他們主張南斯拉夫分裂，但是反對分割波士尼亞。

† 註釋：鑒於塞爾維亞已經占領塞爾維亞族群居住的克羅埃西亞東部地區，德國人相信、或者說他們相信，承認這些共和國獨立地位可以傳遞信息，阻止他們在波士尼亞採取類似行動。不料，效果完全相反。

初，三方彼此猜疑和敵意深重，沒有共識，談判很快就破裂了。

三月初，波士尼亞穆斯林領袖阿里加．伊茲貝戈維奇（Alija Izetbegovic）宣布波士尼亞獨立。四月間，歐洲共同體和美國承認它。塞爾維亞人和克羅埃西亞人也宣布自新波士尼亞獨立，事實上他們在前一年已經準備這麼做。新國家到處出現暴力事件。塞爾維亞派兵跨過邊界進入波士尼亞東部。戰爭爆發了！

這是三方混戰，塞爾維亞人、克羅埃西亞人和穆斯林都各擁民兵和黑道勢力[54]，並和另兩方交戰。整體來講，波士尼亞戰爭從一九九二年打到一九九五年，估計十五萬至二十萬人喪生。這段期間，一百二十萬人逃到外國，另有一百三十萬至一百五十萬人在波士尼亞境內流離失所，能夠再回到老家的人，微乎其微。[55]

每一方都動用武裝部隊迫使另兩個族群遷離他們控制的地區，以不人道的方法建立具有族群同質性的政體。這個醜陋的伎倆後來被冠上「種族清洗」（ethnic cleansing）的名稱。名詞雖新，作法卻舊。第一次世界大戰結束，土耳其在鄂圖曼帝國廢墟上獨立、建國，大約一百五十萬希臘人離開安納托利亞，回到希臘；五十萬土耳其人逃回安納托利亞的新土耳其共和國。第二次世界大戰後，大約一千二百萬日耳曼人從東歐國家被趕到東德。納粹征服這些國家，然後被紅軍擊敗，可是大部分難民移居這些地方已有數十年、甚至上百年的歷史。接下來一次更大規模的人口移動更高達一千四百五十萬人，它發生在英屬印度被劃分為印度和巴基斯坦兩個主權國家之後，情況更加慘烈。

如果說一九九〇年代巴爾幹的種族清洗不是新鮮事，就迫遷人數而論也稱不上二十世紀最慘，但它還是震撼了西方社會。上述三樁事件發生在兩次世界大戰大規模流血犧牲之後。波士尼亞的種族清洗則發生在歐洲幾近五十年不見戰火的承平時代，歐洲大陸爆發大型戰爭的威脅已經消失，歐洲人也把大規模暴力視為他們早已淘汰的醜陋歷史記憶。

這些暴力事件大多發生在波士尼亞農村地區，但也有些就發生在首都塞拉耶佛（Sarajevo）。塞拉耶佛因為主辦一九八四年的冬季奧運揚名國際。歐、美媒體紛紛派人前來採訪戰爭新聞，他們的見聞和報導使得西方國家民眾一面倒地同情穆斯林，譴責塞爾維亞人。[56]

雖然三個族群都從事暴力活動、搞種族清洗，但是塞爾維亞人比起克羅埃西亞人或穆斯林，次數最多、手段最狠。[57]他們在三股勢力中最強大，是因為得到已經改為塞爾維亞軍隊的南斯拉夫國民軍的支持。到了一九九三年，塞爾維亞人控制了波士尼亞百分之七十領土。他們逮捕穆斯林男子，關進鐵絲網圍起的營區，不給他們食物。新聞記者發現被救出的囚徒，他們所描述和播報到全世界的影象，讓人聯想到第二次世界大戰納粹集中營的倖存者。[58]

塞爾維亞人在首都塞拉耶佛犯下三樁駭人聽聞的暴行，遭到媒體大肆報導，對於世界如何了解這場內戰產生極大影響。一九九二年五月二十七日，塞爾維亞人砲擊一群排隊要買麵包的民眾，造成至少二十死、上百人受傷。一九九四年二月五日，塞爾維亞砲彈命中市中心馬卡列市場

（Markale），造成六十八人死亡、一百四十四人負傷。同一個市場在一九九五年八月二十八日又被砲轟，四十三死、七十五傷。死傷者全是老百姓。種種事件，加上塞爾維亞部隊包圍住首都，這三樁攻擊讓塞爾維亞人惡名昭彰，不是沒有道理地視之為兇神惡煞。惡名成就了柯林頓政府對衝突的官方態度，也造成歐美人士主張西方軍事干預、保護穆斯林。

聯合國在衝突一開始時就介入。聯合國部隊在一九九二年進入波士尼亞，支援人道救援任務。他們完成此一最初使命：戰爭期間沒有人餓死。聯合國部隊也控制塞拉耶佛機場，確保物資抵達。塞爾維亞部隊在戰爭期間，有很長一段期間包圍住塞拉耶佛。聯合國維和部隊主要由英國和法國組成，也奉派進入波士尼亞。人數由一九九二年的一千五百人，激增到一九九四年底兩萬三千人。他們的任務當中有一項是巡邏劃定的穆斯林「安全區」，保護穆斯林不受塞爾維亞人攻擊。[59]

和人道救援任務不同的是，聯合國的維和任務失敗。維和部隊若要有效，參與衝突的各造要同意某一和解方案，需要中立力量居中讓雙方放心。這在波士尼亞就行不通：因為根本沒有和平可以維持。更糟的是，維和部隊變成衝突的當事人。塞爾維亞部隊針對北約組織軍機空襲塞爾維亞陣地反擊，好幾次扣押聯合國人員當人質。[60]聯合國派駐波士尼亞的部隊兵力弱，使得歐洲國家不願採取美國（以及許多歐洲人）所主張的方式，對塞爾維亞展開軍事行動。

波士尼亞戰爭和所有的戰爭都一樣有其政治根源，若無法解決政治問題，就無法停戰。歐洲人早早就看到這一點，試圖提供解決方案。一九九二年八月，歐洲共同體和聯合國召開「前南斯拉夫國際會議」。會議指派美國前任國務卿范錫和英國前任外相大衛・歐文（David Owen）為代表試圖調停。一九九三年二月，經過博採周諮之後，兩人提出一項波士尼亞治理計畫，希望三大族群願意接受。和先前的卡蒂列羅方案一樣，它結合依南斯拉夫時期邊界為準成立一個獨立國家（依據穆斯林的要求），再於其中授予三大族群自治權（這是塞爾維亞人和克羅埃西亞人的要求）。范錫—歐文方案把波士尼亞劃分為十個地區，每個都有明確的自主權，而且大部分地區都由三大族群之一主導。按照這個藍圖，波士尼亞將是高度分權的國家。

衝突各造都不認為這個方案有吸引力。穆斯林和塞爾維亞人特別認為它對自己不厚道。它有一條款規定由國際部隊負責執行條件，而固然歐洲、以及後來美國原則同意提供必要兵力，沒有人願意全力以赴，而且全都懷疑方案付諸實行時能否行得通。一九九三年春天，各方就范錫—歐文方案展開談判，但一籌莫展。五月十五至十六日，波士尼亞塞爾維亞人舉行公民投票否決它，因此澆熄了最後的希望。

南斯拉夫危機的頭兩年期間，相較於歐洲，美國扮演的是串場的配角。布希政府盡量不想跟它有瓜葛。國務卿貝克那句話——「那場戰鬥裡，沒有我們家的狗。」——說得不文雅，但很坦誠，表達出華府判斷美國在巴爾幹沒有重大利益受到威脅。[61]總而言之，政府還有許多更急迫的要務：一九九一年先要開戰把伊拉克趕出科威特，然後要處理蘇聯崩潰的危局；一九九二年要忙布希總統競選連任。選戰的氛圍已經變成美國選民普遍認為布希任內花太多時間在外交事務上，沒有專心提升美國選民的福祉。

柯林頓政府帶著不同的波士尼亞方案上任。它的高級官員與前人有兩大點不同。柯林頓人馬認為巴爾幹局勢發展對美國會有影響，應該受到美國政府更大的關注。至於戰爭本身，他們強烈支持穆斯林這一方。新作法有三個根據。

第一，柯林頓官員認為戰爭起因是塞爾維亞人侵略合法建立、具有政治正當性的國家。這件事未經任何公開辯論，他們就接受穆斯林所捍衛的主權原則：既有邊界神聖不可侵犯，不理會塞爾維亞人提倡的民族自決的原則。

第二，他們認為美國人特別珍視的一項重要原則在波士尼亞受到侵犯：多元原則（principle of pluralism）。他們認為波士尼亞就是巴爾幹版的美國，不同族群背景的人和諧生活在一起，或至少是相互容忍，直到塞爾維亞人侵擾他們。這個說法在波士尼亞某些地方是可以成立，尤其是首都塞拉耶佛——這是大多數美國人唯一有接觸經驗的地方——但不能推及到所有地方、或甚至大部分地方。[62]民意調查與選舉結果顯示，過半數以上波士尼亞居民並不擁抱多種族的波士尼亞認同身分。如果他們是的話，也就不會有戰爭，至少這場戰爭不會動員起波士尼亞境內三大族群的血腥鬥爭。其實，波士尼亞居民最先認同的是他們是三大族群之一的成員。即使穆斯林也是如此——雖然他們的領導人有時候會用多元主義的言詞描述目標，以便吸引西方和美國的支持。[63]

第三，雖然政府沒有正式宣布，柯林頓官員認為塞爾維亞人針對波士尼亞穆斯林進行種族滅絕。種族滅絕這個字詞出自第二次世界大戰期間納粹消滅歐洲猶太人的行徑。起先在這項罪行發生的當下，世人不以為意，只認為它在戰爭裡司空見慣，但是戰後隨著時間進展，才意識到它的可怕。一九四八年的國際公約禁絕它。然而，公約禁絕的究竟是什麼？種族滅絕的定義可以很廣，[64]但它的重點是意圖消滅一個民族：納粹對猶太人就是抱此居心。塞爾維亞人並沒有對波士尼亞的穆斯林有這種企圖心。塞爾維亞人的目標是把住在塞爾維亞人想要控制地區的穆斯林趕走，沒有要把他們全部殺光，更不用談壓根沒想要把其他地方所有穆斯林殺光。[65]

使用種族滅絕這個字詞有強烈的政治意義，因為經過二次大戰以來這幾十年，它已經被認為代表終極的邪惡，必須以正義之師予以防範杜絕。[66]因此，假如塞爾維亞人針對穆斯林進行種族滅絕，國際社會、特別是美國，有道義責任出手拯救可能的受害人。

先不論塞爾維亞人對付波士尼亞穆斯林的戰爭是否真的構成種族滅絕，也不論在波士尼亞爭議的兩種主權原則孰是孰非，塞爾維亞人的確使用超乎尋常的殘暴手法。這種殘忍行徑使得柯林頓政府（及其他許多國家）反對他們，也使得高層相信美國應該動用武裝部隊對付他們。

和中國政策及海地政策一樣，柯林頓一九九二年競選期間就承諾要改變布希的波士尼亞政策，這不但出於政治盤算，也有個人信念因素。[67]八月五日，他呼籲布希總統「盡其所能制止屠殺平民」，並且建議「我們或許應該動用軍事力量」。[68]柯林頓總統就任時，歐洲方面集中在以范錫—歐文方案調停戰火。政府對此一方案表示保留，原因是它對塞爾維亞人讓步太多，[69]也沒有兌現派美軍到波士尼亞執行停火的承諾。當它的失敗昭然若揭時，柯林頓政府開始研訂新的波士尼亞政策，一個比前任政府更強大、更支持穆斯林的政策。

柯林頓政府設計一套兩段式的方案，被稱為「取消及嚴打」（lift and strike），放寬不得銷售或交付武器給波士尼亞交戰者的禁運。這道禁運令經聯合國在一九九一年九月通過，西方國家大體上都遵守規定。[70]柯林頓政府認為它對穆斯林不公平，因為它對穆斯林的影響大過對塞爾維亞族群的影響，因為後者可以從鄰國、塞爾維爾人主宰的南斯拉夫隨時取得軍火補給，因為南斯拉夫不受禁運影響。做為新政策的一部分，美國也將對波士尼亞境內塞爾維亞部隊進行空中攻擊。柯林頓政府希望這兩項措施合併起來，可讓穆斯林在戰場搶占上風。

從柯林頓的角度看，「取消及嚴打」的優點是不需要派美軍地面部隊進入波士尼亞，免得有人陣亡，因而引爆類似當年稍後索馬利亞戰役對政府聲望的反彈。[71]由於歐洲已經介入波士尼亞，也由於戰事發生在歐洲大陸，柯林頓派國務卿克里斯多福拜訪歐洲各國，爭取他們支持美國的新政策。

克里斯多福空手而還。歐洲各國雖然厭惡塞爾維亞人的行動，卻不像美國人那樣傾向穆斯林的立場。柯林頓的政策目標是幫穆斯林戰勝，歐洲人並不像華府這樣認為它可取、有可行性。更重要的是，歐洲人還有一點和美國不同，它有地面部隊在波士尼亞，他們擔心——事後證明擔心有其道理——如果西方政府站在穆斯林這一邊參戰，這些部隊會遭到塞爾維亞人報復。[72]後來柯林頓政府不得不放棄「取消及嚴打」構想。

范錫鑑於他參與規劃的和平方案失敗，從聯合國和歐洲共同體支持的波士尼亞調停任務退休，由挪威前任外交部長索爾瓦德．史托登伯格（Thorvald Stoltenberg）接替他。一九九三年八月，歐文和史托登伯格修正范錫─歐文方案，提出一個比較不那麼複雜的新版本，但是它比前者更接近於把波士尼亞一分為三個具種族同質性的區域。和范錫─歐文方案一樣，歐文─史托登伯格方案也沒有得到交戰各方接受。但是，一九九四年出現兩個發展，為翌年結束戰爭鋪路。

一九九四年三月，在美國積極斡旋下，經過密集談判，波士尼亞的克羅埃西亞人和穆斯林達成基本框架的協議，要組織包含兩個族群、涵蓋約半個波士尼亞領域的聯邦。*這一來戰爭從三方交戰變成兩方對戰，強化了克羅埃西亞族群和穆斯林，削弱了塞爾維亞族群。

四月，美國建議成立「聯絡小組」（Contact Group）做為國際調停的機制。它包括美、俄、

---

* 註釋：參見Ivo Daalder, Getting to Dayton: The Making of America's Bosnia Policy, Washington, DC: The Brookings Institution, 2000, p. 27; Steven L. Burg and Paul S. Shoup, The War in Bosnia- Herzegovina: Ethnic Conflict and International Intervention, Armonk, New York: M. E. Sharpe, 1999, p. 409.這個聯邦並沒有意味、也沒有創造兩個族群之間的團結。克羅埃西亞人願意加入是「因為穆斯林和克羅埃西亞人部隊之間的作戰已經解決了對黑塞哥維納西部地區一些軍事控制問題，它們對克羅埃西亞族群有利；因為協議規定少數族群在各州內有相當的地方控制權，因而延緩了克羅埃西亞人和穆斯林為混居的各州控制權所不可避免的對抗。也因為藉由接受協議，克羅埃西亞人可獲得美國支持瓜分方案」。Ibid., p. 294.

英、法、德五國代表。

可是，戰火在一九九四年仍然不斷，只不過許多地方已經趨緩。戰爭之所以能在次年結束是因為柯林頓政府的政策轉變，波士尼亞現地力量均勢改變，以及波士尼亞的塞爾維亞人和克羅埃西亞人外交代表換人。

第一次參選時的政治盤算決定柯林頓政府初期的波士尼亞政策；而為連任考量的政治算計引起政策方向改變，它有助於結束戰爭。一九九四年十二月，柯林頓核准，聯合國維和部隊若要退出波士尼亞，來向美國求助時，美軍可參與撤退作業。[73] 一九九五年初，聯合國似乎愈來愈有可能要求協助。政府擔心派出協助維和部隊撤退的美軍可能被捲入戰鬥，會有死傷，屆時會在國內引起政治風暴。柯林頓和他的政治顧問們擔心，這股風暴會空前強烈，因為美軍不是在波士尼亞為伸張美國力量或達成政府目標傷亡，而是在撤退時傷亡。這太不光彩。他們相信，這一幕會傷害一九九六年競選連任的選情。

因此，美國處理波士尼亞衝突的作法改變。柯林頓政府決定更積極介入，尋找以外交手段結束戰爭的可能性。這需要和歐洲更密切合作。政府原本和「聯絡小組」的和平方案保持距離，嫌它對塞爾維亞人讓步太大，形同實質瓜分，現在政府改弦更張。它接受對塞爾維亞人做些讓步，以及不讓波士尼亞有強大中央政府的戰後安排，做為停止戰鬥的代價，以避免國內出現嚴重政治傷害的威脅。

柯林頓政府改變處理波士尼亞的作法，而當地的領土控制也出現變化。美國已間接協助新獨立的克羅埃西亞共和國打造武裝部隊。[74]八月四日，克羅埃西亞部隊對遭到塞爾維亞占據的克羅埃西亞柯拉吉納（Krajina）區域發動攻擊。塞爾維亞軍隊沒有抵抗，幾天之內，克羅埃西亞陸軍控制了這個區域。住在本地區的二十萬塞爾維亞平民趕緊逃命。得到美國間接援助和鼓勵的這場攻勢，引爆整個戰爭中最大規模的一次種族清洗。[75]

次月，克羅埃西亞部隊與波士尼亞穆斯林的軍隊合作，在波士尼亞西部發動攻擊，美國也轟炸塞爾維亞人陣地、協助他們的地面作戰。*克、穆聯手攻勢成功地攻下相當大一塊由塞爾維亞人控制的地區。八月份之前，塞爾維亞人控制約三分之二的波士尼亞領土。之後，它縮小至不足一半。攻勢成功使得三個族群控制的地域分界線比較接近「聯絡小組」所建議的和解方案之地圖，這個方案也得到美國回心轉意支持。

同樣在八月間，塞爾維亞人控制的南斯拉夫之領導人米洛塞維奇決定親自負責終止戰爭的談判。波士尼亞塞爾維亞人一向十分仰賴南斯拉夫的經濟和軍事奧援，但是行動上有相當的政治獨

---

* 註釋：美軍之所以轟炸塞爾維亞陣地，是因為塞爾維亞人在施瑞布雷尼查鎮（Srebrenica）聯合國畫訂的安全區屠殺八千名手無寸鐵的穆斯林。除了報復屠殺之外，轟炸也有政治目的。「空戰的重要性倒不是要炸到波士尼亞塞爾維亞人坐上談判桌，而是要向波士尼亞穆斯林展現美國的能耐。」參見 Carl Bildt, "the search for peace," Financial Times, July 2, 1998, p. 16.

立性。米洛塞維奇比他們更希望結束戰爭，以換取歐、美取消對南斯拉夫的經濟制裁。[76]經濟制裁可能導致一定程度的民生困難，威脅到他本身的權位，對他來講，這可比波士尼亞塞爾維亞人的命運來得重要，柯拉吉納就更不用說了，他在面臨克羅埃西亞共和國軍隊進攻時，乾脆棄守，一走了之。米洛塞維奇早在一九九一年三月就和克羅埃西亞領導人佛朗周．涂吉曼（Franjo Tudjman）討論過兩國如何瓜分波士尼亞。[77]現在，涂吉曼也替波士尼亞的克羅埃西亞人出面談判。結束戰爭的必要條件終於全部到位：美國承諾願意參與計畫，參與衝突各造認為土地的分配雖不滿意、至少不致於難以忍受，加上三方中的兩方談判主帥願意、甚至可說渴望終止戰爭。

於是乎，一九九五年十一月底，美國在俄亥俄州達頓市（Dayton）美國空軍基地召開會議，擬定停戰協議。主導全局的美國代表團是由主管歐洲事務的助理國務卿理查．郝爾布魯克（Richard Holbrooke）領軍。通常這個角色要由更高階的人物擔綱，但是柯林頓政府裡頭兩個最重要的外交政策官員，國務卿克里斯多福和國家安全顧問雷克，都是沉默寡言的人，不喜歡在公開場合亮相。為了爭取公眾注意，郝爾布魯克不做第二人選。達頓會議之後，他得意洋洋地宣稱自己在會議中是如何如何斡旋、貢獻重大。事實上，他的確是好人選，但不是因為他所舉的理由。在交戰三方當中，最反對達頓方案的是穆斯林。他們堅持要有一個單一、中央集權的波士尼亞。因此，會議的主要任務是如何半哄半威脅，要穆斯林修正立場。郝爾布魯克的脾氣很適合扮黑臉。從政治因素考量，挑選他也很對，因為他也是堅稱穆斯林不肯接受美國政府要求他們接受的條件此舉有道理的人士之一。[78]

達頓協議規定，波士尼亞就其原屬南斯拉夫聯邦一個省分的邊界，獨立為單一的政治體，但中央政府權力相當薄弱。它下轄兩個國中有國的單位：克羅埃西亞族群和穆斯林的聯邦，以及塞爾維亞族群的實體。兩者都有範圍廣大的權力，足以讓一方阻礙波士尼亞有如單一的、統一的、團結的國家有效率地運作。[79]

達頓協議之後，柯林頓政府三年來處理波士尼亞戰爭的一連串敗績上，終於有所斬獲。美國終於協助促成戰爭結束。柯林頓本身達成他的主要目標：避免從處理波士尼亞戰爭中失分太多。他在一九九六年當選連任，波士尼亞在選戰中沒有成為他的政績，但也沒有像他原先擔心的成為他的弱點。

美國的領導證明是解決衝突的重大關鍵，也展現出美國在後冷戰國際事務上的重要角色。對於政府高層而言，這是可以引以為傲的成績，它證明了他們本身的重要性。歐布萊特後來談到美國時會說「我們是不可缺少的國家」*從美國民眾的觀點來看，「不可缺少」既是讚許，也是麻

* 註釋：「我們是不可缺少的國家。我們站得更高，我們比其他國家看得更遠。」一九九八年二月十九日在國家廣播公司（NBC）節目《今天》（*Today*）上的談話。把美國國際地位做此定性，依二十世紀最後十年的政治、經濟條件而言是有道理的。至於說美國有高瞻遠矚的本事，歐布萊特所服務的柯林頓政府及其後繼政府恐怕拿不出可以令人信服的證據。

煩之所繫。民眾寧可其他國家承擔更大的責任，對於總統及其外交政策官員在一九九〇年代及下一個年代進行的國際政策，這些國家也能多分攤一些成本。

另一方面，柯林頓政府的波士尼亞政策沒有達成它在上任之初所訂定的一些目標。它的政策沒能產生一個統一的政府、讓三大族群和平生活在一起，他們名義上屬於同一個國家，卻各自營生。達頓協議所設計的波士尼亞很像低度安全措施的監獄：居民大致上可以做自己想做的事，但是抱歉，不能離開你的地界。

美國現在主持他們原先反對的方案：名義上不是，但波士尼亞實際上已遭到瓜分。達頓協議包含對塞爾維亞人的重大讓步，而這些人正是柯林頓政府官員認為犯下重大反人道罪行的同一批人。柯林頓政府沒有制止這些罪行中最十惡不赦的種族清洗；他們也沒有扭轉其結果：把遭到暴力驅趕的人送回家園。當克羅埃西亞人反過來針對塞爾維亞人搞種族清洗時，柯林頓政府默不作聲、悄然同意。[80]

美國民眾並不贊成美國駐軍波士尼亞，即使是和平時期也不喜歡。但是達頓協議後的六萬名國際維和部隊當中，仍有兩萬人是美軍部隊。為了安撫民眾，柯林頓保證只駐留一年，屆時一定撤回。結果最後一支隊伍離開時已是八年之後，二〇〇四年。然而，美國軍事人員持續駐留並沒在美國國內引起重大不滿，因為沒有人喪生。聯合國最早是在一九九一年派出維和部隊，達頓協議之後情況改觀，現在波士尼亞有需要維持的和平了。

戰爭既已結束，政治框架也已建起，美國政府宣布要協助推動現在大家已經耳熟能詳的目標：「國家建設」。波士尼亞將在國際協助之下，成為柯林頓政府一直盼望的國家：繁榮、民主、寬容、統一、多元族群的國家。後來證明事與願違。但是在失敗不可挽回之前，柯林頓政府又讓美軍再次介入巴爾幹，這次和它在達頓協議上不可或缺的夥伴米洛塞維奇直接對上。

科索沃：不知為何而戰

一九九九年，美國和北約組織盟國聯手，代表科索沃人民出面進行軍事干預。位於塞爾維亞的這個地區，百分之九十的居民是阿爾巴尼亞族的穆斯林。伊斯蘭信徒占大多數是因為科索沃自一四五五年以來至一九一二年，長久隸屬於鄂圖曼帝國版圖。從一九一二年至一九四一年，它歸塞爾維亞控制，而塞爾維亞在這段期間大半都是第一個南斯拉夫的一個省分。從一九四一年至一九四五年，科索沃的大部分區域隸屬義大利控制的阿爾巴尼亞，第二次世界大戰結束，它又回歸塞爾維亞，納入南斯拉夫。

雖然南斯拉夫聯邦憲法把他們列為少數民族，不像塞爾維亞、克羅埃西亞和斯洛維尼亞是個完整的加盟共和國，但從一九七四年起，科索沃穆斯林享有相當的自治權。可是，米洛塞維奇在一九八九年撤銷它。他以強烈擁護科索沃境內少數民族塞爾維亞人之姿態在政壇崛起。米洛塞維奇認為他們的權利遭到侵犯，這個主張不僅打動他們，還激發塞爾維亞的塞爾維亞人打從心坎裡支持他，因為科索沃在塞爾維亞人的民族史上占有重要的一頁。根據一種說法，一三八九年，有位塞爾維亞王子拒絕向鄂圖曼統治者臣服，選擇在科索沃一處名為「黑鳥戰場」（Field of Blackbirds）的地方決戰。塞爾維亞部隊戰敗，但從此之後塞爾維亞民族史把這一役頌揚為可歌可泣的一幕。米洛塞維奇在塞爾維亞政壇崛起的一個關鍵，就是他一九八九年六月二十八日在古戰場遺址發表演說，紀念戰役六百週年。

阿爾巴尼亞裔占科索沃人口極大比例，塞爾維亞民族史跟他們毫不相干。他們痛恨米洛塞維奇恢復他們曾經經歷過的塞爾維亞嚴峻統治，想方設法要逃避。鑑於南斯拉夫解體，它的組成共和國紛紛獨立，科索沃人也想要獨立。由於科索沃在塞爾維亞人本身的歷史占有重要地位，米洛塞維奇和塞爾維亞人當然不肯。這一來，科索沃變得和波士尼亞一樣，成為塞爾維亞人和穆斯林衝突的戰場。

事實上，南斯拉夫開始動盪時，美國即認為科索沃的形勢比起波士尼亞更一觸即發。一九九二年十二月底，快要卸任的老布希總統警告米洛塞維奇，如果他對科索沃人施暴，美國將被迫採取軍事反應。[81]但是，科索沃的地位問題沒有端上達頓會議議程。美國雖然最後和穆斯林站在同一陣營，在一九九五年底時，它不能和米洛塞維奇撕破臉，美國亟需他合作來結束波士尼亞戰爭。歐洲人和美國人也不想再介入巴爾幹的另一場戰爭。他們所介入的第一場戰爭好不容易才結束，而且得不償失。甚且，根據國際法精神，科索沃是塞爾維亞的一部分，其他國家沒有法理根據去干涉它的內政事務。柯林頓政府引用來合理化它支持波士尼亞穆斯林的同一項原則——保護國際承認的邊界、不受外來侵略——同樣禁止支持科索沃穆斯林對抗塞爾維亞人。但是，到頭來，柯林頓政府還是支持他們。

由於在波士尼亞有不愉快的經驗，縱使布希總統一九九二年發了「聖誕節警告」，克里斯多福國務卿在一九九三年初也拿出來重申一遍，柯林頓政府的大多數成員，包括總統本人，都寧可對科索沃衝突退避三舍。可是美國還是被牽扯進此一衝突，最後和塞爾維亞兵戎相見，然後和在波士尼亞一樣，發現自己的立場誰都不喜歡。美國主張科索沃人留在南斯拉夫之內，享有自治權。塞爾維亞人則為維持現狀作戰，意即由塞爾維亞人控制科索沃。換句話說，儘管雙方歧見深，美國人和塞爾維亞人都認為，法理上科索沃屬於南斯拉夫。科索沃的阿爾巴尼亞人完全不同意。到目前為止，他們是三方中最弱的一角，但是最終達成目標是他們，而不是另兩方。他們為爭取獨立而戰，最後也如願以償。[82]

獨立靠的是武力。一九九〇年代相當長一段期間，科索沃阿爾巴尼亞人的領袖是伊布拉辛·魯果瓦（Ibrahim Rugova），他堅持以非暴力手段抵抗反對科索沃的塞爾維亞人，家裡的牆上掛滿了主張此一戰術、身體力行最知名的一些人物：馬丁路德·金恩、甘地和達賴喇嘛的畫像或照片。達頓會議沒有把科索沃人遭受塞爾維亞迫害的議題列入討論，降低了群眾對他個人及非暴力策略的支持。[83]科索沃解放軍（Kosovo Liberation Army）於達頓會議之後成立，這支游擊隊主張使用武力掙脫塞爾維亞的控制。到了一九九七年，它已有一萬五千至兩萬人左右的追隨者。武器從國外流入給科索沃解放軍（尤其是從鄰近的阿爾巴尼亞流入），它開始對科索沃的塞爾維亞人發動打了就跑的攻擊。

但科索沃解放軍很清楚自己的實力不足以趕走塞爾維亞人贏得獨立。它的目標是挑釁塞爾維亞人，逼他們以天下人都看得見的殘暴手法反應，來引起西方國家介入，因為西方國家才有軍事力量強迫塞爾維亞退出科索沃。[84]不出所料，科索沃解放軍的戰術的確逼著塞爾維亞人鐵腕鎮壓，導致北約組織在美國率領下介入，造成對科索沃人最有利的結果。科索沃解放軍可謂是歷史上最成功的游擊隊組織之一。[85]

居功厥偉、促成美國介入巴爾幹戰爭的頭號盟友，正是柯林頓的第二任國務卿梅德琳．歐布萊特。以某種意義來講，歐布萊特膺任重寄，實在是大爆冷門。她直言無諱鼓吹在索馬利亞推動「國家建設」政策，給柯林頓政府惹來一身腥。她的世界觀似乎跟後冷戰時期的現實格格不入。她在談論她的外交政策觀點時曾說：「我的心態是慕尼黑。」她指的是一九三八年，英國首相和法國總理在此一德國城市向希特勒讓步，錯誤地以為可以滿足希特勒在歐洲的領土野心，避免世界走上戰爭。歐布萊特的冤家對頭米洛塞維奇是個殘暴、寡廉鮮恥的角色，[86]但是他主宰的是一個弱小的邊緣國家，根本比不上納粹德國，不可能稱霸巴爾幹，更不用說妄想號令全歐洲。[87]就算美國對世界這個角落有興趣，那也只是人道方面，不會是歐布萊特所暗示的地緣政治因素。

她能夠出任美國首席外交官是因為受到後冷戰美國外交政策和國內政治兩項趨勢的推波助瀾。直到第二十任總統以前，在十九世紀大部分時間裡挑選國務卿和挑選其他內閣成員沒有兩樣，都以國內政治考量為準。他們想要獎賞忠誠的支持者。這未必就選不出擅於縱橫捭闔的外交官員。譬如，林肯總統挑選威廉・西華德（William Seward）出任國務卿，是因為他是政治影響力極大的紐約州長，可是他的表現就十分傑出。

進入二十世紀，外交政策比起十九世紀大部分時間更攸關存亡、十萬火急，展現和其他國家交涉之才幹成為擔任美國國務卿的首要條件。冷戰結束後，外交政策在保衛國家生命中的重要性降低，選擇國務卿的基礎又恢復到過去的模式。柯林頓選擇歐布萊特出任國務卿的理由，和十九世紀歷任總統選人的考量相同，其實他在做其他外交政策決定時也是如此：從國內政治角度思考。然而，到了一九九〇年代，美國的政治變了。全國性政治人物必須訴求的主要對象不僅只是各州或區域，還有人口類別必須斟酌；歐布萊特屬於對柯林頓而言特別重要的一個類別。依照作家大衛・哈伯斯坦（David Halberstam）的說法，她得到「民主黨內一股強大新勢力的支持，即相當積極活躍的女性網絡」。因此，對柯林頓總統而言，「任命第一位女性國務卿的誘惑是無法抵抗的」。[88]

歐布萊特以科索沃為她的最優先，並以阻止米洛塞維奇和塞爾維亞人主宰科索沃為她的主要目標。傳統上，訂定美國外交政策戰略的是總統、不是國務卿。然而，在發動對塞爾維亞開戰之前那幾個月，柯林頓身陷醜聞風暴。他和白宮年輕實習生有不當性關係之醜聞，而且試圖掩飾，遭指控犯了偽證和妨礙司法罪，即將受到彈劾，可說是已經分身乏術。

一九九八年七月底，當美國的注意力聚焦在柯林頓醜聞上，[89]塞爾維亞部隊針對科索沃解放軍發動攻擊，因為他們利用塞爾維亞人的節制大肆活動，要控制更大片的科索沃。為了報復，塞爾維亞遵循波士尼亞塞爾維亞人的先例，針對阿爾巴尼亞裔的科索沃人實施種族清洗，把他們大量驅離家園。從攻擊開始到一九九九年三月，共有三十五萬人逃亡。[90]一九九八年九月二十三日，聯合國安全理事會通過決議，要求塞爾維亞人停止對阿爾巴尼亞人的攻擊，允許國際監督人員進入科索沃檢查他們遵守決議，並且與科索沃占多數的民族展開政治對話。[91]

次日，九月二十四日，北約組織發出「行動預警」，威脅要以空襲對付塞爾維亞人。這個同盟的幾個歐洲成員認為，因為塞爾維亞對他們任何人都沒有侵略行為，若要實際進行軍事干預需要聯合國安全理事會明白批准。然而，俄羅斯和中國已經清楚表示，他們會否決軍事干預的任何決議案，理由是科索沃衝突純粹是南斯拉夫內政事務，其他國家無權干涉。[92]因此，後來變成美國和北約不經聯合國委任，逕自發動人道干預。

十月間，柯林頓政府派郝爾布魯克到巴爾幹，與米洛塞維奇談判；十月十三日，他宣布一項協議：米洛塞維奇的南斯拉夫軍隊將遵守安理會決議，並由歐洲安全暨合作組織（Organization for Security and Cooperation in Europe）負責監督塞爾維亞遵守協議。因此，大多數離家逃難的科索沃人能夠回家。可是，協議並沒給科索沃帶來和平。它沒訂條文規定如何執行這些約定。科索沃解放軍也利用塞爾維亞部隊撤退，收復它在塞爾維亞發動夏季攻勢前原本控制的區域，同時還恢復對塞爾維亞人的游擊攻擊。[93]

塞爾維亞人的反應很激烈。一九九九年一月，部隊和民兵在雷卡克村（Racak）殺死四十五個科索沃人，他們幾乎全是平民。這場屠殺讓柯林頓政府高層相信，郝爾布魯克斡旋的協議已經失敗，有必要採取進一步措施。[94]從波士尼亞衝突延續下來的「聯絡小組」——俄羅斯是成員之一，但它不是北約組織成員——發出一份清單，列舉處理科索沃和解的原則，它亦召請塞爾維亞人和科索沃人來開會以批准它並協商執行方法。北約組織以美國為首，表示已經準備好在科索沃行動。歐布萊特也明白宣示，如果塞爾維亞不接受聯絡小組提出的方案，就要對他們發動空中攻擊。[95]

會議在巴黎西南方約四十四公里的小鎮朗布伊艾（Rambouillet）一座十四世紀的城堡舉行。這座小鎮是法國國家綿羊場（Bergerie Nationale）所在地。塞爾維亞人和科索沃阿爾巴尼亞人卻不肯就範。雙方都不肯接受聯絡小組提出的方案。即使他們依賴西方國家，即使柯林頓政府和他們站在同一邊，科索沃人起先不肯簽未保證他們有選擇獨立機會的任何協議，[96]而偏偏獨立這個選項，連最強烈支持他們的美國在此時也不接受。會議先行休會，美國對科索沃人施壓。三個星期後的三月十八日，科索沃代表在巴黎接受了聯絡小組的方案。

塞爾維亞人可不屈服。米洛塞維奇拒絕接受聯絡小組的方案所要求的條件，他不肯允許北約部隊進入科索沃，[97]因為他擔心請神容易送神難，萬一他們不撤退，他能怎麼辦？塞爾維亞很可能就丟了科索沃——後來果真丟了！這位塞爾維亞領導人固然曾經願意放棄塞爾維亞人居住的柯拉吉納、讓克羅埃西亞光復，他也曾經逼迫波士尼亞的塞爾維亞人接受沒讓他們完全獨立的和解方案，但科索沃卻截然不同。根據國際法，塞爾維亞有權利統治科索沃，而且基於歷史因素，比起克羅埃西亞的塞爾維亞地區或波士尼亞，對於塞爾維亞而言，科索沃有更大的情感和政治上的重大意義。政治上，米塞洛維奇付不起自動放棄它的代價。他決定不惜為它而戰。[98]

這項決定沒讓美國官員感到意外或煩惱。根據歐布萊特一名親信助理表示，朗布伊艾會議的目的不在和平地解決衝突，它是要「把歐洲人拉進來再開戰」。[99]因此，一九九九年三月二十四日，美軍開始空襲塞爾維亞，美國的科索沃戰爭正式登場。這是為人道而戰，不是為戰略目標而戰；它是為伸張美國的價值而戰，不是為保護美國利益而戰。

起先，諸事不順。北約組織預測戰事不會拖太久，規劃三天的轟炸作業。[100]結果呢？戰事綿延七十八天。柯林頓總統宣布轟炸計畫時透露，其目的是「嚇阻對科索沃無辜的平民發動更血腥的攻擊」。[101]不料，效果完全相反。它造成大規模種族清洗，穆斯林被趕出科索沃。塞爾維亞發動的「馬蹄作戰行動」（Operation Horseshoe）逼得一百三十萬科索沃人逃離家園（總人口為一百八十萬），其中八十萬人逃到鄰近國家，另五十萬人放棄家園，但留在科索沃。[102]

因此，三月二十四日之後，巴爾幹進行著兩場性質截然不同的戰爭。一是由美國率領北約組織對付塞爾維亞。這是勸阻性質的戰爭，意在對塞爾維亞施予足夠的懲罰——主要是在塞爾維亞本土、不是科索沃——來逼他們接受聯絡小組的方案，這是停止轟炸的條件。美國政府推想，略施薄懲可迫使米洛塞維奇低頭。這個念頭錯得離譜。[103]戰爭一開始，北約組織的戰略就失敗了。反之，塞爾維亞的戰略成功。塞爾維亞打的是第二種戰爭，針對科索沃的阿爾巴尼亞裔穆斯林。這是驅趕性質的戰爭，不是殲滅戰，不是種族滅絕。[104]北約組織的空中攻擊並沒有實質阻止到塞爾維亞的攻擊行動，它們一開頭也無法逼得塞爾維亞不再攻打科索沃人。

北約組織轟炸無效讓人想起一九六〇年代美軍在越南狂轟濫炸也失敗的先例。美國轟炸北越，意在施加足夠的懲罰，企圖說服北越共產政府不再支持共產黨叛軍反抗親美、非共的南越政府。北越政府選擇承受懲罰並繼續支持越共。同樣地，轟炸塞爾維亞起先也沒有削減塞爾維亞人在科索沃的決心。塞爾維亞人反而團結起來支持米洛塞維奇。[105]

在中南半島，比起美國維持南越不淪陷於共產主義的重要性，北越政府能否控制住南越更是生死交關。因此，北越不只意志更堅定，更願意付出相當高的代價，承受空襲的生命財產損害，且遠比美方願意付出更多。美方比起北越更早達到容忍人命傷亡的極限。結果是美國退出中南半島，北越贏得戰爭。同樣地，塞爾維亞人死守科索沃的重要性，超過北約組織想奪走它的決心。

塞爾維亞人比起美國和歐洲願意付出更高代價爭取他們的目標。

事實上，北約國家幾乎不願付任何代價。柯林頓總統向全國演說宣布展開轟炸時，他清楚表示「不打算讓我們部隊在科索沃打仗」。[106]美國將從高空以飛機進行戰爭，以便避免美軍傷亡。柯林頓等於是昭告塞爾維亞人，如果他們頂得過空襲（它們在一開始時，相當節制），他們將能夠保住科索沃。如果他們保住科索沃，他們就贏了這場戰爭。

頭幾個星期，塞爾維亞人似乎可能打贏。這下子柯林頓面臨兩難困局：如果他維持原始戰略，北約這個歷史上最成功的同盟，美國這個全世界最強的國家，以及他這位兩者的領袖，勢必敗給一個名不見經傳的獨裁者所領導的一個又小又窮又弱的國家。這豈不是奇恥大辱？然而，若想戰勝，就必須派部隊進入科索沃擊敗塞爾維亞部隊。北約組織肯定可以勝任，但不能沒有傷亡；可是索馬利亞的先例和國內民意調查都顯示，美國民眾和歐洲盟國不想有傷亡。[107]據說，十九世紀時俾斯麥評論巴爾幹的地緣政治重要性時曾說，這個地區「不值得犧牲任何一名波美拉尼亞士兵*」。美國人對二十世紀科索沃的價值也有相同的評價，不認為它值得美國人犧牲性命。

就和在索馬利亞及波士尼亞時一樣，柯林頓派任的官員極力主張人道干預，導致他做出承諾，可是美國民眾不願買單。既已決定發動轟炸行動，而轟炸行動未能達到預期效果，柯林頓發現自己進退維谷，要嘛是打敗仗、留下歷史罵名，要嘛就是不顧民意、全力求勝。北約盟國並沒有準備在初步空襲達不到目標時派上用場的備案。[108]面對此一兩難，他們設法修正、規劃出四階段戰略，最後靠它贏得發動戰爭時訂定的目標。

第一，北約組織升高對塞爾維亞的攻擊。戰爭開始時，盟軍飛機攻打防空系統。塞爾維亞人不屈服，盟軍出動三倍的飛機，擴大攻擊目標，包括運輸路線、發電廠、淨水處理廠等基礎設施，以及米洛塞維奇在首都貝爾格勒（Belgrade）的政黨總部、屬於他政治盟友所擁有的工廠等等。北約也和科索沃解放軍合作，攻打在科索沃執行種族清洗的塞爾維亞軍隊及民兵部隊，不過後來的評估認為攻擊只造成一定程度的損害。[109]然而，針對塞爾維亞本土擴大轟炸卻讓其人民領教到戰爭的滋味，米洛塞維奇依賴他們的支持才能保住權位。[110]

第二，北約組織的歐洲成員國要繼續支持戰爭。北約團結一致才能阻擋米洛塞維奇的成功，同盟內部若是意見不合，會使同盟放棄為科索沃人道干預的目標。[111]歐洲領袖當中，英國首相東尼．布萊爾（Tony Blair）篤志最堅，認為戰爭合乎正義、有其必要。[112]一般來講，歐洲相關政府首長，不論他們對於作戰方式有什麼分歧見解，都認為北約成立五十年以來首次真正打仗若是輸了，對北約組織的傷害將是高得不可接受，因此他們決心堅持到底。雖然沒有哪一個國家的民眾特別支持戰爭（甚至有些國家出現相當的不滿聲浪），塞爾維亞在科索沃實施種族清洗的慘劇，讓歐洲民眾心有戚戚，它有助於抑制反戰的聲浪。[113]

---

* 譯註：波美拉尼亞（Pomerania）為一中歐地名，位於波蘭與德國之間。

第三，隨時戰爭持續，美國政府開始暗示，它正在重新思考柯林頓早先所承諾不派地面部隊進入科索沃的政策。美方規劃從阿爾巴尼亞進軍。北約部隊已經進駐當地，預備在塞爾維亞接受聯絡小組的方案時，就進入科索沃擔任維和部隊，人數也在日益增加中。[114]英國主張認真準備從陸路進攻，力促北約組織其他國家同意。[115]五月十八日，柯林頓答覆記者提問，他說：「北約不會排除任何備胎方案。」這句話已經完全推翻戰爭一開始時他說過的話。當時他明白排除必勝方案：派遣美軍地面部隊投入戰場。

攻打科索沃將涉及到非常繁複的後勤補給作業，也考驗著同盟的團結。此外，美國國會共和黨議員也通過表決，宣示反對干預科索沃。[116]柯林頓最後是否會下令出兵，誰也不清楚。[117]最後，他並不需要下令派軍。這裡面有很大因素涉及到北約組織的第四項戰略修正：得到俄羅斯的支持。

俄羅斯政府打從一開始就反對北約組織的科索沃政策。[118]它支持塞爾維亞不受其他國家干預、有權控制科索沃的主張，也譴責針對塞爾維亞的攻擊行為，[119]甚至在聯合國提議要求各國罷手。俄羅斯人對塞爾維亞人有感情，因為他們都是信奉東正教的斯拉夫人；他們也從原則上排斥外來勢力干預主權國家內政事務（或許是著眼於本身國內車臣省的叛亂）；他們也不滿意因為自己不是北約組織成員國家，對於就在自家門口邊界不遠的地方發生的軍事行動，無從置喙。由於這場戰爭很不得俄羅斯人心支持，也由於俄羅斯總統葉爾辛被公認為一向刻意結交如今發動戰爭的西方政府，衝突若持續下去對他在國內的聲望相當不利。[120]他決定幫忙終止這場戰爭。他指派前任總理維克多・齊諾米汀（Viktor Chernomyrdin）為特使，[121]齊諾米汀和美國副國務卿陶伯特（Strobe Talbott）、芬蘭前任總統馬蒂・阿提薩理（Martti Ahtisaari）組成一個停戰談判團隊。

齊諾米汀告訴米洛塞維奇，北約組織預備進軍科索沃。[122]這個訊息，加上北約的轟炸行動造成塞爾維亞人傷亡人數節節上升（由此也顯示盟國無限期持續作戰到底的決心），更何況俄羅斯盟友也不支持了，米洛塞維奇終於決定讓步。六月二日，他同意聯絡小組的方案。次日，塞爾維亞國會批准它。戰爭結束了！

戰爭結束，北約和美國達成眼前的目標。塞爾維亞部隊撤出科索沃，五萬名國際維和部隊進駐。科索沃及其未來前途的控制權，從米洛塞維奇移轉到西方國家手中。被「馬蹄作戰行動」逼得逃離家園的科索沃人，和原先波士尼亞遭到種族清洗的大多數受害人不一樣，他們有幸能夠回到老家。柯林頓也得到他要的東西。他既避免在巴爾幹慘敗，也避開陷入美軍地面作戰的風險。另一項紅利是科索沃人在首府普理斯提納（Pristina）為他立了一尊十一英尺高的塑像。他本人在二〇〇九年十一月一日親自主持揭幕儀式。

從另一方面講，美國和北約違反國際法一項基本原則，介入並沒有侵犯它們或其他任何國家的一個國家——塞爾維亞人主宰的南斯拉夫——之內政。塞爾維亞人當然在自己國境之內犯了罪行，[123]不過他們可以振振有辭聲稱是因為國內出現武裝叛亂，才發動敉亂作戰。他們的罪行也還未大到種族滅絕的地步，讓西方國家足以不顧不干預內政的國際規範。國際社會也沒有透過聯合國授權戰爭而集體行動。北約這個區域安全組織，全世界大多數國家（更不用提，俄羅斯在內的若干歐洲國家）不是它的會員國。可是它就自己批准自己去攻打南斯拉夫。

北約發動戰爭的一部分理由是阿爾巴尼亞裔科索沃人在一九九八年遭到種族清洗。但是它的轟炸行動在翌年三月和四月引發一段更惡劣的插曲。這段種族清洗的插曲恰恰反過來，但是和當年波士尼亞戰爭一樣，當克羅埃西亞人把數萬名塞爾維亞人從克羅埃西亞的柯拉吉納趕走時，美國人袖手旁觀；現在北約戰勝後，十萬名塞爾維亞人逃離科索沃南部。[124]他們逃到科索沃北部地區的塞爾維亞裔社區，或是逃進塞爾維亞本土。北約並未盡力讓他們安心，或是協助他們留在家園。

因此，就種族清洗這件事來說，美國在一九九〇年代第二次巴爾幹戰爭和第一次戰爭一樣，不能撇清道德責任。坦白說，戰爭幾乎都不會讓人有機會維持道德純潔；畢竟戰爭的本質就是殺人。然而，這兩次巴爾幹戰爭和其他戰爭不同，它們舉起明明白白的道德旗幟作戰。

每一場戰爭都有政治後果，科索沃戰爭的政治後果卻很荒謬。美國為阿爾巴尼亞裔科索沃人出面打仗，對抗塞爾維亞人。可是在大家爭吵的核心政治議題上——科索沃應不應該如科索沃人意願獨立？或是如塞爾維亞人堅持，留在南斯拉夫？——北約和美國站在塞爾維亞人這一邊。這可就使得勝利者處於很奇怪的地位，打仗打贏了竟然還要捍衛敵方的立場。打勝戰竟然使勝方同盟成員在核心議題上立場互異，和他們費盡力氣作戰要保護的對象意見分歧。北約和美國後來終於解決這個矛盾，在占領科索沃九年之後的二〇〇八年才同意承認科索沃是個主權獨立國家。可是，這又坐實了反對這場戰爭的國家，尤其是俄羅斯的指控：這場戰爭因征服一個主權國家的合法領土，違背了一項國際基本規則。美國矢口否認。

戰爭的進行凸顯出美國在北約組織內部獨大的多重優勢。美國負責大部分的轟炸和實質上所有的高科技行動。[125]北約的歐洲盟國原則上支持戰爭，但缺乏決定勝負的實力。

柯林頓政府打科索沃戰爭或波士尼亞戰爭，都不是為美國利益開打，因為美國在巴爾幹半島沒有什麼利益可言，除了住在當地的人民之外，這塊地方不具戰略或經濟重要性。然而，即使冷戰已經成為過去，美國在世界其他地區仍繼續擁有戰略和經濟利益，這些利益都被在科索沃的軍事行動傷害了。

中國日益崛起，柯林頓第一任期的外交政策也試圖拉攏它，可是科索沃戰爭傷害了美國和中國的關係。[126]戰爭進行中的一九九九年五月七日至八日夜裡，美國一枚炸彈命中貝爾格勒中國大使館，殺死三名中國人、二十多人負傷。這是無心之過。中央情報局誤把中國大使館當做是塞爾維亞通訊設施大樓。[127]美國政府道歉，並賠償中方損失。但是，事件引起中國民眾的反美情緒。憤怒的民眾包圍北京及全國各城市的美國大使館、領事館示威抗議。[128]

美國和俄羅斯的關係則更加惡化。柯林頓的北約東擴政策已經使俄羅斯十分不痛快，科索沃更使莫斯科與歐美西方漸行漸遠。俄羅斯政府雖然協助按北約組織的條件終止戰爭，它從來不認為有必要攻打塞爾維亞，也不接受攻打它的正當性。俄羅斯總理普里馬卡夫（Yevgeny Primakov）在前往華府的途中，獲悉北約開始轟炸，立刻命令飛機掉頭回國，以示抗議。

戰爭結束後，美、俄之間立即發生對峙，場面令人想到冷戰時期。兩百名在波士尼亞執行維和任務的俄羅斯部隊開進科索沃，前往它的主要機場，或許是擔任先頭部隊，以便大軍後續進駐，在科索沃北部地區建立一個由俄國人控制、對塞爾維亞人友善的區域。美國籍的北約盟軍總司令衛斯禮・克拉克（Wesley Clark）將軍命令英國將領麥可・傑克遜爵士（Sir Mike Jackson）搶占機場、制止俄軍。傑克遜回答說，他才不會替克拉克掀開第三次世界大戰咧！後來，俄軍並沒有空運任何部隊進入科索沃（東歐國家不允許俄國軍機飛越其領空），科索沃的俄羅斯部隊打散，整編進多國籍維和部隊，和波士尼亞的情況一樣。[129]

即使沒有危險的軍事對峙，科索沃戰爭增加了俄國人對冷戰敵人的憤怒。北約東擴使俄羅斯外交高層感到不安，科索沃戰爭則讓俄羅斯老百姓怒不可遏。一九九九年四月舉行的民意調查顯示，百分之九十的俄羅斯民眾認為北約的轟炸行動不對，百分之六十五認為在這場衝突中，北約是侵略者。[130]它指出柯林頓政府為了緩和俄羅斯政府反對此一大西洋同盟延伸到俄羅斯邊境，又不讓俄羅斯本身加入成為會員，而以謊言保證說：北約組織正在從軍事組織轉型成為政治組織；到目前為止，它保持其軍事任務，恪守防衛性質；俄羅斯雖不是北約組織成員，將可全面參與歐洲安全事務。其實，北約組織對南斯拉夫發動戰爭，可是南斯拉夫根本不曾攻擊北約成員國，俄羅斯雖反對這場戰爭，莫斯科卻無能為力阻止它。[131]

最後，科索沃戰爭的結局是以美國為首的北約組織接管科索沃，因此有責任治理它。和在索馬利亞、海地和波士尼亞等地一樣，美國官員宣稱打算改造科索沃，使它成為寬容、民主和繁榮的地方。同樣地，就和在其他地方一樣，這些願望都落空。

著名的勝利

一九九〇年代美國每次人道干預都有三個目標：第一，終止屠殺或迫害。美國達成了此一目標。*使用美國軍事力量在索馬利亞阻止大飢荒；在海地把軍事執政團趕下台；在波士尼亞和科索沃雖然遲了，但最後總算制止戰爭。甚且，除了摩加迪休之役以外，美國完成這些目標時都沒

---

* 註釋：或許可以說，美國在波士尼亞和科索沃的政策其咎是在政治上創造出形同經濟學家所謂的「道德風險」，亦即無意間鼓勵魯莽和破壞性的行動。因為強烈支持穆斯林在波士尼亞的最大訴求，柯林頓政府使得歐洲想斡旋當地和平協議的努力變得相當複雜，唯有美國不再支持穆斯林，和平協議才有可能達成。同樣的，科索沃解放軍在科索沃捨棄和平抗議、改為公然對塞爾維亞人施暴，果然成功地激怒塞爾維亞人展開更加殘暴的行動，終於將美國捲入衝突，站在阿爾巴尼亞裔科索沃人這一邊。我們當然無從知道，美國若採行不同的政策，是否能減緩這兩個地方的暴力。

有犧牲美國人性命。在這些地方，軍事手段能做到的，美軍部隊都能使命必達。沒錯，美軍在上述案例上都沒有遇上難纏的對手。美軍在索馬利亞等四國可說都不負使命。

第二個目標，在每一次軍事任務背後，美國都期望能建立以人道為理由干預主權國家內政的先例。由於每一次行動都違反除非為制止跨國界侵略不得干涉他國內政的基本國際規範，美國必須證明在這些特定案例中，違反此一常理是合乎其他標準而正當的。發生在全球各地的不公不義俯拾即是，什麼時候政府有權利——其實是責任——入侵其他國家，解救其人民於倒懸呢？柯林頓政府從來沒有回答這個問題。它從來沒提出一個合理化的理論。事實上，它根本沒有認真嘗試要提出一套論述。

最接近於向民眾提出人道救援干預理論的，不是柯林頓，而是英國首相布萊爾。一九九九年四月在芝加哥的一場演講，大部分在討論其他事情，布萊爾提出含糊、未必特別有幫助的指針，說明如何壓過國際法上的不干涉主義。[132]至於柯林頓，他在會見科索沃難民時表示：「我們以我們所作所為為榮，因為我們認為這代表美國精神：沒有人應該為其宗教信仰或族群傳統被懲罰和歧視、被殺害和驅離家園。」[133]這些可能都是值得頌揚的情操，但沒有辦法做為有效的原則，無法指引我們決定何時、如何在這些事發生在其他國家時加以制止。

政府裡有些人嘲笑為人道干預制訂理論的念頭。[134]然而，若無一套言之成理的論述，就沒有依據去說服其他國家這麼做不只是美國隨性所致、胡攪蠻幹。俄羅斯和中國政府就覺得柯林頓政府的政策是如此。若要建立人道干預是國際上可被接受之行為的慣例，不僅需要定義清楚在什麼環境條件底下有理，也要有個機制決定這些環境條件怎麼發生，並授權採取行動處理。關於這個作法，有許多討論提到聯合國這個全球性組織是最合適的機構。[135]不過，波士尼亞和科索沃的軍事行動並沒得到聯合國核准。

柯林頓政府也沒有試圖說服美國民眾，人道干預應該成為美國外交政策之常態。上述行動都不得人心。儘管柯林頓在回顧時表示遺憾未採取行動制止盧安達的殺戮，包含柯林頓的副總統高爾（Al Gore）在內的二〇〇〇年總統大選的兩黨候選人，都向民眾堅定表示他們不會介入當地的局勢。[136]美國參與巴爾幹兩場戰爭和派遣軍隊進入海地，都沒有得到國會授權。柯林頓沒有徵求國會授權，因為就算他去求也不會得到許可。最後，在巴爾幹的兩場戰爭，美國打了半天竟然是要執行截然不同的政治目標：在波士尼亞，目標是維持多民族治於一爐的國家；在科索沃，北約的勝利卻是把這樣一個國家拆解。這兩場戰爭的共同點是，美國反對塞爾維亞人。不論這一點是否站得住、有道理，它很難做為普世接受的理論之基礎。

第三個美國進行人道干預的目標是改造美國出兵干預的地方，希望使它們的社會更寬容，政治治理良善及更加民主，經濟繁榮。在上述案例中，每次美國政府初啟動軍事行動時，腦海裡都沒有想到這些目標。然而每次行動都產生「任務蔓延」。軍事行動成功使美國控制了索馬利亞等四國，因而至少暫時有責任治理它們。甚且，美國人強烈相信他們的政治體制、經濟政策和社會習俗都是最好的，而且可以通行各地。基於這些理由，以及為了防止殘害這些地方的病灶死灰復燃，美國政府承擔起它對中國及俄羅斯所號召的相同使命。不過，和中、俄這兩個案例相同，在索馬利亞等四國所推動的內部改造，也一樣失敗。

美國占領索馬利亞的時間，比起其他三地都短。美國人一離開，它立刻回復到他們抵達時想要制止的一片動亂。[137]索馬利亞成為後來世界通稱失敗國家的典型。它缺乏一個能夠維持秩序的政府，要談提供其他任何服務就更是奢想了。全國四大宗派各擁民兵自重，不斷交戰爭奪領土和資源。索馬利亞境內居民效忠的對象是這些宗派、不是廣義的索馬利亞認同意識。這些宗派彼此激烈對立，加上他們封建的文化，使得這個國家成為喋血街頭、朝不保夕的地方。[138]

動盪混亂之中，伊斯蘭恐怖組織蓋達在索馬利亞建立據點，二〇〇八年，與它掛鉤的一個組織占領索馬利亞南部地區。二〇〇六年，衣索比亞介入索馬利亞亂局，五年之後，肯亞也派軍進入，兩者都是與伊斯蘭主義分子交戰。二〇一一年，嚴重旱災又帶來飢荒，餓殍載道，一九九二年美國就是為了同樣原因介入索馬利亞。席亞德．巴瑞被推翻之後的二十年間，索馬利亞全國人口一千萬人當中，估計約兩百萬人成為難民，其中半數逃往國外。[139]經濟搖搖欲墜，又缺乏安定就業的機會，有些索馬利亞人利用沿印度洋海岸線之地利（它在非洲各國中最長），襲擊行經其海岸附近、沒有武裝保護的商船。美國著名演員湯姆．漢克斯主演的好萊塢電影《怒海劫》（*Captain Phillips*），把索馬利亞海盜猖獗的故事生動地介紹給全世界。暴力、恐怖活動、飢荒和海盜肆虐，肯定不是歐布萊特一九九三年演說時，承諾要在索馬利亞「重建整個國家」時腦子裡浮現的畫面。

比起索馬利亞，海地受到美國和其他國家更長久的持續關注。美軍部隊人數雖不多，在當地駐留到二〇〇〇年。聯合國在海地設立代表團。一大堆的非政府組織派代表到海地，目標是協助改善這個西半球最貧窮國家的人民之生活。有三千至一萬個形形色色的非政府組織到過海地參與重建。[140]可是，海地人所生活的政治、經濟和社會環境並沒有改善。

一九九四年在美國協助下復職的亞里斯提德總統於一九九六年卸任，但在二〇〇〇年再度回鍋當選總統。四年後，海地北部發生的一場叛亂，迫使他下台。聯合國安定部隊開進海地，在一九九六年接替亞里斯提德擔任總統的蒲瑞華（Rene Prevail），於二〇〇六年再度當選總統。這場選舉和以前的選舉無異，被控造假賄選，引來全民示威抗議。蒲瑞華執政後的局面和亞里斯提德一樣，貪瀆橫行、暴力頻仍。這一大段期間，海地人赤貧如洗，許多人是文盲，每天生活費不到一美元。經濟的主力仍然是生產力不高的農業。相較於全國生產總值，海地的外債極高。美國介入之後，一小撮菁英和海地大眾之間財富和權力的差距[141]，一點都沒縮小，反而更加擴大。

大自然對海地也很殘忍。二〇一〇年一月二十一日，兩百年來最嚴重的地震震撼全島，造成三十一萬六千人死亡、一百六十萬人無家可歸。接下來又爆發近年來最嚴重的霍亂。美國的注意力再度轉向海地。美軍部隊又回來協助人道救援。已經卸任近十年的柯林頓，被聯合國指派為海地特使。他太太希拉蕊・柯林頓當時擔任國務卿，她說：「我們盼望海地成功。此地的情況在其國門之外都會有極大反響。」[142]這段話聽來很熟悉，但是美國重新帶來的興趣和援助，對這個國家的長年痼疾沒有產生看得到的影響。

前來援助的非政府組織大半是美國機構，加上美軍三不五時進駐，使海地看起來像是非正式的受保護國。美國主導巴爾幹戰爭之後，波士尼亞和科索沃則變成正式的受保護國。可是和索馬利亞、海地的情況一樣，柯林頓政府宣布要改造他們的任務並沒有成功。

持平地說，波士尼亞在一九九五年停戰之後，塞爾維亞人、克羅埃西亞人和穆斯林不再殺來殺去。然而，他們也沒有捐棄前嫌，組建一個單一、統合、寬容的多民族國家。達頓協議使得波士尼亞實質上由三大族群瓜分。達頓協議所創造的憲政結構不允許真正的全國政府運作，可謂遂了美國心願。[143]對國家的忠誠度不高妨礙了實現目標所必需之機制的建立。想要改進達頓協議的努力，碰到波士尼亞頑強的民族對立也就寸步難行。它成為「貌似國家的族群小邦微妙的大雜燴」。[144]改造的使命又失敗。

戰爭結束後迅速承擔起改造首要責任的是歐洲，不是美國。駐在當地的國際最高官員「高級代表辦公室」（Office of the High Representative）首長，理所當然由歐洲人出任。歐洲國家盼望，最終能夠加入歐盟的這個誘惑能夠誘導三大族群放下歧見，攜手合作建設一個團結、民主、經濟復甦的政治共同體。但這個心願落空。

反而是當年造成戰爭的分裂意識照樣存在，歐洲和美國的努力都沒能解決它。[145]克羅埃西亞裔人心向克羅埃西亞共和國而非波士尼亞，塞爾維亞裔人認同塞爾維亞。波士尼亞穆斯林的政治和國際認同愈來愈傾向伊斯蘭。一直發展不出強大、普遍的波士尼亞認同意識還不說，因戰爭加劇的仇恨和怨懟更與日俱增。孟席洛．柯拉吉斯尼克（Momcilo Krajisnik）是波士尼亞塞爾維亞裔的前任議會議長，遭海牙法院判處犯了戰爭罪、於英國監獄服刑期滿，二〇一三年回國時，受到英雄式的歡迎。

儘管得到大量外援和技術援助，波士尼亞的經濟仍然奄奄一息。達頓協議已經過了二十年，失業率仍超過百分之四十，年輕人的失業率更高。二〇一四年初，對經濟狀況的不滿，加上痛恨政治菁英的貪腐，在全國爆發大規模抗議怒潮。[147]可是，這還是沒有帶來政治改革，或是消弭三大族群的障礙。

在科索沃就和波士尼亞一樣，美軍協助為族群之間的殺戮及種族清洗劃下句點。科索沃也和波士尼亞一樣，成為國際被保護國。科索沃和波士尼亞還有一點相同，循著族群不同分區而治，不過這是美軍進駐後發生種族清洗才出現的結果。波士尼亞則是美軍進駐前，即已發生種族清洗。住在科索沃南部的塞爾維亞族群，逃到北部毗鄰塞爾維亞邊境地區，形成同質性的塞爾維亞社群，抗拒參與由阿爾巴尼亞族群主導的全省事務。

二〇〇八年，美國和歐盟國家送給科索沃人一份大禮，讓他們實現了當年和塞爾維亞人不惜一戰所爭取的東西：獨立。一百個以上國家承認科索沃的主權地位，但是中國和俄羅斯等許多國家仍不承認。聚居在科索沃北部地區的塞爾維亞人和位於首都普理斯提納的中央政府不相往來；他們的政治、經濟和社會關係仍然和塞爾維亞連結在一起。[148]

新獨立的科索沃雖然不是失敗國家，卻也絕對不是政治清明或經濟穩健的模範。政府官員貪瀆成風，疑似和黑道幫會掛鉤，甚至遭指控從事人體器官走私販運。戰爭結束十五年後，官方公布的失業率是百分之四十，不過一般估計認為數字還要更高。科索沃人十分依賴僑匯，移居國外的僑民匯錢回鄉資助親人。北約有史以來第一次戰爭所造就的豐功偉業，儘管歐布萊特稱之為「我們在全世界所做最重要的一件事」，事實是把科索沃從南斯拉夫最窮的省分，改造成為歐洲第二窮的國家。

美國沒有把索馬利亞等四國變成更好的地方，首先是因為它根本沒有認真做。柯林頓政府不願在它們任何一個身上投資大量人力物力或重大政治資本。總統本人就無心要改造它們。他讓美國介入當地事務是出於他無法控制。他在每個地方的最高目標是讓它早早退出美國的新聞焦點，以免它不幸令他個人尷尬或政治負傷。只要美軍撤離索馬利亞、海地軍事執政團下台，以及波士尼亞和科索沃的穆斯林不再遭殺害，目標就算達成。

沒有跡象顯示柯林頓關心這些地方接下來會怎麼樣。* 更重要的是，美國民眾並不贊成在任何一地進行軍事行動，也不要求軍事行動結束後要繼續「建設國家機制」。若要為美國找一句能下台階的話，或許就是美國只是外科醫師，只處理最緊急的狀況，然後把費時費力的復健工作交給別人負責。[149]

每個地方的改造也都失敗，因為即使美國更投入，要讓索馬利亞等四國變成更有秩序、治理良善、民主和繁榮仍是非常艱難的工作。第二次世界大戰之後美國在德國和日本的經驗是「建設國家機制」的黃金典範。但索馬利亞等四國可不一樣，它們都不具備從零開始建設國家的人力資源。[150]

甚且，德國和日本具備四者都欠缺的最關鍵要素：充分的人口同質性，因此從體制上全國有廣泛的效忠意識。住在這兩塊國土上的人認為自己是德國人和日本人。索馬利亞等四國可就完全不是這麼一回事。他們因宗族、部落、宗教、族群和民族分裂，缺乏政治、社會和心理基礎以建立全面公正無私的體制，尤其是民主和法治，而沒有它們現代國家就無法存在。和美國、德國、日本以及美國人希望他們效法的其他現代國家都不一樣，它們克服不了邁向現代化最大、最根本的障礙——親屬關係盤根錯節、糾纏不清。[151]這些古老、甚至原始的效忠在每個地方都已經深植

---

* 註釋：美國參與中南半島戰爭期間，經濟學家高伯瑞（John Kenneth Galbraith）預料未來越南將「恢復到它該有的默默無聞。」柯林頓的行動顯示他對索馬利亞等四國也抱持類似的態度。從美國的角度看，後來四者都恢復默默無聞——不論是否應該。

在文化當中，即使是外來軍隊也改變不了。外國軍隊可以阻止人們互相殘殺，但沒有辦法勸誘、逼迫或感化他們彼此信賴與合作。

柯林頓政府在二〇〇一年卸任。小布希政府上台時批評一九九〇年代的「國家建設」政策，日後卻發現自己也在做同樣的事，到另兩個遠離美國外交政策傳統核心利益的地方去做。但是和柯林頓政府不同的是，新政府投下不少鮮血和財力，試圖改造它介入的這兩個國家。然而，和前人一樣，小布希政府的這些使命同樣失敗。

第三章

反恐與阿富汗戰爭

「我們和恐怖在作戰。從今天起，這是我們政府的首要目標。」

——喬治．布希，二〇〇一年九月十一日[1]

「阿富汗是地球上最貧窮的國家之一，一塊落在亞洲的南撒哈拉式的窮困之地。一塊飽經戰爭、乾旱和赤貧折磨的土地，而且無人聞問。每次外出、每次會議，在在提醒我們，絕大多數阿富汗人每日生活所資不到一美元。」

——英國駐阿富汗大使席拉德．考培—柯爾斯爵士（Sir Sherard Cowper-Coles），二〇〇七年六月二十五日[2]

前往世界貿易中心

柯林頓總統一九九六年競選連任時，他的一個政治助理向他提到，這位第四十二任總統注定不會成為美國歷史上最偉大的總統之一。[3]這要怪罪到歷史頭上。它在柯林頓的兩任任期都沒有給他成為偉大總統的機會：戰爭。出現在南達柯塔州拉許摩山（Mount Rushmore）的四位前任總統——喬治．華盛頓、湯瑪斯．傑佛遜、亞伯拉罕．林肯和狄奧多．羅斯福——全都參加過美國最重要的戰爭。[4]二十世紀最受景仰的民主黨籍總統佛蘭克林．羅斯福，在一九四一年至一九四五年期間運籌帷幄打贏美國最偉大的一場武裝衝突，地位堪比小羅斯福的共和黨籍總統雷根，則是冷戰末期的當家總統。*

柯林頓在職期間，沒有發生過足堪比擬的大事件。它始於胡佛總統以來美國最安全的時刻。沒有重大的軍事威脅或危機可做為他外交政策的脈絡。他在索馬利亞等四國所進行的軍事行動，是因為驚擾美國價值而引發、倒不是威脅到美國利益。如果你在一場衝突裡的首要目標是避免美軍子弟的傷亡，如同這四場，那很難說是一場戰爭。

一九九〇年代美國的確沒有發生任何重大的全國挑戰，對柯林頓的歷史地位或許不然，但就國家整體而言實在是幸運。從這一點來看，它很像南北戰爭後的時代，最讓人津津樂道的重要人物是企業大亨，不是政治領袖。一個世紀之後，大家最感興趣的是康涅流斯・范德比（Cornelius Vanderbilt）、約翰・洛克斐勒（John D. Rockefeller）、安德魯・卡內基（Andrew Carnegie）和J. P.摩根（J. P. Morgan）的生平事蹟，不是葛洛佛・克里夫蘭（Grover Cleveland）、切斯特・亞瑟（Chester A. Arthur）或威廉・麥金萊（William McKinley）等總統的故事。對於後冷戰時期初期的記憶，肯定也將是如此：在後人眼裡，比爾・蓋茨、賈伯斯、祖格伯、瑟吉・畢林（Sergey Brin）和拉瑞・佩吉（Larry Page）將會掩蓋比爾・柯林頓的光芒。

---

* 註釋：冷戰期間外交政策最爐火純青的兩位總統是共和黨籍的艾森豪和老布希。他們共同的首要成就是避免再次爆發戰爭，對全國福祉貢獻最鉅，可是後人沒有為他們立碑，也沒有人為他們寫詩傳頌。

然而，柯林頓不是沒有執行外交政策，他的外交政策有三大要素。柯林頓政府使人道干預在美國外交政策中扮演舉足輕重的角色。兩次巴爾幹戰爭的確終止了戰事和種族清洗，在此之前於索馬利亞和海地的兩次干預，前者的確解救飢荒、後者也趕走軍事獨裁政府（雖然沒能換上穩定或民主的政府）。然而，柯林頓政府未能說服國會背書或是美國民眾支持，而把人道干預成功地建立為普遍接受的國際作為。儘管官員承諾，柯林頓政府並沒有使得美國干預的這些地方變得政治更團結或經濟更繁榮。

有兩個外交政策領域，就不像人道干預那樣，柯林頓的確樂意處理而且全力以赴，結果則是得失互見。他注意到全球經濟的重要性，需要總統領導來推動貿易，以及美國要出面領導以對付一九九〇年代的金融危機。他冒著某些政治風險在這兩方面出力。

他也認識到有必要在後共產主義的俄羅斯建立民主，以及在新俄羅斯和西方之間打造融洽的關係。他決定達成這兩者的關鍵繫於協助促進俄羅斯經濟，幫它從中央計畫轉型到自由市場。不論美國怎麼做，俄羅斯的轉型走得很顛簸。它所涉及的困難使葉爾辛政府不得民心，而柯林頓政府對它可是投注相當大的政治資本和有限度的金援。

然而，俄羅斯和美國及西方關係惡化，責任在柯林頓身上。美國堅持北約東擴使得俄羅斯政治菁英轉而反美，也在俄羅斯民眾當中催生出反射性的反美外交政策，日後俄羅斯政府在二十一世紀走的就是反美路線。柯林頓把他的外交成績移交給繼任的小布希——共和黨籍的前任德克薩斯州州長，而小布希的父親正是他在一九九二年勝選、奪下白宮寶座的對手。

柯林頓和小布希兩人都出生在一九四六年，第二次世界大戰後嬰兒潮世代的開端（從一九四六年至一九六四年，七千六百萬美國人出生），生日相距不到幾個星期。[5]第四十二任和第四十三任這兩位總統出身背景完全不同。小布希出身政治世家，父親是總統、祖父是聯邦參議員。反之，柯林頓出身中產階級。他生長在阿肯色州溫泉鎮，母親是護士、繼父是汽車營業員。然而，小布希和柯林頓的一生也有兩個共同的重要政治特色。

兩人都在越戰期間長大成人，在越戰最動盪的一九六八年從大學畢業（小布希從耶魯大學畢業，柯林頓從喬治城大學畢業）。兩人都應該到越南服兵役，卻都沒去，這一點在兩人初次競選總統時都成為爭議。柯林頓是完全閃過兵役。小布希則進入德州空軍國民兵，而沒到越南前線，而且他在預備役服勤的認真度在二〇〇〇年大選時也遭到質疑。

美國歷史上，任何人想要追求總統大位，服兵役是必備條件。南北戰爭後四十年，以及第二次世界大戰後四十年，參戰過的退伍軍人從政占決定性的優勢。但是這個模式因越戰而終結。

柯林頓和小布希參選成功證明豐富的軍事資歷不再是成為三軍統帥的必要條件，這是冷戰之後美國有一段不尋常的承平時期的結果。

一九九二年和一九九六年，柯林頓先後擊敗兩位得過勳章的二戰老兵——老布希，以及堪薩斯州聯邦參議員羅伯·杜爾。二〇〇〇年和二〇〇四年，小布希也陸續打贏曾在越南作戰的兩位民主黨候選人——副總統艾爾・高爾（Al Gore）和參議員約翰・凱瑞（John Kerry）。（二〇一二年，美國停止越戰時才十二歲的歐巴馬擊敗了共和黨對手馬侃〔John McCain〕參議員，一位咬緊牙關在北越被關了六年的戰俘。）美軍撤出越南二十年之後，那場戰爭的陰影仍然籠罩著美國的選舉政治。柯林頓和小布希的當選顯示，隨著冷戰結束，那個時代也畫下句點：越戰所製造的分裂即使沒有完全消失，至少已喪失相當大的重要性。甚且，既然冷戰結束，世界變得不像以前那麼危險，沙場經驗不再是擔任美國總統的關鍵要素。

柯林頓和小布希個性上還有一個共同特點，深刻影響他們的在職表現。兩人行事作風都很莽撞。柯林頓的莽撞是個人行為不檢點。他和白宮年輕的實習生發生性關係，在宣誓下否認他的行徑，因而遭到眾議院彈劾，罪名是偽證和妨礙司法——美國立國兩百多年歷史上，他是第三位遭到彈劾的總統。參議院表決彈劾案時判決他無罪，倒不是因為參議員們認為他沒犯下導致他被起訴的不當行為，而是他們遵循全國多數派民意，認為柯林頓毫無疑問犯了不該犯的行為，但還不足以要求他下台做為懲處。

柯林頓的八年任期乏善可陳，最後還醜聞纏身，成為最令人留下記憶的事跡，不過它最多只能說對公共政策產生些微影響，實質上對美國的外交關係則毫無影響。[6]

小布希和柯林頓完全不同，他潔身自愛。甚且，他和前任作風迥異，生活非常守紀律：小布希在橢圓形辦公室的會議一定準時開始、準時結束，許多說法說，這是他四十歲那年決定戒酒後人生大轉變的結果。[7]布希的鹵莽呈現在他的政策決定，尤其是他決定攻打伊拉克卻沒有妥善規劃打進去以後要幹什麼。[8]和柯林頓的莽撞一樣，布希的莽撞決定了他的歷史評價。但是布希的莽撞的確影響他的政策。它對美國的全球地位產生深遠而負面的影響。

這兩位總統還有一點相似：兩人初次競選總統時，外交政策議題幾乎都不是重點。

小布希的顧問群在競選期間成功營造出一種形象，外交政策交到他們手裡就安啦。他們幾乎全都在他老爸的政府服務過，協助冷戰和平地終止，並兵不刃血地把薩達姆・海珊的部隊趕出科威特。外交政策團隊的經驗和成功紀錄，以及副總統狄克・錢尼（Richard B. "Dick" Cheney）曾任他父親的國防部長的資歷，讓布希的競選陣營傳遞給選民的訊息是，他們可以彌補總統候選人本身的不足。

傳統上，總統候選人要搶攻別的黨據守的總統職位時，都會提倡以不同外交政策處理國際事務。小布希的對手是在職的副總統高爾，他也不例外批評起柯林頓政府在其他國家發動的政治、經濟改造。他和高爾進行政見辯論時提起：「副總統和我對於如何使用軍隊，意見不一致。他相信『國家建設』。我對於使用我軍部隊從事國家建設則會十分小心。我相信軍人的角色是作戰、贏得戰爭。」[9]

選戰打成平手、難分勝負，佛羅里達州經過漫長喧囂之後重新計票，最後聯邦最高法院做出對小布希有利的裁決，使他成為美國第四十三任總統。上任後頭八個月，就上個世紀外交政策的標準來說，可謂相當平靜。國務卿鮑爾是一九九一年波斯灣戰爭時的參謀首長聯席會議主席，他專心處理以阿和平進程這個國務院的老議題。[10]國防部長唐納德・倫斯斐（Donald Rumsfeld）一九七五年至一九七六年在福特總統內閣就擔任這個職位，現在回鍋擔任同一職位，當年是出任斯職最年輕的部長，現在是出任斯職年紀最大的耆老。他重新部署美國的武裝部隊，使他們更輕捷機動，以便因應他預料的後冷戰世界之需求。四月一日，美國一架間諜機在中國外海作業，與中國一架噴射戰鬥機擦撞，緊急迫降在中國的海南島。經過十天的外交折衝，美國發出一封信表示遺憾發生事故，[11]機組人員回到美國。三個月後，解體的飛機也回到美國。

接下來就是九月十一日。恐怖分子同一天攻擊紐約和華府，似乎使布希政府和美國外交政策一夕變調。事實上，它們是使得許多事情起了變化。它們使得外交政策恢復重要性。布希比起柯林頓投入更多時間精力和政治資本在外交政策上。由於外交議題恢復重要性，布希不像柯林頓，他沒有依據國內政治考量決定他的政策。布希回過頭和冷戰時期一樣，根據他對美國利益、尤其是國家安全的判斷做決定。不過，小布希的外交政策仍然延續了柯林頓的大方向。布希的倡議把美國推進到類似柯林頓政府所推行的使命。和一九九〇年代在索馬利亞等四國的使命一樣，二十一世紀頭十年的使命也失敗。這些使命始於九一一事件。

當天上午，兩架遭劫持的美國民航班機撞上曼哈頓南端的世界貿易中心雙子星大樓。稍後不久，第三架也遭劫持的民航班機撞上五角大廈，國防部華府的大本營。第四架飛機的劫持者遭到乘客制服，沒有撞上預定的目標，即華府的國會大廈。飛機墜毀在賓夕法尼亞州善克斯維爾（Shanksville），機上人員無一倖存。

這幾起攻擊造成的傷亡和損害極大。雙子星大樓整個塌毀。五角大廈嚴重受損。將近三千人喪生，絕大多數是在世界貿易中心上班的民眾。[12] 當天上午發生在美國首都及其財經、文化之都的事件造成極大震撼。全世界，尤其是美國無不駭然。美國大陸自從一八一二年以來就沒遭遇過外敵嚴重入侵。由於攻擊透過電視實況播出，震撼尤其驚人。數百萬人看到雙子星大樓在他們眼前崩塌。數小時之內，美國情報機關就確認罪魁禍首是誰：伊斯蘭恐怖組織蓋達（al Qaeda）。[13]

蓋達組織由奧薩瑪・賓拉登（Osama bin Laden）創立、領導和部分出資。他是由葉門移民到沙烏地阿拉伯以營造業起家的一名富商的兒子——奧薩瑪是這位富商五十多個子女當中排行十七的兒子。賓拉登在沙烏地阿拉伯受教育，一九七九年二十二歲那年前往阿富汗，參加伊斯蘭抵抗運動，反抗蘇聯占領。他在一九八八年成立蓋達組織，一九九二年被趕出沙烏地阿拉伯，遂在蘇丹設立活動基地。一九九六年，賓拉登被迫離開蘇丹，又回到阿富汗，和伊斯蘭基本教義派分子艾曼・札瓦哈利（Ayman al-Zawahari）會合，札瓦哈利成為他的第二號人物和親信副手，[14] 兩人聯手建立訓練營，培養恐怖分子，奉行他個人版本的伊斯蘭信仰。下令在紐約和華府發動攻擊之後，賓拉登成為全世界頭號要犯。他在美國人的惡魔神殿贏得一席地位，與薩達姆・海珊、希特勒及其他殺人如麻的暴君並列。

賓拉登是個伊斯蘭主義者：他渴望將他認為真正的伊斯蘭社會及政治規範，以及個人行為規矩，推及到所有穆斯林身上。他指的是西元七世紀在阿拉伯半島起源最原始、未受汙染的信仰。他認為有個治理妥善的伊斯蘭秩序涵蓋所有的穆斯林，這個觀點說得最好聽點是不精確——早期伊斯蘭的詳細內容並不是沒有受到挑戰，而且他本身對伊斯蘭歷史也沒有真正的了解——而且鑑於當今之世的穆斯林住在許多不同國家，他們的宗教信仰和習俗也有很大差異，他的想法根本不實際。然而，他倒是有個實踐其觀點的策略。他認為穆斯林國家的異教徒政府、尤其是他的老家沙烏地阿拉伯，阻礙了他虔信的純正伊斯蘭。他把這些政府稱為「近敵」，近敵依賴「遠敵」美國奧援。因此他在一九九六年八月二十三日向美國宣戰。[15]他認為美國國力衰弱，跟它在冷戰時期的勁敵、另一個超級大國蘇聯一樣，敗象已現。蘇聯就是因為在一九九一年在阿富汗被像他這樣的虔誠穆斯林擊敗而土崩瓦解。[16]

賓拉登對他的母國和其美國盟友之怨恨可以追溯到一九九一年。因為薩達姆．海珊入侵及占領其鄰國科威特，沙烏地王室在一九九一年邀請美軍進入沙烏地。在賓拉登眼裡，美軍的進駐褻瀆了神聖的穆斯林土地。[17]他本人敵視西方，穆斯林也不滿意西方，因而他利用這股情緒組織起蓋達。反西方情緒其實有悠久歷史。它們源自於數百年來伊斯蘭的財富、國力都不如西方，因此產生羞辱感。這些人的信仰教給他們，他們是真主的選民，命中注定要主宰其他人，而他們宗教的早期歷史就有這一個光榮紀錄。[18]土耳其人一六三八年兵臨維也納城下卻鎩羽而歸，標誌著伊斯蘭在全世界勢力衰退的開端。這件事和蘇聯一九七九年入侵阿富汗、美軍應沙烏地政府邀請在一九九〇年進入賓拉登的母國等等，都是造成九一一攻擊的前因後果。

賓拉登向美國宣戰後，蓋達組織立刻動員起來。它在一九九八年八月七日幾乎同步發動卡車炸彈攻擊肯亞奈洛比（Nairobi）和坦尚尼亞三蘭港（Dar es Salaam）的美國大使館，造成二百多人喪生，其中十二人為美國人。它也在二〇〇〇年十月十二日在阿拉伯半島南端亞丁灣以一艘小艇載滿炸藥衝撞美國海軍艦艇《柯爾號》（USS *Cole*），造成美國海軍十七名士兵喪命。[19]

這些行動立刻就讓美國政府注意到蓋達組織。事實上，還不只是注意，美國非常嚴肅看待賓拉登及其組織。中央情報局成立專案小組，全力追蹤他的活動。美國駐非洲的大使館被襲擊後，柯林頓政府以巡弋飛彈攻打阿富汗一個恐怖分子訓練營，和蘇丹一家製藥廠，因為它疑似製造化學武器。柯林頓政府國家安全會議首席反恐官員理查・克拉克（Richard Clarke），在小布希入主白宮後留任原職。他在二〇〇一年發出一系列愈來愈急迫的警告，提醒注意蓋達組織的威脅。八月六日總統每日情報簡報上有一項目，標題即是：「賓拉登決心在美國發動攻擊。」

儘管有這些警告，九月十一日的攻擊還是成功了。十九名劫機者進入美國，登上飛機，劫持四架民航班機，開著其中三架撞上目標。柯林頓政府雖然警覺蓋達組織攻擊的危險，除了發動一次巡弋飛彈攻擊外，沒有其他動作。它沒有針對這個組織發動長期的軍事追剿。若是妥當分析二〇〇一年的情資的話，就會提醒政府九一一攻擊的警訊，不幸它卻埋在美國龐大的情報官僚體制裡。[20]在布希政府上台的頭幾個月裡，並沒有把對付恐怖主義視為最高優先。前一個政府沒有堅持以軍事力量對付蓋達組織，後繼政府又沒有投注足夠的關注，未能預期、發現和防範九月十一日的攻擊，其實是因為缺乏策略性的想像力。[21]願意犧牲自己性命以殺害其他人的宗教狂熱分子，劫持民航班機做為集體謀殺的工具，實在太超乎美國官員的正常經驗，以及美國的歷史經驗。這些官員根本沒料想到會有這種事，當然也就不會有足以阻攔的預防措施。美國的世界觀根本沒有發生這種攻擊的空間。

攻擊發生後，美國人的思維丕變。九一一對美國外交政策產生極為強大的影響。它像是一條巨大的歷史分水嶺，以某種意義來講，也的確當之無愧。它把美國外交政策硬生生扳離它的正常路徑。紐約和華府遭到攻擊催生出三場美國一般而言不會打的戰爭。其中兩場戰爭無意間導致美國再次走向柯林頓政府已經搞砸的使命，也招致同樣的失敗。

從結局看，九一一攻擊走上相同的模式。過去，大凡攻擊美國領土或美國人民，都會引爆戰爭。事實上，美國大多數都是因為這樣才打起戰爭。一七七五年在麻薩諸塞州萊辛頓（Lexington）和康考德（Concord）與英國部隊的小衝突，成為革命戰爭的第一槍。一八六一年，南方邦聯砲轟南卡羅萊納州桑特堡（Fort Sumter），掀起南北戰爭。一八九八年，美國海軍軍艦《緬因號》（USS *Maine*）在哈瓦納港爆炸，當時普遍認為元兇是西班牙，[22]為美西戰爭掀開序幕。一九一七年，德國攻擊美國船隻，使得美國投入第一次世界大戰，而日本偷襲夏威夷珍珠港引發美國加入第二次世界大戰。

與九一一事件堪可比擬的另一歷史事件，不是攻擊，也沒有引爆戰爭。那是蘇聯一九五七年十月四日發射人類史上第一顆地球軌道衛星史普特尼克（Sputnik）。固然美國人長期以來都把蘇聯視為敵手，史普特尼克和五角大廈及世界貿易中心遭到攻擊一樣，令美國人震驚：它突如其來、措手不及，沒有人想到對手會有這套本事。和九一一攻擊一樣，它像晴天霹靂突然就發生，毫無預警。史普特尼克代表對美國的新型威脅：史無前例來自太空的攻擊。四十四年後的九一一事件則揭露大規模的恐怖攻擊可從國外發起。兩件事都很不祥，因為它們都代表經歷數十年的無災無難後，美國本土其實也有受到國外直接攻擊的罩門。

史普特尼克令美國人憂心忡忡，而美國殖民者一七七五年的經歷，以及一八六一年、一八九八年、一九一七年和一九四一年的受難，則令他們憤怒。九一一事件也讓他們憤怒，舉國上下同仇敵愾，因而出現對肇事元兇報復的衝動。

和史普特尼克一樣，九一一事件也產生恐懼感，美國民眾擔心還會有更多、更慘烈的攻擊接踵而至。布希政府擔心蓋達組織會時常出手攻擊。它擔心恐怖分子已經擁有、或將會取得大規模毀滅性武器——化學武器、甚至粗糙的核武[23]——會比劫機者害死更多人。[24]這種恐懼感在九一一攻擊才過一星期就更加強烈，因為若干媒體機構和兩位參議員辦公室都收到裝有會致命的炭疽熱毒素的信封，造成五人喪生、十七人受到感染。在某些人眼裡，九一一攻擊引起的戰爭，其規模不遜美國在二十世紀所打的另三場大戰。有人說它是「第四次世界大戰」，[25]也有人說恐怖主義是攸關生存的威脅，可能摧毀美國這個安穩、獨立的政治群體。[26]

除了罹難者及其家屬以外，全美三億人民之中就屬需要下決策回應的總統和副總統的生活起了最大的變化，也間接加深了民眾的恐懼。兩人的保安措施全都加強：制服警衛開始持長槍巡邏白宮。[27]為了避免兩位全國最高民選官員同時被殺或受傷，副總統大部分時間不在辦公室，留在「安全、對外不透露的地點」。[28]除了直接負責的官員以外，九一一以前大半國家安全官僚都不睬恐怖主義。此後，天地變色：美國龐大的情報機構蒐集來的每一證物、謠傳或懷疑會有另一攻擊，大大小小、鉅細無遺，統統送到白宮。[29]如果說九一一以前美國政府敗在沒有想像力，九一一以後它的想像力變得無限奔馳。

小布希在九月十二日以及往後的日子裡可謂生活在陰鬱、肅殺和危險之中。為了在這樣的世界裡肩負保護美國的重責大任，他們積極採取侵略性的回應。美國人民也力挺他們的一切作為。九一一攻擊就像突如其來的一場暴風雨，擴大民眾支持美國在海外軍事行動的蓄水庫，它在冷戰結束時已經枯竭。布希政府認為它所發動的三場戰爭，每一場都是為了保衛美國而不能不打。九一一事件過後不久，它就攻打阿富汗這個攻擊發起地。十八個月後的二〇〇三年春天，九一一攻擊的影響還在，它又揮兵攻打伊拉克，儘管攻擊可沒有從這兒發起。[30]這兩場戰爭使美國再度捲入不曾成功過的「國家建設」。布希政府也發動更模糊、無以定形的第三場戰爭：反恐戰爭。

反恐戰爭

飛機撞上世界貿易中心和五角大廈後不到幾小時，布希告訴他的高級顧問們：「我們在和恐怖在作戰。」三天後，國會授權總統使用「一切必要及適當的部隊」對付發動攻擊的人。它許可總統「採取行動嚇阻及防止國際恐怖主義針對美國的行動」。[31]「反恐戰爭」（War on Terror）有時候稱也「全球反恐戰爭」（Global War on Terror，縮寫為GWOT），成為美國防止再發生類似九一一攻擊事件的作為之代稱。

反恐戰爭的第一個英文字「戰爭」有它的邏輯，代表美國不再像九一一以前只把恐怖主義視為犯罪行為，交由警察和法院處理。[32]政府採用「戰爭」這個字，把反恐視為國家最高優先項目，要跳脫刑法的程序限制來處理。

然而，第三個字「恐怖」擺在脈絡裡卻有點怪。恐怖主義是戰術。宣布二十一世紀打一場反恐戰爭，有如宣布第二次世界大戰是「反坦克作戰」或「反閃電作戰」。用這樣一個彆扭的詞語，原因肯定是希望不要指名道姓點出敵人——激進的伊斯蘭——以免冒犯全世界數億並非激進派的穆斯林。*另一個原因是美國人基於國內多元主義的經驗——很不幸，跟全世界絕大部分

---

* 註釋：這也是為了避免冒犯和美國有友好關係的政府，譬如沙烏地阿拉伯，他們的治理原則和蓋達組織所宣示的概念其實相去並不遠。

國家（包括穆斯林占過半數的國家）不相干——有一種傾向，把所有宗教都看成本質上是善良的。從來沒有人認為布希是伊斯蘭的權威，可是他在九月十七日向美國人民宣稱：「伊斯蘭是和平的。」

除了以這個字定義敵人並不精確之外，進行反恐戰爭還有另一個缺點：用這種方式定義它，它絕不會成功。為了特定政治目的、以非正規力量攻擊平民的恐怖主義有悠久的歷史，至少可以上溯到古羅馬。[33]它是弱者的武器，由沒有力量或足夠人數為他們的志業組織大規模軍隊的個人或團體所使用。[34]有些個人或團體總是比其他個人或團體力量薄弱，而少數個人或團體會絕望和狂熱到企圖以恐怖手段來彌補他們的虛弱。由於恐怖分子想要宣揚他們的志業以吸引附從者——恐怖主義曾經被稱為「以行動做宣傳」（propaganda by deed）——現代時期大眾傳媒發達，使它更容易施行，因此更常被用為手段。

恐怖主義固然在歷史上一再出現，從十九世紀下半葉到第一次世界大戰這段期間變得特別普遍，[35]蓋達組織的模式和它的前輩有一點很重要的不同。過去的恐怖分子一般選擇下手的對象，指向主司他們所反對的政策之官員。譬如，俄羅斯沙皇在一八八一年遭到俄羅斯激進分子暗殺。反之，蓋達組織想的是盡可能多殺一些人，只要住在美國就該死。因此，賓拉登走的不是行刺沙皇亞歷山大二世（Alexander II）的刺客所走的路，他走的是希特勒和史達林所走的路。他們不是因為某人做了什麼而殺他，而是因為他們是什麼而殺他們。希特勒殺的是他厭惡的族群，史達林殺的對象則是另一個階級的成員。

由於他們的目標是大量屠殺，蓋達組織等二十一世紀的恐怖分子對於他們的目標國家構成真實的威脅，不僅是滋擾。這些目標國家遍布全球，除了美國，歐洲和環太平洋地區也都有。歐洲人在九一一之前和之後，都曾遭遇恐怖攻擊，然而他們並沒有全神貫注針對罪魁禍首發動全面戰爭。毫無疑問，他們比較節制有部分原因是歐洲所蒙受的恐怖攻擊沒有一次比世界貿易中心崩毀、五角大廈被炸來得嚴重。作法不同也源自對威脅的理解不同。歐洲人把恐怖主義視為陳年痼疾，需要控制，而不是一個可怕的敵人，必須全國動員起來對付它。[36]

和士兵在戰場上打仗一樣，美國的反恐戰爭也有防衛的成分：政府採取措施保護國家不再受到攻擊，以及萬一遭到攻擊必須減少傷害。美國也採取攻勢行動，在全球追緝、狙殺反美恐怖分子。九一一事件之後十五年，美國再也沒有發生過類似當天的攻擊事件。因此，雖然它對此一結果的貢獻無法精準判定，可以說反恐戰爭是成功的。然而，和美國歷史上其他戰爭也一樣，它在美國逐漸成為爭議，因為政府在進行反恐戰爭時，侵犯了傳統的美式自由。

美國用來防禦恐怖攻擊的機構在二〇〇一年九月十一日以前已經存在。布希所公布的反恐戰爭防禦面包括對它們進行改造、撥給它們更多經費。

自古以來，美國聯邦政府在新時代承擔起新角色，大半都是成立一個內閣部會專司其事。它在二十世紀先後成立勞工部、衛生教育及福利部（後改為衛生及人道服務部）和住宅及都市開發部。秉持同樣的精神，二〇〇二年出現國土安全部（Department of Homeland Security）。[37]當然，保衛本土安全不是聯邦政府新職責——它是全世界所有政府的基本任務——而是新出現的迫切的問題。這個新部會把許多聯邦機構併入一個單一的行政管理系統下，包括海岸巡防署、邊境巡防署和聯邦緊急事故管理署等等。聯邦政府另外成立一個「全國反恐怖主義中心」（National Counterterrorism Center），並且排除掉涉及反恐任務的不同機構彼此之間分享情資的制度性和法律性的障礙，尤其是聯邦調查局和中央情報局，它們兩者都沒納入國土安全部轄下。[38]

每當美國碰上新的全國問題或棘手問題的常見反應就是成立一個聯邦機構專責處理，另一個特色是撥給它充裕經費。美國在九一一事件後為了反恐戰爭也是這麼做。有一項估計指出，後來十年，它花費超過一兆美元。[39]其中百分之四十六花在保護美國境內物業和基礎設施，百分之四十四花在預防和防阻攻擊，其餘花在「緩和和復原」，亦即萬一遭到攻擊，降低其代價。[40]一九四一年十二月七日珍珠港遭到偷襲，數百萬美國人的生活被迫重新安排，二〇〇一年九月十一日的突襲則沒有。對美國人生活最直接的影響是，乘客在飛機場要登機前必須大排長龍接受安檢。政府也採取色彩管理，針對恐怖威脅的嚴重程度依顏色分別並發布警告，但是美國人民很快就不去理它。

九一一事件過後十五年，基地在國外的恐怖分子再也沒能夠在美國本土殺害過一個美國人。[41]這不是他們沒有嘗試。九一一事件過後十年裡，至少揭露五十起伊斯蘭恐怖主義指向美國的案例。然而，幾乎沒有一次有心攻擊者遂其心願。[42]

美國在國土安全方面出手大方，就某個程度而言很合理。追查恐怖分子行蹤難如登天：他們臉上不會貼個標記，而且理論上人人都可以發動恐怖攻擊，美國每個地方都可能成為恐怖攻擊的目標。因此美國政府在分配其保護國土安全的資源時，依據的是某位企業高階主管的原則，此君在提到他怎麼運用廣告預算時說：「我知道其中一半是白浪費錢，但是我不知道是哪一半浪費掉。」

然而，不論美國政府耗費上兆美元的反恐防禦經費對美國安全的貢獻如何，我們都很難說它符合成本效益。美國不無可能以更低的代價買到同等的安全。[43]美國因為富裕，和辦其他事如出一轍，在戰爭上一擲千金。[44]甚且，以保護美國人身家性命為旗號，政治上誰也不敢要求縮減，只會慷慨撥款。沒有一個公職人員會被批評做太多的。反之，布希政府在紐約和華府遭到攻擊後，被批評做太少。

美國所採取的反制措施有效，是九一一事件之後美國反恐紀錄堪稱完美的原因之一。另一個同樣也成立的原因是威脅並沒有那麼大。九月十一日之後，布希和錢尼不是沒有理由擔心蓋達組織會針對美國發動更多致命攻擊。但事實上蓋達組織並沒有、和他們同一目標的恐怖組織也沒有，因此有個假設說，恐怖團體對美國構成的威脅從來沒有像九一一事件顯示那麼巨大。政治學家約翰·穆勒（John Mueller）說，攻擊過後，美國政府和民眾可能出現「誤以為不安全的感覺」

（a false sense of insecurity）。

自古以來，恐怖分子很少強大到達成他們使用其伎倆時所主張的政治目標。九一一攻擊成功靠的是詭詐、智謀和紀律，這是日後有心人想複製卻未成功者所明顯欠缺的特質，[45]這也顯示恐怖分子一般而言不是出自最聰明能幹的一群人。蓋達組織可沒有詹姆斯·龐德一般的好手。

從歷史的角度看，攻擊世界貿易中心和五角大廈顯然不是大恐怖時代的開端，而是美國歷史陷入惶惶不安、草木皆兵時期的開端。他們的成功是因為出其不意，攻其不備。蓋達組織成功依靠的是美國人想像力失敗；這個成功又產生自我清算的作用：它剷除掉使它變成有可能的條件。美國政府對恐怖主義的作法從九月十一日近中午就開始變了，從漠不關心變成歇斯底里。美國為了保護自己不再遭到恐怖主義攻擊而過度反應，用大榔頭打蒼蠅。大榔頭確實可以打死蒼蠅，雖然不是最有效的方式。甚且，九一一過後不久就開始，美國除了採取防衛措施預防恐怖攻擊，對恐怖主義也有新態度之外，還端出第三個辦法：它在國外追蹤、狙殺可能的恐怖分子。

美國政府祭出中央情報局做為在海外獵殺恐怖分子的主要工具。一九四七年，第二次世界大戰時期的戰略情報處（Office of Strategic Service）改組成為中央情報局以來，它就投入絕大部分資源蒐集和分析情報，它也從事小型的秘密軍事作業。[46]二〇〇一年九月十七日，小布希總統簽署一道命令賦予中央情報局更大權力進行秘密作業，也可以使用致命武力。[47]就反恐戰爭的攻擊面而言，美國也廣泛運用軍方的聯合特戰指揮部（Joint Special Operations Command）。一九八〇年拯救被伊朗扣押的美國人質行動失敗後，美軍組建聯合特戰指揮部，它專精鎖定目標後展開迅捷、秘密作業。聯合特戰指揮部在阿富汗和伊拉克變得十分活躍，在索馬利亞、葉門、敘利亞、菲律賓，甚至伊朗，也都相當活躍。[48]

美國投下最多時間精力和資源獵殺的頭號恐怖分子就是賓拉登。九月十一日之後他逃出阿富汗，往後十年躲過偵查，偶爾發表錄影帶號召追隨著攻擊西方。最後，美國情報單位在二〇一一年查出來，雖有高度信心但也不敢輕易斷言，他藏身在巴基斯坦首都伊斯蘭馬巴德郊外約四十八公里一個不起眼的小鎮阿波塔巴德（Abbottabad）。巴基斯坦一所高級軍事訓練學校也設在這裡。接替小布希擔任總統的歐巴馬下令突擊隊攻打那座別墅。突擊隊由邊界另一邊的阿富汗某基地出動。這項突擊有個風險，就是巴基斯坦事先沒有被照會，搞不好巴方會把它當做是敵軍偷襲而做出反應。五月二日，二十七名特戰部隊[49]由直升機送到現場，攻入別墅，找出賓拉登，當場格殺，並在巴基斯坦當局不知不覺下飛出巴基斯坦。美軍把這個蓋達組織首腦的屍身投入汪洋大海。[50]

九一一事件的元凶、恐怖威脅的化身在躲藏十年之後終於授首，讓美國民眾略有一絲慰藉。離罪行犯下已有十年，總算正義得以伸張。它也增強了歐巴馬是個鬥士的形象，幫他在次年連任成功。[51]然而，就恐怖分子針對美國的實質威脅而言，這項行動最多只能說產生些微影響。賓拉登所建立的組織已經四分五裂，部分功勞歸於美國剷除了它幾位領導人物。然而，蓋達雖然崩解，它已經變成類似連鎖經營的組織，不同國家的恐怖分子團體有共同的面貌，以它為樣板汲取靈感，有時候乾脆打出它的旗號。在阿富汗壯大起來的蓋達孕育出諸如伊拉克蓋達、阿拉伯半島蓋達，和伊斯蘭馬格里布（Maghreb）蓋達*，但是沒有一個服從蓋達創辦人的命令。根據一名情報官員的說法，「賓拉登過世時，他並不是一個多國企業的最高執行長。他只是一個各行其是的大家族名義上的家長，但族人各有各的主張，沒有奉行他的號令。」[52]

為了對付這些恐怖分子團體及其細胞組織，美國政府愈來愈倚重反恐戰爭最重要的一項軍事創新，俗稱「無人機」（drone）的「無人空中載具」（unmanned aerial vehicle）。†這是一種可以透過幾萬公里之外遙控器操作的無人駕駛飛機。它原先用在戰場偵察，後來裝上飛彈，控制人員可朝目標發射。[53]

就和其他的戰時軍事創新一樣，無人機源自於科技和戰略的匯合。它讓美國有辦法以強大火力、從高空狙殺個別的恐怖分子，不會像傳統空襲行動造成巨大連帶損傷（雖然不能完全避免傷及無辜），也不會讓美軍部隊身涉險境（在地面搜索恐怖分子就會）。無人機讓美國好比有一把外科手術刀、而不是用大榔頭消滅恐怖分子，而且這把外科手術刀可以在遠距離之外發射。[54]

說來諷刺，在美國近代軍事史上，最接近於無人機的一項武器或許就是攻擊目標極度廣泛、毫無區別性的核彈。一九五三年，艾森豪宣布「新展望」（New Look）。鑑於韓戰拖延許久、美軍死傷枕藉，美方又堅決承諾要在全球保護美國利益、對抗共產主義挑戰，於是艾森豪政府宣布，今後美國不再被動針對共產黨有所動作之特定時間地點做反應，而是將以美方所選擇的時間與地點，施以「大規模報復」（massive retaliation），包括動用核武。把共產黨的攻擊、即使只是小型攻擊，都有可能遭到核子報復之可能性提高，艾森豪政府希望能嚇阻共產黨不再輕舉妄動。「新展望」所提議使用的武力十分可怕，但是它的目標大體上與無人機沒有不同：不讓數萬名美軍子弟身涉險境就能保護美國利益。

由於動用無人機制敵十分吻合美國的需求，在二〇〇二年首次使用後，無人機的數量大幅增加。[55]到了二〇一三年，歐巴馬政府四年內在巴基斯坦、葉門和索馬利亞使用無人機攻擊的次數，是小布希八年任內的九倍之多。[56]它們的有效性依賴準確和及時的情報：獵殺恐怖分子需要正確辨識出他們，掌握他們確切下落，無人機才能找到他們。兩者都不容易，因為反美的恐怖分子極為小心隱匿他們的身分和行蹤。由於很難及時取得相關情資可據以行動，美國有時候會使用

---

* 譯註：馬格里布泛指非洲西北部突尼西亞、利比亞、阿爾及利亞和摩納哥地區。

† 註釋：「無人空中載具」正式名稱為「掠奪者」（Predator），從它的目的看，它會有drone這個俗名，其實很奇怪。drone本意是雄蜂，但是沒刺，實在不像「無人空中載具」，但是配上武器就截然不同了。在文學上，英國作家伍德豪斯（P. G. Wodehouse）其作品中英國上流社會可愛、但愚蠢而又終日遊手好閒的紈綺子弟博弟・伍斯特（Bertie Wooster），一天到晚和其他上流社會敗家子在倫敦的 Drones Club 鬼混打屁。會用這個字可能是源自於「無人空中載具」在目標上空盤旋時會發出低沉的鳴聲。

無人機進行「特徵攻擊」（signature strikes）——鎖定還未確定是恐怖分子、但其行為模式與恐怖活動高度有關的人物動手。這形同是尚無具體罪證就執行死刑，因此在美國引發爭議，畢竟美國國內法律文化講究恪守正當程序。[57]

甚且，因為美國政府鎖定要狙殺的人很少單獨居住或行動，針對恐怖分子的攻擊經常殺死其他人。這也造成美國人民良心不安，因為美國的法律制度旨在防止株連無辜。在進行攻擊的地方，它也經常激起公憤。[58]針對反美恐怖分子使用無人機攻擊，肯定引起反美情緒。

剷除個別恐怖分子之後，美國政府自然降低了恐怖分子對美國本土的威脅。不論它有多少貢獻，美國本土在九一一事件後的確保持住安全。從這層意義來講，反恐戰爭是成功的。但是它並未、也未能消滅對美國所有的威脅，更不用說無法剷除每個地方的恐怖活動。恐怖主義的根源在政治環境、宗教信仰，乃至人類的非理性心理，不在任何政府力能控制的範圍。從這一點來說，反恐戰爭打從一開始就注定絕對達不到完全滿意的結局。

和所有的戰爭一樣，反恐戰爭也有代價要付：美國除了要花錢，因無人機而枉死的無辜者所產生的惡感也是一種代價。[59]還有第三種代價要由美國人自己承擔，亦即某些美國人認為反恐戰爭傷害了美國最根本的價值：憲法保障的自由。

戰爭和保護自由兩者之間的緊張關係由來已久。亞歷山大·漢彌爾頓（Alexander Hamilton）在美國建國初期的《聯邦黨人文集》（*The Federalist Papers*）中寫說：「免於外來危險的安全是國家行為最強大的指導。即使熱愛自由經過一段時間，也會向它讓步。」[60]個人自由會要求限縮政府權力。然而，在戰爭時期，公民希望政府能盡全力保衛他們，因此政府權力漫無限制地擴張。在戰爭中，美國政府擴大權力有時候會侵犯美國憲法和美國政府為保衛自由所訂下的界限。

一七九八年，法國革命的戰爭打得如火如荼，美國和法國不宣而戰的海戰也在進行中，約翰．亞當斯總統簽署國會通過的《外國人暨煽動諸法》（Alien and Sedition Acts），它賦予總統權力囚禁或驅逐「被認為有危害美國和平與安全之虞的外國人」。南北戰爭期間，亞伯拉罕．林肯總統停止人身保護狀，這項傳統的英美法規定，人民被逮捕要交給法官或法庭審理，不能無限期羈押。一九四二年，即日本在一九四一年十二月七日偷襲珍珠港之後，聯邦政府下令將十一萬名日本裔美國公民關進集中營，完全無視他們做為美國公民的基本權利。在一九五〇年代初期，受到美蘇冷戰及韓戰的影響，數千名美國人因為涉嫌是共產黨員或同情共產主義，受到聯邦調查局調查，甚至基於頗有瑕疵的根據，丟了工作。

在每個危急時刻，對抗威脅都是首要任務，這個原則導致一些侵犯公民自由的措施，這在和平時期是不可能通過為法案的。自然，當威脅緩和了，這些措施就會修訂或完全撤廢，而且從歷史角度省思，認為它們是令人遺憾的甚至是可恥的紀錄。[61]

基於相同邏輯，這個模式在九一一事件之後重演。這個世界突然間變成很危險，政府必須運用更廣泛的權力來保護美國人民。反恐戰爭有兩個特色使得政府得擴大權力，以致有人認為某些權力違反自由的原則。第一，恐怖分子都躲在暗處秘密活動，因此有關他們的資訊格外難取得。辨識和找出他們成為對付恐怖攻擊最好的防衛。而關於猶未落網的恐怖分子之情資，最好的消息來源就是已經被美國逮到的恐怖分子。第二，恐怖分子不易套入既有的法律或政治分類，各有既定規則規範如何對待落網者。他們不是能受美國或其他國家司法系統審理的一般罪犯，也不是一旦被俘有權利受到日內瓦公約保障的正式軍人。由於恐怖分子嫌犯欠缺一般違法人或戰俘之身分，也因為迫切需要榨出或許能多救一些性命的情報，美國政府律師認為可以用比對待罪犯或戰俘更嚴厲的方式對待他們。

因此，在某些恐怖分子嫌犯身上，美國政府實行「特別引渡」（extra- ordinary rendition）——在美國領土之外逮捕他們，送到第三國監獄監禁，而且一般允許採用在美國禁用的偵訊方法以獲取情資。[62]美國政府不會主動透露這些所謂「黑色地點」（black sites）的監獄之存在或位置。它把逮到的一些恐怖分子送到這裡囚禁，而且這些監獄在九一一事件過後多年仍屬最高機密。[63]有個地點打一開始大家就知道它關押著被逮捕的恐怖分子，那就是位於古巴關達納摩灣（Guantanamo）美國海軍基地的監獄。美國政府把他們送到這裡的理論根據是，因為它不在美國領土境內，因此囚犯享有的權利、以及在美國訂來保護囚犯權利的程序在這裡不適用。（不過，美國聯邦最高法院於二〇〇四年裁定，關達納摩不能自外於美國法律。）[64]在關達納摩審判若干恐怖分子嫌犯時，布希政府訴諸二戰期間的作法，以軍事法庭負責偵審，被告得到的保障比一般刑事法庭更少。[65]

美國人一般對於本身的自由很敏感，但是對於涉嫌陰謀炸毀其建物、殺害其同胞的非美國人之自由，可就未必在乎了。因此，除了一小群（但聲音很強大）律師和特別關心公民權利的人士之外，政府究竟如何對待涉及恐怖活動而被抓的人，大部分美國人並不關心，只有一個例外。和特別引渡、國外秘密監獄以及軍事法庭不一樣，某些恐怖分子嫌犯遭刑求的傳聞，引起強烈的輿論批評。刻意施加痛苦折磨，不論是肉體的或精神的，為國際法所不容的刑求手段。譬如，美國在一九八四年即帶頭倡議、起草及通過《禁止酷刑和其他殘忍、不人道或有辱人格之待遇或處罰公約》（Convention Against Torture and Other Cruel, Inhuman, or Degrading Treatment or Punishment，通稱《聯合國禁止酷刑公約》）。[66]

九一一事件之後為了從恐怖分子嫌犯榨出情報，美國政府使用所謂的「強化偵訊技術」（enhanced interrogation techniques）。根據布希政府所採納的標準，這些技術並不算刑求，因此是容許的。但是這些標準充滿爭議，[67]特別是其中一項。

「躺水板」（Waterboarding）就是將囚犯綁在一張木板床上，拿一張布蓋住他們的臉和呼吸道，往上面澆水，產生溺死的感覺。哈立德．謝克．穆罕默德（Khalid Sheikh Mohammed）是策劃九一一攻擊的主謀，在巴基斯坦落網後被押到關達納摩，據說他遭到一百八十三次「躺水板」水刑。[68]布希政府堅稱「躺水板」不是刑求。可是當消息曝光時，許多人不同意政府的說詞。消息曝光後，在美國國內外引爆三個辯論：它是否吻合刑求的定義？使用它是否有助於取得足以防範攻擊的情報？政府官員本身對此說詞不一。[69]另一個更普遍的辯論是，是否有任何情況可被用來主張刑求有道理呢？[70]

九一一事件過後，美國國內並沒再發生嚴重的攻擊，全國對恐怖主義的危機意識也就下降。政府禁止在偵訊時使用「躺水板」，對特別引渡訂了規則、防止對嫌犯刑求，也把囚犯從「黑色地點」移到關達納摩。儘管歐巴馬總統承諾要關掉它，但因為沒有適當的設施可接受關達納摩監獄的犯人，它現在還維持著。*過去美國在戰爭時期政府權力或大或小，影響到人民自由，這個模式在反恐戰爭也再度浮現。當美國人覺得比較安全了，承平時代對公民權利的關切再度抬頭。

然而為了防止恐怖分子攻擊所採取的一項侵權舉動，至今還是廣泛地持續。這項作業和其他侵犯自由不一樣，它直接影響數以百萬計的美國人，因此很可能最令人反感，但也最有可能完全終止。和後九一一的其他許多措施一樣，它的用意在於取得恐怖分子可能攻擊的情資。布希政府極力保密，但消息洩露時產生了巨大的政治風暴。然而，風暴並未阻止這種作法的延續。

九一一事件發生後，國家安全局（National Security Agency）[71]立即開始收集數以百萬美國人和非美國人的電話和電子郵件通訊。它標示並追蹤那些似乎與恐怖活動有關的通訊。大型通訊公司都與國家安全局配合。[72]

當然，這一類的偵察並不始於二〇〇一年。政府一向都很注意他們認為有威脅的人物之通訊，設法攔截疑涉國家安全的訊息。當通訊的科技改變，攔截訊息的技術也隨之改變。數位時代之前的電話時代，政府即透過竊聽電話收集情報。

尼克森政府大搞竊聽的醜聞被揭露後，導致國會立法加以限制。一九七八年的《聯邦情報偵察法案》（Federal Intelligence Surveillance Act）規定，在美國境內進行電話監聽一定要向司法機關申請許可。它設立一個秘密作業的法庭審查申請，核發監聽許可。九一一之後，布希政府接受某些政府律師的建議，繞過《聯邦情報偵察法案》的規定，[73]布下收集電話和電子郵件資料的天羅地網。國家安全局收集的資料，包括發信人、收信人的身分，即所謂的「後設資料」（metadata），[74]但幾乎都不含訊息的內容。

這個方案的消息曝光後掀起劇烈抗議。它最先在二〇〇四年由布希政府內部暴露。司法部高層堅稱，政府一直都有向主司《聯邦情報偵察法案》的專案法庭申請，沒有不理它。《紐約時報》在二〇〇五年中不理政府勸阻，陸續專文報導這項方案，引爆各方對政府批評。但是民意對後九一一國安局監聽作業最強烈的反彈發生在二〇一三年，前國安局包商雇員愛德華．史諾登（Edward Snowden）公布他偷走的一堆資料，揭露監聽作業比一般外界所知更加廣泛，甚至還竊

＊ 譯注：歐巴馬上任時，關達納摩監獄仍有二百四十二名恐怖分子嫌犯，經過多次處理之後，二〇一六年八月十五日他又將十五名嫌犯移監，之後只剩下六十一人。

聽友邦國家領袖的私人電話，連德國總理梅克爾都不得倖免。[75] 儘管國內外大譁，監聽作業雖受到更嚴格的管控，還是繼續不停。[76] 只要恐怖主義繼續對美國本土安全構成威脅，毫無疑問，電子監聽一定會繼續下去。

九一一事件已經過了十五年，如果說對美國恐怖攻擊的威脅尚未結束，至少恐怖主義已經不再是戰爭的目標。雖然沒有公開宣布，美國政府和美國民眾已經跟歐洲人一樣，沒把它視為致命危險，只當做是可以控制的老毛病，不需要動員全國、花費巨資或修訂美國憲法。全國對恐怖主義的態度改變，有一個最具體的象徵，就是主司反恐作戰的國土安全部的總部大樓。二〇一四年五月二十一日，《華盛頓郵報》報導，位於華府西南區的這棟大樓預算超支十五億美元、比原定竣工時程足足落後十一年，恐怕落成之日遙遙無期。[77]

漸漸地，反恐戰爭的意義會逐漸淡化，不再那麼耗神費力。然而，九一一攻擊所引發的另兩場戰爭就不一樣了。第一項戰爭——阿富汗戰爭——變成美國歷史上打最久的戰爭。

剿滅塔里班

發動九一一攻擊的命令由亞洲西南部一個貧窮的內陸國家發出。阿富汗位於三大地理和文化區域的交會點：印度次大陸位於其東南方，中亞居其北方，伊朗和中東在它西方。阿富汗面積約略小於德克薩斯州，[78]人口幾乎全是穆斯林，分成幾個大族群，大多分別聚居在四大區域之一。普什圖人（Pashtuns）分布在阿富汗和巴基斯坦邊界的兩側，是南部地區主要族群，人口占全國約百分之四十，主要城市是坎達哈（Kandahar）。塔吉克裔人（Tajiks）占全國人口約百分之三十，聚居在北部地區，主要城市是馬札爾夏立夫（Mazar- e- Sharif）。這個族群也住在阿富汗北方鄰國塔吉克，它曾經是蘇聯加盟共和國之一。烏茲別克裔和土庫曼裔也住在北部地區，人數約占全國人口百分之十。西部地區的主要大城是賀拉特（Herat），居民以哈札拉裔（Hazaras）為主，他們和鄰國伊朗的人民一樣，都是什葉派穆斯林，也講伊朗方言法西語（Farsi）。他們約占全國人口百分之十五。首都喀布爾（Kabul）則各個族群都有，它是東部地區大城。

阿富汗是個傳統的農業社會，實際上自古以來親屬關係比族群來得重要，而族群又勝過任何民族認同意識，不過它跟波士尼亞和科索沃不同的是，它有過鬆散、統一的政治實體歷史。從一七四七年至一九七八年，大部分時間裡都由普什圖族杜蘭尼（Durrani）部落的某個人以國王身分統治阿富汗。[79]阿富汗的社會環境對於二十一世紀頭十五年來到這裡的美國人之影響，就和一九九〇年代巴爾幹族群分裂所構成的影響一樣深刻。和柯林頓政府推動人道干預的大部分地方不一樣，美國認真介入阿富汗事務的時間較早。冷戰早在一九七九年就把美國牽扯進阿富汗事務，當時蘇聯入侵、占領了阿富汗。

一九七八年四月，激進的共產主義團體「阿富汗人民民主黨」（People’s Democratic Party of

Afghanistan）推翻政府、奪取政權，宣布效忠國際共產運動及當時比鄰的蘇聯，並且全面依據共產主義路線進行社會、政治和經濟改造。[80]但是廣大的阿富汗人民發覺人民民主黨的計畫根本就是舶來品，與國情不合更無法接受，於是起而反抗。動亂使得新政府瀕臨崩潰。蘇聯不願見到其扈從政府垮台，於一九七九年十二月派兵進入喀布爾，冊立一個效忠莫斯科的新統治者，並留下來綏靖全境。[81]

和過去一樣，[82]阿富汗人反對外國占領。阿富汗人部落封建的傳統，加上其地形多山，方便游擊隊藏身，使得武裝嚴重短缺的阿富汗人竟能和世界第二號超級大國纏鬥。他們與蘇聯的作戰還有另一項資產：來自第三方國家的援助。沙烏地阿拉伯提供財務援助給自命是伊斯蘭主義者、為宗教也為民族或反共而作戰的團體。許多非阿富汗人，包括賓拉登在內，齊聚在激進的伊斯蘭大旗下加入戰鬥。美國基於與伊斯蘭毫不相干、純粹的冷戰考量，也透過巴基斯坦運送武器給阿富汗人。

蘇聯占領十年，抗戰也打了十年，阿富汗飽經摧殘。全國三千萬人口，有一百萬人喪生，三百萬人淪為難民，其中許多逃到巴基斯坦。農業凋弊，必須從國外進口糧食。[83]一九八九年，蘇共總書記戈巴契夫為貫徹他的改革計畫（無意間在兩年後造成蘇聯瓦解），下令蘇軍撤出阿富汗。[84]蘇聯所拋棄的政府苟延殘喘撐到一九九二年：蘇聯統治時該政治領導人自稱是奈吉布博士（Dr. Najib），隨後改名為比較有伊斯蘭味道的奈吉布拉（Najibullah）。他的政府在一九九二年垮台後，爆發多方混戰的內戰，其破壞力和蘇聯占領幾乎一模一樣，[85]各路不同族群首腦各擁民兵，成了軍閥割據的局面。[86]

一九七九年，全世界沒有幾個國家跟阿富汗一樣窮，也沒有任何一個國家在未來四分之一個世紀比它更殘破。到了一九九〇年代中期，它完全符合「失敗國家」的定義。它的經濟已經崩潰，政府癱瘓。塔里班（Taliban）就在這樣悽慘的背景下誕生。這個伊斯蘭主義團體決心根據自己的理解，恢復尚未腐化的純正信仰，以此重建秩序。「塔里班」在阿拉伯文的意思是學生，它集結了許多普什圖族青年，他們之中許多人的家庭因蘇聯占領被趕走或逃亡，來到巴基斯坦，他們進入沙烏地阿拉伯資助辦理的伊斯蘭基本教義派宗教學校唸書。塔里班得到巴基斯坦情報機關的後勤支援，以及沙烏地阿拉伯的財務援助，征服了大部分國土，進入首都。然後他們以和阿富汗斯坦人民民主黨同樣激進的方式，企圖推行他們版本的伊斯蘭，禁止音樂、放風箏和賽狗，女性不能上學受教育。[87]

蘇聯在一九八九年撤離阿富汗後，全世界、尤其是美國，對阿富汗失去興趣。只有巴基斯坦、沙烏地阿拉伯和阿拉伯聯合大公國三個國家承認塔里班政府。其他國家若是注意塔里班的話，除了認為他們是精神異常的極端分子之外，倒也不認為他們危及到任何阿富汗以外的人。二〇〇一年三月的一則插曲增強此一印象。塔里班政府破壞了具有悠久歷史的古蹟：西元六世紀在哈札拉地區峭壁上雕刻的兩座菩薩神像，理由是雕像是不合伊斯蘭精神的偶像。然而，和一般的觀點恰恰相反，對美國人而言塔里班的確很危險。他們的政府允許賓拉登在阿富汗定居，並且經營他的恐怖分子訓練營。蓋達組織以阿富汗為基地，發動九一一攻擊，這一來阿富汗成為美國的「敵區」。

九一一攻擊過後次日，北約十九個會員國代表在布魯塞爾開會，同盟成立五十二年以來第一次啟動條約第五條：任何一個會員國受到攻擊，全體盟國將動用武力保護它。因此，破天荒第一次，他們表決通過開戰。二〇〇一年九月二十日，布希總統在國會發表講話，要求塔里班把蓋達組織交出來給美國，並關閉其訓練營。他說：阿富汗領導人必須「交出恐怖分子，否則會和他們同一命運」。[88]但塔里班既不肯交出蓋達組織，也拒絕關閉其訓練營。[89]美國遂開戰，以求完成上述兩個目標。

短期來講，這場戰爭是美國軍事史上最容易、最廉價，也最成功的戰役。美國政府聯合「北方同盟」（Northern Alliance），阿富汗北部地區這個塔吉克裔團體已經和俄羅斯占領軍纏鬥多年，他們也反對塔里班。[90]九一一攻擊後兩個星期，中央情報局一小撮特工帶著大把鈔票抵達阿富汗。人數不多的聯合特戰指揮部人員也來了，鎖定塔里班的軍事和政治目標，以便美國空軍襲擊。統統加起來，二〇〇一年底那幾個月，只有大約四百個美國人到達阿富汗。美國與北方同盟攜手對付塔里班，前者出動空軍，後者提供地面部隊。[91]他們聯手在五個星期內就打敗塔里班，先占領北部大城馬札爾夏立夫，再攻下首都喀布爾，然後進入南部大城坎達哈。原本被迫接受塔里班統治的各部落，紛紛叛離他們。[92]

塔里班靠著宗教狂熱和巴基斯坦提供的武器征服阿富汗大部分地區，可是這些抵擋不住美國的空中攻擊。B-52轟炸機和A-130空中砲艇不費吹灰之力就把抵擋美軍的地面部隊收拾乾淨。[93]美國投資最小的人力就在阿富汗達成目標：消滅蓋達組織的大本營和許多幹部。

沒被殺或被俘的塔里班領導人跨過邊境，逃入巴基斯坦，賓拉登和他的一些黨羽，包括艾曼·札瓦哈利也逃到巴基斯坦。這可不是賓拉登在九月十一日預期的結果。他原先以為美國會在他策劃的攻擊之後垮台，然而結果正好相反，美國反而搗毀了攻擊元兇。

推翻了勉強稱得上阿富汗政府的塔里班後，需要新任政府接手。十一月二十七日，聯合國在前西德首都波昂召開阿富汗各黨各派會議，推舉臨時政府。[94]大會選出哈密德·卡札伊（Hamid Karzai）為新政府首腦。卡札伊是普什圖人，來自坎達哈，出生於傳統上專出阿富汗統治者的杜蘭尼部落，從一九九四年至二〇〇一年寓居巴基斯坦。出席會議的各黨各派覺得卡札伊是個可以接受的人選，此外他另外還有一個優勢。由於阿富汗一向是個貧窮、弱小、組織鬆懈的國家，四周國家都比它強大，它的領導人無可避免必須善於外交工作。卡札伊很適合這份工作：他的英語流利，有兄弟在美國波士頓和巴爾的摩經營餐廳，[95]而且他和中央情報局等美國單位交情良好，很適合在塔里班垮台後與阿富汗最重要的交往對象美國周旋。二〇〇一年十二月七日，卡札伊以國家新任領導人之姿進入喀布爾。

二〇〇二年六月，在首都召開一項大會選舉任期兩年的中央政府。會議有一千名經由選舉產生的代表，及另五百名籌備單位挑選的代表出席。[96]他們追認卡札伊的職位。二〇〇三年十二月，另一次類似的大會通過新憲法。接下來在二〇〇四年十月選舉總統，這是一場相當自由與公平的選舉，卡札伊贏得過半數選票，不需進入第二輪。經過二十五年動盪騷亂之後，阿富汗不僅迎來和平、似乎也出現民主。

阿富汗人民，即使是塔里班成員不少的普什圖人，並不反對新政府。經歷過阿富汗人民民主黨的狂熱、蘇聯占領的暴政、內戰的喋血，以及塔里班的宗教激進主義，幾乎任何種類的政府都會是進步。阿富汗人雖有敵視外國部隊進駐其領土的歷史，他們倒沒有抗拒人數不多、只有五千人左右的美軍部隊。這支部隊留下來，成為多國籍的國際安全援助部隊（International Security Assistance Force）的主力，負責維護秩序。它似乎是防止一九九〇年代上半葉的血腥與混亂的防火牆。[97]有一項估計說，次年有高達三百萬名難民回到阿富汗。[98]被塔里班扼殺的經濟恢復生機與活力。二〇〇三年至二〇一二年期間，經濟成長率每年平均有百分之九——雖然很高，但是它的起算基礎很低。學校重新開放，女童蜂擁而入。人民得以享有醫療照護，受惠人數十年內增加十倍。到了二〇一四年，阿富汗人平均壽命延長二十年，達到六十二歲。[99]塔里班被趕下台後，有兩千萬人買了手機。報紙、電台和電視公司在二〇〇一年之前不准開辦，現在如雨後春筍出現。[100]

美國支持的阿富汗重建工作在二〇〇五年達到新高點。那一年的民調顯示，百分之八十三阿富汗受訪民眾支持卡札伊，同樣百分比的阿富汗人對美國有好感。[101]由於一切順利，美國政府決定減少百分之三十八援助阿富汗的預算，國防部宣布計畫將美軍減少到三千人。[102]

美國和阿富汗頭三年的交往，與柯林頓的人道干預相當不同。美國介入阿富汗是基於利益，而非理想。它不是因為其他外國人被殺害而介入，它是因為三千多名美國公民和居民被謀害而介入。美國軍事行動的目標，不是防止其他國家人民再遭受攻擊，而是防止美國公民遭到攻擊。

布希政府在阿富汗用兵在國內得到熱烈支持，從國際社會也得到實質上的一致支持，[103]與柯林頓政府在巴爾幹用兵的情況大相逕庭。布希在阿富汗行動果斷迅捷，反之，柯林頓在波士尼亞和科索沃則優柔寡斷。在巴爾幹，以及在索馬利亞和海地，柯林頓政府最多只能說是差強人意、勉強及格。美國在阿富汗起先則是凱旋而歸，而且付出的代價很低。在阿富汗果斷用兵締造的成績，提升了美國人的信心，因而促成了二〇〇三年決定攻打伊拉克。

阿富汗行動和一九九〇年代的人道干預其實有相當重要的共同特色：兩者發動的時候都不是為了要改造他國，可是美國在九一一之前和之後，卻都做起推動重建轉型的工作，儘管它無意、不願，最後也沒有成功。九月十一日當天的攻擊，當時看起來是美國外交政策一個重大轉捩點，但事實上卻是承先啟後：和過去一樣，美國事後發現自己又承擔起功敗垂成的改造使命。

布希政府在阿富汗和柯林頓的人道干預還有一點非常重要的差異。美國沒有能夠讓波士尼亞和科索沃成為統一、寬容和民主的國家，但是在一九九五年和一九九九年之後，在這兩個地方美國都不需要再進行重大的軍事行動。阿富汗的結果卻不一樣。當美國在當地的政策推動的一帆風順之際，戰爭才正要開始。

失敗的重建工程

二〇〇五年，塔里班捲土重來。他們結合其他伊斯蘭基本教義派團體，在阿富汗南部和東部地區發動叛變。[104]針對政府、軍事和平民目標的暴力攻擊死灰復燃。叛軍發動攻擊和伏襲，攻打運補車隊，搶占後據守政府設施，暗殺地方政府官員，並且破壞西方出資興建的開發項目。[105]他們也針對阿富汗人及外國人發動自殺攻擊：二〇〇五年有十七件，次年激增為一百二十三件。[106]國際安全援助部隊碰上塔里班戰士時固然可以擊敗他們——二〇〇六年和二〇〇七年的確也發生幾次激烈遭遇戰——但是國際部隊人數不足以巡邏叛軍已滲透進去的所有的地區。[107]到了二〇〇九年，塔里班及其盟友控制或威脅的地區已占阿富汗全境約百分之四十領土。[108]

叛亂破壞了美國九一一以後在阿富汗取得的成績。最壞的情況是，它會讓阿富汗再度成為和九一一攻擊者有相同政治和宗教觀點的團體之基地。它也會讓美國發動阿富汗戰爭迄今所建立的成果盡付流水。

在某個程度上講，叛軍是成功的，因為他們想要推翻的政府失敗了。[109]塔里班死灰復燃印證卡札伊政府未能贏得普什圖族阿富汗人民的效忠，因為政府連基本的服務，即安全，都沒辦法提供給他們。事實上，到了二〇〇九年，在南部和東部某些地方提供政府服務，包括裁決紛爭的法庭，的是塔里班。[110]叛變證明若要擊敗塔里班，一定要先「建設國家機制」，可是在這方面卻失敗了。因為國際社會，尤其是美國，鼎力支持卡札伊及其政府，他的失敗也就是他們的失敗。它等於是美國繼在索馬利亞等四國失敗之後又一次使命失敗。

美國沒有能夠建立一個夠強大的阿富汗政府以阻擋塔里班東山再起，究其根本原因，在於美國沒有拿出全力。布希總統在宣布美國進軍阿富汗的講話裡提到：「阿富汗受壓迫人民將會知道美國及盟國的慷慨大度。我們攻打軍事目標，我們也會空投食物、藥品和補給品給阿富汗受苦受難的男男老少。」[111]他承諾人道援助，但隻字不提重建阿富汗。[112]國防部力主只把美軍部署在喀布爾，不要再多派部隊到首都之外維持秩序。它傾向於訓練阿富汗自己的部隊來維持秩序，但是在塔里班政府潰敗後那幾年，美方沒有訓練太多阿富汗軍隊。[113]甚至，美國派到阿富汗的部隊另有重大任務：追剿蓋達組織餘孽。[114]布希競選總統時表示出來的放棄「國家建設」的意向，影響到他的政府對阿富汗的初步政策。[115]

二〇〇〇年四月，布希似乎改變心意。在他蒞臨杜魯門內閣國務卿喬治・馬歇爾（George Marshall）將軍的母校維吉尼亞軍校演講時，在談論阿富汗的段落中，他提到一九四七年美國以巨大經濟力量協助歐洲從二戰廢墟中重建的馬歇爾計畫。[116]然而，美國沒有提供馬歇爾計畫給阿富汗，至少沒有慷慨解囊伸出援手。給予阿富汗的人均財務援助金額低於二戰以來任何類似的經援計畫。同樣地，阿富汗在缺乏有效的警察力量之下，需要仰賴軍隊維持秩序，但外國駐軍占阿富汗全體人口比例是破天荒的低。[117]在美國政府內部，援助阿富汗從來不是高度優先事項。[118]

再者，即使美國希望更努力從事「建設國家機制」，它也缺乏必要的專業人才清楚要做什麼，以及如何去做。非常少美國人了解這個與美國相差十萬八千里的國家之歷史、文化、社會和風俗習慣。幾乎沒有人能用阿富汗方言普什圖語和達利語（Dari）*與當地人溝通。因此，在阿富汗要接受美國指導或與美國合夥、建立一個能抵抗叛軍挑戰的強大政治系統，可謂難上加難。[119]

另一個在阿富汗外部的條件，也局限了美國在阿富汗的重建工作，那就是伊拉克戰爭。早在二〇〇三年四月美國攻打伊拉克之前，華府最高層的時間和注意力——任何政策最重要且最稀少的資源——就已經從亞洲西南方轉移到美索不達米亞。伊拉克戰爭一開打，它最先不僅占走注意力，也搶走美國的資金和部隊。至少從二〇〇二年中期起，至二〇〇九年止，阿富汗在美國優先順序榜上的地位遠低於伊拉克。[120]

不過，阿富汗還是搶到若干注意力，也從美國得到一些資源。[121]國際安全援助部隊還是被派到喀布爾以外地區執行任務，但是由北約組織派出的部隊經常受到嚴格的作業限制，對於打擊塔里班的貢獻不大。[122]美國也掏錢協助興建基礎設施和訓練阿富汗人在軍事及文職單位任職。[123]美國使命失敗不只敗在注意力不夠，它也敗在手上的器材不足。

哈密德·卡札伊總統的領導能力也經不起考驗，不僅脾氣陰晴不定，管理手腕也不足。經過一段時候，他和美國主子的關係惡化，許多西方官員和觀察家把政治效能不彰和叛亂日益猖獗怪罪到他的個性和能力。他成為一系列美國人曾經寄予厚望、最終卻失望的外國領袖之一，在他之前已有國共內戰時期的蔣介石、南越總統吳廷琰、伊朗國王巴勒維，與海地總統亞里斯提德。然而，美國的失敗除了卡札伊的能力不足之外，其實還有更深刻的原因。

在全世界所有國家當中，阿富汗要建立及維持一個現代國家機制的根基恐怕是最弱的。國際上用來判斷一個國家是否現代化的每個排行榜，阿富汗總是敬陪末座。即使在蘇聯入侵到美軍攻入那可怕的二十年期間之前，相對於其他國家，阿富汗的人均所得、識字率、人均壽命都很低，基礎設施稀少、老舊。全國人口相當高比例住在沒有電力的農村，從事勉可溫飽的農業耕作。稱呼它為一個「落後」國家儘管政治不正確，但符合實情。[124]啟蒙運動、世俗主義、法國大革命與工業革命等等創造現代世界的偉大歷史發展，阿富汗統統錯過。

接下來就是蘇聯占領、內戰和塔里班執政，一連串的不幸毀了阿富汗原本就十分有限的經濟

＊譯註：阿富汗境內的一種較現代的波斯語。

和社會資本。譬如，阿富汗受過現代教育的人本來就少，在那二十年裡，或死或逃，又折損不少菁英。[125]產品的品質優劣全視材料的品質優劣。後塔里班的阿富汗政治結構只能用非常劣質的材料打造。[126]

讓「建設國家機制」更難推進的是，阿富汗的社會十分傳統。[127]親屬關係主宰社會和政治生活。[128]法治、公正無私的治理機制等現代國家的基礎，在此不被尊重，甚至被敵視。建立抽象的、不偏袒親戚朋友的社會規範，並以此分配資源，這種想法在傳統社會被認為有違常倫而滯礙難行。[129]和波士尼亞及科索沃不同的是，阿富汗各個不同的族群團體並不反對生活在單一國家之下，但許多人倒是反對善意的外國人幫他們建立的這種體制。對許多阿富汗人來說，美式現代社會雖然少了暴力和壓迫，但還是與他們的傳統格格不入，無異於阿富汗人民民主黨的馬列主義和塔里班的伊斯蘭基本教義作風。[130]文化常常能決定人的行為，而阿富汗的本土文化並未讓它認同美國人期望的方向，當然美國人本身也是為德不卒，沒有全心投入。

在阿富汗「建設國家機制」還有第三個問題：它執行的方法。國際社會設計的中央集權政府制度讓阿富汗是兼得雙方之弊。[131]一方面，它牴觸了阿富汗本地「去集中化」的傳統。數百年來，全國各地的族群團體能在同一個政治屋頂下相安無事的生活，是因為喀布爾的中央政府不干涉他們的日常事務。反之，在新的政府體制上，卡札伊被賦予相當大的權力。最重要的是，他有權任免地方官員。另一方面，卡札伊卻缺少有效落實他的權力的實際資源。除了任命官職，出了喀布爾，其實他啥事也做不了，因此他只好依賴過去十年割據一方的軍閥。這些人自從一九九二年蘇聯冊立的阿富汗人民民主黨政府垮台之後，就主宰阿富汗的政治事務。他們的唯利是圖和殘忍兇暴搞得天怒人怨，因此才會造成塔里班在一九九六年的崛起。卡札伊和這些人結合，讓阿富汗人民也遷怒任命這些人的總統。[132]

雖然這些人不是可靠的盟友和代理人，除了他們，卡札伊也沒有其他更好的選擇。[133]甚且，美國為了追剿阿富汗境內蓋達組織餘孽，也願意和他們合作。[134]塔里班一垮台，美國在阿富汗的最高優先就是緝拿、剿滅蓋達餘孽，不是建設賢能廉明的阿富汗政府。卡札伊和地方軍閥結合，損傷他在民眾心目中的地位，削弱政府對抗叛軍的實力。此外，貪瀆成風也使人民離心離德。

西方在評估卡札伊政府之所以衰弱、塔里班叛黨之所以成功的根源時，莫不強調卡札伊政府的貪污腐敗。[135]叛變會失敗，是因為叛軍想要爭取的老百姓仍然效忠政府，政府部隊仍然願意為保衛政府而戰。卡札伊允許、甚至是放縱貪瀆，是他不能激發民眾效忠的重要原因。他的近親在他任職總統期間自肥的程度令人嘆為觀止。最臭名昭彰的是他的同父異母兄弟阿默德·瓦利·卡札伊（Ahmed Wali Karzai）。他在二〇一一年遭到暗殺身亡之前，利用和美國政府的緊密關係，成為坎達哈的政治霸主，大肆聚斂。[136]卡札伊高度依賴外國人，對不時有仇外心理的阿富汗人來說，更是雪上加霜。[137]

阿富汗貪瀆成風不單純出自卡札伊家族本身的失德。它可以說是已經內建在阿富汗的部落文化中，幫助親戚和忠誠黨羽、而非遵守客觀公正的規則，是幾百年來的傳統行為模式。在阿富汗的社會脈絡裡，官員不幫他的親友是異數，而且在這些親友心目中，他還是缺德的。甚且，卡札伊時代的腐敗上升到阿富汗空前未有的高度，因為援助阿富汗的外國人和外援雖然不多，可是就阿富汗標準而言已經相當高。有一項估計說，美援占阿富汗全國國內生產毛額的百分之七十五。[138]因為比起以前有更多東西可以中飽私囊，官員就比以前貪得更兇。阿富汗歷史上第一次出現現代化的傳播通訊方式，使得民眾比起從前更容易看到官員的貪瀆真相。總統、親信和政治盟友上下其手竊取公帑的鮮明影象，使得阿富汗人民更不願意支持美國人扶植的這些傢伙，愈加傾向同情它的塔里班對手。

研究政治發展和「建設國家機制」的學者有時候會把這些努力的目標稱為「走向丹麥」（getting to Denmark）。[139]丹麥這個斯堪的那維亞小國代表其他國家盼望長期下來能夠複製的最佳模範。二十一世紀的阿富汗代表在同樣一個星球上，在社會、經濟、政治和文化方面有一個與丹麥完全相反的極端。美國要幫助阿富汗建設國家機制，即使投入更多資源、即使有設計更良善的政治制度，甚至即使有更清廉能幹的領導人，鑑於阿富汗的現實狀況，勢必也寸步難行。不論卡札伊或美國政府做了什麼、或沒做什麼，如果說阿富汗能「走向丹麥」，那也不是幾十年之內能實現的事。[140]然而，「建設國家機制」先天的困難並不代表自二〇〇五年起重傷阿富汗的叛亂是不可避免。塔里班若不是得到鄰國巴基斯坦的奧援，叛亂根本不會發生。因此，阿富汗成為美國和巴基斯坦關係磨擦的源頭，而美、巴過去五十年的關係原本就存在不少衝突。

阿富汗的前任統治者越過邊境，得到庇護。他們的領導人在巴基斯坦西方市（Ouetta）居住和工作。他們的戰士接受巴基斯坦軍事情報機關「三軍情報局」（Inter- Service Intelligence）提供的武器和訓練。[141]這些戰士利用沿著阿富汗邊界的巴基斯坦山區——北方的俾路支省（Balochistan Province）、西北邊省（Northwest Frontier Province）和聯邦直轄部落地區（Federally Administrated Tribal Area）——做為基地，進入阿富汗發動攻擊，面臨阿富汗和美國軍事壓力時就退回基地整補。[142]因此，美國在和塔里班作戰時，實質上也與替叛軍撐腰的國家作戰，而這個國家名義上、甚至實際上，也是美國的盟國。這是過去十年美巴愛恨情仇糾纏不清關係的最新篇章。

美國和巴基斯坦在冷戰初期成為盟國，但是在一九六五年和一九七一年的印巴戰爭時，巴基斯坦人認為他們得到的美國援助少於應得的份量。[143]一九七九年蘇聯入侵阿富汗後，美國找到新理由與巴基斯坦交好，它可以做為反蘇游擊隊的庇護所，也可以做為美國供應武器給阿富汗反抗軍的基地。蘇聯一九八九年撤離阿富汗，冷戰也在不久之後終止，巴基斯坦在美國心目中的戰略重要性下降。美國開始對巴基斯坦的宿敵——印度——興趣大增。印度也是個民主國家，而且一九九一年推動經濟改革後，也是愈來愈有吸引力的商業夥伴。就這一點而言，巴基斯坦又跟過去一樣，覺得昔日的超級大國保護國始亂終棄。不過，雙方的夥伴關係在九一一之後又恢復起來。

二〇一一年，美國狙殺賓拉登的戲劇化軍事行動，是美巴兩國關係不睦的導火線，此後更是江河日下。美國事先沒有通知就長驅直入，實質等於入侵，讓巴基斯坦官員大怒。而且美軍在巴方完全不知不覺之下從容進出，更讓他們丟盡顏面。美國方面決定不通報巴基斯坦當局，是因為深怕他們會通風報信，讓賓拉登逃逸。賓拉登藏身在巴基斯坦軍人眾多的城鎮，強烈顯示巴方包庇這個一手策畫、害死將近三千個美國人的元凶。

巴、美關係長期齟齬是因為兩國經常有相異、又不相容的政治目標。美國的目標與時俱進，會有改變：一九五〇年代和一九六〇年代是反對蘇聯和毛澤東領導的中國；一九七〇、八〇及九〇年代是反對核武擴散；到了二十一世紀要反對恐怖主義。這一切都不是巴基斯坦的優先目標。事實上，巴基斯坦往往反其道而行，支持美國所反對的事：交好共產中國，自己想方設法發展核武力，窩藏不時在印度和阿富汗發動恐怖活動的伊斯蘭基本教義派團體。巴基斯坦從獨立以來直到踏入二十一世紀第二個十年，其外交政策一貫不變：以印度為敵，*而美國從來沒有反印情結。[144]從巴基斯坦的觀點來看，與美國關係晴雨不定，其目標是強化巴基斯坦對抗兵力強大、版圖遼闊的印度時的籌碼，因為美國在印巴衝突時通常保持中立，但有時會同情印度。

與印度交惡，影響巴基斯坦的阿富汗政策。它冀望在喀布爾的友好政府可以提供巴基斯坦官員所謂的「戰略縱深」以對抗其強大鄰國。[145]巴基斯坦官員執行阿富汗政策時還有另一層顧慮：擔心本身國家的統一。普什圖人分布在巴、阿兩國廣大區域，而且從來沒有任何一個阿富汗政府承認英國人在一八九三年替兩國畫下的分界線——所謂的杜蘭線（Durand Line）†——的正當性或永久性。[146]雖然住在巴基斯坦境內的普什圖人，人數多於住在阿富汗境內的普什圖人，[147]巴基斯坦政府擔心境內的普什圖人會想從巴基斯坦分裂出去加入阿富汗，或者是攜手合作建立獨立的普什圖斯坦國家（Pashtunistan）。[148]

因此塔里班對巴基斯坦可以有兩個貢獻。第一，做為巴基斯坦政府的扈從，他們會親巴基斯坦、疏印度。第二，做為狂熱的穆斯林，他們不僅會嫌惡信奉印度教的印度，還會排斥普什圖民族主義、支持穆斯林大團結，當然包括與巴基斯坦同心協力。

九一一攻擊事件後的當下，美國政府要求巴基斯坦支持它攻打阿富汗，巴基斯坦政府有條件

---

* 註釋：「對印度的仇恨情愫，源自於巴基斯坦獨立時的暴亂；源自於巴國認同自己是穆斯林國家；源自於印、巴兩國一九四七年、一九六五年和一九七一年的戰爭；也源自於雙方領土持續有爭議，最著名的當推喀什米爾邊界線迄今無解。」參見Daniel Markey, No Exit from Pakistan: America's Tortured Relationship with Islamabad, New York: Cambridge University Press, 2013, p. 39.巴基斯坦軍方樂於讓巴、印衝突藕斷絲連，以便維持它在巴基斯坦公共事務上的強大影響力。印度對巴基斯坦的觀點就不一樣。「儘管屢遭恐怖分子從巴基斯坦發動攻擊，印度認為軍事征服或分解巴基斯坦並不實際或甚至可喜。大多數印度戰略家認為巴基斯坦亂成一團，即使印度有軍事力量可以跨過邊界，也不想承接這個爛攤子。」

† 譯註：一八九三年英屬印度政府外交大臣莫提默・杜蘭（Motimer Durand）代表英國女皇與阿富汗統治君主簽訂協議，為英屬印度和阿富汗畫定一條二千四百多公里的邊境線，後人稱為杜蘭線。它把英國人當時相當忌憚的普什圖人畫在杜蘭線兩邊，造成今天普什圖人分布在阿富汗和巴基斯坦兩個國家。

同意。[149]它允許美國借道巴基斯坦，運送部隊和後勤補給到阿富汗。它幫忙蒐集恐怖分子的相關情報，並秘密核准美國無人機攻擊巴基斯坦境內的恐怖分子。它逮捕蓋達組織高階人員後，移交給美國。然而，二〇〇五年後它並沒跟美方合作、共同對付東山再起的塔里班叛軍。

由於叛軍集中在巴基斯坦政府——以及在他們之前的英屬土王（raj）——從來沒有成功控制過的邊境地區，巴基斯坦當局即使有心，也很難駕馭住叛軍，更何況他們根本無心。[150]他們對阿富汗的興趣僅只於支持塔里班。他們假設美國遲早會離開阿富汗，那時候他們需要友好政府掌控喀布爾，一個親巴、疏印的政府（而他們認為卡札伊政府對印度太過於親善），[151]不會想要引誘住在杜蘭線以東的普什圖人脫離巴基斯坦。這是最核心、最重大的利益，不能掉以輕心。巴基斯坦政府不會為了討好美國就放棄其核心目標。[152]

美國注意到在塔里班叛軍死灰復燃時，巴基斯坦的政策會有礙美國在阿富汗的目標。一開始美國官員私底下向巴基斯坦官員抱怨，後來升高為公然譴責。二〇一一年九月，參謀首長聯席會議主席、海軍上將麥可·穆連（Mike Mullen）在國會參議院聽證會上說，和塔里班有關聯的哈卡尼組織（Haqqani）是巴基斯坦情報機關的「另一隻臂膀」。[153]可是基於美國在本區域的利益，美國無法和巴基斯坦完全絕交，美國仍持續給予巴基斯坦經濟和軍事援助。巴基斯坦是個口是心非的麻煩，但是按照美國的判斷，又是個不可或缺的夥伴。

只要美國在阿富汗維持一支人數不小的部隊，他們就必須取得補給，補給作業必須通過巴基斯坦領土。美國不能和巴基斯坦翻臉還有另一層顧慮。一九九八年，巴基斯坦第一次試爆核武，往後十五年，它已經囤積了估計超過一百枚以上的核武。巴基斯坦境內已經出現強大的伊斯蘭基本教義派，劍指巴基斯坦政府，美國官員擔心這個政府有朝一日會被推翻，它的核武會落到類似發動九一一攻擊事件的恐怖分子手中。[154]不論這個可能有多麼遙遠，美國人不敢造次，還是繼續與巴基斯坦合作、支持它，[155]即使它替美國在阿富汗要剿滅的對象撐腰。

儘管美方抗議，巴基斯坦還是繼續庇護塔里班。塔里班叛軍勢力大盛，美國只好派更多軍隊進入阿富汗，試圖控制住局勢。阿富汗戰爭付出的資源和人命傷亡的代價，布希政府和美國民眾原本以為已經在二〇〇一年十二月止住，其實在二〇〇五年後攀升，而且前景黯淡，看不出如何以有利於美國的條件結束整個戰局。這就是二〇〇九年初的局勢，此時小布希總統結束他的兩任任期，交棒給民主黨籍的前任伊利諾州聯邦參議員歐巴馬。

漫長的再見

巴拉克．胡笙．歐巴馬（Barack Hussein Obama）第一次受到全國注意是二〇〇四年在波士頓民主黨全國代表大會上發表演講。[156]演講強調美國人民儘管在政治上有歧異，基本上是團結的。在兩大政黨日益走向政治兩極化的時刻下，這是一篇鼓舞人心的演講。它出自歐巴馬之口，力道尤其強大，因為他的父親是來自非洲肯亞的穆斯林（因此他的中間名字是胡笙），母親則是來自堪薩斯的白人女子，他可以說是代表美國最古老、最深刻、也最痛苦的分裂之歷史。歐巴馬在夏威夷出生、長大。他在兩個不同地理位置的教育機構完成大學教育：先後唸過洛杉磯的一個小型學校西方學院（Occidental College），和紐約市的哥倫比亞大學。他在芝加哥擔任過社區組織員，然後進哈佛法學院，再回到芝加哥從政。

他的政壇資歷很嫩，不到四年的聯邦參議員、之前擔任過七年伊利諾州議會參議員。在兩個議會，都不曾有過足資誇耀的立法成就，因此他在二〇〇八年要參選總統，實在出人意料。儘管資歷不足（但或許是因為民主黨及全國民眾希望見到新面孔出頭），他從各方看好的紐約州聯邦參議員希拉蕊·羅德翰·柯林頓（Hillary Rodham Clinton）——第四十二任總統的夫人——手中搶下民主黨的提名。

許多民主黨人不樂見柯林頓夫婦重返白宮，或許是靠著這些人的幫助，歐巴馬贏得黨內提名。他在民主黨初選中，於馬里蘭州和維吉尼亞州表現尤其出色，這是和柯林頓參議員及她丈夫有第一手來往經驗的民主黨人集中的地方。他會贏還有另一個因素，因為他拿下在民主黨內人多勢眾的非裔美國人壓倒性的多數選票。和美國政壇族群群體常見的作法無異，他們支持他是為了族群團結，但這不是唯一原因。柯林頓夫婦在非裔美國人圈子也很得民心，要贏得他們效忠，歐巴馬必須證明自己在初選和大選都有獲勝的潛力，不能像以前的非裔參選人、最著名的是傑西·

傑克森牧師（Reverend Jesse Jackson）那樣，是個扶不起的阿斗。[157]他在二〇〇八年一月於愛荷華州黨團會議勝選、通過參選人實力測試第一關。而他之所以能在當地勝出，靠的是在外交上的主張。

愛荷華州的民主黨人，尤其是主宰黨團會議的活躍分子，強烈反對即將邁入第六年、損失慘重又遲遲不見終點的伊拉克戰爭。民主黨所有參選人當中，歐巴馬有最堅強的反戰紀錄，比起其他參選人，他占了上風。[158]他透過堅毅的決心和幸運的時機贏得這個優勢。二〇〇二年底，美國聯邦參議院必須為是否攻打伊拉克投票表決。六年之後出來爭取總統候選人提名的幾位民主黨要角——希拉蕊．柯林頓、德拉瓦州參議員約瑟夫．拜登（Joseph Biden）、康乃狄克州參議員克里斯．陶德（Chris Dodd）和北卡羅萊納州參議員約翰．愛德華茲（John Edwards）——鑑於上次一九九一年攻打海珊贏得漂亮的勝利，又受到九一一事件後全國同仇敵愾的影響，都投票支持開戰。

當時，歐巴馬還是一個默默無聞、芝加哥南區選出的伊利諾州議會參議員，正在爭取要在二〇〇四年參選聯邦參議員的提名。為了贏得提名，歐巴馬設法打造非裔美國人和芝加哥自由派的同盟。這些自由派和當時大部分美國民眾不同，對入侵伊拉克一事持保留意見。因此，攸關到他的政治利益，歐巴馬必須強烈表態反對攻打伊拉克。他也果真就這麼做。二〇〇二年秋天，國會表決之前，芝加哥有一場反戰集會，他在會中演講，稱計畫中的軍事干預是「愚蠢的戰爭、魯莽的戰爭。一場不講理性、被情緒操控的戰爭。一場不講道德、被政治綁架的戰爭。我知道，沒有清晰的理論依據，沒有強大的國際支持而貿然攻打伊拉克，只是在中東火上澆油……」[159]最後，其他所有民主黨參選人全都轉為反對戰爭，但是歐巴馬先馳得點，並在六年之後收割他的政治果實。根據他的反戰立場以及其他原因，他贏得提名，並於二〇〇四年進入參議院殿堂，[160]為他二〇〇八年角逐民主黨總統提名奠定基礎。

這時候不僅是整個民主黨，連大多數美國民眾都認為伊拉克戰爭是個錯誤。[161]歐巴馬在黨內初選和對抗共和黨提名人、亞歷桑納州聯邦參議員約翰．馬侃（John McCain）的大選過程中，一再重申反對伊拉克戰爭（馬侃則是一路走來，始終支持作戰）。但是他明白表示，他支持還在進行中的阿富汗戰爭。如果伊拉克戰爭是一場惡的戰爭，阿富汗戰爭則是一場善的戰爭。他在八月十九日說：「多年來，我主張投入更多資源、更多部隊，結束在阿富汗的戰鬥。」[162]就這一點來講，就和他在二〇〇二年對伊拉克戰爭的立場一樣，他有良好的政治理由。阿富汗戰爭仍舊受到美國人支持。它比起伊拉克戰爭付出的性命和金錢代價小很多，而且和伊拉克的狀況也不一樣，美國投入阿富汗戰爭是為了最強大和最正當的理由：美國沒去招惹人家，就被打到家裡來，美國只是反擊而已。

甚且，如果他提議美軍從阿富汗和伊拉克都撤出，歐巴馬會有一個風險，他會被美國民眾覺得在外交政策上太脫離全國主流民意。他會被貼上姑息主義者的標籤，因此不夠資格擔任世界唯一超級大國的三軍統帥。即使他在二〇〇二年的演講反對伊拉克戰爭，他也必須小心翼翼地澄清他「不反對所有的戰爭」，並且支持九一一之後攻打蓋達組織。[163]

他對阿富汗戰爭的立場比較不是設計來贏得二〇〇八年選戰，而像是預防輸掉選戰。他當選總統是因為他是民主黨，而美國民眾讓小布希和錢尼當家八年，已經厭煩共和黨，也因為秋天選戰進行時爆發了七十五年來最嚴重的金融危機，選民覺得歐巴馬似乎比馬侃更適合來處理善後。

歐巴馬二〇〇九年一月二十日就職後的最高優先是處理去年秋天金融危機所引爆的經濟大衰退。外交政策明顯落在次要地位，但是他必須處理的外交政策議題當中，最迫切的首推阿富汗問題。歐巴馬繼承的是一場爛戰。[164]二〇〇八年，阿富汗美軍司令官大衛・麥凱南將軍（General David McKiernan）要求增派三萬名部隊。布希總統暫不裁決，留交給新總統定奪。[165]

歐巴馬一上任，先重申他在競選期間的承諾，要在阿富汗堅持到底，有必勝的決心。[166]他就任才兩天就宣布，阿富汗和巴基斯坦是「我們和恐怖主義及極端主義持久鬥爭的核心前線」。[167]兩個月後，他重申承諾，並宣布增派「農業專家、教師、工程師和律師」等文職人員到阿富汗，以改善政府效能、促進經濟發展。[168]歐巴馬支持，或至少裝作支持，在阿富汗全面展開「國家建設」。這可是小布希從來沒有明白表示要做的事。他也增派部隊進駐。他就任時，美軍在阿富汗駐軍三萬八千人。上任頭幾月，兵力幾乎倍增到六萬八千人。[169]他這麼做有部分原因是為了確保預定二〇〇九年八月舉行的阿富汗總統大選不會被打斷。（大選果然按照時程舉行，卡札伊當選連任，但是選舉遭到批評作弊叢生。）[170]

即使已經準備批准增派部隊進駐阿富汗，歐巴馬另外下令檢討其阿富汗政策。[171]檢討程序始於美國在伊拉克獲得軍事和政治雙方面的豐碩戰果之後。在伊拉克美軍司令官大衛・裴卓斯將軍（General David Petraeus）領導下，美國派更多部隊進入伊拉克西部叛亂地區，該地區蓋達組織地方分部相當猖獗。美軍運用裴卓斯所設計的「剿匪方案」（counterinsurgency），聯合地方部落民兵，協助提供安全給當地居民，擊退外來的恐怖分子，給曾經是全國最動亂的此一地區帶來些許和平。[172]

負責檢討阿富汗政策的專案小組對「剿匪方案」的成效相當佩服，建議在阿富汗複製推行。他們推薦採行「充分資源的剿匪戰略」。[173]專案小組的建議吻合歐巴馬在競選期間宣示的對阿富汗的重視。歐巴馬總統接受了建議。他這一接受就意味著假如伊拉克是小布希的戰爭，阿富汗將是歐巴馬的戰爭。二〇〇七年倫斯斐卸下國防部長，由羅伯・蓋茲接任。歐巴馬上任後，蓋茲留任國防部長。現在蓋茨決定，應該換個新司令官在阿富汗執行新戰略。他派統領伊拉克美軍特戰部隊的將領史丹利・麥克里斯托（Stanley McChrystal）接替麥凱南。麥克里斯托於六月份到任，立刻著手評估需要多少兵力才能執行總統已經決定的政策。

麥克里斯托發現他需要更多兵力才能穩定阿富汗。他向兩位上級長官報告，一位是參謀首長聯席會議主席穆連，一位是已調升中東地區美軍總司令的裴卓斯。他說，若有八萬兵力，他可以進行斬草除根的全國清鄉剿匪作戰；若有四萬兵力，他可以集中在塔里班根據地作戰。若是只有一萬至一萬五千名兵力，美軍就只能負責培訓阿富汗軍隊。[174]當時就有人注意到，他提出的三道方案是典型的官僚手腕，把心儀的方案拿另兩個不可能被接受的方案做陪襯，呈交給長官裁奪。[175]這套作法被人譏笑是「上策聽我的，中策投降，下策世界末日」三分法。

即使是中策的成本之高，也在白宮引起震撼。[176]政府在此之前的討論都集中於在阿富汗採行那條路線最好。麥克里斯托的要求迫使白宮要認真考慮代價有多高。它在政府內部造成的辯論持續了兩個月，從二〇〇九年十月初吵到十二月初。

在這場辯論中，國防部長蓋茨和國務卿希拉蕊・柯林頓等人，贊成採行剿匪戰略，並派遣大量部隊進入阿富汗。按照裴卓斯的規畫，剿匪方案有相當大的政治成分：方案要成功，需有一個有效的政府，能取得阿富汗人民的積極效忠，但是要求人民效忠，這就得要有相當清廉的政府提供服務，並創造經濟繁榮。這代表支持這個方案的人實質上贊成美國在阿富汗承擔全面的改造使命。

副總統拜登也是二〇〇八年競爭民主黨黨內提名時歐巴馬的手下敗將，他和白宮一些比較低階的官員則極力反對此計畫。拜登政壇經驗豐富，看過前人被越戰和伊拉克戰爭搞得焦頭爛額，他認為美國民眾不會支持費時費力、犧牲人命的全面剿匪作戰。[177]他們懷疑，即使美國再怎麼努力，也無法在喀布爾創造出清廉正直、有效率、得民心的政府。[178]

他們也不相信，即使可以用美國民眾願付的代價建立起這樣一個政府，它就能確保美國在當地的利益。阿富汗不必要「走向丹麥」就能阻止恐怖分子利用它做基地襲擊美國。事實上，蓋達組織已經大多退出阿富汗。而相當活躍的塔里班，其志只在掌控阿富汗政權，不是從事反西方的聖戰。拜登這一派認為剿匪方案代價太高、而且陳義也太高，太過理想化，他們主張在阿富汗的剿匪方案要縮小焦點，[179]要能依賴無人機和巡弋飛彈，而不是「國家建設」。事實上，布希政府把塔里班趕下台之後採取的也是剿匪的作法。

二〇〇九年十二月一日，歐巴馬在西點軍校演講，揭露他對此一內部辯論的裁決。他的決定似乎是兩派立場的折衷版。一方面，他批准在阿富汗增派三萬大軍，接近前敵司令官所要求的兵力。另一方面，他訂下開始撤軍回國的明確時間表——二〇一一年七月，僅僅十八個月之後。

新政策的確代表短期內的政治妥協，讓雙方各有收穫。它確認歐巴馬在競選總統期間的承諾，要在阿富汗更積極，但是同時也替在阿富汗工作的期限以及美國的耗費劃下停損點。然而，從長期的視角來看，歐巴馬站在拜登這一邊，反對蓋茲和希拉蕊·柯林頓的觀點。他倒轉了上任時所決定的路線。他決定放棄「國家建設」。他明白表示，他不願嘗試改造阿富汗的政治和經濟。[180]他在西點軍校說：「有人主張更積極、不斷地升高我們的作戰，會讓我們承諾投入為期十年以上的『國家建設』政策。我拒絕這條路線，因為它訂下的目標是超越合理代價能夠達成的，也不是要確保我們利益所需要做的。」[181]起先擁抱它，現在他摒棄在阿富汗推動他的前任們曾經嘗試在中國、俄羅斯、索馬利亞、海地、波士尼亞、科索沃、以及最艱難也最有爭議的伊拉克推動的使命，儘管他們都不曾盡心盡力。歐巴馬十二月一日的演說為美國在阿富汗定出方向，決心撤離。[182]

第四十四任總統來到白宮之前的一個世代，兩位總統曾經對另一個默默無聞、但當時似乎頗具戰略重要性的國家同樣要做出抉擇。歐巴馬喜歡說，他是越戰以來第一個世界觀不受越戰影響的總統，但是他上台後第一年和同僚讀了幾本描述越戰的書籍，[183]它們可能影響到他為阿富汗所選擇的政策。無論是什麼，在這一年裡，他從越戰時期總統的方式轉換到另一種方式。

起先他遵循詹森總統的足跡，詹森總統的施政優先和歐巴馬一樣，著重內政。歐巴馬一上任，就把精力投注在「激勵」（stimulus）方案對付景氣衰退，然後再朝向雄心勃勃的全民健保計畫，要擴大照顧沒有保險的民眾。詹森最引以為傲的成就就是所謂的「大社會」（Great Society）計畫，在國會成功推動一系列提升窮人生活水平的法案。儘管有疑慮，詹森還是擴大美國在越南的角色，最後派了四十五萬大軍介入越戰。但戰局僵持不決，美軍傷亡人數日益攀升，戰爭本身以及統領戰爭的總統在美國變得愈來愈不孚民心，逼得詹森決定一九六八年放棄競選連任。

然而，十二月一日，歐巴馬的阿富汗政策改採詹森的後繼者尼克森的作法。尼克森一九六九年入主白宮時承擔起結束美國參與越戰、或至少終止美軍在當地傷亡的責任。他逐步推動在國內引起強烈異議的作法。但是到了一九七二年他當選連任時，美國地面部隊已全部撤離越南。尼克森推動的是「越南化」政策，逐漸把戰鬥任務移交給南越軍隊，希望在美國人訓練和援助下，它可以保衛自己的國家、抵抗北越共產政權。歐巴馬對阿富汗抱同樣的期望，希望美國人培訓、支薪的阿富汗軍隊，可以在沒有美軍支援的情況下保衛國家、對抗塔里班。

歐巴馬十二月一日的演講並沒有使政府內部停止有關阿富汗政策的政治角力。二〇一一年七月開始撤軍的日期近了，軍方領導人想要局限撤回的人數。[184]他們希望有最強大的軍隊在第一線與塔里班作戰，這一點很自然。他們和批評歐巴馬阿富汗政策的人士都認為，訂下美軍撤退的時限，不啻告訴塔里班，可以等到美軍撤退後再恢復叛亂，對付力量更削弱的政府軍。[185]裴卓斯將軍建議，撤回兵力不要超過三、四千人。歐巴馬駁回這項建議，於二〇一一年六月宣布，[186]撤軍一萬人，另外他在二〇〇九年核准加派的兩萬人也將在二〇一二年九月以前撤離。二〇一二年以後，阿富汗美軍兵力持續減少。歐巴馬設定目標，美軍要在二〇一四年停止在阿富汗的戰鬥任務。[187]二〇一四年五月，他宣布將會有九千八百名部隊留下來負責非戰鬥任務，但時間不會太長。其中半數將在二〇一五年撤離，除了象徵性少數部隊留下外，其餘全部在二〇一六年底撤離。[188]此後，控制叛亂的責任完全落到阿富汗部隊肩上。[189]但到歐巴馬宣布美國不再介入阿富汗戰鬥任務時，阿富汗軍隊還沒有成為一支團結、專業、可靠的部隊。[190]美國不再支援後，就不能保證塔里班不會再度控制阿富汗。但是政府重要官員所主張的政策——美國持續參與戰鬥任務及積極推動「建設國家機制」——總統礙難接受。

打了十三年仗，花了數千億美元，也犧牲了兩千多美軍子弟性命，按照西方標準，美國肯定提升了許多阿富汗人的生活水平，但它並沒能改造阿富汗。[191]它使得阿富汗比起二〇〇一年九月十一日以前更接近丹麥，但還不夠近到讓人有信心，阿富汗人自己會繼續走下去。

歐巴馬摒棄剿匪方案，以及隨後相關的社會、經濟和政治改造，加上他的兩位前任總統在歐洲、亞洲、中美洲和非洲所進行的政策，象徵美國外交政策一個時代的結束。在過去這個時代，美國有一股傳教士般的熱忱要向全世界傳播美國立國以來兩百多年的美式價值和美式體制，而且這股熱情第一次主宰了美國與世界上其他地區之關係。在阿富汗這個個案上，歐巴馬力排眾議，不接受他親自任命的外交政策高階官員的建議，認為這個使命即使不是不可能達成，肯定也是代價太高昂、得不償失。

這個結論沒有得到所有外交政策圈人士、包括某些他同黨人士的贊許，但是他沒有遭到一般大眾太大的反對。[192]美國人已經對大舉支援阿富汗「國家建設」心生厭倦，因為他們的投資始終沒有產生令人滿意的結果，因為美國身陷八十年來最大的景氣衰退，他們不願再為外國人的事務犧牲應該花在國內的錢。尤有甚者，他們已經在另一個遙遠的國度投下遠遠超他們預期的鮮血與資源。這個國家就是伊拉克。

第四章

伊拉克戰爭

我不會坐視危險愈積愈大。我不會坐視危險日益趨近。美國不會允許全世界最危險的政府以全世界最危險的武器威脅我們。

——小喬治・布希，國情咨文，二〇〇二年一月二十九日

薩達姆・海珊不該只被當做是伊拉克暴力政治文化的原因，或是造成區域不安定的原因。他應該被當作是伊拉克政治社會中更深刻的長期動力的徵兆，甚至是極端重要的徵兆。

——托比・道奇（Toby Dodge）[1]

從戰爭到戰爭

後冷戰時期美國企圖改造另一國家國內政治結構最重要、最持久、最昂貴、最有爭議的一個案例，發生在二〇〇三年至二〇一一年之間的伊拉克。和在索馬利亞、海地、巴爾幹及阿富汗的使命一樣，美國在伊拉克的軍事干預是因其他原因而發動，卻轉變成想要改造伊拉克的政治和經濟，使它們更像美國。但是也和在其他地方一樣，美國在伊拉克的使命也一事無成。

挫敗美國的這個國家在第一次世界大戰之後才存在。一戰戰勝國英國把敗戰、崩潰的鄂圖曼帝國三個省拼湊組成一個主權國家。即使一手規畫伊拉克建國的英國官員阿諾德・威爾遜爵士

（Sir Arnold Wilson）打從一開始也懷疑自己的作品能否存活。以這個國家日後的歷史來看，他的懷疑還不無道理。[2]這三個省彼此差異極大：南邊的巴斯拉（Basra）主要居民為阿拉伯人，屬於伊斯蘭少數派什葉派。中央這個省以巴格達（Baghdad）為中心，而巴格達成為國家首都，它由與前者敵對、占多數的伊斯蘭遜尼派所主控。[3]北方的摩蘇爾省（Mosul）有相當多的庫德族，他們是遜尼派穆斯林，但不是阿拉伯人，有自己的印歐語言，迥異於阿拉伯語文。[4]英國人選擇來自阿拉伯半島一個遜尼派家族成員為新國家的國王，因為這個家族在一戰期間和英國並肩對抗土耳其人。此後八十年，遜尼派阿拉伯人雖在伊拉克全國人口中居於少數，卻一直統治著它。

經過一系列流血政變，復興黨（Baath Party）掌握政權，這是一個世俗的、由遜尼派主宰的組織，渴望能像歐洲和亞洲當家的共產黨那樣全面掌控政治。出身提克里特市（Tikrit）的遜尼派軍人薩達姆・海珊（Saddam Hussein）非常景仰殺人如麻的蘇聯獨裁者史達林，他在復興黨內取得最高權力，從一九七〇年代末期至二〇〇三年一直主宰伊拉克。他以特別殘暴的手段治理全國，由於伊拉克盛產石油，使他更有財力資源強化專制統治。

十九世紀和二十世紀，世界其他地區，強大的國家結構可以成功地鍛造出民族：從經常是人為設定的疆域內居住的一群人產生出一種命運共同體的意識。歐洲的民族國家就是這樣發展起來。[5]這種情形沒在伊拉克出現，這裡的遜尼派、什葉派和庫德族從來沒有鍛造出共同的國家意識。義大利在一八六〇年代統一後，有位北方貴族說，「我們已經創造義大利。我們現在必須創造義大利人。」英國人製造出伊拉克，但是英國人、海珊，以及在他們兩者中間階段統治伊拉克的任何人，都沒有能夠成功地打造出伊拉克人。[6]英國人拼湊在一起的鄂圖曼帝國三個省，未能建立國家認同意識這個因素，對於美國在伊拉克使命的結果之影響，遠遠大過美國積極介入伊拉克八年多是否做了什麼。

石油財富使海珊能夠建立一支軍隊，用來對兩個鄰國發動戰爭。伊朗在一九七九年落入什葉派伊斯蘭激進人士的控制，兩伊戰爭從一九八〇年打到一九八八年，雙方打成平手。美國的官方立場是保持中立，也支持對兩伊都實施武器禁運，但是私底下美國提供些許的援助給海珊政府。[7]兩年後，海珊的軍隊入侵並占領小國科威特。這次美國反對伊拉克，因為海珊占領科威特威脅到中東最大的石油生產國和出口國沙烏地阿拉伯。西方國家依賴沙烏地石油，沙烏地也因此成為美國的附庸。[8]老布希政府能夠號召組建非常龐大的國際同盟趕走伊拉克大軍，是因為海珊進攻科威特代表明目張膽的違反國際法，也因為冷戰結束，原本在冷戰期間對於美國中東政策處處掣肘的蘇聯，換上改革派領導人戈巴契夫當家，而他實質上也加入同盟。

在美國領軍下，多國籍部隊很快就把伊拉克部隊趕出科威特。老布希政府不願追擊進軍伊拉克，是因為聯合國決議案雖准許組建同盟，並沒授權更換巴格達政府，也因為政府高級官員對占領一個阿拉伯國家心存疑慮。老布希政府在北部設置一個「禁止飛航區」以保護庫德族人，[9]在南部也設一個以保護什葉派，因為兩者都起義反抗遜尼派為主的復興黨政府，而遭到殘酷鎮壓。

盟軍是在聯合國旗號下作戰的。聯合國通過一系列決議案，要求伊拉克解除武裝，並提供聯合國主辦的檢查以確保伊拉克遵守規定。美軍部隊留下來，他們還有另一個目的，要把伊拉克部隊圍堵在其國境內。依據圍堵政策，柯林頓政府維持對伊拉克經濟禁運。它在一九九八年也對海珊政權採取軍事行動。為了報復伊拉克政府拒絕遵守聯合國好幾項決議案，以及干預聯合國檢查人員，從十二月十六日至十九日，美國發動「沙漠之狐作戰」（Operation Desert Fox），轟炸軍事目標。同樣也是一九九八年，柯林頓在十月底簽署共和黨議員倡議的《伊拉克解放法》（Iraq Liberation Act）。它提供援助給尋求推翻海珊政權的團體。然而，它並沒要求美國派兵作戰以推翻海珊；這位民主黨籍總統明顯也沒有要這麼做。

小布希政府接任，把推翻海珊政府視為未竟事項——多位外交政策官員曾在老布希政府任官——但未必把它當做是美國外交政策的最高優先之一。九一一攻擊使他們的世界觀改變，直接導致美國第二次出兵攻打伊拉克。九一一攻擊之後，終結海珊的統治不僅讓美國亟欲下手，還成了迫切議題。九月十二日，總統把國家安全會議反恐事務專家理查．克拉克（Richard Clarke）拉到一邊講話，請他仔細檢查一遍，海珊是否和前一天發生的事件有任何關聯。[10] 九月十六日，高階外交政策官員在馬里蘭州大衛營總統度假園區開會，國防部副部長保羅．伍夫維茲（Paul Wolfowitz）力主攻打伊拉克。小布希否決立刻開打，選擇先集中力量處理阿富汗；但是十天後，他指示國防部長倫斯斐開始研擬攻打伊拉克的計畫。[11]

國防部有一份由前任中東美軍總司令所擬訂的備援計畫，它建議的進攻部隊規模約與當年解放科威特之戰相若：當年有五十多萬大軍開赴戰場。倫斯斐決定這次特遣部隊不需這麼多人。在美國真正動兵之前，他和軍事將領花了好幾個月時間進行冗長的官僚拉鋸戰，討論到底需要動用多大的兵力。[12]最後，美國動員了十五萬部隊攻打伊拉克，[13]人數比倫斯斐原先所要的多，但遠比十二年前少了相當多。

與此同時，總統著手為開戰尋找支持。他在二〇〇二年國情咨文中稱呼北韓、伊朗和伊拉克組成「邪惡軸心」（axis of evil），強調海珊構成「愈來愈嚴重的危險」。[14]接下來在二〇〇二年夏天，總統和其他政府官員、尤其是副總統錢尼，升高對伊拉克的警告。

錢尼在小布希執政時期建立起名氣，堪謂美國有史以來權勢最大的副總統。他就任副總統時，已經累積了在聯邦政府最高層最深厚的經驗：他曾任福特總統的白宮幕僚長，雷根時期的國會眾議院共和黨副領袖，以及老布希內閣的國防部長。他在一九九一年反對派美軍進入巴格達、推翻海珊，但是九一一事件後他改變心意，成為堅決主張推翻這個伊拉克獨裁者的代表人物。[15]他也成為政府反恐政策的頭號大將，但是許多人（包括小布希政府內部若干人）認為反恐政策不當地侵犯到公民自由。

錢尼是美國歷來副總統的異數，本人絲毫無意再上層樓擔任總統；這使得他的權力更加穩固，因為沒有人會懷疑他把個人政治利益擺在總統的利益之上。錢尼無心進取大位也使他免掉民主政體中絕大多數公職人員所不可免的一個需要：他不必向全國民眾或全世界展現溫柔、和藹、討喜的一面。由於這個原因，也由於他對伊拉克戰爭的立場，以及反恐戰爭愈來愈有爭議，錢尼變成美國民眾很不喜歡的政治人物，但是一般人從外表上也看不出他有挺介意的跡象。尤其是小布希總統第一任期，副總統有時候被批評說是操縱少不更事的幼主。這種評語比較像是指控布希、而非批判錢尼，而且也絕非事實。小布希遵循錢尼的建議是因為他認同。當他不認同錢尼的政策喜好時——在他第二任期時，比較常出現——他並不採納它們。[16]

二〇〇二年三月，錢尼以十天時間走訪中東地區十二個國家，爭取支持美國對伊拉克開戰。八月二十六日，他在納什維爾國外參戰退伍軍人協會年會演講，以最強硬的立場痛批薩達姆·海珊是美國最嚴重的威脅。[17]布希跟著在十月七日向全國喊話，提醒民眾提防海珊所代表的危險，也明白表示他預備開戰、剷除海珊。[18]

在說服美國民眾開戰有理的過程中，布希和錢尼等於推開一扇已經洞開的大門。從第一次波斯灣戰爭終止起，民眾對攻打伊拉克的支持度仍然很高。緊跟在二〇〇一年九一一攻擊之後，民調顯示支持此一路線的美國民眾高達四分之三。[19]政府的遊說並沒讓民意支持度再上升，因為他們不必要再說服：美國人已經信服了。因此，當布希要求國會授權他開戰時，在兩院都獲得堅實的多數票。二〇〇二年十月十日，眾議院以二百九十六票對一百三十三票通過。次日，參議院也以七十七票對二十三票表決通過授權案。

小布希在國會裡比他老爸為一九九一年戰爭還得到更多民主黨人支持。當年審議第一次波斯灣戰爭授權案時，美國人在越戰吃癟才剛過十五年左右，議員們記憶猶存，擔心美國在中東重蹈覆轍、又陷入一場進退維谷的戰爭。這個顧慮後來證明是多慮：美軍勢如破竹地贏得一場成本代價不高的勝利。勝利的滋味影響二〇〇二年國會的態度。許多議員認為他們投票支持的這一役，將會複製一九九一年的經驗。這個想法經過證明，也錯了。到頭來，第二次伊拉克戰爭像越戰，超過像第一次伊拉克戰爭。

小布希也師法父親，設法號召國際支持他打薩達姆·海珊，但是他的成績差多了。小布希政府以為至少可以像冷戰時期一樣，得到歐洲盟國支持；當時，只要美國登高一呼，其他國家一般都跟上來。[20]二〇〇三年卻不然。冷戰才過了十年，盟國不傾向加入美國作戰，有些國家連背書支持都不肯。

土耳其是北約組織會員國，在一九九一年戰爭扮演重要角色。現在它不肯讓美軍利用其領土做為發起攻擊鄰國伊拉克的跳板。[21]美國軍事規劃官員原來希望從北邊的土耳其和南邊的科威特夾擊伊拉克；後來只能從科威特發動作戰。[22]至於歐洲國家，他們是美國最古老、最親近的盟國，美國和他們不僅有悠久的合作歷史，也有共同的價值觀，美國冀望他們承擔部分戰鬥任務、以及戰後可能出現的一些費用，不料他們卻意見分歧。

德國和法國這兩個西歐最重要國家反對開戰。他們一些領導人認為——後來證明的確如此

——戰事不會像布希政府假設進行得那麼快速和容易。[23]他們的政策，以及最後在口頭上表示支持美國伊拉克政策的其他歐洲國家之政策，都不像美國人那麼傾向於動用武力把海珊趕下台。[24]和美國人不一樣，歐洲人還沒有準備好因為九一一的創痛攻打一個中東暴君。甚且，戰後數十年來，歐洲人已經發展出遠比美國人更厭惡發動戰爭的思維。再者，許多歐洲人對布希政府抱持疑慮，因為它的治理哲學是政治保守主義，在大西洋另一岸沒有太大吸引力。[25]

美國預備發動伊拉克戰爭在德國實際是很不得民心支持，社會民主黨籍的總理吉哈德．施洛德（Gerhard Schroeder）因為反對它，竟然得到相當大的政治收穫；這個國家在冷戰時期還十分依賴美國軍事保護、是美國特別忠心的盟國。法國總統賈克．席哈克（Jacques Chirac）的反對，則在法國歷史有更深的根源。它依循已有五十年之久的戴高樂主義（Gaullism）傳統。法國第五共和第一任總統查爾斯．戴高樂（Charles de Gaulle）倡導走自己的路，外交政策常常與美國不合轍，有時候甚至背道而馳。[26]

大西洋兩岸為伊拉克政策意見分歧在二〇〇三年初浮上檯面時，雙方都避而不談一個相關的事實：歐洲的支持雖然不能說毫無價值，其實對美國能貢獻的價值有限，因為歐洲能參戰的兵力實在不大。有些歐洲人（當然有些美國人亦然）指責布希政府「單邊主義」（unilateralism），其實無關宏旨，因為即使更加「多邊」，也不會大幅增加盟軍攻打薩達姆．海珊軍隊的戰鬥力量。假如法國和德國有能力提供大量部隊助陣，美國政府會更嚴肅看待他們的反對。可是他們不是，華府也就沒有當一回事。

為了開戰是否明智的爭執愈吵愈凶，一度似乎在冷戰期間堅守在一起、終於贏得冷戰的同盟關係，會出現不可收拾的決裂。好在分歧不是那麼深刻，也很短暫。美國對歐洲的怒氣慢慢消了，因為情勢證明歐洲說對了，占領伊拉克很艱難。歐洲對美國怒氣漸消，則是因為盟國政府理解到美國若因伊拉克而分心及削弱，也不符合他們的利益。

小布希政府也向聯合國安全理事會尋求授權征伐伊拉克，老布希政府當年打第一次波斯灣戰爭即得到安理會認可。為了是否徵求授權，政府高層出現爭議。副總統錢尼認為聯合國原先有關伊拉克的決議案已經給予美國它所需要的權力。然而，總統決定接受國務卿柯林．鮑爾（Colin Powell）的建議，還是到聯合國去徵求支持。二〇〇二年十一月八日，安理會通過一項新的伊拉克決議案，它強烈批評薩達姆．海珊沒有完全遵守通過在案的決議案。然而，新決議案沒有明文授權透過戰爭執行原有決議案之規定。小布希政府在二月間又回到安理會爭取明文授權。

為了爭取安理會成員及全球輿論的支持，鮑爾在二〇〇三年二月五日親自出席聯合國報告。他依據中央情報局提供的證據，陳述伊拉克政府違背聯合國一九九一年的規定、以及日後迭次重申的規定，仍然保有大規模毀滅性武器。這些證據日後證實不實：戰爭過後翻遍了伊拉克，都找不到海珊的政府擁有大規模毀滅性武器。鮑爾在聯合國的慷慨陳述淪為他一生功勳的敗筆。

鮑爾畢生戎馬，一路晉升到全國最高階軍職人員，在第一次波斯灣戰爭期間擔任參謀首長聯席會議主席，成為艾森豪以來民間聲望最高的軍事人物。[27]美國民眾極為尊重他，使他在小布希二〇〇〇年競選總統時的表態支持，格外有份量。[28]

和艾森豪一樣，鮑爾民間聲望高是因為他運籌帷幄、領導打了勝戰，第一次波斯灣戰爭之於鮑爾，就像第二次世界大戰期間艾森豪領導盟軍在歐洲大捷一樣。然而，鮑爾對於一九九一年的戰爭抱持疑慮，十二年之後更是抱持強烈的保留意見。這些保留來自於他個人經歷。雖然小布希政府的高階外交政策官員都曾在國防部服務過──錢尼和倫斯斐都擔任過部長，國家安全顧問康朵莉莎．萊斯（Condoleezza Rice）的位階較低──但是只有鮑爾親歷戰火洗禮。他在越南戰場服役，美國在越南的慘敗使他堅決反對在欠缺清晰的目標和可行的撤退戰略下，把美軍部隊投入戰場、陷身險境。這些條件後來被稱為「鮑爾主義」（Powell Doctrine）。[29]他懷疑和伊拉克即將開打的這一戰符合這些條件。然而，雖然心存疑慮，鮑爾並沒有成為徹底的異議分子。他的疑慮固然眾所周知，他從來沒有明白表示反對開戰。他想要說服安理會支持美國攻打伊拉克，沒有成功。法國政府嗆聲，它會否決贊同開戰的措施；小布希政府放棄爭取通過第二個決議案。

儘管在安理會失利，二〇〇三年三月開戰時，美國不乏其他國家支持。中東各國提供各式各樣的援助：美軍總司令湯米．佛蘭克斯將軍（Tommy Franks）駐節卡達；空戰由位於沙烏地阿拉伯的設施指揮；海戰由杜拜調度；地面作戰基地設在科威特。總共四十九個國家宣布支持美國討伐薩達姆．海珊，其中大多是歐洲國家。這些國家當中最重要的首推英國，它提供四萬五千名部隊，比起其他任何盟國所派人數都多。美、英之間的親密合作有時候被稱為「特殊關係」，自從邱吉爾首相二戰期間與羅斯福總統締盟合作以來，它一直是英國外交政策的核心。英國首相東尼・布萊爾對美國的支持更是不遺餘力。他在一九九〇年代支持美國介入巴爾幹，尤其是科索沃；他和小布希政府觀點一致，認為薩達姆・海珊對全球福祉構成嚴重威脅。[30]因此之故，有了英國鼎力支持，又有數十個其他國家助陣，雖然沒有聯合國正式背書，美國毅然對伊拉克開戰。

戰爭究竟是怎麼打起來的？這裡頭出現兩個問題。第一個問題比較小，美國如何決定要打這一戰？從布希政府上台那一刻，到作戰開始這一刻，顯然沒有一個時點顯示做出戰爭的決定。[31]按照副總統錢尼的說法，總統在二〇〇一年九月十一日後不久，「決定進去」。[32]但若是這個說法可以成立，總統並沒有跟任何人溝通他的決定。英國情報機關首長二〇〇二年七月二十三日呈報給首相布萊爾一份備忘錄報告說，在華府，「〔針對伊拉克的〕軍事行動現在看來已不可避免」，[33]但是美國政府並沒有正式公布這個決定。八月中旬，有一份絕密文件呈交給總統簽署，它列出美國作戰的目標，[34]但顯然這份文件即使在政府內部也沒有廣泛傳閱。二〇〇二年夏天，鮑爾的高級助手理查・哈斯（Richard Haass）去見國家安全顧問萊斯，表達他本人對伊拉克戰爭的保留意見。她告訴他說，這時候要說已經太遲了：已經決定要開戰了。[35]

布希在何時、如何做出這個致命的開戰決定，迄今還不清楚；但有一點是清楚的：他沒有依民主國家正常的方式做此決定，因為總統及其高級官員根本沒有舉行任何會議，探討或辯論攻打伊拉克的利弊得失。[36]哈斯說：「這個決定就這樣『發生』了。」[37]

第二個問題比較大，美國為什麼要打伊拉克？不是因為美國遭到直接攻擊，所以要還手，有如一九四一年介入第二次世界大戰。也不是類似二〇〇一年在阿富汗要趕塔里班政府下台。更不是因為第三者遭到攻擊，要出手幫它，有如一九五〇年的韓戰，以及一九九一年的第一次波斯灣戰爭。美國不是為拯救遭到自己政府迫害的人而干預，有如一九九八年的科索沃，或是一九九一年在伊拉克設置禁止飛航區。

從非常有限的意義來說，小布希政府就任時，美國和伊拉克已經處於戰爭狀態。美國空軍在伊拉克北部和南部執行作戰巡邏，確保禁止飛航區不得出現伊拉克軍機，而伊拉克軍隊偶爾會朝它們開火。美軍在兩次伊拉克戰爭中間的十二年裡，兩度針對伊拉克目標發動轟炸行動：一次是一九九八年的沙漠之狐作戰，一次是二〇〇一年二月十六日的攻擊，因為美軍指揮官認為對美機巡邏的威脅已經升高，所以下令先發制人。[38]然而，十二年的執行期間，美國沒有損失過任何一架飛機。這段期間它和伊拉克的軍事關係是嚇阻，而且嚇阻也有效：薩達姆．海珊被推翻後，美國發現，他的軍隊在一九九〇年代已經嚴重衰弱，這個情況、再加上美軍持續駐紮本地區，意味伊拉克對其鄰國並未構成即刻的威脅。

和一九九〇年代的人道干預一樣，二〇〇三年伊拉克戰爭可說是後冷戰世界環境的產品：相較於其他任何國家，美國軍事力量無比優異，舉目所及，沒有一個強敵可以挑戰它的一切軍事行動。美國具有無與倫比的行動自由，它就利用這個自由來攻打伊拉克。甚且，就像柯林頓政府一九九〇年代的干預一樣，小布希政府預期伊拉克戰爭可以促進美國價值，只要推翻掉經常違反美國價值的政權就行了。然而，驅動布希政府決定征討薩達姆．海珊的，並不是保護人權和建立民主。事實上，引爆美國進攻的始作俑者是奧薩瑪．賓拉登並不是海珊。美國二〇〇三年到中東開戰，最主要的原因是九月十一日紐約和華府遭到恐怖分子襲擊。

政府官員暗示，海珊和恐怖分子攻擊有直接關聯。他們說他和劫機者有聯絡，也和蓋達組織合作。[39]甚且，他們斷定他擁有大規模毀滅性武器。[40]由於他已經在一九八八年有過使用這種武器對付伊拉克庫德族的前科，九一一事件再加上認定他和它們有干係，一切都指向他會預備直接、或透過恐怖分子代理人再度使用它們，對付美國目標。紐約和華府遭到攻擊之後，這套劇本言之鑿鑿，造成美國民眾高度支持討伐伊拉克。[41]

對於海珊的種種斷言後來證明統統不正確。迄今一直沒有證據可證明他和九一一攻擊事件的罪魁禍首有關聯。[42]美軍占領伊拉克後，得以在不受阻礙下搜查，也找不到任何大規模毀滅性武器的蹤跡。[43]既然先前政府一再拿海珊擁有這些武器做為發動戰爭的主要原因，找不到它們就成為不滿意美國對伊拉克政策的焦點，尤其是政策的代價變得出乎意料的高。批評者質疑政府的誠信。美軍傷亡人數攀高，「布希說謊、人民送命」成為反戰口號。

事實上，他沒有說謊。高級官員一口咬定海珊藏了聯合國一系列決議不准他擁有的武器，並不是蓄意造假，它是誠實的錯誤。總統和他的幕僚真正相信伊拉克擁有及囤藏禁有武器。其他國家的政府和情報機關，甚至某些反對美國開戰者，也相信它。[44]他們相信，是因為海珊在一九九一年戰爭之前曾經擁有這種武器，因為他的政府極力阻礙聯合國檢查人員查證他不再擁有它們，因為他在一九九八年趕走檢查人員後，外界再也沒有辦法證明它們不存在。[45]

由於被誤認為他藏匿禁有武器招致戰爭、被趕下台，一般人或許認為海珊有強烈的理由可以叫冤，向全世界、尤其是美國政府說明他沒有藏匿武器。他沒有這麼做，是因為他有更高的優先考量，必須鞏固他擁有武器的印象。他認為需要保有這個印象才好懾服伊拉克蠢蠢欲動的什葉派民眾（他們在一九九一年已起事叛亂），以及嚇阻伊朗伊斯蘭共和國（一九八〇年代兩伊戰爭打得不可開交）。他顯然認為美國人進攻、趕他下台是比較遙遠的變局，因此不值得洩漏軍事實力底牌來防堵美方進攻。[46]

膠著於找不到匿藏武器的激烈爭議，其實沒抓到重點。伊拉克被誤認為擁有的是化學武器，它和核武、生物武器被一併歸類為「大規模毀滅性武器」，但實際上毀滅力道小得多。和核武一樣，它們是非常規武器、很少拿出來用，一般也認為超出可接受的行為之範疇，即使兩軍交戰都不宜使用。[47]但是化學武器固然致命，它和核武不同的是，它不會當下引起大規模毀滅，事實上從來也不曾引起一九四五年核武所造成的傷亡規模。許多國家，其中有些是美國和西方的敵國，已擁有化學武器，或是可以很容易取得卻不去取得，其實忌憚的就是怕被美國攻擊。

小布希政府強調伊拉克擁有化學武器是征討它的正當理由，其實有一部分是基於政治上的藉口。指控伊拉克擁有這種武器激起美國民眾強烈反應，它又和聯合國一系列決議案扯在一起，而且它是美國政府不同部門可以一致認同的開戰原因。[48]然而，它不是唯一的開戰原因，甚至就主掌美國外交政策的人士而言，它也不是最重要的原因。

九一一事件的確讓布希政府決定走上和伊拉克開戰之路，但不只是因為誤判薩達姆·海珊和紐約及華府攻擊有直接關聯。在總統及其高階官員心裡，這個伊拉克領導人和恐怖分子攻擊只有**間接**關聯，但是讓推翻海珊政權成為迫切需要。

他們認為九一一攻擊是對美國極為嚴重的挑戰，需要做出重大反應。在他們眼裡，只是推翻貧窮、落後、孤立的阿富汗政府還不夠。[49]需要有一番更大的作戰。他們認為美國面臨來自伊斯蘭恐怖主義大型的全球威脅，如果恐怖分子取得大規模毀滅性武器，這個威脅就會造成更大的人命犧牲。[50]要阻止此一威脅，需要讓所有可能贊助發動類似九一一攻擊的有心分子明白，凡有這類攻擊必遭嚴懲。[51]推翻在巴格達的復興黨政權，可以獲致推翻塔里班所不能獲致的效果。小布希政府擬想的反恐戰爭是全球戰爭，必須以全球規模進行，不能只在阿富汗打，也不能只採取措施保護美國本土。

甚且，即使海珊沒有幫助蓋達組織，也沒有匿藏禁有武器，他也是那種如果有機會做、而且做了會對他有利，**就會去做**的領導人。在九一一攻擊之後，在布希政府心目中，正由於九一一攻擊，不是海珊曾做了什麼而是他可能做什麼，才是考量的重點。

政府在九月十一日之前就已經知道恐怖主義的威脅、也知道蓋達組織的意向，卻低估了它們的急迫性。因此之故，美國遭受嚴重傷亡和創傷性的全國震撼。此後，總統及其高級幕僚很自然要檢討各種可能的危險：他們不能不自問，哪個危險被他們低估了？哪個危險可能會突如其來爆開，像蓋達組織一樣造成嚴重傷害？[52]就他們掌握的有關薩達姆．海珊的情資研判，他就是這些問題的答案。[53]

九一一攻擊增強了美國民眾已經很強烈的除之而後快的情緒。一般人也很容易想像他若是繼續當家控制伊拉克，會是什麼樣的後果。另外，弱化其政府的經濟制裁似乎也即將要失效：法國和俄羅斯政府已經主張取消制裁措施。[54]擺脫國際上加諸其身的經濟和政治束縛後，海珊很可能會追求發展核武。[55]一九九一年戰爭之後，盟國發現伊拉克比起西方情報機關早先估計，更接近獲取核武。伊拉克一旦擁有核武，將對伊拉克鄰近的產油國家構成嚴重威脅，另外，透過恐怖分子代理人，它也可以威脅到美國。

當然，並不是說如果海珊繼續當家，這些事肯定會發生，但是它可能發生、也可以發生。九一一事件之後，布希政府決定，美國不容發生這種事的危機存在。開戰的重要理由之一是預防它發生；換句話說，美國在二〇〇三年對伊拉克發動預防性戰爭（preventive war）。預防性戰爭和先發制人戰爭（preemptive war）不一樣；後者是敵方本身已在攻擊邊緣、戰爭無可避免下的攻擊。反之，預防性戰爭是在攻擊已迫在眉睫之前發動，以防阻估計會在未來某個時點發展出來的危險。[56]對伊拉克發動攻擊前兩天，布希總統向全國宣布：「我們現在動手，是因為不動手的風險將會更大。在一年或五年之內，伊拉克傷害所有自由國家的力量將增加好幾倍。」[57]

政府比較少公開強調預防的必要，而強調大規模毀滅性武器的存在，毫無疑問，至少有部分原因是很難替預防性戰爭做辯護。[58]它違反一般的常識概念：人們（推而及之，就是國家）是因為他做了什麼才受罰，不是因為別人認為他有一天可能做什麼就該受懲罰。它也違反國際法，國際法通常只准在為了自衛或抵禦外來侵略時才可用戰爭做為手段。預防性戰爭對布希政府還有一個政治上的不利：自我抵銷的作用。如果預防性戰爭成功了，它去除掉威脅，不讓威脅繼續滋長下去，當然可用來合理化軍事行動。[59]當伊拉克戰爭進行不利，政府就不能拿美國民眾必須付的代價，跟如果海珊繼續在位要付的代價做比較，來做辯護。布希決定去預防發生的事，其代價有多高，我們根本無從知道。

不過，美國發動第二次伊拉克戰爭的另一個原因源自於九一一的攻擊。蓋達組織巢穴雖設在阿富汗，它的根源在阿拉伯世界。它們出自小布希政府官員——當然還有別人——認為的有毒的政治文化。美國人認為，高壓的、沒有民意基礎的政府主持頹敗的經濟會創造出一種環境，阿拉伯青年會像九一一的劫機者一樣投向恐怖主義。要消滅恐怖主義就必須改變這種環境。伊拉克似乎是開始著手的好地方。剷除復興黨政權，換上更開放、寬容、廉潔的政府可以為全體阿拉伯人

建立強大的好榜樣，可以用更好的、不同的方式組織及發揮政治力量。＊

布希和他的幕僚認為，攻打伊拉克、推翻其政府、在前鄂圖曼帝國三個省建立完全不同的治理形式，會吻合美國利益。這個想法並沒有不對。致命的錯誤是認為這件事易如反掌——任何人對這個國家、區域或美國所想進行的工程稍有認識的話，都知道他們錯了。

政府對結束戰鬥之後的伊拉克所安排的計畫就是不必有計畫。美國軍事術語把戰鬥結束後的戰爭階段稱為「第四階段」。美國軍方沒有為第四階段安排全面計畫。[60]指揮官們預期在戰爭結束後幾個月內，只留下三萬名部隊，其餘全部調回美國。全面負責作戰任務的文官也沒有這種計畫。他們只就海珊垮台後伊拉克可能的發展做出一系列假設，這些假設的樂觀程度事後回顧真是幾近幻想。[61]

＊註釋：參見Thomas E. Ricks, Fiasco: The American Military Adventure in Iraq, New York: Penguin Press, 2006, p. 11. 這正是所謂新保守派（neoconservatives）主戰的主要理由。他們後來遭到指控施加不當的影響力推動美國發動戰爭。新保守派肯定支持以此為依據發動戰爭：運用美國力量促進美國價值，是他們的招牌原則之一。然而，決定對伊拉克開戰的責任不能賴到他們頭上。外交決策高層沒有一個是新保守派，而且至少其中有一人，即國防部長倫斯斐不認為應以促進民主做為主要的戰爭目標。參考Douglas J. Feith, War and Decision: Inside the Pentagon at the Dawn of the War on Terrorism, New York: Harper, 2008, pp. 286, 319, 392, 541. 基於這個原因積極主戰的人，也不是只有新保守派人士。「左、右兩派人士都在主張美國外交政策史上最大膽的轉折：套用保羅・貝曼（Paul Berman）的話來說，就是使用武力『在中東建立阿拉伯民主的橋頭堡』。」參見George Packer, The Assassins' Gate: America in Iraq, New York: Farrar, Straus and Giroux, 2005, p. 58.

布希政府高階官員以為伊拉克人會簞食壺漿熱情歡迎美軍部隊。[62]伊拉克的體制——武裝部隊及官僚系統——都會保留下來，按照美方指示運作。[63]戰火災禍後的重建一般都需要國外的經濟援助，但是伊拉克不需要，它的石油資源賣了錢就足以支應重建工作需求。[64]伊拉克將走向採納西方式的政治、經濟體制和作法。整個作業就像二戰期間盟軍解放法國，或是一九八九年東歐在地人革命推翻共產黨一樣。[65]就和前者是納粹占領、後者是莫斯科強迫施行共產黨統治一樣，只有海珊阻礙了伊拉克的光明前途，美國將搬開海珊這塊大石頭。讓伊拉克人可能享有如此的未來前途，並不是美方開戰的主要原因，但依照高階官員的看法，這肯定是未來的結果之一。作戰計畫的名字取為「伊拉克自由行動計畫」（Operation Iraqi Freedom），並不是沒有道理。

可是事情完全不照這些假設發展。美國在伊拉克的經歷讓人真正困惑不解的是，美國政府高層官員頭腦清楚、經驗豐富，怎麼會相信這些假設呢？令人困惑不解的是，布希政府的伊拉克政策一開頭就很奇特，一方面是對美國若不攻打伊拉克其後的可能發展，極端悲觀；另一方面是對美國若是出手後的情勢發展又是極端樂觀。另外還令人困惑的是，明明政府內外都有人提出警告，提醒小心，怎麼還會那麼樂觀。

政府機關、智庫、新聞記者和中東事務及「後衝突」治理事務的專家們提出不知凡幾的政策建言、報告、研究和專家證詞，傳遞的訊息都指出，在結束復興黨統治之後，要控制伊拉克將是極端困難；更不用說，要在毫無條件的中東區域（以色列是明顯的例外）建立寬容、善良和繁榮的綠洲，是何等的困難。如果做得到，也需要投入相當多的時間和財力。[66]國務卿鮑爾在和總統討論戰爭前景時，提到流行家飾連鎖店Pottery Barn訂了一條守則提醒顧客：「打破就得買。」[67]搞不好就得擁有伊拉克這個可能性，顯然沒讓小布希總統煩惱。

近來在阿富汗事態順利，毫無疑問地讓政府官員驕矜自滿。美國將攻打伊拉克之前，阿富汗已經非常像是美國成功的樣板。九一一事件之後，美國發動一場迅雷不及掩耳的攻擊，趕走塔里班，然後召開國際會議，產生似乎相當幹練的領導人，難民逐漸回鄉，經濟活動也恢復，全國大體上和平。一般很容易就假設伊拉克也會循著類似路線發展。

對伊拉克事務無知，回想起來肯定也和政府對進攻及占領伊克拉漫不經心有關。政府高級官員沒有一個是中東政治和文化的專家，或是曾經住過中東，或是除了第一次伊拉克戰爭之外，對中東地區有廣泛經驗。

事實上，對伊拉克無知在二〇〇三年的美國政府高層之外也很普遍。第一次戰爭之後伊拉克已經或多或少被切斷十二年了。在這段期間，伊拉克人民變得更貧窮、更虔信宗教、更依宗派和族群不同而分裂，政府在某些地區已停止運作。然而，海珊仍在巴格達主政，外在世界大半都不曉得這些變化。

此外，和一般人遇到有違強烈信念或強大希望的訊息會習有的反應一樣，政府官員否認他們接到的訊息之正確性。在國會聽證會被問到在伊拉克需派多少美軍部隊時，陸軍參謀長艾瑞克·

新關（Eric Shinseki）答說，估計需要「好幾十萬」。國防部副部長保羅·伍夫維茲駁斥這個估計「太離譜」，[68]雖然它是依據普遍使用的計算戰鬥停止後維和部隊及人口數適當比例法所得出的數字。[69]伍夫維茲說：「我們很難想像，在後海珊的伊拉克維穩所需的兵力，要大過戰爭本身及促成海珊的安全部隊和軍隊投降所需要。」[70]其實根本不需要想像，只要熟悉其他國家戰爭結束後的狀況就行了。

要解釋政府對伊拉克致命的樂觀和漫不經心，或許最重要的一個因素是，在相信除去海珊後萬事就會太平如意這個信念背後，是一股傳教士精神，曾經催生出柯林頓政府初期的中國及俄羅斯政策、一九九〇年代的人道干預，以及在阿富汗的「國家建設」。布希政府相信美國人在獨立建國之前就相信的信念。他們雖然對伊拉克人民沒有第一手經驗，總統和大部分高級幕僚深信伊拉克人民所要的，與一般人所要的並無不同，也正是美國人所要的。一旦美國出力除去實現他們理想的巨大障礙，他們毋需協助就會去實現它們。然而，在伊拉克，就和在中國、俄羅斯、索馬利亞、波士尼亞、科索沃和阿富汗一樣，事情不照美國政府的預期發展。

從成功到失敗

美國討伐伊拉克之戰比原定計畫提前兩天開戰。[71]三月十七日，小布希總統向薩達姆·海珊發出最後通牒，勒令他四十八小時之內下台、離開伊拉克；當然美方預期他不會接受，攻擊將在再過兩天的三月二十一日發動。然而，在限期之前，美方接到情報，海珊藏身在大巴格達某一地點。希望將伊拉克政權首腦斬首，可以縮短戰爭、或甚至避免戰爭——這又證明布希政府認為伊拉克的政治問題是獨夫海珊搞出來的，剷除掉他就天下太平——布希總統核准在三月十九日轟炸他藏身處所。可是，海珊並沒有在哪裡。[72]

美國陸軍和陸戰隊組成的地面部隊，加上英國及波蘭、澳大利亞部隊，在空軍助攻、對付伊拉克軍事目標下，從科威特出發，向北方的巴格達推進。大軍進展順利，傷亡很少，四月初已經抵達伊拉克首都近郊。美軍指揮官計畫圍城，逐漸讓防衛疲憊。[74]然而，美軍幾個機動單位深入市區勘察，只遇到輕微抵抗、兩三下就把他們制服。美軍指揮官決定大軍直撲巴格達。四月十日，首都淪陷。薩達姆．海珊和兒子們逃走，復興黨政權崩潰。戰爭，至少是布希政府計畫打的戰爭，結束了。

美方在作戰中意外發現有些值得高興的事情。雖然美、伊交戰結局早已清楚——美軍兵力遠非敵方可及——但是和阿富汗一樣，勝利來得比預計更快、傷亡更低。[75]美方指揮官預計會遭到化學武器攻擊，下令嚴格做好因應準備[76]——這又證明布希政府的確相信海珊擁有這類武器。由於海珊並沒有化學武器，美軍的準備全白費功夫，這是美方預料不到、而十分歡迎的喜訊。

美軍在巴格達及其他城市也不必進行規劃人員所擔心的棘手、漫長的巷戰。[77]最後，伊拉克部隊也沒有發動強硬抵抗，主要作戰的是海珊的禁衛軍「革命衛隊」。總而言之，美軍指揮官預期的最惡劣狀況統統沒有出現。[78]

然而，並不是二〇〇三年這場伊拉克戰爭沒有出現不愉快的意外。軍方規劃人員預期、或至少是希望，伊拉克部隊各單位會集體投降。可是，這並沒出現。士兵反而是丟下武器、脫下制服，躲入民眾群中。[79]事先沒預料到、但也是不受歡迎的最重要發展是，美軍進駐伊拉克八年的一項惡兆——非正規部隊朝美軍部隊進行打了就跑的游擊戰。有些游擊隊是非伊拉克籍的穆斯林，被招聘到伊拉克對抗他們認定的異教徒侵略者。[80]游擊隊用的是海珊政權留下來的武器——海珊原先用這些武器協助南部效忠者堅守、對付什葉派叛軍，等候政府的正規軍前來敉亂。現在，游擊隊攻擊雖然讓聯軍頭痛，卻阻擋不了大軍撲向巴格達。[81]然而，首都淪陷後，他們不斷騷擾美國占領軍，成為美國在伊拉克政策必須面對的中心問題。

美軍在伊拉克就和在海地、波士尼亞、科索沃和阿富汗一樣，很有效率地執行上級交付的任務。和在其他地方一樣，美國純粹軍事性質的任務都很成功。甚且，它依據國防部長的規定，成功達成任務。按照他的規畫，比起一九九一年戰爭人數少得多的一支精兵，快速地以極低的傷亡代價把薩達姆．海珊趕下台。

假如說伊拉克並沒像若干主戰派所預測簞食壺漿以迎美軍——西部地區的遜尼派居民更是根本沒迎接他們，因為美軍根本沒經過此一地區——復興黨政權垮台倒是在南部及首都產生解放的感覺。戰爭結束最戲劇化、象徵性的一幕發生在四月九日首都巴格達菲多斯廣場（Firdos Square），群眾聚集在一座巨大的海珊塑像前。伊拉克人嘗試推翻它不果，一名美軍坦克駕駛拿鋼索套住它、將它拖下基座，這一幕被人拍下鏡頭，傳播到全球各地。[82]

美國類似的一幕則出現在二〇〇三年五月一日，布希總統現身在聖地牙哥港外航空母艦《林肯號》，站上一架噴射戰鬥機，宣布在伊拉克主要戰鬥任務已經結束。他在飛行甲板演講時，背後的布旗標示「使命達成」。[83]事實上，美國在伊拉克的使命才正要開始。

復興黨政權一垮，伊拉克沒了政府。美軍沒有扶立政府的計畫：美軍部隊甚至沒有接到維持秩序的指令。[84]因此之故，全國各地爆發失序。城裡發生大規模趁亂打劫搶奪財物。在巴格達，二十三座中央部會政府官署大樓有十七座遭到破壞。[85]有一項估計指出，戰鬥結束後的趁亂打劫所造成的經濟傷害還大於美軍的轟炸行動。[86]

國防部負責接管伊拉克。[87]國防部長被問到伊拉克全國全面騷亂時，卻不以為意地答說：「自由就是雜亂無章。」[88]但是，海珊垮台後出現的，不是自由，而是無政府。趁亂打劫搶奪財物，以及隨後爆發的強盜搶劫及其他犯罪行為，[89]讓伊拉克人領教了美國人訓政的醜陋；巴格達淪陷後所建立起來的暴力再也沒有完全終止。

布希政府起先派退役陸軍將領傑．賈納（Jay Garner）代表美國統理復興黨政府垮台後的伊拉克全境事務。他曾經負責過「提供安慰作戰計畫」，美國在一九九一年戰爭過後對伊拉克北部地區庫德族提供人道救援和軍事保護。[90]二〇〇三年戰爭開始之前，政府就預期到戰事告一段落必須照顧難民。[91]賈納的人事任命遲至二〇〇三年一月初才發表，離開戰只有八個星期。他沒有太多時間準備。但是他組織了一個班子，於四月十八日趕到巴格達。可是，到任才三個星期，政府把他換掉。[92]

新總管是保羅・傑瑞・布理莫（L. Paul 'Jerry' Bremer），退休外交官，曾任駐荷蘭大使、國務院反恐辦公室主任。他的保守政治、自由市場經濟理念和布希總統相同，因而受到總統青睞。布理莫挾著比賈納權力更大的尚方寶劍到任，也有更大的企圖心。賈納預期自己在伊拉克不會逗留太久（但可沒料到會如此之短），布理莫則準備長期留下來當伊拉克最高長官。他準備扮演大權獨攬的伊拉克總督角色，有如二戰之後派駐日本的道格拉斯・麥克阿瑟將軍（General Douglas MacArthur）。[93]（麥克阿瑟在日本獨樹一幟，唯有他一人以綠色墨水筆批公文、下條諭；布理莫也有他的商標特色：他穿褐色戰鬥長靴、配藍色條紋西裝。）

為了治理伊拉克，布理莫成立臨時聯合政府（Coalition Provisional Authority），從二〇〇三年五月至二〇〇四年六月底，即美國將主權交還給伊拉克之前，掌管全國政務。臨時聯合政府名義上掌管伊拉克所有事務：治理它、建立政治和司法制度、起草憲法、重建基礎設施、改造經濟。[94]臨時聯合政府人員甚至還重訂交通法規。

布理莫的目標是，把經濟受到政府嚴格管控的復興黨警察國家，改造為活潑、自由市場的民主國家。這個目標，簡單講，就是「國家建設」，由下而上逐步建立國家。美國外交政策以「國家建設」為重心的二十年期間裡，臨時聯合政府代表的是這個計畫最純粹、最具企圖心的形式。比起在中國、俄羅斯、索馬利亞、海地、波士尼亞、科索沃和阿富汗，更加刻意、明白和嚴肅，而且花費金錢也更大，在伊拉克臨時聯合政府時期，美國承擔起改造另一個國家國內體制和作法的使命。

和在別的地方一樣，這項使命也失敗。伊拉克沒有得到民主的政治制度或繁榮的自由市場經濟。在美國訓政指導下，即臨時聯合政府正式存在期間，以及後來美國維持大軍、並對伊拉克施加相當大影響力的期間，伊拉克在「向丹麥前進」的道路上少有明顯的進展。

臨時聯合政府未能改造伊拉克，是因為這項任務若能完成的話，需要投入大量時間和金錢；而布理莫及其同僚所得到的時間和金錢都相當少。[95]臨時聯合政府人員能雀屏中選，大部分不是因為嫻熟中東事務，或是資歷、專才適合派任工作，而是因為政治效忠布希政府、認同其政治立場而獲聘。兩位獲聘前往伊拉克任職的人，回憶在接受臨時聯合政府工作面談時，被問到他們對聯邦最高法院指標性的墮胎權利判例羅氏控訴韋德案（Roe vs Wade）*一案的看法，[97]這個判例和在中東建立民主政體有什麼關聯，我們實在不清楚。

* 譯註：美國聯邦最高法院一九七三年的判例，承認婦女墮胎權利。

參與改造伊拉克任務的美國人幾乎沒一個能和當地人直接溝通，因為他們根本不會說阿拉伯語。[98]少數派在臨時聯合政府服務的人員尚可用當地語言勉強溝通，他們也有在中東地區長期居留的經驗。但是布理莫沒有重用他們，反而倚重年輕、沒經驗的助手，只因為這些人效忠他。美國人臨時聯合政府大部分人員不僅不能和伊拉克人民直接溝通，還很少和本地人打交道。美國人生活、工作在巴格達市中央面積約十平方公里所謂「綠區」（Green Zone）內，很少踏出這塊重兵把守的區域。這塊地區是海珊的行政中樞，美軍在戰鬥停止後占領它，也把它當做行政中樞。綠區變成位於阿拉伯中東但是又跟它隔絕的一小塊美國——實際上是政治右傾的小美國，連電視機都轉到福斯新聞頻道（Fox News Channel）。[99]或許這並不是促進大改造的理想基地。大部分臨時聯合政府人員抵達伊拉克時，對這個國家實質上毫不了解，離職時也沒學到多少。[100]

當臨時聯合政府展開工作時，布希政府官員拿在伊拉克推動的工作，與二戰之後美國在德國和日本這兩個戰敗國所進行的重建復興工作做比較，[101]德、日兩國都從發動邪惡侵略戰爭的獨裁國家，轉型成為愛好和平的民主國家。布希政府希望在後海珊的伊拉克促成類似的改造；其實伊拉克和美國這兩個二次大戰敵國極為不同，使得盼望中的改造落空。

德國和日本都有過短暫的民主治理的經驗，但是法治的經驗相當悠久。伊拉克這兩種經驗俱缺。德國和日本在戰前都有運作良好的國家機關架構，伊拉克根本沒有類似的架構。

甚且，和一九四五年後的德國及日本也不一樣，伊拉克從來沒有近似現代的工業經濟。它高度依賴石油出口，政府主宰全國規模小、又落後的工業和商業部門。臨時聯合政府想把這些部門私有化，但是它的私有化政策卻不可行：伊拉克人沒有錢購買國有的工廠和企業；外商雖然有錢，卻不肯買，因而在自由市場環境下，它們沒有價值；而臨時聯合政府也沒有辦法實質控制它想出售的資產。[102]

二次大戰打敗仗的兩個軸心國家，和伊拉克最重要的差異可能是國家意識強弱有別。德國和日本的國家意識很強大，伊拉克則不然：這使得美國很為難：沒有團結一致的民族存在，就很難推動「國家建設」。英國人在第一次世界之後把鄂圖曼帝國這三個省分拼湊起來，它們的居民效忠的對象相當狹隘。

和索馬利亞人及阿富汗人一樣，但和德國人及日本人迥異，更不用說和美國人差異更大，部落關係在伊拉克人民的社會及政治生活上有相當重要的地位。[103]海珊的統治非常倚重老家提克里特城及其週遭地區的同部落老鄉。[104]甚且，伊拉克人民沒有大家全都屬於伊拉克公民的認同意識，老百姓向宗派意識靠攏。他們看待自己是遜尼派或什葉派穆斯林、或是庫德族人。*這種認

* 註釋：「進步派的阿拉伯人流行說，昔日的宗派分裂已經成為過去，新的政治世界已經從現代主義及新意識形態運動中產生。其實根本沒有這麼一回事：在敘利亞、伊拉克和黎巴嫩，意識形態運動只是裝了更黑暗、更深層的宗派主義內容。事實上，晚近歷史只使宗派分歧更加尖銳。伊斯蘭國度任何地方從來都沒有遜尼派和什葉派修好這一回事……」參見 Fouad Ajami, The Foreigner's Gift: The Americans, the Arabs, and the Iraqis in Iraq, New York: The Free Press, 2006, p. 179.

同意識有幾百年歷史。它們使英國人創造伊拉克之前就長久居住在這塊原名美索不達米亞地區的人分分合合。

最後，他們所占領的社會其現實狀況壓倒了美國想依西方民主國家樣貌改造伊拉克的努力。美國未能在伊拉克建立現代、民主和繁榮國家，是因為和在阿富汗一樣，欠缺適當的材料。美國的努力就像沒有鋼鐵，卻要蓋一棟現代化的摩天大樓；在伊拉克，它的營建團隊更缺乏起造高樓的經驗。另外還有一個問題：美國二〇〇三年征服伊拉克後、在伊拉克的「國家建設」，好比是試圖興建一座大樓，某些人應該在裡頭工作，卻朝營造工人開槍。

不但沒在伊拉克打造現代政府和經濟體，美國發現面臨暴力頻仍，在海珊政權一垮就開始鬧，然後在往後幾週、幾個月升高，而且目標指向美軍及文職人員。對付暴力、而非改造伊拉克，成為布希政府最高優先。它認為把控制伊拉克的主權交還給本地人民，可以讓伊拉克局勢平靖。[105]

七月十三日，布理莫指派二十五名伊拉克人，組成「治理理事會」（Governing Council）。[106]名稱響亮，其實它沒有治理權力，完全是個顧問機關，但即令職權有限，它也沒能夠平順運行。[107]九月八日，他在《華盛頓郵報》發表一篇文章，說明從美國占領至主權完全移交給伊拉克的七階段計畫，看來會伸展至二〇〇五年。[108]

計畫改變有兩個原因。布希政府對暴力上升愈來愈緊張，美軍傷亡人數也隨之升高，因此認為主權儘早移交給伊拉克人，可以讓局勢平靜。[109]此外，最有影響力的什葉派傳教士阿里·席斯塔尼大主教（Ayatollah Ali Sistani）從巴格達南方納加夫市（Najaf）他的總部譴責布理莫計畫，反對其中設計先制訂憲法、再依選舉產生政府的規定。[110]因此，美方在十一月十五日宣布一個縮短流程的新時間表。

伊拉克將在二〇〇四年六月三十日恢復正式自主權。但轉移權力實際上提前兩天，六月二十八日就移交了。[111]臨時聯合政府停止存在，布理莫回國。美國在後冷戰時期最深度介入的「國家建設」篇章就此畫下句點。美國和聯合國官員拉克達·布拉希密（Lakhdar Brahimi）一起挑選的臨時政府就職。他們挑選阿亞德·阿拉威（Ayad Allawi）出任總理；他雖是什葉派，曾在西方居住多年，與有影響力的遜尼派關係良好。二〇〇五年一月，伊拉克舉行有史以來第一次自由選舉。人民湧向投票所；選民驕傲地秀出拇指上的紫色印記，顯示他已投下神聖一票，這個畫面透過電視傳播到全世界各地。它似乎代表民主政治的大勝利。

這次選舉有兩個特色，預示問題猶存，它們一直困擾著伊拉克，直到美軍二〇一一年撤走仍未消泯。第一，遜尼派沒有出來大規模投票：遜尼派為主的伊拉克地區，投票率零零落落。[112]雖然是經過民主投票選出，新政府並沒得到國內所有人民的效忠。第二，伊拉克的選舉制度並沒有設計成分畫多個選區，由各選區選民分別選出代議士，有如美國國會或英國眾議院一般。伊拉克全國畫為一個單一選區。各黨依獲得全民投票的百分比分配議席。這種辦法有利於組織良好的政黨。庫德民族主義政黨和什葉派伊斯蘭政黨因而占了上風。選舉結果也因此反映伊拉克主要的社會分化情形，而不是共同的國家認同意識。當時有人評說，這場選舉等於是一場全國人口普查。

什葉派宗教政黨贏得最多席次。從其中的一個政黨「達瓦黨」（Dawa）產生伊拉克第一位民選總理伊布拉欣・賈法利（Ibrahim al-Jaafari）。他的政府督辦起草憲法，憲法經由十月十五日的公民投票，以百分之七十八得票率獲得通過，其中支持者大多數是什葉派和庫德族。

二〇〇五年十二月，全國進行第二次選舉。這次遜尼派投票率比一月間大，但還是什葉派贏得多數席次——因為他們人數最多。選後組織政府卻花了近五個月時間。賈法利擔任總理期間雖然也得到一些掌聲，但是要找個替補人選卻是爭議連連。最後，到了五月份，部分是美國人幕後支持，和賈法利同屬達瓦黨的諾利・馬利基（Nouri al-Maliki）脫穎而出。[113]馬利基年輕時即加入反對復興黨政府的組織，先是在國內秘密活動，後來流亡到敘利亞，再輾轉躲到伊朗，等到美軍二〇〇三年戰勝才回到祖國。他早年反海珊的地下活動經驗，使他非常猜疑不死忠追隨他、或感激他的人，這一點成為他領導風格的重要標記。[114]他擔任了八年總理。這段期間，他比起任何個人（當然包括布理莫或任何一個美國人）對後海珊的政府和政治制度更有影響。但是這兩方面的發展都不符布希政府的期許。

美國倒是成功地在伊拉克建立以投票產生政府的慣例，和過去政府異動都得靠政變起家大為不同。定期、且多少還算自由的選舉不但在二〇〇五年辦了兩次，後來在二〇一〇年和二〇一四年又陸續舉辦。可是，這些選舉，尤其是頭兩次，並沒有達成美國所盼望的效果。它們不能終止暴力，事實上在二〇〇六年和二〇〇七年暴力還變本加厲。雖然消滅了復興黨政權給伊拉克帶來選舉，卻沒給伊拉克帶來真正、穩定的民主政治。它先帶來無政府混亂，然後又是惡性、冗長的叛亂。

布希政府期待美軍征伐伊拉克時會發生的，以及實際發生的，這兩者之間的落差引起對戰爭之進行、以及尤其事後的發展有許多批評。從海珊政權崩潰後不久，以及政權崩潰所掀起的暴力開始，批評者指摘政策的錯誤，他們認為這些錯誤引起、或至少促成和惡化暴力。

攻克巴格達之後不久，情勢就很清楚，美國在伊拉克沒有足夠的部隊。[115]美軍兵力不足以防止在首都及其他地方到處爆發的趁亂打劫。它不足以控制伊拉克的邊境，而叛軍即從邊境另一邊源源不絕取得後援。在叛亂一起事之後，它也不足以綏靖鄉區。要達成維持秩序所必須的部隊與人口之適當百分比（這是根據其他「後衝突」經驗估算出來）——即使扣除掉庫德族人口，因為他們歡迎美軍進兵，一般也都保持和平，不需要清鄉綏靖——美國必須至少派出它已派到伊拉克兵力的兩倍人馬。[116]

部隊兵力不足也造成占領期間一件大醜聞。叛亂擴大，美軍抓了愈來愈多叛黨嫌犯。許多人被送到巴格達西邊、海珊時代的阿布格萊比（Abu Ghraib）監獄。[117]它交給美軍預備役士兵管理，這些士兵沒有受到執行相關任務的適當訓練，但是由於正規部隊不足，他們也就趕鴨子上樹，被派到伊拉克服役。二〇〇四年，幾個預備役士兵凌辱囚犯的照片被傳播到全世界。美軍部隊號稱是來伊拉克弔民伐罪、征討海珊、解救伊拉克人民，現在卻凌虐起伊拉克人，而且證據確鑿，使得布希政府在美國、在其他國家、乃至在伊拉克都丟盡顏面。[118]

儘管如此，國防部長還是不肯加派部隊。倫斯斐一九七五年至一九七六年第一次擔任國防部長之前，曾任伊利諾州選出的國會眾議員、駐北約組織大使和福特總統的白宮幕僚長。在他回鍋出任小布希政府國防部長之前，他得意於商場，曾任大型製藥廠希爾禮（G. D. Searle）和另兩家公司的執行長。[119]

他第二度擔任國防部長，給自己訂了一個施政目標：調整美國武裝部隊以符後冷戰時代戰略需求。這表示美國需要一支人數更少、裝備更輕、更機動的部隊，更著重速度和高科技，不像冷戰期間與蘇聯對峙要靠大量兵員。[120]他把伊拉克戰爭當做將其計畫付諸實行的機會；美國果真用了比一九九一年戰爭更小型的兵力，就推翻了海珊。

戰爭勝利，使命卻要變了。對付叛亂需要有比打敗伊拉克軍隊更多的部隊，但是倫斯斐不肯增兵。[121]他很慢才認識新環境。他之所以不肯增派部隊到伊拉克也跟他厭惡柯林頓時期的「國家建設」政策有關聯。要進行「國家建設」，在作戰停止後，必須維持地面部隊進駐。他想在伊拉克避開這些，因為他認為，這樣做說好聽是沒有必要、說得難聽是「反建設性」——他相信這會使得依賴外援沒完沒了、永無盡期。[122]即使已經成立臨時聯合政府、布希政府已經擁抱在伊拉克推動「國家建設」，他還是堅持反對增派部隊。

然而，除了倫斯斐個人的堅持之外，增派美軍部隊到伊拉克還有一個更強大的障礙——雖然大家很少提——那就是美國沒有更多部隊可派。[123]國防部會有很大的困難找到大量兵源、可以增調到前線。它必須考慮從同樣攸關國家安全的其他任務抽調大量兵員。不徵兵，政府就沒辦法快速擴充軍隊；但是包括軍方領導人在內，沒有人想恢復徵兵制。要對付美國在後海珊的伊拉克所遭遇的最嚴重問題，勢必增派部隊。但是，後勤、戰略和國內政治種種限制，使得增兵這條路行不通。

開戰之前，美國官員的如意算盤是，其他國家可以提供後海珊的伊拉克所需要的若干部隊，[124]而且認為，即使它們不支援人力，伊拉克部隊也會保持某種程度的完整可用在戰後需求。然而，布理莫一上任，立刻就在二〇〇三年五月二十三日發布第二號命令，解散伊拉克軍隊。這道命令牴觸布希總統幾個星期前才做的決定。[125]事後檢討起來，它的傷害特別大，因為數十萬受過軍事訓練的伊拉克人[126]驟失收入、怨恨美國人，會投入叛軍行列。

臨時聯合政府負責軍事事務的美國官員華德．史洛孔比（Walter Slocombe），曾在柯林頓時期的國防部服務。他後來替布理莫的命令辯解，認為伊拉克軍隊自己已經解散了：它的部隊已經丟棄制服、回家去了。批評者的回應是，可以把他們找回來，或者是略為給點津貼，或許就可買到對美軍駐伊拉克比較高一點的容忍。

解散伊拉克軍隊（或者是同意它自行瓦解）固然讓美國在伊拉克的角色更艱鉅和危險，維持它或是試圖重新組建它，也不是沒有風險。和海珊的伊拉克所有體制一樣，遜尼派穆斯林主宰軍隊；除了共和衛隊和秘密警察之外，海珊也利用軍隊做為工具鎮壓什葉派。美國在伊拉克駐軍很艱苦，但能夠維持八年之久是因為少數民族庫德族或人數眾多的什葉派，並沒有積極反對它。（兩者會容忍，有它的道理：美國建立的選舉制度讓什葉派有了權力，美軍進駐有助於保障庫德族相當程度的自治）。維持或重建軍隊恐有斷送庫德族和什葉派善意的風險。[127]它或許會使他們更普遍、更積極地反對臨時聯合政府和美軍部隊，給美國帶來禍患。

同樣的成本效益盤算也可適用在布理莫另一個政策方針上——二〇〇三年五月十六日發布的臨時聯合政府第一號命令，它剝奪復興黨最高階四層黨員共三萬人在政府任職的權利。[128]這一來，這道命令使美國和受過訓練的人士切割，理論上這些人對後海珊的伊拉克可能會有有價值的貢獻，譬如運轉政府官僚體系。同時，這道命令也使一大堆人和美軍結了仇，沒有這道命令，他們或許至少會保持中立。

然而，和軍隊的例子一樣，限縮所謂「去復興黨化」的規模可能也會對美國產生不利後果，疏離了農村的多數派什葉派，在他們看來，復興黨曾經是用來排斥、鎮壓的工具。甚且，復興黨員滿布在政府官僚體制，他們和二次大戰後的德、日官僚不同，沒把它當做政治中立的機構在運作，也因此美國人不能用它來經營這個國家。事實上，它們是復興黨結構的一部分。即使更多官員留任，他們在治理伊拉克上面的效用也有限。

布理莫在巴格達還有一項作法招致批評，這次還不只引起政府外界人士批評，連五角大廈文職官員都強烈不贊成。[129]他決定不立刻恢復伊拉克人的政府、而要親自治理伊拉克。布理莫會這樣決定，是因為他發現他接觸到的伊拉克政客，不論是海外回國的流亡人士，或是海珊時期留在國內者，都顢頇不堪，好發牢騷、不負責任、自私自利，很少有足堪嘉許的廉潔表率。*可是批評布理莫的人士指出，他在二〇〇四年六月成立的臨時政府，人馬正是十一個月前他認為不適任

---

* 註釋：Rajiv Chandrasekara, Imperial Life in the Emerald City: Inside Iraq's Green Zone, New York: Alfred A. Knopf, 2006, pp. 53, 78; Michael Gordon and General Bernard E. Trainor, Cobra II: The Inside Story of the Invasion and Occupation of Iraq, New York: Pantheon Books, 2006, p. 470. 流亡國外政客當中最有爭議的一位是阿馬德・查拉比（Ahmad Chalabi）。他出生於巴格達一個著名的什葉派家庭，留學美國，在約旦開設一家銀行，後來在有爭議的情況下倒閉。（見Ali A. Allawi, The Occupation of Iraq: Winning the War, Losing the Peace, New Haven, Connecticut: Yale University Press, 2007, p. 464, note 9。）後來他創立反海珊的流亡團體「伊拉克國民大會」（Iraqi National Congress），成功地爭取到美國起碼的財務和政治支持。他在美國政治圈和布希政府內，有一批崇拜者，特別是國防部，視他為伊拉克未來的喬治・華盛頓。當然也有人反對他，尤其是國務院和情報界，認為他是個危險的吹牛皮大王。（Peter Baker, Days of Fire: Bush and Cheney in the White House, New York: Doublday, 2013, p. 224.）他沒有實現領導伊拉克的雄心，但是美軍占領那八年期間及以後，一直是權力邊緣人物。有關查拉比的詳情，另可參見Fouad Ajami, The Foreigner's Gift: The Americans, the Arabs, and the Iraqis in Iraq, New York: The Free Press, 2006, pp. 227–234.

那批人。[130]

這不就是代表，早點恢復伊拉克主權也沒有什麼好損失的嗎？然而我們也沒有理由相信，在海珊垮台後立刻建立本土政府，會有什麼更大的收穫——譬如，伊拉克會更和平、更治理完善、更團結或更親美。影響伊拉克的問題，和破壞美國當地使命的因素，都有更深刻的根源。遜尼派、什葉派和庫德族彼此猜忌、敵視，政治上採取贏者通吃的制度，加上把公職當做是庇蔭家族親友的機制、而非服務公眾這種觀念，全是出自數十年來的經驗，後海珊的政府組建的遲與早、由誰來組成，都會受到影響。

由於歷史因素，伊拉克人民排斥布希政府想移植在它身上的西式體制。有鑑於歷史，伊拉克人民自然而然會接受的東西，不是民主政治或自由市場，而是暴力。固然美軍多派一點軍隊會有助於敉平暴力，但是我們很難看到保持海珊的軍隊、允許更多復興黨官員在職，或是早點將權力移交給伊拉克人，就會防阻暴力的發生。

美國有一招就可以避開種種困難和性命及金錢的代價：按照原定計畫，推翻海珊之後就撤離。[131]這避免不了伊拉克境內大規模暴力，若無美軍部隊，暴力肯定會變得更慘烈，但是暴力就不會針對美國人而來。快速撤軍肯定會開啟一種可能性，使得海珊或類似他的人恢復權位。[132]基於這個原因，當情勢顯示伊拉克戰後失序不會自行降低時，小布希政府沒有認真考量快速撤軍這一選項。它不預備放棄美國的使命。[133]

認定美國使命失敗有個指標，就是美國不僅未能在伊拉克建立民主政治和自由市場，它也未能提供伊拉克另一項幾乎同等重要，以及理論上比較容易提供的東西：基礎建設。和所有的國家一樣，伊拉克需要穩定的供電和乾淨的供水。在海珊統治下，尤其是一九九一年戰爭後，水電供應系統惡化得很厲害。[134]和民主政治及自由市場不一樣，一個國家要接受發電廠及下水道設施，並不需要依賴政治文化。伊拉克的三大族群及宗派團體或許對於生活在單一一個政治單元下會有嚴重保留，但沒有人會反對室內供水或正常供電的。可是，美國雖然口頭承諾，卻未能成功地大規模興建基礎設施。[135]暴亂不已妨礙興建伊拉克人民需要的設施。興建工程成為叛黨攻擊的目標。叛黨製造的不安全也破壞了美國使命中無關伊拉克歷史和伊拉克人民信仰的這一部分。有一個說法說，公共空間的安全有如氧氣之於個人。在伊拉克，美國發現，由於叛亂肆虐，連呼吸都有困難。

戰爭之後的戰爭

和布希政府的預期南轅北轍，海珊政權消滅並沒有帶來伊拉克停止武裝衝突。復興黨統治結束反而爆發三場戰爭。

在伊拉克西部地區和巴格達，美國打敗海珊使得遜尼派喪失自英國人創造伊拉克以來他們即享有的權力，遜尼派攻擊美國軍隊及美國平民。美國人在伊拉克有三萬兩千多人負傷、四千四百多人死傷，大部分是遜尼派叛軍幹的。同樣在巴格達以及南部某些城市，什葉派民兵有時候也與美國人爆發衝突。什葉派占伊拉克全國百分之六十左右，雖然未必傾向對美國人有好感、更不會感激他們，但是什葉派沒有發起類似遜尼派的叛亂，這有一大部分是因為美軍的占領使得國家權力由遜尼派移轉到他們手裡的緣故。這兩個衝突影響美軍停駐伊拉克的時間長短：而美軍的傷亡則損及到美國國內對伊拉克戰爭的支持。[136]對伊拉克人民來講，第三場戰爭的利害關係更大：涉及到國家的控制。

什葉派透過美國人主辦的選舉接掌政府大權，遜尼派叛軍就一起攻打他們。什葉派反擊，不僅運用他們組成的民兵，也運用他們日益掌控的政府工具，包括軍隊、警察及若干部會。這場宗派戰爭成為三場戰爭中破壞力最大的一項，造成數十萬人死亡、數百萬人流離失所。美國設法紓緩它，成效相當有限。

遜尼派叛軍攻打美國人，是美軍駐伊拉克八年期間美軍指揮官最頭痛的問題。叛軍有兩個源頭。蓋達組織在伊拉克有分支單位。[137]它從本地、大中東地區以及世界各地（包含歐洲）吸收遜尼派穆斯林，到伊拉克來對抗異教徒侵略者。美軍駐伊拉克使蓋達組織有機會繼續反美鬥爭，而且更多老美就在眼前可以下手。伊拉克蓋達組織針對美國及西方其他目標發動好幾起規模龐大、傷害也很大的攻擊。

叛亂也吸引了復興黨政權的老兵加入，其中不乏具備軍事技能的人，他們在巴格達城裡的遜尼派社區，以及整個西部地區有支持者網絡；他們也知道從哪裡取得以前當家時所囤藏的軍火武器。[138]蓋達組織是為了聖戰光榮和美國人作戰，他們不是；他們是為復仇而戰，盼望能夠扭轉大局，推翻美軍進犯所造成的局面。

遜尼派雖然在伊拉克人口居於少數——某些人否認這個事實，但數字上不辯自明——自從英國人創造伊拉克以來即主宰國政，壟斷權力與財富，把人數高出許多的什葉派逼到弱勢族群地位。一九九一年，海珊被趕出科威特時，什葉派起事反抗他的政權，海珊的部隊強悍地壓制他們，形同宗派鬥爭。美軍一來，推翻了遜尼派認為的自然的、甚至天命注定、而且是符合最高道德的伊拉克秩序。[139]它害得他們的世界整個翻倒。他們攻擊美國軍隊和美國平民，為的就是撥亂反正。因此，雖然出發點不同，他們和蓋達組織聖戰鬥士一樣，有強大的動機向美國人開戰。

遜尼派叛軍用游擊戰術對付美國人。它的戰士不穿制服，以組織鬆懈的小股人馬作戰。他們進行打帶跑攻擊，一出手、立刻躲進遜尼派人群中。此外，蓋達組織遵循二〇〇一年九月十一日的模式，廣泛利用自殺攻擊。炸彈客身穿便服、遮住炸彈，靠近受害人後引爆，殺了自己，也造成周遭別人死傷。此外，他們把炸藥裝到汽車或卡車上，開到城鎮熱鬧地區引爆，殺傷力遠遠超過步行的個人自殺炸彈客。叛軍也把炸彈布置在路邊，等美軍巡邏車隊經過時引爆。所謂ＩＥＤ的這種拼裝炸彈造成乘坐沒有強大鐵甲保護車輛的美軍死傷慘重，尤其是在美軍進駐的第一年。[140]叛軍在巴格達市郊及伊拉克西部地區設工廠、製作拼裝炸彈，以及組裝汽車及卡車炸彈。

遜尼派叛軍起先在二〇〇三年三月、四月攻擊從科威特向巴格達推進的美軍部隊，首都淪陷後仍不住手。同年夏天，攻勢猛烈升高：卡車炸彈在八月七日炸毀約旦大使館；八月十九日炸毀駐巴格達聯合國代表團臨時總部。後者造成二十二死、一百五十人受傷，連團長、巴西籍外交官瑟吉歐・維耶拉・狄・梅洛（Sergio Vieira de Mello）也身亡，使得聯合國撤出大部分人員。[141]

叛軍有時候也和美軍進行大規模作戰。兩次最著名的戰役發生在巴格達西方六十九公里的法魯加城（Fallujah）。[142]叛軍在法魯加有堅強的據點。二〇〇四年三月三十一日，四名美國包商在當地遇害。他們的屍體被拖著遊街，然後吊在幼發拉底河一座橋上。[143]臨時聯合政府認為不能不嚴懲這種暴行，派遣陸戰隊去攻克法魯加。這項作業必須涉及到美國當初向巴格達進軍所極力避免的艱困、危險的巷戰。美軍穩定進展，但是在他們完全控制全城之前，駐巴格達的文官當局和華府下令撤軍，因為他們認為這項作戰對美國在伊拉克、中東地區及其他地區的政治立場造成不可接受的傷害，貽害美國在伊拉克的重大使命。[144]文官下令停戰，讓執行作戰的軍人非常不痛快。幾個月之後，法魯加依然是發動反美攻擊的基地，陸戰隊在十一月奉命再度出擊，這一次成功地攻克它、把叛軍驅趕出城。此役美軍九十五人陣亡、五百六十人負傷。報告指出叛軍有二千一百七十五人授首，估計法魯加五萬戶民宅有七千至一萬戶毀於砲火。[145]

叛軍在對付美軍的作戰中，雖然享有事先有人通風報信、便於躲藏，而且比對手更熟悉交戰地區地形的優勢，卻不可能有打勝的希望。美軍在火力、偵察和通訊上的優勢，加上完全控制空中優勢，部隊又有紀律、而且勇敢，只要有決心，必勝無疑。可是，陸軍和陸戰隊雖可攻下伊拉克任何地方，他們沒有足夠人力控制整個國家。他們可以辦到把叛軍趕出法魯加，但是被他們趕走的遜尼派戰士到別的地方重新整備。叛軍只要得到他們居住社區的老鄉適度支援、或至少容忍，就可以生存；由於美國人顛覆了他們的權勢財富地位，伊拉克的遜尼派和美國人苦大仇深，他們大半同情叛軍、討厭老美。

什葉派是美國占領的受惠者，沒有相似的理由反美。擺脫遜尼派復興黨政權的宰制後，什葉派依據宗教和宗派路線各自組織起來。[146]其中有些組織擁有自己的民兵部隊，使用它們在新伊拉克為自己割據一片勢力範圍。其中有一支與美國當局發生衝突。

穆克塔達・薩德爾（Moqtada al- Sadr）的父親是著名的什葉派傳教士，一九九九年遭到海珊派人殺害。穆克塔達沒有他父親的學識和宗教地位，但是繼承了部分追隨者，利用他們為基礎，組建一個類似政黨的組織；他也建立一支武裝部隊，取名馬赫迪軍（Mahdi Army）。[147]

他那激烈、民粹的言論，加上相當的反美意識，在全國貧窮的什葉派中吸引到相當的支持，尤其是在復興黨時期被稱為「海珊城」的一塊巴格達地區追隨者特多，以致於在復興黨政府垮台後，它被稱為「薩德爾城」。二〇〇四年初，馬赫迪軍在此建立強大據點，也在南部地區聲勢浩大。[148]

二〇〇四年三月二十八日，布理莫下令穆克塔達．薩德爾旗下一份報紙停刊，因為它煽動以暴力對付美軍部隊。穆克塔達的支持者發動抗議，在巴格達及什葉派為主的南部城市造成一些暴力事件。[149] 他們還包圍納加夫市的臨時聯合政府總部。薩德爾派後來退讓或冷靜下來，但是到了八月份又恢復搗亂戰術。美軍在納加夫市中心對馬赫迪軍展開全面戰鬥。和在法魯加一樣，美方利用火力優勢和整體軍事能力搶占上風；但若要粉碎對方，美方可能要進攻他們的據點，位於人口稠密地區的一座什葉派聖地。這一打，一定招致什葉派民眾反美。在這個緊要關頭，穆克塔達同意結束戰鬥，但維持住他的民兵。[150]

固然美方企圖遏抑他的權力時，他和美國爆發衝突，但是穆克塔達和其他的什葉派都知道伊拉克遜尼派才是他們的主要敵人。遜尼派也反以顏色。因此之故，在復興黨政權垮台後，遜尼派叛軍和什葉派民兵雖然繼續攻擊美軍部隊，他們也日益相互殺伐。

蓋達組織和前復興黨叛軍也把他們對付美軍的戰術拿來對付什葉派。譬如，他們在什葉派社區的熱鬧地帶引爆汽車炸彈。他們的目標是恫嚇什葉派。有些遜尼派希望引爆全面宗派大戰，他們相信本身占軍事優勢，可以打贏，更何況他們也可以從中東其他地區及世界各地號召穆斯林拔刀相助——除了在伊拉克以外，遜尼派人數都超過什葉派。[151] 遜尼派針對什葉派最壯觀、最具象徵意義的恐怖攻擊，發生在二〇〇六年二月二十二日，巴格達北方一百二十五公里的撒馬拉城

（Samarra）什葉派重要聖地阿斯卡利清真寺（Al-Askari）遭炸彈炸毀。[152]什葉派也發動對遜尼派的攻擊。什葉派當家的伊拉克政府於二〇〇五年接掌政權，他們以政府機關做基地、進行宗派作戰。他們也成立行刑隊，搜捕、狙殺遜尼派。[153]

在巴格達，暴力導致類似十年前波士尼亞發生的大規模種族清洗現象。遜尼派逃離什葉派人多勢眾的社區，什葉派也逃離遜尼派占優勢的社區。首都變成海珊時代所未曾有的一幅景象：這座城市因宗派不同，分為兩個世界：遜尼派壟斷西區，什葉派獨霸東區。[154]美國發現自己不但遭到兩大宗派攻擊，還捲入他們的內戰。

布希政府來到伊拉克是想要終結海珊殘民以逞的暴行，並且建立一個寬容、沒有宗派（珍、玉字部改為田）域的政府，有如柯林頓政府對波士尼亞的期許，但是現在卻被殺戮流血嚇壞了，強烈反對種族清洗。美軍進駐雖然或許可以降低殺戮和驅趕離開的規模，美國卻沒有能力制止它們：美軍部隊太少，不足以巡防整個國家，而且即令遜尼派和什葉派相互殺伐，美軍還遭到遜尼派叛軍攻擊。

伊拉克的鄰國也使美國在伊拉克碰到的問題更加惡化。阿拉伯媒體的評論鋪天蓋地籠罩著伊拉克，一再對美國的作為表示強烈敵意。[155]所有的鄰國，除了土耳其稍為例外之外，不樂見美國的使命成功；除了土耳其之外，沒有一個國家覺得在他們身邊出現一個民主雛兒是件好事。他們擔心它會果如布希政府所盼望，變成一個樣板，向人們昭示伊拉克鄰國的統治者都沒有實行民主治理。[156]基於種種理由，伊拉克的鄰國以各種方式在海珊覆亡之後積極運作，想要影響伊拉克方向，而他們的作法使得美國愈難處理。

波斯人主宰伊朗，他們信奉什葉派伊斯蘭，和大多數伊拉克人一樣。伊朗伊斯蘭共和國亟思利用這一點擴張其勢力。同時，他們也想降低美國的勢力，德黑蘭領導人視美國為最危險的敵人。他們的態度從他們稱呼美國是「大撒旦」（Great Satan）即可見其一斑。[157]此外，做為以宗教為本的政權、由傳教士領導，伊朗伊斯蘭共和國支持伊拉克的什葉派宗教政黨，希望他們能取代海珊掌權，就可以增強自己的政府制度。海珊時代，伊朗庇護好幾位伊拉克什葉派流亡政客。其中有些人，而今成為什葉派主導的伊拉克政府之要角，如二〇〇六年至二〇一四年的總理馬利基。伊朗伊斯蘭共和國提供什葉派政黨金錢和政治指導。它也提供金錢、武器和訓練給予什葉派民兵。[158]伊朗在這兒想要重覆它在黎巴嫩建立的模式：它所支持的什葉派民兵真主黨（Hezbollah）後來主宰整個黎巴嫩。[159]

不論美國得到什麼結果，它在二〇〇三年攻打伊拉克，帶給伊朗政府極大好處。推翻薩達姆・海珊，美國替伊朗剷除了它最大的敵人，因為海珊在一九八〇年代對伊朗發動一場長達十年的浴血作戰。什葉派在伊拉克當家，使得伊朗勢力可望在中東更加擴張。被伊朗穆斯林教士宣告為最大敵人的美國，竟然無意間嘉惠他們最大。

敘利亞政府也因海珊垮台而受惠。雖然理論上敘利亞也由復興黨執政，和伊拉克一樣，事實上它和伊拉克都由一個統治家族控制全國。哈菲茲．阿薩德（Hafez al-Assad）是由什葉派分支出來的阿拉威派（Alawi），他在一九七〇年奪取政權，二〇〇〇年逝世後兒子巴夏爾．阿薩德（Bashar al-Assad）繼位。儘管系出同門，都打出復興主義（Baathism）招牌，兩個政府結了深仇大恨。因此，美國推翻海珊等於也幫了阿薩德，和幫了伊朗相同。然而，敘利亞並沒因此對美國有好感。反之，做為伊朗盟友和扈從的大馬士革政府也給美國在後海珊的伊拉克製造麻煩。和巴基斯坦在阿富汗戰爭一樣，敘利亞成為庇護所、發起基地，全世界想和美國人作戰的伊斯蘭好戰分子都由這裡轉進、前往伊拉克。[160] 阿薩德支持伊拉克叛亂，儘管他支持的叛軍實際上全是遜尼派，他們有許多人強烈反對阿薩德的教派。[161]

沙烏地阿拉伯則和伊朗、敘利亞不同，它和美國關係良好、和海珊交惡。海珊一九九〇年占領科威特，直接威脅到沙烏地王室的統治。美國發動一九九一年戰爭很大一部分原因就是解除此一威脅，以確保阿拉伯半島豐富油源由友好國家掌握。可是沙烏地並不歡迎海珊垮台，這還不僅是因為他們擔心肘腋之間的伊拉克出現民主政體、會啟發阿拉伯半島人民起而追求相似的政治制度。

他們認為什葉派當家的伊朗是更加急迫的威脅。沙烏地阿拉伯王室屬於遜尼派伊斯蘭極端派的瓦哈比派（Wahhabi），極力要臣民接受瓦哈比派教義，更花費數十億美元向全世界穆斯林宣揚它，使得沙烏地阿拉伯統治者成為遜尼派至上論者。[162]他們認為自己和伊朗在中東、乃至穆斯林世界爭霸。在這場爭霸戰中，伊拉克由遜尼派陣營轉入什葉派陣營，讓他們的對手占了優勢。他們和許多遜尼派人士把什葉派當家的巴格達民選政府當做是波斯人的傀儡。甚且，沙烏地王國境內也有什葉派少數民族，他們湊巧集中居住在盛產石油地區，使得統治者更加擔心當地的什葉派力量。因此沙烏地政府並不贊成美國攻打伊拉克；雖然美軍打進伊拉克之後，沙烏地並沒有像伊朗和敘利亞那樣支持美國在伊拉克的敵人，但是就和九一一事件的劫機者一樣，和美國作戰的許多遜尼派戰士來自沙烏地阿拉伯，而且沙烏地阿拉伯的民間人士捐錢給叛軍。[163]

攻克巴格達之後幾個月，反美暴力日益上升，起先布希政府否認它面臨嚴重問題。[164]二〇〇三年六月十九日，伍夫維茲在國會聽證會上報告，進行暴力活動的是「垂死路線的一些餘孽」。[165]七月二日，小布希總統對記者說話，事後回想實在是思慮欠周的莽漢言論。他說：「有人覺得現在的情勢是，他們可以在當地攻擊我們。我要說：放馬過來呀！我們的兵力可以對付得了安全局勢。」[166]到了十一月十一日，臨時聯合政府向布希政府高級官員提出警告，指稱伊拉克叛亂日益強大，倫斯斐還質疑他們報告當地局勢的用詞不當。[167]二〇〇三年十二月十三日，美軍部隊逮捕到躲藏在巴格達西北方約一百二十九公里一座村莊的薩達姆・海珊；布希政府希望此一成績可以讓叛軍士氣大挫。可是，叛軍聲勢照舊。叛亂的號召力比起對前獨裁者的個人效忠更深。[168]

當政府終於承認問題嚴重時——尤其是向自己承認——它祭出的降低叛亂的策略是，比布理莫原先的計畫時間表加快還政給伊拉克人的步伐。美方希望把交還主權提前到二〇〇四年六月三十日，會降低助長反美叛亂的敵意。

布希政府設計一套軍事計畫以補強它的政治方案，美國將訓練一支伊拉克軍隊，讓它盡快承擔起維持伊拉克境內安全的責任。美國對此一政策的說明是：「伊拉克人站起來後，我們就可以坐下來。」[169]倫斯斐特別焦慮，他打比方說，「我們想把手放開」，讓伊拉克人學會不需人幫助、也可以自己騎腳踏車——換句話說，負起責任管自己的事[170]——美軍就可以回家。

這套戰略有一個假設前提，即美軍部隊在伊拉克產生抗體效應。按照涵蓋整個中東地區的中央司令部總司令約翰・阿畢札德（John Abizaid）將軍的說法，像病毒或細菌在人體裡一樣，異物引爆內部反應。[171]政府希望，移除掉異物，對抗反應就會消失。根據美軍司令官這套戰略理論，美國撤軍、伊拉克即可恢復秩序。

這套戰略完全不照政府的預期規畫發生作用。扶立民選的伊拉克政府並未終止叛亂。甚至，選舉還增添暴力，因為把什葉派引入權力中樞，讓遜尼派更加憤怒，亂事升高。美國培訓新軍進展比預期還牛步，美方訓練出來的伊拉克士兵上了戰場又不濟事。[172]美國的「國家建設」努力在這兒又失敗。

二〇〇三年美國推翻復興黨政權之戰告一段落，立刻就爆發的戰爭，造成大規模的人命傷亡和財物損害，斷送了美國人和伊拉克人在伊拉克建立民主與繁榮的希望，也使遜尼派、什葉派和庫德族彼此之間的猜忌和仇恨尖銳化。暴力在距離中東十分遙遠的地方也產生重大後果。反美叛亂在約一萬兩千九百公里路之外出現決定性的衝擊。它在決定美軍介入伊拉克此一政策命運的地方——美國——產生強大的負面政治反應。

國內戰場

軍事術語「重心」（center of gravity）指的是使交戰一方持續作戰的力道。[173]美國軍事領導人認為美國民眾是他們在伊拉克作戰的重心。[174]他們完全正確。美國民眾給美國軍事行動的規模和時間長短訂下限制。伊拉克叛亂不能、也不曾擊敗美軍。然而它的確可以使美軍付出代價，讓對戰爭如何打、打多久擁有最後決定權的美國人民覺得戰爭愈來愈不可接受。和一九五〇年代美國參與的韓戰，以及一九六〇、七〇年代參與的越戰都一樣，民眾對美國介入伊拉克的支持度一路下滑，決定了美國二十一世紀頭十年在伊拉克戰爭的大方向。

戰爭剛開始時，它在美國國內受到強大的支持。二〇〇三年三月，美國七成以上民眾贊成出兵討伐伊拉克。[175]九一一攻擊所引起的震撼和憤怒，以及民眾心目中（雖然是錯誤的）以為海珊也是幕後黑手之一，加上對這個伊拉克獨裁者的厭惡可以追溯到一九九一年波斯灣戰爭，況且二〇〇一年底推翻阿富汗塔里班易如反掌的印象猶深，一切總總，都讓軍事干預深獲民心。

柯林頓總統任何一次軍事干預都沒向國會徵詢、取得同意，但是他的後任為進軍伊拉克，徵求國會核准。布希政府把國會表決戰爭授權案的議程排在二〇〇二年期中選舉之前，深信在民意強烈支持下，很少參眾議員膽敢拂逆選民，公然反對總統爭取的授權。這份自信果然證明沒有錯。[176] 十一月份的大選，布希的共和黨兩大競選主軸是：一年前對九一一攻擊事件有強硬的反應；以及即將剷除海珊所構成的近期威脅。共和黨的成績不尋常的好。期中選舉，在職總統的政黨通常都會丟掉幾個議席，但是二〇〇二年布希的共和黨在參議院增加兩席、眾議院增加八席。

兩年後的二〇〇四年十一月，布希總統要競選連任時，百姓對他的戰爭已經熱情消退。叛亂粉碎掉美國人對伊拉克平穩、迅速轉型到民主政治、並出現親美政府的期望。情勢很清楚，推翻海珊、改造伊拉克的成本代價超過民眾所預期，太高了。布希的民主黨對手是麻薩諸塞州聯邦參議員約翰・凱瑞，他的競選主軸就是批評政府執行戰爭不力，[177] 只差沒有主張美軍立刻撤出伊拉克。布希強調他在進行反恐戰爭（它還深獲民心），不是埋頭在打伊拉克戰爭（這一點已經愈來愈不得民心）。[178] 伊拉克證明還不是致命的缺陷，布希當選連任。

和韓戰、越戰都一樣，就伊拉克戰爭而言，老百姓不滿意的不是美國的目標——很少有人從原則上反對終結復興黨政權、擊敗叛黨，及建立西方式體制——而是不滿意達成目標的代價變成超乎預期的高。布希政府也了解代價升高的政治風險，打從一開始就設法把美國民眾必須付的代價降到最低。

開戰之前，政府就說——和它深信海珊擁有大規模毀滅性武器一樣，也深信不疑，但兩者都錯了——代價不會太高。美軍將進行短期作戰任務，推翻海珊，然後就回國。至於重建工作，一向樂觀的伍夫維茲認為，伊拉克賣石油的收入足可支應。[179]二〇〇二年九月，總統的首席經濟顧問勞倫斯·林賽（Lawrence Lindsey）估計，即將開打（當時還是假設性問題）的這場戰爭花費將在一千億至二千億美元之間。政府的預算局長米契·丹尼爾斯（Mitch Daniels）趕緊表示不同意，認為林賽估計的數字「可能太高、太高了」。[180]結果證明，這個數字還真是太低、太低了。

成本一路攀升之下，政府設法緩和它們對美國民眾的立即衝擊，希望因此也能降低政治衝擊。經費從正常預算程序之外的「緊急」撥款項目撥支。[181]政府在撥付伊拉克戰爭經費上，打破美國歷史長期以來的先例。過去，美國政府對外開戰都得靠舉債來支付增加出來的費用，也得加稅，以及降低或延遲社會項目支出。[182]布希也靠舉債支付額外的戰爭開銷，把償債的擔子推給未來的納稅人。至於加稅和降低非軍事開銷，他卻毫無動靜，反而是降稅及立法通過大幅擴大健保方案（Medicare program）。[183]這一切作為有一個很清晰的目的：要確保廣大的美國民眾不必為了政府在伊拉克所追求的目標做出任何犧牲。

第二次世界大戰期間，以及韓戰、越戰期間，犧牲是由各方普遍分攤，政府不僅提高稅率，還透過徵兵制補充戰鬥力量。按照徵兵制，所有年齡十八歲至二十六歲的男性都有被徵召入伍的責任。到了二〇〇三年，徵兵制已經取消三十年，也沒有人認真思考要恢復徵兵。派兵到中東的重擔完全落在全募兵制的自願役常備部隊，以及也是自願服役的預備役男女軍人身上。[184]

有一個說法是，美國作戰時，不只武裝部隊動起來，全國都動員起來。伊拉克之役不然。有人稱這是「百分之一的戰爭」，因為它的直接成本全落在服役軍人及其眷屬身上，而這些人只占美國人口極小一部分。

除了部隊及眷屬承擔的成本之外，戰爭也影響到經濟學家所謂的「機會成本」。每一塊錢花在伊拉克，就代表這一塊錢不能花在政府其他項目上；或是說老百姓繳了一塊錢稅金，就少了一塊錢可用在個人用途上。[185]伊拉克戰爭也涉及到另外一種機會成本。九一一攻擊使小布希總統得以可能攻打伊拉克，國家在遭逢大難時一般都團結支持總統，老百姓賦予他比承平時期更大的權力。他們等於賦予他額外的政治資本，讓他能動員相當程度的民眾支持，力挺在平常狀況下無法推動的政策。

布希選擇把他從九一一賺來的額外政治資本花在伊拉克。回顧起來，它們若是投資在改革美國能源政策，透過汽油稅降低對進口石油的依賴，或是放在改革社會安全和健康保險，讓它們能長期永續，應該會比戰爭更加對國家安全和全民福祉貢獻大。

伊拉克戰爭的經濟成本飛漲到遠超過布希政府初期的估算。有一項詳盡的估算指出，美國最終將為這場戰爭付出高達三兆美元。這筆總數包括部隊、顧問、軍事器械和重建項目的直接支出，以及往後數十年要支付的年金及福利，再加上對美國經濟的其他效應。[187]

金額雖然很驚人，但是美國在作戰期間每年支付的開銷，卻小於韓戰和越戰開銷占全國生產毛額的百分比。[188]它的經濟衝擊也不是在二〇〇三年後伊拉克戰爭不孚民心的原因。美國人會反對它，跟反對韓戰、越戰的原因一樣：它造成美軍傷亡人數一路升高。[189]

和韓戰、越戰的模式一樣，只要美國傷亡人數上升，美國人認為這場戰爭錯了的比例上升，支持它的美國民眾消退。就伊拉克戰爭而言，又和韓戰、越戰一樣，美國人認為：為了達成國家目標，作戰代價——大家最關心的美軍子弟性命——太高了。*

和韓戰、越戰不一樣的是，在伊拉克陣亡的美國人沒有人是被迫上戰場。沒有一個是被徵兵徵調服役，他們全是志願役。然而，美國民眾並沒有因為這樣就比較容忍讓他們陣亡。[190]事實上，民眾對伊拉克戰場的傷亡更敏感：死者還沒有韓戰、越戰多，伊拉克戰爭已經很不孚民心。美國人只願容忍更少量的人命犧牲，是因為在九一一事件後伊拉克的威脅似乎還沒有冷戰期間亞洲戰爭的威脅來得迫切，當年北韓和北越有蘇聯在背後撐腰。[191]

伊拉克掀起的國內政治也和韓國和越南的政治大不相同。美國輿論打從一開始就因黨派不同而各持立場。共和黨和民主黨在很大程度上比起韓戰、越戰，更傾向於立場南轅北轍——通常是共和黨主戰、民主黨反戰。[192]然而，和那兩場戰爭一樣，愈來愈多美國人陣亡，就有愈多人、不分民主黨、共和黨或獨立派，跳出來反對美國參預戰爭，對決定參戰的總統之表現不能認同。

找不到大規模毀滅性武器雖然成為爭議的主題，針對布希伊拉克政策的批判也大多盯著它不放，但是它並沒有使民眾對伊戰的支持度往下走。即使找到化學武器，而其他事件仍如實際發展，若是美軍陣亡人數上升，政府還是會失去人民對戰爭的支持度。另一方面說，假設伊戰果如政府原先所盤算進行迅速戰勝海珊，心懷感激的伊拉克人民成立民主、代議制政府，而且大部分美軍在二〇〇三年秋天回國——但依然找不到大規模毀滅性武器，總統的民意支持度一點也不會受影響。

但是，找不到政府做為開戰理由的化學武器這件事倒是在華府引爆一件政治醜聞，造成布希政府一位官員遭到起訴、判處有罪。故事起於副總統錢尼要求中央情報局查核一份報告，它指稱伊拉克代表試圖從非洲國家尼日（Niger）購買用以製造核武的鈾。中央情報局派前任大使約瑟夫·威爾遜（Joseph Wilson）前往尼日調查；他的結論是這個報告查無實據。後來伊戰已在進行，又找不到大規模毀滅性武器蹤跡，威爾遜在《紐約時報》言論版發表一篇文章談他的經驗，

* 註釋：美國人對三場戰爭都支持，因為它們是為保護美國而戰。這三場戰爭在民眾心目中，沒有一場其保護及建立民主的目標，會比自衛來得重要。「美國人從來沒有太支持讓美軍出生入死主要是為了人道救援的目的。和韓戰、越戰一樣，他們有一陣子支持伊拉克戰爭，是因為他們認為它和阿富汗一樣，是針對九一一——直接攻擊美國——做回應。」John Mueller, "Iraq Syndrome Redux," Foreign Affairs, June 18, 2014, www.foreignaffairs.com/ articles/ 14/ 141578/ john-mueller- iraq- syndrome- redux.

暗示許多人已經相信的一個說法：政府就薩達姆．海珊的武器究竟知道什麼、不知道什麼，並沒向大眾實話實說。[193]

政府發動鬥臭行動汙衊他，過程中揭露威爾遜的太太薇拉莉．普拉梅（Valerie Plame）在中央情報局任職。（它暗示他之所以會奉派到非洲調查，是她替他安排的。此說不確。）洩露中央情報局秘密工作人員身分是違法的行為，這下子驚動特別檢察官發動調查。最後，副總統的幕僚長路易斯．李比（I. Lewis Libby）遭到起訴、定罪，判處有期徒刑兩年六個月。小布希總統准予減刑，但沒有接受錢尼的求情予以赦免無罪。

替李比辯護的人說，他是政治鬥爭的受害人，起訴他其實是劍指伊戰，要公審布希政府的參戰決策。他們這番話不無道理。偵辦他，沒有道理。後來查出來，錢尼從來沒有讀過威爾遜交給中央情報局的報告；甚至根本沒聽過威爾遜這號人物，而且他的報告也沒有定論說伊拉克從來沒向尼日洽購鈾。再者，薇拉莉．普拉梅的名字曝光時，她已經不再是中央情報局秘密特工。猶有甚者，李比也不是第一個把她名字洩露給新聞界的人。把她名字洩漏出去的另有其人，副國務卿理查．阿米塔吉（Richard Armitage）是也，大家都知道阿米塔吉對伊戰抱持疑慮，絕不是替政府的伊拉克政策歡呼助陣的人。最後，李比原先是因涉嫌洩密遭受調查，但是起訴及定罪的罪名卻不是洩密罪，而是對調查的大陪審團說謊。一項並非戰爭主因的議題出現爭議，他涉嫌有不法行為遭到調查，可是在偵查過程中發現這項行為並無不法，而且是別人、並不是李比做的，可是在偵查過程中他犯了另一個不法行為，所以就被定罪。[194]

伊拉克戰爭並沒把布希總統捲入法律刑責，但是就和杜魯門與韓戰、詹森與越戰關係千絲萬縷一樣，它損及他的總統聲望。藉著伊拉克戰爭即將開打的聲勢，贏得二〇〇二年的選舉；然後因戰爭進行不如預期，他在二〇〇四年逃過最慘的選舉懲罰、沒有落選；可是共和黨終於在二〇〇六年期中選舉遭到報應。布希本人雖未參選，他的戰爭是選戰的焦點議題。[195]現在民主黨幾乎是全黨一致、異口同聲批評伊戰，贏得全面大勝。他們在眾議院增加三十一席、在參議院增加六席，在兩院都躍為多數黨。選舉等於是對伊拉克戰爭的公民投票，美國老百姓投下反對票。

下一個月，國會核定挽請十位著名退休官員組成「伊拉克研究組」（Iraq Study Group），召集人為前任國務卿詹姆斯・貝克和前任印第安那州聯邦眾議員李・漢彌爾頓（Lee Hamilton）。[196]它要負責評估美國全面的伊拉克政策，並提出報告。報告指出：「伊拉克情勢嚴重、惡化中。」它建議美軍部隊從與叛軍作戰改為訓練伊拉克部隊負責作戰，並且所有的美軍作戰部隊在二〇〇八年第一季之前撤離，[197]這幾乎就是高階軍事將領正在執行的政策，只是時間表提前而已。報告等於是美國外交政策大老認可了美國民眾的希望，要求政府清算布希在二〇〇三年的承諾。

最後，美國的確撤軍，聽任它一手協助建立起來的政府在沒有美國軍事支援下去管理和保衛自己的國家。這正是美國在越南的模式——不過在韓國就不是如此。然而在這之前，布希政府執行了在伊拉克戰略的大變化，有一段時候還相當成功。

退出與再進入

二〇〇七年初，布希政府的伊拉克政策已告失敗。[198] 伊拉克境內的反美暴力和遜尼派與什葉派彼此之間的暴力都鬧得很凶，有些地方還節節升高。[199] 美國民眾已經表達得很清楚，對政府在伊拉克的作為沒有信心、也不支持。布希總統只好下令改變策略，這套策略有一段時候似乎改善了美國在伊拉克的處境。

美國現在不再考慮在最短時間之內、以最快速度培訓最大量的伊拉克軍隊，它專注在盡快從伊拉克撤軍上面，改為採取「剿匪」（counterinsurgency）的戰略。它把美國的任務界定為，和叛軍進行政治鬥爭，爭取贏得老百姓的效忠。它的目標是藉由保護平民不受叛軍侵擾，贏取效忠；這需要有更多美軍進駐，提高能見度，另外就是協助提供優於叛軍所能提供的治理。這比聯合特戰指揮部的反恐作戰還更有企圖心，特戰部隊的使命是剷除恐怖分子首腦。[200] 它也和二〇〇三年底以來採取的「培訓、撤走」作法不同。「培訓、撤走」作法把美軍退出人口稠密地區、盡可能遠離伊拉克人民的日常生活。「剿匪」策略倒轉這個模式。

改變美國戰略的動力有一部分來自政府外部，來自主要在智庫服務的民間軍事事務專家以及退役軍官。這些外部專家從得來不易、但大半已被人遺忘的西方經驗找出寶貴教訓。[201] 美國一九六〇年代在越南從事過「剿匪作戰」，英國一九五〇年代在馬來亞打過類似的戰爭，成果更好，法國在二十世紀為了維護殖民帝國，焦頭爛額面對叛亂，最後以失敗收場。[202]

改變的動力也來自陸軍內部，其領導人為大衛．裴卓斯將軍。他曾經兩度到伊拉克戰場服務。他指揮第一〇一空降師駐守遜尼派重鎮摩蘇爾，在這兒試行一部分「剿匪作戰」技巧。[203]後來他回來主管美國培訓伊拉克新軍隊的整個計畫。調回美國後，他督導重寫美國陸軍新的野戰準則，進行官僚戰鬥、爭取各方重視「剿匪作戰」策略的功能。[204]

總統本人在伊戰一路打下來的過程都聽從國防部長和軍事指揮官們的建議，現在準備改變。他的顧問群所建議的路線，經他核准，美國也執行了三年多，卻不管用。情勢變得很清楚，他在二〇〇三年信心滿滿、高度期許而展開的整件大事，若不再改變方向，勢必要失敗。小布希的性格也是促成他決定更改方向的動力之一。同樣的性格特質使他未慎重考慮可能的後果、也不顧對這些後果有憑有據的警告，就一頭衝進去攻打伊拉克——如果產生預期的結果，人家會說這是勇敢，後果不佳就被說是魯莽——同樣地，他也願意不甩對美國伊戰政策的多數派民意要求政府盡快設法退出伊拉克——民意透過二〇〇六年選舉已經表現出來，伊拉克研究組的報告也呈現了。[205]布希卻下令增調美軍部隊進入伊拉克。

戰略既變，負責提調戰爭的官員也易人。倫斯斐在共和黨輸掉二〇〇六年選舉之後辭職，布希派羅伯．蓋茨接任國防部長。蓋茨在老布希政府曾任國家安全副顧問和中央情報局局長。[206]他派裴卓斯擔任駐伊拉克美軍司令官，全權執行「剿匪作戰」政策。

二〇〇七年，美國增派四個旅、兩萬名兵力前往伊拉克。一部分進駐巴格達；也有些派到巴格達以北地區。[207]依據「剿匪作戰」原則，他們把基地設在人口稠密地區，開始定期巡邏以展現承諾保護人民不受叛軍侵擾。他們也和特戰部隊合作，搜尋、鎖定及剷除叛軍領導人。[208]

同一時期，伊拉克西部地區的遜尼派部落也開始和當地美國駐軍合作。他們厭惡蓋達組織的掠奪行徑（蓋達許多幹部來自國外），也對什葉派在伊拉克權力增長感到驚慌與不安全，而且毫無疑問對美軍增強對抗叛亂有良好印象，這些遜尼派部落轉向美國，請求協助他們保衛自己的村鎮。美國想在伊拉克建立現代、公正無私、依法治理的體制，牴觸伊拉克部落式的社會結構。相形之下，在這種新戰略下，部落型的社會組織成為有利美國的資產。[209]

過去也有人建議美國軍事將領該如何與遜尼派打交道，但往往被當作是耳邊風。[210]在地美國指揮官只能隨機應變和他們打交道；裴卓斯到任後，接受並鼓勵這樣做。[211]美國開始付錢給部落民，供應他們輕型武器，和他們共同行動對付共同敵人蓋達組織。美國武裝部隊曾經在伊拉克西部地區，與遜尼派進行他們進入伊拉克以來最激烈的作戰；可是到了二〇〇七年部分舊敵換了邊，成了美國實質上的盟友。合作變得愈來愈普遍，美方為它取了代號，以合作所在地省份之名命名，稱為「安巴覺醒」（Anbar Awakening）。[212]

美軍增派兵力，以及部隊執行的新戰略也有個響亮的名字——「增強力道」（surge）。「增強力道」達成它的主要目標：首都巴格達以及伊拉克西部地區的暴力事件大幅降低。[213]美國在伊拉克的作業似乎出現轉機。民選政府已經到位，原本全國最動盪地區也變得愈加和平，使命似乎已比二〇〇三年攻克巴格達以來任何時刻，更接近於達成。

二〇〇八年三月，美軍部隊所參加的另一項軍事行動，增強「增強力道」啟動以來伊拉克治理方面的有利走勢。效忠穆克塔達．薩德爾的民兵控制了南部最大城市巴斯拉。[214]馬利基總理本身是什葉派，決定在當地施展政府職權。他下令伊拉克軍隊——由美軍組訓，但受他指揮——攻占巴斯拉，並親赴前線督師作戰。政府軍在接下來的戰鬥表現不力，美軍必須出動來解救他們。然而，薩德爾民兵最後還是撤退了。[215]他們不僅從巴斯拉撤退，還從已在巴格達市東區所建立、號稱薩德爾城的堅強據點撤退。美軍在巴格達也扮演了關鍵角色。[216]自從海珊垮台以來，這個經由正當程序選舉產生的伊拉克政府，終於首度在全國多多少少實質掌控。

在期待已久的伊拉克政治、軍事大進展的背景下，二〇〇八年的美國總統大選起跑。早先就比對手更強烈反戰的歐巴馬，爭取到民主黨提名，進而當選，成為美國第四十四任總統。可是和二〇〇六年期中選舉不同，伊拉克戰爭並不是這次大選最重要的攻防議題，原因有三。

第一，半路殺出另一個重大危機。大型投資銀行雷曼兄弟公司（Lehman Brothers）在二〇〇八年九月十五日出事，使美國金融體系瀕臨崩潰邊緣，全國陷入景氣衰退深淵，選民心有旁騖，把伊拉克問題推到旁邊去。第二，美國人對伊戰已經大約有了共識。他們大體上都認為，實施「增強力道」以來，美國已經漸入佳境；但是大多數人也認為美國決定開戰是錯的。[217]

第三，布希總統已經拆除了歐巴馬及共和黨候選人參議員馬侃（長期以來一貫支持伊拉克戰爭）之間可能爭議不休的一個議題之引信。參議員歐巴馬在參議院要求訂下美軍部隊從伊拉克撤退的明確期限。[218]政府反對。聯合國在美軍攻入伊拉克後才通過決議案，賦予美軍進駐伊拉克的法源依據。現在，決議案將在二〇〇八年效期屆滿。美國必須與馬利基總理談判新協定，而馬利基堅持要訂出撤軍日期。儘管是美國撐腰他們才掌握政權，什葉派民眾卻不歡迎美軍停駐。布希手上沒有什麼籌碼，只有同意，因而推翻自己早先的立場，採納了歐巴馬參議員的主張。美、伊雙方為確切撤軍日期拉鋸，美國人希望逗留的時間長於伊方所願意同意的時間。最後雙方達成協議，美軍部隊在二〇〇九年六月底以前退出伊拉克城市，二〇一一年底以前完全退出伊拉克。[219]

歐巴馬政府上任時，美國在伊拉克的方向已經確定；撤軍時間表已經定案。新政府試圖與伊方談判延期，但無法就賦予美軍免受伊拉克法律管轄的《美軍地位協定》達成協議。* 因此它只好遵守小布希同意的時間表，到了二〇一二年初，離美軍跨過科威特邊界已有八年多，伊拉克境內再也沒有美國駐軍。

美國終於執行了它的政治當局和軍事領導人在二〇〇三年底後海珊的伊拉克前景看好時所做的撤軍承諾，而且這也是貝克—漢彌爾頓委員會所推荐——甚至更重要的是，美國民眾二〇〇六年實際上透過投票所表明的態度。布希政府為了遲遲不能兌現承諾，被各方批評。歐巴馬政府能夠比較順利推動、也有比較強烈的全國成就感，是拜「增強力道」戰略成功之賜。[220]

二〇一〇年，伊拉克按照既定時程舉行第三次大選。當年第一位被指派的總理阿雅德．阿拉威領導的政黨，傾向於世俗主義、而非宗教教條，雖由什葉派領導、卻得到遜尼派強大支持，這個黨得到最高票。假如阿拉威能夠組成政府，將是代表布希政府當年天真地相信，復興黨政權垮了之後，伊拉克會出現多宗派、親西方政府的理想向前邁進一大步。然而，現職總理馬利基的政黨以次高得票率緊追在後，它和其他什葉派政黨不肯讓阿拉威組織政府。僵局拖了二百四十九天之久。美國試圖從中斡旋出妥協方案，但最後還是支持馬利基，於是他又續任總理。[221]歐巴馬政府和其前任一樣押寶在馬利基身上，認為他是美國犧牲鮮血和財富所要打造的伊拉克之最可行希望。事後證明，這一注押壞了。

* 註釋：「談判不成功是因為伊拉克民族主義情緒上揚，伊拉克政客密室協商諸多角力，以及歐巴馬總統及其內圈助理為了國內選舉季節接近，對美軍是否繼續介入伊拉克舉棋不定所致。」Michael Gordon and Bernard E. Trainor, The Endgame: The Inside Story of the Struggle for Iraq from George W. Bush to Barack Obama, New York: Pantheon, 2012, p. 3.另參見pp. 665 and 670.有位前任白宮高級官員說：「『我們並不想留在哪兒，他也不希望我們留在哪兒……馬利基並沒有出來全力協商。它幾乎是個共同決定，大家沒有直接講，但實際上就這麼做。何況〔歐巴馬〕總統將競選連任，撤出伊拉克將是一件大事。』」Peter Baker, "Relief Over U.S. Exit From Iraq Fades as Reality Overtakes Hope," The New York Times, June 23, 2014, p. A8.「馬利基受到來自支持其政府的什葉派有力人士，以及伊朗盟友的壓力，趕快請美國人退出。當時的一項民調顯示，只有百分之十六伊拉克人希望美國人留下來。」"Why Iraq's army crumbled," The Economist, June 21, 2014, p. 47.

「增強力道」策略的設計師一向都很清楚，單憑更多的美軍部隊，和換了不同的戰術，都不能給伊拉克帶來穩定。這些措施設計來要弭平的叛亂，根源在政治，想要根除它，需要有效率、負責任、普遍被接受的治理，才能紓緩造成遜尼派和什葉派造反的民怨。「增強力道」策略買到時間，也替馬利基政府創造空間去提供需要的治理，能讓伊拉克三大族群能在同一個國家屋頂下共同生活。[222]

馬利基背道而馳。他沒有兼納天下的氣度，反而創造一個基礎狹隘、不能寬容、貪腐的政府，偏袒他自己家族、政黨和什葉派族群。他的親友和扈從利用控制他授與的國家機關之職權，圖利自己，[223]並且排擠和迫害伊拉克遜尼派。就馬利基而言，遜尼派還是威脅，要盡力圍堵、削減他們的權力。[224]他曾經承諾，美國人在「安巴覺醒計畫」下接受招安的遜尼派部落民，會得到伊拉克政府的照應，但是他食言而肥。[225]他逮捕、或試圖逮捕遜尼派為首的政治人物。[226]

他本人集大權於一身。伊拉克全國歲入幾乎都全靠販售石油，他靠石油財富強化權位，[227]建立起和整個中東所有國家無殊的政府，權力集中在一人、一家或一派之手。特別是在美軍撤走後，他的政府猶如什葉派版本的海珊政權，只是沒有那麼殘暴而已。[228]若不是伊拉克境外一個發展把他推翻，說不定他就像海珊那樣長久執政、緊握住權柄；美國不得已、勉強又重新軍事介入伊拉克。

把馬利基整垮的是發生在鄰國敘利亞的內戰。敘利亞內戰則是二〇一〇年底始於北非突尼西亞、後來被稱為「阿拉伯之春」（Arab Spring），席捲中東地區的反專制運動之一環。[229]占敘利亞人口過半數的遜尼派起來——起先是以和平手段——反抗巴夏爾．阿薩德政府。阿薩德屬於從什葉派分支出來的阿拉威派，而阿拉威派僅占敘利亞人口百分之十二。阿薩德以殘暴手段鎮壓亂事，掀起全國反抗風暴，伊斯蘭基本教義派趁勢崛起。其中有一支系出蓋達組織伊拉克分支。它強占敘利亞境內遜尼派聚居地區領土，把勢力延伸、跨出國境，深入伊拉克。他們得到和馬利基領導的什葉派政府離心離德的遜尼派之支持，[230]於二〇一四年一月搶占伊拉克西部大半地區，包括法魯加城（美軍曾在法魯加打過伊戰最慘烈的一役），又在同年六月，攻下伊拉克第二大城摩蘇爾，舉世震驚。

以什葉派為主、美國組訓的伊拉克部隊負責守城，雖然人數多，器械精良，他們卻不戰即潰散。軍官拋棄部隊、落荒而逃，部隊則棄械投降或往南逃亡。橫掃伊拉克西部後，這些伊斯蘭主義者進逼巴格達和什葉派心臟地帶。[231]伊拉克政府原先堅持美軍要完全退出伊拉克，現在前倨後恭，拜託美國伸出援手。歐巴馬政府說清楚、講明白，絕不幫助馬利基為首的政府，美方認為就是他的宗派政策才讓伊斯蘭基本教義派坐大。馬利基的達瓦黨贏了二〇一四年的國會選舉，但是他黯然下台，另一位黨人同志被推出來擔任總理。

這些基本教義派聖戰士把他們占領的地區稱為「伊拉克及敘利亞伊斯蘭國」（Islamic State in Iraq and Syria，簡稱ＩＳＩＳ），開始在他們力所能及地區執行他們所界定、非常嚴峻的宗教正統主義，活生生就是阿富汗塔里班再版。伊斯蘭國因為把捉來的西方人公開斬首，拍成視頻，透過網路公告而震撼全球。

二〇一四年夏天，伊斯蘭國部隊威脅到伊拉克西北部一小群信奉祆教（Zoroastrianism）的亞茲迪人（Yazidis），他們遭到伊斯蘭國包圍。伊斯蘭國聲勢浩大，也頗有可能攻克庫德族大城艾爾比（Erbil）。美國發動一波轟炸行動阻止伊斯蘭國推進，拯救了亞茲迪人。同年九月，歐巴馬總統宣布另一波更大型的軍事攻勢，初期也仍僅限於出動空軍，來降低及摧毀伊斯蘭國力量。歷史充滿了嘲諷。你所想和所預期的，卻和實際發生的，出現南轅北轍的反差。這些事件擺在美國於伊拉克從二〇〇三年至二〇一一年八年多軍事作戰的僵局來看，一共有三項。

第一是歐巴馬在二〇〇八年因為反對美國在伊拉克用兵而當選總統，二〇一二年連任則是因為他結束伊戰，而今卻一反他的預期、似乎百感交集地下令美軍在伊拉克恢復作戰任務。

第二個嘲諷是美國的政策因為九一一事件而制訂，目標是打擊兇手的實力和活動空間、嚇阻有心效尤的恐怖分子，可是結果卻完全大違本意，火上添油，適得其反。伊斯蘭國的戰士遠比它的前輩蓋達組織多，而且和蓋達組織不同的是，它有效地控制更大片土地，它們比起奧薩瑪．賓拉登的阿富汗藏身地點更具經濟價值和戰略重要性。如果美國沒有推翻伊拉克的復興黨政權，以及在巴格達扶立什葉派主宰的政府的話，伊斯蘭國絕不會崛起控制伊拉克和敘利亞部分領土，事實上恐怕也不會存在。

從二〇一四年事件冒出來的最後一項諷刺是，雖然美國在二〇一四年的介入幫忙保存美國在伊拉克耗時費力辛苦建立的一項成果，美國政府對此一成果實在是五味雜陳，而且美國在二〇〇三年至二〇一一年最費心力的努力對它的貢獻卻不大。

伊拉克東北部的庫德族地區在二〇〇三年後享有自治地位，一則是後海珊的憲法規定（這是靠庫德族的堅持爭取到的），[232]再則是他們本身擁有強大的作戰部隊，通稱「敢死隊」（Pesh Merga，意指「面對死亡的人」）。相對於美國想在伊拉克全境建立、卻不能成功，這塊地區成為異數。它和平、相當繁榮，[233]雖然政治由兩大家族主宰且也有貪瀆問題，總算有一部分民主。[234]甚且，和什葉派及遜尼派不同的是，庫德族親美。美國想在伊拉克全境推動「國家建設」，在全世界其他地區同樣也努力了二十年都沒有建樹，可是它在庫德斯坦地區卻出現了。在中東這個角落，美國的使命成功了。

然而，美國在這個成功案例中的角色雖不是微不足道，卻是相當有限。美國空軍一九九一年戰爭後在庫德斯坦設置的禁止飛航區，使庫德族能在不受巴格達當局干預下進行「國家建設」，十二年之後海珊垮台更增強他們的自治地位。但是其他方面他們都靠自己，很少有美國金錢、武器或美國的正式顧問的援助。[235]

如果美國維持禁止飛航區，而根本沒進軍伊拉克，庫德族地區在二〇〇三年以後或許也會照樣發展。這個地區的發展幾乎更接近美國在其他地方費了九牛二虎之力想要推動的「國家建設」，可是它在美國政治領導人心中卻引起五味雜陳的感受。一方面，他們佩服庫德族的成就，更佩服庫德族本土在整個國家毀於戰火、必須靠外國軍隊進駐才勉強維持秩序之下，仍能維持住基本的和平。另一方面，美國政府強力反對庫德族渴望且全力追求的目標：主權獨立。在阿拉伯世界建立民主政府乃布希政府列為第一的外交政策，如今有了契機，美國卻又裹足不前。[236]

庫德斯坦之外，美國在伊拉克沒有達成任何目標。它沒有建立自由市場的民主國家。它沒有培養出對美國親善、或承諾西式治理的政府，這個政府到最後也沒有能力保衛整個國土。美國沒能留下一個政權，願意或能夠採取必要措施來調和遜尼派、什葉派和庫德族，讓彼此在一個國家之內和平共處。在推翻海珊之後，美國留下來建設更加美好的新伊拉克，但是美國終於撤軍三年之後，它竟然不敢肯定，未來究竟還會不會有個伊拉克存在。

美國的計畫會達成更大成就嗎？答案要看你認為失敗是出自於美國犯錯誤，還是伊拉克太錯綜複雜而定。特別是在占領初期，美國政府採取的政策在許多人看來是錯誤的、而且沒有建設性、反而誤事。可是縱使美方的表現更恰當，伊拉克所提供的社會和政治材料也相當不理想，難符美國發動的「國家建設」和「建設國家機制」之需。

伊拉克缺乏可以做為西方體制基礎的其他國家之傳統、歷史經驗、政治價值和社會結構，而美國盼望將它們移植到英國於第一次世界大戰之後所拼組起來的這個國家。二〇〇六年，布希總統第二任期的國家安全顧問史帝芬．海德雷（Seven Hadley）視察巴格達回國後，呈給總統一份報告，上面提到：「我們和馬利基總理對伊拉克有相同的願景嗎？」[237]他們的確沒有。即使有，鑑於伊拉克的歷史、政治文化和社會組成，推動美國版的願景也難如登天。

美國的失敗不在於美國人在伊拉克做或沒做什麼，而在於伊拉克人究竟是什麼。[238]當代中東著名學者法奧德．阿加米（Fouad Ajami）認為美國在當地的壯舉是「美國意志和該地區之萬有引力之間的搏鬥」。[239]萬有引力在伊拉克占了上風，它們在中東其他地區也占了上風，以致於美國也想在這些地區推動後冷戰使命，同樣鎩羽而歸。

第五章

中東的和平

問題癥結在於阿拉伯人不認同猶太人有回到故土的基本權利。

——艾瑞爾・夏隆（Ariel Sharon）[1]

……美國已採取一項讓中東自由的前瞻戰略、新政策。

——小喬治・布希[2]

世界中心

二〇〇八年有一項調查，徵詢國際關係教授們的意見，問他們認為世界上那個地區對美國來說最重要？結果有百分之四十六的受訪者選擇中東，比例大幅超過其他地區[3]。如果是在冷戰期間問這個問題，得到的答覆恐怕會截然不同。在冷戰時代的歐洲，美國部署了最多的部隊以嚇阻蘇聯揮兵西進；還在東亞的朝鮮半島和中南半島這兩個重要地區打了兩場漫長、慘痛的戰爭。然而，與全球共產主義的衝突落幕後，危害美國在亞洲及歐洲安全的威脅消失了，或者說，至少看來是如此。這兩區域的經濟地位雖仍重要，但已不再是重大政治或軍事衝突的熱點。相較之下，中東一直是首當其衝的政治、軍事角力的重心。至少表面上歐洲和亞洲正處於承平時期，中東則不然，因此美國外交及軍事上的注意力才會轉向此。

美國在中東地區的政策以伊拉克為重心，但更向外擴延。柯林頓、小布希和歐巴馬政府的高級官員投注了不可計數的時間，試圖解決後冷戰時期之前就已存在的以色列與阿拉伯人的衝突。面對中東地區四處政治癱瘓的情況，布希總統發動了一個雄心勃勃的計畫，想藉由為中東引進民主政治來解決病灶。而在新世紀的第二個十年，中東地區爆發人民動亂反抗長期統治的威權政府，其中有些被針對的對象更是美國的長期盟友。有鑑於此，歐巴馬政府必須設計一套政策來處理所謂的阿拉伯之春。

美國在調停以阿衝突及回應阿拉伯之春的方法是端出民主議程，想推廣本身的政治價值，這和一九九〇年代對中國和俄羅斯，與干預索馬利亞、海地、波士尼亞和科索沃，甚至與再下個十年的阿富汗和伊拉克戰爭時如出一轍。在大中東地區，美國和在其他地區時一樣肩負起促進和解、繁榮和民主的使命，但是，這使命也和先前一樣功敗垂成。

讓美國滑鐵盧的中東地區，在二十世紀之前經歷三個偉大帝國的宰制：阿拉伯人、波斯人和鄂圖曼土耳其人。鄂圖曼帝國在第一次世界大戰時戰敗而崩潰，英國和法國這兩個戰勝國便成為中東的裁決者，畫定了鄂圖曼帝國後繼各國的國界，而在這時決定的疆域，直到二十一世紀第二個十年仍存在（雖說有些已名存實亡）。英國人以這地區最被廣泛使用之名稱之：中東（或作近東），以便與西太平洋的中國、日本等國家作區隔，後者因為離英倫列島更遠被稱為遠東。

英國和法國以直接或間接的方式，統治部分中東地區達數十年之久[4]，本地區居民因此養成了一種習慣，把許多政治、經濟問題都歸咎於西方統治遺留下的禍害。事實上，歐洲人統治此地區的期間太短，對中東社會沒有留下太深刻的影響。其實，若是為了達到中東地區長年無法達成的目標，適應隨現代化而來的機會和壓力，黎凡特（Levant）、美索不達米亞、波斯灣和阿拉伯半島的阿拉伯人要是能得到歐洲更長期、深刻的進駐，會有更多好處。

第二次世界大戰之後，英、法勢力消退，美國取而代之，成為最大的外來大國。美國人長期與中東的文化關係和感情有所牽繫[5]，更別提最重要的是，中東是基督教信仰的起源地。但二戰之前美國一直在中東地區的政治事務中扮演次要的角色，然而冷戰開始後情勢不變。隨著和蘇聯及其他共產國家的衝突範圍遍及全球，美國的勢力伸入每個角落，包括中東在內。美國在中東的政策目標是：牽制蘇聯的政治勢力擴張，確保本地區石油流向美國在西歐和東亞的盟友。

石油在一九四五年後的中東事務之中為關鍵角色。中東地區的石油蘊藏量為全球最富，且根據某些估計，其量之大，幾乎占了全球的三分之二，這是工業化民主國家所需的重要資源，也因此，西方國家及其盟主美國在中東有極大利益。同時，這個區域內部石油分布的情況也大大左右中東各國的權力均勢、勢力和野心。石油使沙烏地阿拉伯、伊拉克和伊朗在這三方面舉足輕重。

美國因石油考量而決定的中東政策，可上推至二次世界大戰結束之前。一九四三年，佛蘭克林．羅斯福總統宣布保衛沙烏地阿拉伯這個全世界石油蘊藏量最大的國家，此舉攸關美國重大利益[6]。一九四五年二月十四日，剛結束在黑海之濱的蘇聯城市雅爾達與史達林、邱吉爾的三巨頭會議，羅斯福隨後在蘇伊士運河附近大悲湖（Great Bitter Lake）一艘美國軍艦上與沙烏地阿拉伯國王會面。此舉表面上開啟了美、沙兩國同盟，但其實是美國把沙烏地納為保護國，其影響包括美國在一九九一年不惜一戰，把薩達姆．海珊部隊逐出科威特。

冷戰期間，為了保護在中東的利益，美國想方設法抑制似乎受到蘇聯影響且威脅其盟友的激進政權和運動。一九五〇及一九六〇年代，埃及領導人賈瑪爾．阿布德爾．納瑟（Gamal Abdel Nasser）打著泛阿拉伯主義意識形態大旗，有心稱霸中東，美國便基於上述理由必須出面反對[7]。一九七九年，當宗教領導人奪取政權後，美國又出面反抗具侵略性的、基本教義派的伊朗伊斯蘭共和國。在二十世紀最後十年和二十一世紀頭十年期間，美國政府更決定兩度和伊拉克作戰。

美國在中東也推行它在歐洲和亞洲實施的圍堵政策，發動軍事力量和政治影響力來保護盟國，以及防止敵對勢力在軍事或政治上的擴張。一九九一年之後，當伊拉克和伊朗結束將近十年的兩伊戰爭，都成為敵對陣營成員時，美國採行了「雙重圍堵」，對兩國都提高警戒[8]。

美國冷戰時期的中東政策也和舊傳統有雷同之處，有如昔日英國對待歐洲大陸政治的作法。數百年來，英國一直扮演「離岸平衡手」（offshore balancer）的角色，調度它的外交和財金力量，不讓任何一個國家獨霸大陸，威脅英倫列島和大英帝國。不像一九四五年以後美國在歐洲的圍堵政策，美國在冷戰期間通常並不在中東派駐自己的軍隊，採取的方式較像這個古老的英國對歐洲政策[9]。美國也像其時英國對待歐洲一樣，出售軍火且提供經濟援助給中東盟國，[10]並採取英國對歐洲採取境外平衡的政策（英國此一政策的指導原則是：國家沒有永久的朋友、永久的敵人，只有永久的利益），但又不像冷戰時期在歐洲圍堵蘇聯那樣，美國在中東的敵與友陣容會與時遞變。從一九六〇年代到冷戰結束這段期間，埃及、伊拉克和伊朗都曾是美國的盟友，也曾是敵人。

在詭譎的情勢之中，美國在中東地區的冷戰政策有一點倒是始終不變。它沒有要推動中東國家的國內改造。事實上，這些國家的國內政治制度跟美國對他們的政策幾乎是絲毫不相干[11]。美國在西歐的盟國幾乎全是民主國家，因此保衛他們就等於保衛自己的政治價值，但在中東，除以色列之外，受到美國保護的國家無一民主。美國結交及庇護的國家可以說是「友善的暴君」[12]，其和這些國家有利害關係，但沒有共同的政治價值。冷戰期間，在亞洲、拉丁美洲和歐洲，美國與反共但非民主的政權結盟[13]，在中東也是如此。除卻以色列，其他中東盟國都在國內實施暴政。

冷戰結束並沒有終結西方世界對石油的需求，共產主義在歐洲的崩潰也沒有消除對本地區美國盟友及其利益的重大威脅。威脅之所以持續不退，是因為它們不是受馬列主義意識形態啟發，它們的軍事力量也並非全然依賴現已不復存在的蘇聯。美國的中東政策在後冷戰時期的頭十年不變，與柏林圍牆傾塌和西方最大的共產主義強敵消失前沒有什麼不同，直到九一一攻擊後才產生變化。

在這之中有一個政策施行的時間尤長，不受二十世紀末期歐洲驚天動地的政治事件的影響。美國繼續投注外交資本、甚至更有價值的資源，比如美國高階官員的寶貴時間，想促成以色列和阿拉伯人之和解、中止綿延不決的戰事，而其對此的斡旋努力可以上溯至一九七〇年代，然而卻和美國後冷戰時期的其他使命一樣終告失敗。其失敗原因有部分是主事的美國外交官不認為它是使命，美國人沒有認識到，和一九九〇年代對中國、俄羅斯的人道干預，及後來的阿富汗和伊拉克戰爭一樣，所謂中東和平進程的成功，其實端賴這些國家自己的內部改造。

和平進程

一九九一年十二月，美國於西班牙首都馬德里召開會議，預備藉此促成以色列與阿拉伯人的和談。所有阿拉伯國家政府全被請到同一個大會堂裡，他們大多拒絕和以色列代表公開碰面。被以色列拒絕公開會面的巴勒斯坦解放組織（Palestine Liberation Organization）代表，亦以約旦代表團成員身分出席會議。馬德里會議緊跟在第一次波斯灣戰爭後，美國政府認為此即順理成章的後續[14]，因此決定發揮二戰以來其最大軍事勝利賺來的聲望和政治資本，希望能就此解決中東諸多衝突的其中一項，且比起其他衝突來說，以色列與阿拉伯人的破壞力沒那麼大，對美國在當地及其他地方的利益也沒有即刻的威脅，這充分證明美國極度重視這個問題。從一九七〇上半期至二〇一〇年代上半期，從來沒有其他國際問題如此受到美國高層官員的持續重視。從尼克森、福特、卡特、雷根、老布希、柯林頓、小布希到歐巴馬，歷任總統無一不把以阿和平進程視為優先施政。

美國的確獲致一項重大成果：以色列和它最大的鄰國埃及在一九七〇年代末簽訂了和平條約。自一九四八年至一九七三年的這四分之一世紀裡，兩國先後爆發四次戰爭，而以埃和約消泯了再爆發另一場大戰的可能性，使兩國更加安全，也符合美國利益。然而，此後或多或少的持續談判卻沒有產生具體的結果，且談判常發生在中東暴力上升之際，甚至有時是談判造成了暴力相向。

就像美軍占領了伊拉克卻無法在當地建立民主政體，以阿衝突也有阿拉伯人政治文化的深層因素，比如價值、傳統和信仰。然而，美國人主辦和指導和平進程往往不問根本原因，只一意孤行，他們的態度就像中古時期的庸醫一般，無論什麼病症統統把水蛭擺到患者身上。醫者對要治的病了解不足，不僅解決不了問題，有時候還使問題更趨嚴重。

美國歷任總統和國務卿無不努力撮合以色列與參與衝突的阿拉伯人，也就是敘利亞復興黨政府和巴勒斯坦解放組織，這些阿拉伯國家也一再表示有意追求和平，然而，他們卻總是拒絕採取可讓和平成真的措施，即使，其實是「尤其是」以色列為了獲致和平表示願意讓步時。儘管證據如山實情不然，美國政府也總是相信，或者是裝作相信敘利亞人和巴勒斯坦人說的是真心話。這些證據包括他們總是說一套做一套，也包括他們以阿拉伯語向民眾講的一些挑釁煽動的言詞。基於這個理由，就像一九五〇年代百老匯歌舞劇其中一首歌〈紅男綠女〉（Guys and Dolls）歌詞說的那樣，中東和平進程可以說是全世界最長的騙局[15]。

美國斡旋不果的這項衝突開始於十九世紀一項現代猶太民族運動，即「猶太復國主義」（Zionism）的興起，由四股強大、盤根錯節的力量造成。第一、可以追溯到上古時期的猶太人民族意識。猶太人的宗教包含許多習俗和儀式，最原始的猶太人國家公民即使流亡在外，這些傳統仍繼續傳承。第二、猶太人對故國現址（以耶路撒冷為中心）的強大連結。猶太人自上古以來即居住於此，且人數經常過半。第三、法國大革命後普世興起的民族國家的渴望，使得民族主義成為現代世界最強大的政治力量。四、猶太人在十九世紀和二十世紀受到迫害，他們的境遇在歐洲最為悽慘，而在阿拉伯國家也很普遍，有相當多人長期受歧視或有更慘的際遇。

打從一開始，阿拉伯穆斯林（及一部分阿拉伯基督徒）就反對猶太復國主義。歷經了百餘年來的種種階段，以阿衝突的根本原因說到底就是阿拉伯人誓死拒絕接受猶太人在中東的主權地位，而拒絕導致了阿拉伯人動手施暴。首先，他們針對的是住在巴勒斯坦的猶太人社群。這地區由英國人於一次世界大戰後由國際聯盟委託管理，直到一九四八年五月到期，此地於是成立猶太國家以色列，而暴力也隨之指向以色列。

阿拉伯人拒絕接受以色列一事也有其宗教根源。穆斯林認為以色列這塊地區是伊斯蘭的版圖，而猶太人並非穆斯林，因此沒有對此地的主權[16]。阿拉伯人視以色列建國為奇恥大辱，因其並非西方基督教世界的創作（西方在過去兩百多年來財富、國力都已勝過阿拉伯人），而是由他們一向認為孱弱、受其鄙視的少數民族所創立。阿拉伯社會的部落結構強調團結對抗外人，更強化了他們對以色列的排斥[17]。由於許多遜尼派穆斯林阿拉伯人不認為什葉派穆斯林阿拉伯人有權享有平等的政治地位，他們也會否定猶太人有此地位一事也就見怪不怪了，畢竟他們連穆斯林都稱不上。甚且，當以色列證明自己在軍事上站穩腳跟之後，阿拉伯各國政府只好利用敵視猶太人的民心，來轉移其人民對政府缺失的憤怒，譬如他們的專斷和暴力統治、貪腐，以及經濟的遲滯。中東猶太人在一九四八年獨立建國後，不由自主地扮演和歐洲猶太人數百年來相同的角色：成為代罪羔羊。以阿衝突對阿拉伯國家的貢獻大過於和平；沒有一個阿拉伯領導人在反猶太復國主義一事上，膽敢表現得比起其他阿拉伯國家領袖還軟弱。

一九四七年十一月，聯合國投票通過把巴勒斯坦英國託管地畫分為一個猶太人區和一個阿拉伯區，也就是巴勒斯坦區。一九四八年五月，託管期屆滿，巴勒斯坦猶太人代理當局（Jewish Agency for Palestine）宣布於其轄區建立一個猶太國家，國號以色列，引爆阿拉伯四國聯軍圍攻[18]。這些對以色列動武的國家原本有信心能輕易征服這個新國家，瓜分其土地，然而，就和往後七十年一再重演的一樣，事實證明他們誤判了。以色列擊敗了聯軍，一九四九年戰爭告一段落時，以色列反而占有比聯合國畫分決議案分派給它的轄區更多的土地。

一九五六年，第二次以阿戰爭爆發。鑑於鄰國不斷發動小規模攻擊，以色列和法、英聯手攻打頭號侵擾者埃及，以色列部隊占領位南方、由埃及控制的西奈半島，英法聯軍則以以色列占領西奈為藉口，搶占蘇伊士運河[19]。

戰爭在一九六七年再次爆發[20]。納瑟趕走一九五六年戰爭結束後聯合國派駐在西奈的維和部隊，在以埃邊界集結大軍，並封鎖以色列進出紅海的蒂朗海峽（Straits of Tiran）。封鎖構成禁運，依國際法即是戰爭行為，於是以色列兵分三路還擊，短短六天便終告戰事大捷。在南方，他們再度占領西奈半島，並奪下埃及控制的加薩走廊（Gaza Strip）。在東方，以色列則搶下從一九六七年停戰線和約旦河以西由約旦王國控制的區域，並以《聖經》上的名字「猶大暨撒馬利亞區」（Judea and Samaria）稱呼這片地區，但全世界一般以約旦河西岸（West Bank）稱之。往北，以色列攻占由敘利亞控制、俯瞰以色列北部地區的戈蘭高地（Golan Heights）。

美國參與了頭三次以阿戰爭，但都不是主角。一九四八年，美國政府第一個承認這個新猶太國家的外交身分[21]，但完全不介入由阿拉伯人發動的戰爭。一九五六年，艾森豪政府擔心英、法和以色列聯手攻打埃及會使蘇聯取得介入中東政治的機會，強迫他們歸還蘇伊士運河和西奈半島給埃及政府，美國便向以色列保證會協助維持蒂朗海峽暢通。當納瑟於一九六七年又封鎖它時，美國展開外交交涉想要打開航運。失敗後，以色列便單獨動手排除這個障礙[22]。

一九七三年，另一場戰爭為美國介入中東事務開啟序幕。當年十月六日，猶太曆的聖日贖罪日（Yom Kippur），埃及和敘利亞聯手突襲以色列。起先埃、敘占上風，經過一星期戰鬥後以色列彈藥不足，美國還透過大規模空運火速運補。又一星期過後，換以色列陸軍和空軍搶占上風，痛擊進犯敵軍，迫使他們退回距離起始攻擊線更遠的後方，並包圍了埃及第三軍部隊。

戰爭末尾，蘇聯領導人布里茲涅夫（Leonid Brezhnev）顯然因為埃及軍事地位堪憂而緊張，發函給尼克森總統，然而美方把它解讀為其威脅要派兵拯救埃及，於是因蘇聯有可能派出地面部隊進入中東而提高警戒，下令全球美軍提高戒備以嚇阻莫斯科。甚且，戰爭開打後，阿拉伯石油輸出國家為了懲罰美國（和荷蘭）援助以色列，降低了石油生產量，造成一九七〇年代第一次石油危機（後來在一九七九年伊朗革命時，伊朗石油產量銳減，引起第二次石油危機），全球油價大幅上升。美國面臨汽油短暫缺貨的窘境，導致全國加油站排滿等候加油的汽車長龍。

在以色列和埃及軍隊嚴陣對峙、一副隨時再戰的態勢之中，戰火止於十月二十五日。美國國務卿季辛吉趕到中東做調人，也準備幫阿拉伯產油國家找個好理由以增加原油產量。他交涉成功，雙方達成退兵協議。以這份成績做基礎，加上交戰各方的鼓勵，他「穿梭」往來交戰國首都，花了相當長一段時間調解各項事務，設法撮合了另五項以、埃協議，和一項以、敘協議[23]。美國在中東的新角色於焉誕生：以色列和阿拉伯國家的調人。

卡特總統接棒季辛吉，繼續扮演中東事務調解人的角色。一九七八年九月，他把埃及總統安瓦・沙達特（Anwar Sadat）和以色列總理梅納欽・比金（Menachem Begin）邀到大衛營直接談判，此乃因沙達特破天荒、戲劇性地親赴耶路撒冷，對以色列國會發表演說[24]。大衛營會談為談判增添了動力，終於，兩國在一九七九年簽訂了和平條約[25]。原本是蘇聯扈從的埃及轉向與美國結盟，每年獲華府大量補助，並將大半用於軍事，如此一來，美國納稅人等於替以色列和埃及的和平買單[26]。

季辛吉的「穿梭外交」和卡特政府斡旋以、埃和平的努力建立了一個模式，延續了好幾十年，被稱為「和平進程」（peace process）。和平進程的假設前提是：美國支持的以、阿談判有利雙方互信，找出或創造共識與共同利益，最終促使雙方和平相處。從尼克森到歐巴馬歷任政府，共和、民主兩黨的外交圈高層無一不密切關注和平進程，有時甚至到了著迷入魔的地步。

美國人無法抗拒這個點子，因為它讓美國站上調人位置，運用其國力和地位促成國際社會中最難能可貴的貢獻：和平。美國在「前冷戰」時期即有過做調人的歷史：一九〇五年狄奧多·羅斯福總統在新罕布夏州朴資茅斯（Portsmouth）主持和會，調停一九〇五年的日俄戰爭，並因此榮獲諾貝爾和平獎。因為羅斯福總統的前例，中東和平談判的美國官員腦海裡也有爭取諾貝爾和平獎榮耀的念頭。

美國民眾在和平進程中不像外交圈菁英那樣懷抱私心，但肯定不會反對以阿和談，畢竟它的代價不會太高，也沒有明顯的風險。直接參與談判的官員除了心理上的滿足，也認為這是一件重要且完全惠民利國的工作。和平進程可為美國帶來戰略利益，它使得與阿拉伯政府維持良好關係的外交工作更容易進行，同時又能和以色列保持親密關係。此外，它讓宣稱以色列可惡至極的阿拉伯人有個政治掩護，可以和以色列的最大友人名正言順地經常往來。美國政府可以安撫阿拉伯統治者自己在認真在處理某些阿拉伯人的憤怒，而這些統治者也可以如此安撫他們狂熱反猶太復國主義的民眾。[27]

然而，美國的和平進程推動者，並不認為他們的努力僅只於替美國在中東的外交做保護盾牌，而是有重要意義，並基於三個假設前提認真投入這件事。一九七〇年代以、埃的每項談判都很認真，卻無一對日後的和平進程有幫助，縱使如此，它們還是被外交決策者視為正途、奉行不逾。

首先，這些美國人相信，要保護國家利益，全面的以阿和解相當迫切且至關重要。一九七三年的贖罪日戰爭和後續演變，已使美國在該地區的主要利益陷入險境，不但與蘇聯似乎可能爆發直接軍事衝突，永久性全球石油短缺也幾乎是肯定會有的危機。後來冷戰結束、蘇聯瓦解，美蘇衝突的風險也跟著消失了，另外全球能源生產和消費的演變，加上阿拉伯產油國家日益需要收入，也戲劇化地降低了類似一九七〇年代兩次石油震撼再發生的可能。

儘管環境變了，美國政府仍重視和平進程，此乃依據「聯結」（linkage）理論行之。按照這個理論，以阿衝突與中東一切事務均有所連結、相互影響。[28]此外，由於和以色列的密切關係，除非以阿不再衝突，否則美國在中東的活動注定有相當的障礙。綜上所述，成功的和平進程是保護美國和西方在阿拉伯世界利益的關鍵。[29]

阿拉伯政府肯定有向美國官員抱怨以色列，如此動作的理由與其向治下人民宣揚敵視猶太國家是一樣的：為了轉移對其他問題的注意。[30]阿拉伯領導人喜歡拿以色列做藉口不去配合美國的要求，其實是他們自己有所不願。這些領導人其實很少考量以阿衝突，而是根據本身利益，尤其是保住權位，來決定實際的政策。[31]伊拉克戰爭期間，當美國企圖平定伊拉克所遭遇的種種代價高昂的問題，且明顯與以色列不相干時，聯結論在美國決策圈便降低了一些吸引力，但並未完全消失。[32]

和平進程所依據的第二個假設，是堅信參與衝突的各造都盼望和解，因此和解是勢在必行。以色列符合此假設，因其並未主動挑起衝突，也沒開啟戰火，且通常都願意停止衝突，只要有能確保它安全的條件。由於埃及比起其他國家更能對以色列構成巨大的軍事威脅，也由於缺了埃及，其他阿拉伯國家就無法組成軍事上能有效打擊以色列的同盟，以色列於是特別渴望與開羅政府簽訂和平條約。埃及總統沙達特這方也有強烈的動機要達成協議，他希望埃及能退出以阿衝突漩渦，才好和美國建立親密關係。[33]

然而，和平進程的其他阿拉伯當事國，例如敘利亞政府以及巴勒斯坦解放組織領導人，雖然也希望收復在一九六七年戰爭失去的土地，卻不把與以色列言和當作第一目標。在他們看來，美國和平進程構想的和解方案會削弱他們個人的政治地位，而這成了他們絕不答應和解的真正原因。

和平進程的第三個假設前提，也是美國官員深信的是，已有一套參與衝突各造都能接受的和解方程式，就是用以色列在一九六七年六月占領的土地，換取阿拉伯國家斬釘截鐵承諾永久的和平。聯合國安全理事會在六日戰爭結束後不久，即通過二四二號決議案，納入以土地換和平的方程式，使它成為和平進程的基礎。

以色列依據以埃和約，把西奈半島交還給埃及。西奈半島是一塊大半沒人居住的沙漠，埃及政府也沒有軍隊派駐於此。以色列不需要，也不想要西奈，而雖然對埃及而言，重要的是收復失土的象徵意義，不是這塊土地有什麼實際用途，因此雙方便輕易達成了交易。

反之，戈蘭高地對以色列就具有高度戰略價值：它可以用來砲轟以色列北部城鎮，在一九六七年以前，敘利亞就是這麼做的，此外，戈蘭高地也可做為全面攻擊以色列的基地。約旦河西岸在戰略上的重要性則更大，其位置靠近以色列主要人口中心，又因為是《聖經》上以色列的心臟地帶，享有極大的感情和政治重要性。因為上述原因，若沒有嚴格、明確的措施確保安全，以色列人不願放棄戈蘭高地和西岸地區。然而敘利亞人和巴勒斯坦人即使願意締和，在政治上也很難接受以色列的條件，更何況他們根本不想和以色列人和平共處。在此事上，以色列被要求放棄土地以換取和平，而以色列所認定的和平當然就是停戰。但阿拉伯人卻不願終止與其交惡，以致於成功在先而後繼無力。以埃能夠進行談判的條件，和後來的和平進程條件並不相同，儘管有所差異，美國歷任政府卻十分執著地推動它。雖說美國對和平進程的堅持很少受到批評，因為其在美國政治上有如蘋果派、國旗、與老母親，享有神聖不可侵犯的地位，然而美國和以色列的關係倒是引起相當程度的爭議，主要是由責備以色列人造成和平進程失敗的人士、或是因其他理由不喜歡這個猶太國家的人士所發動。* 這爭議起於對美、以關係的三個迷思。

第一個迷思是認為以色列不僅是美國盟友和扈從，而是美國的傀儡。由此衍生出一個想法：若是華府有意願，就可以讓耶路撒冷當局接受和平條約。[34] 此迷思暗示，就是因為華府沒這麼做，以阿衝突才一直持續。

美國固然肯定對以色列政府有影響力，然而它並沒有，也不會有足夠的影響力讓以色列接受其認定會危害到自身安全的政策。所有國家都會抗拒接受他們認為危險的建議，不論提出建議者

---

* 註釋：不管是用哪種合理的標準來看，以色列在美國及其他國家受到的注意都太超過：「我在美聯社當記者時，社方派了四十多人採訪以色列和巴勒斯坦地區新聞。比起美聯社派來採訪中國、俄羅斯或印度，或是撒哈拉沙漠以南全部五十個國家的記者都要多。」參見Matti Friedman, "An Insider's Guide to the Most Important Story on Earth," Tablet, August 26, 2014, www.Tabletmag.com/ jewish- news- and- politics/ 183033. 原因恐怕不只是以埃衝突很重要（或許不是最重要），也因為全世界對唯一一個猶太人國家都懷抱某種戀眷情愫。關於對猶太人的戀眷情愫，以及以色列所受到的重視，見Adam Garfinkle的經典研究Jewcentricity: Why the Jews are Praised, Blamed, and Used to Explain Just About Everything, New York: John Wiley & Sons, 2009. 關於以色列建國之前美國對待猶太復國主義的作法，見Peter Grose, Israel in the Mind of America, New York: Alfred A. Knopf, 1983.

多強大、多用心良苦。美國不會使用超乎它對待其他民主盟國的手段來對待以色列，換句話說，美國不會強迫以色列。當然，美國能以撤除對以色列的支持做威脅，或是如某些批評者所提議，完全放棄以色列，但此種壓力不管是在其他民主國家還是在以色列身上都無效，因為猶太復國主義的一個根本精神，就是保衛猶太家園必須靠一己之力。本於這個原則，以色列已有必要時要孤軍奮戰的心理準備。總而言之，以色列人幾乎總會在美國認為有必要達成和平時退讓，反而是阿拉伯人一向認為以色列讓步不足。

第二個迷思和第一個恰好相反，認為以色列在操縱美國：兩國有歧見時，弱者總是遂其心願。照批評以色列的人士或其敵人的說法，以色列用這種方法避開了達成中東和平必需要做的工作。然而此說法經不起證據考驗：從雷根政府出售先進航空技術給沙烏地阿拉伯的計畫，到歐巴馬政府堅持讓以色列全面禁止在超越一九四九年停火線之外興建以色列人的住宅，都顯示了美國的意志得到以色列的配合。

第三個迷思和第二個迷思有密切關係，即認為以色列能夠對美國外交政策發揮不成比例的重大影響力，是因為強大的遊說集團密室運作，扭曲了華府的決策過程。[35]這個理論在阿拉伯世界特別流行且繪聲繪影，因為它替蕞爾小國以色列有能力擊敗地廣人稠的阿拉伯世界提出令人告慰的解釋。

以色列在美國首都是有一些影響力，華府中不只一個團體致力於強化及發揮以色列的影響力，然而事實上其他國家的團體，以及各式各樣國內、國外經濟利益團隊都在華府進行遊說、爭取權益，此為美國政治制度的常態。然而，以色列的影響力有更廣大的基礎，不僅靠遊說團體說項爭取。民意調查顯示，這個猶太國家在美國民眾心目中的好感度相當高，而這非任何親以色列團體能夠使力之處。[36]以色列在美國獲支持，是因為它在四周國家大半為非民主國家的地區特立獨行，堅守民主與親美。和中東其他國家不同，也和世界大多數國家相當不同，以色列具有和美國相同的價值觀。

甚且，做為一個軍事力量強大的盟國，以色列在中東地區能呼應美國的戰略目標，其對美國的「離岸平衡手」戰略有相當貢獻。[37]它在一九六七年的大捷，對於供應武器給阿拉伯國家的蘇聯，不啻一記當頭棒喝。一九七〇年，以色列的軍事力量協助遏阻了反美的敘利亞攻打親美的約旦。[38]冷戰期間，以色列反抗美國在中東的激進敵人，有助於牽制對方。如此的共同利益及共同價值，使得以色列與美國兩國休戚與共。

馬德里會議之後，和平進程進入了後冷戰時期。其時柯林頓政府上台，對和平進程的關注尤勝過策畫馬德里會議的前任總統老布希，而且也承繼了拉賓（Yitzhak Rabin）總理領導的新勞工黨內閣。拉賓在一九六七年戰爭時擔任陸軍參謀長，這是第二次組閣領導國家。拉賓和勞工黨比起前任政府，也就是鷹派聯合黨（Likud Parry）來說，比較傾向積極推動與阿拉伯人和解。

拉賓想和敘利亞和談，美國政府則全力投入斡旋。敘利亞和以色列代表在華府及其他城市談判同時，國務卿克里斯多福在四年任內親赴敘利亞首都大馬士革二十八次，與總統哈菲茲·阿薩德會談。二○○○年，柯林頓本人也專程到日內瓦和阿薩德會面，希望哄勸他和以色列和解。這位敘利亞領導人之所以願意展開和平進程，毫無疑問地，很大一部分原因是想改善跟美國的關係。當時蘇聯已瓦解，美國又在一九九一年波斯灣戰爭中大勝伊拉克，在中東及世界其他地區成為霸主。然而，阿薩德並不願締結和約。

透過緩慢、審慎、頑強的談判，他清楚表示自己並不急於改變領土現狀，也不急著收復戈蘭高地。[39]甚且，以色列和巴勒斯坦解放組織在一九九三年下半年開始談判也使以、敘談判變得更複雜，雙方為兩國最終邊界要怎麼畫起了爭執，和談於是觸礁。以色列主張國際承認的一九二三年疆界線；阿薩德堅持恢復一九六七年戰爭前的國界（雖然未經國際一致認同的界定），也就是根據一九四九年停戰線來畫分，如此一來敘利亞會多分到一些土地，也會使以色列北部地區較難抵擋攻擊。[40]

美國和以色列告訴敘利亞，占領戈蘭高地已使以色列的防衛地位上升，若要說服以色列民眾承擔退出戈蘭高地的風險，有必要請阿薩德展現相當大程度的修好姿態，譬如像沙達特一樣親赴耶路撒冷，到以色列國會發表演講。這位敘利亞獨裁者全然沒有要如此動作的表示。[41]他的專制政府經常殘民以逞，讓他無法理解為什麼以色列民意那麼重要，非迎合它不可。此外，敘利亞政府的性質還以另一個更深刻的方式阻礙以、敘締和。

阿薩德政府名義上是復興黨政府，和薩達姆．海珊的伊拉克一樣，事實上它是基礎很狹隘的宗派政府。他本身屬於從什葉派伊斯蘭分支出來的阿拉威派，該派僅占敘利亞全國人口百分之十二。他們透過威懾恫嚇而非民主授權統治占四分之三人口的遜尼派，其中許多遜尼派甚至根本不承認阿拉威派是穆斯林。一九八二年二月，遜尼派穆斯林兄弟會（Muslim Brotherhood）在哈瑪市（Hama）起兵反抗阿薩德政權，阿薩德的部隊便一舉屠殺兩萬名會眾。

雖然歧見大到會兵戎相見，敘利亞人又全是阿拉伯人，阿薩德為了從非阿拉威派爭取認同，以擁護阿拉伯民族大業之姿出現，特別強調反猶太復國主義。[42]除了展現他不惜殺害所有反抗他的敘利亞人之外，他能緊握權柄是依靠持續與以色列對抗。他有理由相信，若要收復戈蘭高地，他必須付出的代價恐怕會威脅到他控制大馬士革。[43]因此，從以色列人手裡收復失土，換取和猶太人和解是弊大於利，風險極大。美國人以為阿薩德想要的東西，其實他並不要。阿薩德索回戈蘭高地的決心還沒大到願意要付出國際同意的代價的程度。這也是為什麼敘利亞、以色列和美國合力推動的和平進程並沒有帶來和平。

以敘和談停滯之下，柯林頓政府及其後任把和平進程的重點轉向以色列和巴勒斯坦的談判。此兩國關係似乎在一九九三年有所突破：幾個並未獲得政府正式核准的以色列人，在挪威首都奧斯陸與巴勒斯坦解放組織代表秘密會面。阿拉伯各國一九七四年在摩洛哥拉巴特（Rabat）的高峰會議承認巴勒斯坦解放組織是「巴勒斯坦人民唯一合法代表」，不承認約旦王國的身分，（從一九四八年至一九六七年戰爭期間，約旦河西岸地區由約旦王國控制）而由於巴勒斯坦解放組織根本不承認以色列有存在的權利，以色列拒絕和它打交道。雙方在奧斯陸放棄過去的這些立場，其談判產生了一個有助於未來和談的框架，有意走向解決衝突的結局。拉賓總理選擇接受此一框架，承諾讓以色列政府加入談判。

與沙達特一九七七年訪問耶路撒冷此一關鍵事件相同，美國政府在奧斯陸會議中並無擔任任何角色，甚至直到這事快完成了都還渾然不覺。然而，柯林頓政府立即擁抱奧斯陸協議，安排以巴雙方於一九九三年九月十三日在白宮南草坪舉行簽署儀式。在儀式上，拉賓和巴勒斯坦解放組織領袖亞瑟爾・阿拉法特（Yasir Arafat）尷尬地握手。按照框架協定，約旦河西岸地區畫分為三塊區域，以色列會逐期退出，不言而喻的目標是巴勒斯坦人獨立建國。[44]

框架之內的談判殊為困難，光是要執行雙方好不容易取得協議的措施就拖拖拉拉，且三不五時還會冒出新危機。縱使如此，往後六年雙方還是簽訂了五項協定。由巴勒斯坦解放組織主導的巴勒斯坦人治理機構「巴勒斯坦臨時政府」（Palestinian Authority）在西岸地區和加薩走廊成立，以色列則撤出一九六七年疆界線（實際上就是一九四九年的停戰線）和約旦河之間的部分土地。希伯崙（Hebron）的地位是個最棘手的問題，它位於西岸地區阿拉伯人最稠密的地帶，但對以色列人而言具有重要的歷史和宗教意義，雖然問題錯綜難解，但一九九七年初雙方還是達成了協議。

奧斯陸談判最有益的結果竟是出現一個副產品：以色列和約旦在一九九四年簽訂和平條約，

即使約旦政府已經正式放棄對西岸地區的責任，雙方還是互相接壤。和平進程提供約旦王國胡笙（King Hussein）政治掩護，把實質和平化為正式和平。自從以色列建國以來，兩國政府就保持秘密接觸，除了避免再次戰爭以外，還有一個重要且心照不宣的共同利益：雙方皆十分疑懼巴勒斯坦解放組織。[45]以色列和埃及能夠簽訂和約的條件也出現在約旦，也就是一位親美的阿拉伯領袖相信結束衝突於國、於己都有好處，且其政治權力不必依賴強烈反對猶太復國主義也能成立，但是敘利亞就不具備這種條件，後來證明，巴勒斯坦亦同。

一九九五年十一月，和平進程遭遇嚴重挑戰：一名猶太狂熱分子暗殺了拉賓總理，外交部長西蒙．裴瑞斯（Shimon Peres）繼任其位。裴瑞斯是以色列政壇老將，過去也曾擔任總理，但他不若拉賓軍功彪炳、民間聲望極高，因此少了談判的政治實力和可信度。即使如此，裴瑞斯還是領導勞工黨參加一九九六年大選。柯林頓政府認為他若能繼續執政，將是和平進程的極大助力，便全力協助他。可是，儘管美國大力支持，裴瑞斯還是輸了。班哲明．納唐雅胡（Benjamin Netanyahu）領導聯合黨組閣、出任總理，他對巴勒斯坦人處處提防，使他在柯林頓的華府圈子人緣不佳。[46]不過，在他一九九六年至二〇〇〇年任職期間，和平進程仍繼續推動。

納唐雅胡的當選，反映了以色列內部開始懷疑巴勒斯坦人的誠意，且意見分歧，如此情況使得以色列人重新思考交換條件的合理性：他們必須放棄具體的、戰略價值極高的土地以換取不具體的東西，也就是阿拉伯人不再發動戰爭的承諾。以建國五十年來和鄰人打交道的經驗來看，他們對阿拉伯人的承諾實在無甚信心，然而由於和平是最高目標，也由於他們和美國結盟實力強大，而美國政府又把和平進程視為最高目標，以色列人儘管有所遲疑，還是繼續參加談判，最後也願意做出重大讓步以便達成協議。可是柯林頓或以後的政府皆無法達成協議，原因是巴勒斯坦人基於政治文化另有其他盤算，尤其是其領袖阿拉法特。

阿拉法特早年並不在巴勒斯坦託管地生活，住在埃及。他學的是工程，卻走上政治之路，領導巴勒斯坦解放組織底下最大派系「法塔」（Fatah）。最後，他崛起成為巴勒斯坦最高領導人。阿拉法特從政之初就立志當第三世界革命黨人，效法毛澤東、胡志明和卡斯楚。[47]一段時間後，他的重心從革命的社會主義轉移到巴勒斯坦民族主義，另外在公共形象上又加入了明顯的伊斯蘭信仰要素。

阿拉法特領導巴勒斯坦建國大業，渡過一次又一次的災禍，成為世人眼中巴勒斯坦的化身。他最先在約旦建立橋頭堡，後來又與約旦政府開戰並不幸戰敗，巴勒斯坦解放組織遭驅逐出境。之後他把活動轉移到黎巴嫩，以此為基地進攻以色列，並在黎巴嫩引爆內戰。以色列人在一九八二年反擊，儘管阿拉法特誇口他的組織兵力強大、得到蘇聯武器支援，仍被以色列痛擊，率部逃到北非突尼西亞首都突尼斯城（Tunis），遠離他號稱要征服的土地。這位巴勒斯坦解放組織領導人在突尼斯又犯下另一項戰略失誤，在一九九〇年熱切支持薩達姆・海珊進占科威特，得罪波斯灣產油國家。這些國家是他的金主，卻遭到海珊的威脅，於是一氣之下斷絕補助，也把其境內的巴勒斯坦人趕走，逼得巴勒斯坦解放組織瀕臨破產邊緣。奧斯陸進程救了阿拉法特[48]。依據奧斯陸協議，他從突尼西亞遷至約旦河西岸地區。

他一躍登「巴勒斯坦臨時政府」主席，呈現兩個截然不同的面貌。對西方世界來說，他扮演頑固且古怪善變的談判人角色，不過仍接受和平進程的基本假設：他熱衷與以色列達成協議，讓猶太人的以色列和阿拉伯人的巴勒斯坦兩個國家和諧並存。反之，對阿拉伯世界，尤其是對他號稱要領導的巴勒斯坦人來說，他散播出否定以色列的訊息，反映出阿拉伯世界打從猶太復國主義一出現就堅決反對它們的態度。

阿拉法特一貫拒絕譴責，有時甚至贊揚針對以色列人的暴力行為，[49]一九九三年至一九九六年之間就有三百人死於恐怖分子攻擊。[50]他所領導的「巴勒斯坦臨時政府」實行被稱為「煽動」的作法，發動汙衊猶太人和以色列的宣傳，[51]否認猶太人自古以來與耶路撒冷及周遭地區的關係，[52]並堅稱約旦河至地中海之間的土地屬於阿拉伯人，因此住在此地的猶太人是可恥的闖入者，理該驅逐。換句話說，阿拉法特在歐美人士面前營造出的形象是，他已經放棄對以色列的敵意。但對阿拉伯人，他則發出斬釘截鐵、貫徹到底的訊息，他始終堅持最初的立場。

包括柯林頓政府官員在內的西方領導人，於公於私都認真投入和平進程，而阿拉法特送給西方的訊息必須是真的，和平進程才能成功，因此他們非得相信阿拉法特說的是真心話不可。他們告訴自己，堅持談判下去最後將會成功：和平已在望。

然而，阿拉伯版的阿拉法特才是真實的。這位巴勒斯坦領導人自認是個超凡入聖的歷史人物，[53]而他在二十世紀史冊上的確至少占有一頁地位。由於參加奧斯陸進程，他和拉賓、裴瑞斯一起獲得諾貝爾和平獎，使他成為截至當時為止，最名不符實的得獎人。

身為「巴勒斯坦臨時政府」主席，阿拉法特根本沒有建設國家需要的官僚體系。[54]在他的領地裡，既無專業公正的法院，也沒有有效的行政管理部門，既無穩定的金融體系，更無法治可言。阿拉法特和其他領導人如出一轍，甚至更甚，是個大貪官，聚斂的財產淨值估計有三億美元，把國際援助巴勒斯坦人民的善款中飽私囊。[55]和阿拉伯國家的領導人一樣，他建立了一支龐大的安全部隊，只聽命於他一個人。[56]和阿拉伯國家一樣，阿拉法特不允許任何人反對他的政策或其獨裁統治。

美方還是繼續推動談判，儘管希望渺茫，仍期待有所突破。柯林頓總統任期內，阿拉法特造訪白宮十三次，次數之多超過所有外國領袖。[57]一九九九年，美國的希望升高，以色列選民在當年五月大選把納唐雅胡政府請下台，換上由拉賓和裴瑞斯的勞工黨為主的新政府，新任總理歐胡德·巴拉克（Ehud Barak）也曾任陸軍參謀長。

巴拉克和他的勞工黨前輩一樣，盼望與巴勒斯坦人達成和解，且比拉賓更急切、期盼能有結果。他主張召開以巴高峰會議，處理讓雙方分歧的最棘手問題。柯林頓政府希望重演一九七八年卡特政府規畫的以埃峰會的成功紀錄，在同一個地點，即總統度假的大衛營，召開以巴峰會。

峰會進行了兩個星期，從二〇〇〇年七月十一日至二十五日止。柯林頓總統本人與其高層外交官員全程參與[58]，分別花長時間與巴拉克、阿拉法特這兩位領導人及其顧問群磋商、談判。他們正視「最終地位」議題，若要建立以阿雙邊永久和平，此為最棘手、非解決不可的。然而，兩週密集會談在這些問題上都沒能達成任何協議，對此美方的和平進程推動者毫不氣餒，直到當年年底，甚至二〇〇一年一月即柯林頓總統卸任前一刻，都還在一系列不同場合中努力，尋求達成協議的途徑。柯林頓本人提出美方解決衝突的建議方案，稱為「柯林頓路線」（Clinton parameters）[59]，以色列內閣接受了，但阿拉法特沒接受。[60]

除了指揮戰爭及管理一九六二年蘇聯在古巴部署飛彈的重大核子危機之外，二十世紀史上美國政府的注意力，從未集中在單一國際問題上如此之久、之重，美國雖然竭盡全力爭取以巴談判大突破，卻毫無成績。二〇〇〇年底柯林頓政府即將卸任，以色列和巴勒斯坦卻沒有比一九九三年展開奧斯陸進程之前更接近大和解，反而更加遠離和平協議這個目標。雙方交戰，打得不可開交。阿拉法特對談判失敗的回應，則是攻擊色列平民。

談判失敗繫於四大問題：一、以色列和巴勒斯坦國的國界如何畫分。二、約旦河西岸地區的安全，要如何安排才不致使它成為攻擊以色列的平台。三、耶路撒冷的地位及如何畫分控制。它是以色列首都又是猶太人最重要的聖地，但巴勒斯坦人也想把政府安在此地，且它也是穆斯林宗教聖地。四、如何安置巴勒斯坦「難民」。

最後一項問題展現了此衝突的特殊性，以及為何特別難有所妥協。一九四八年戰爭期間，以色列立國，約有四十萬名阿拉伯人逃離家園，躲到加薩走廊和當時由約旦王國控制的西岸地區，也逃到約旦本土、黎巴嫩和敘利亞。阿拉法特主張，這些人與其子孫若是還活著，必須能回以色列定居，做為和解方案的一部分。據他估計，能納入這方案的人數有數百萬。

這是非常不尋常的要求，因為最原始的難民離開家園是為了躲避阿拉伯人、而非以色列人發動的戰爭。當時以色列新政府甚至苦勸他們留下，阿拉伯領導人則不，承諾等新國家滅亡他們就可以回老家。*二十世紀也發生過其他類似的大逃亡事件，譬如一九四七年南亞次大陸分治，印度教徒逃出巴基斯坦、穆斯林逃出印度，但是從未有過要求被難民遺棄的國家接受他們還鄉。[61]就如同猶太人，離開的人已在他們逃去的地方重新安家。以住在阿拉伯國家的猶太人來說，很多也是從其祖先已住了好幾世紀的老家被趕走，其人數即使不超過，至少也不下於一九四八年離開新以色列的阿拉伯人。以色列歡迎並吸收來自阿拉伯國家的猶太裔難民，反之，除約旦外的阿拉伯各國不允許離開以色列的阿拉伯同胞成為其公民，且各國政府又強迫他們代代住在難民營。阿拉法特堅持這些人有「還鄉權」，事實上，國際法或習慣上並無這種權利存在†，且到了一九九〇年代，有過半數的難民從未到過阿拉法特要求准許他們「還鄉」的那塊土地，而他一再保證他們一定能回到以色列定居。[62]

要求讓散布在阿拉伯世界的巴勒斯坦人回到以色列，而非設在西岸和加薩的巴勒斯坦國居住，不僅有違歷史先例和正義的基本概念，也是強迫以色列人承擔並非他們製造出來的問題之後果，並侵害了這個猶太國家的主權。這主張十分過分地要求以色列不應該行使其最根本的主權，也就是控制自身國境的權利，也否定了以色列另一個主權權利，讓他們不能自己決定誰有權成為其公民。此外，這更會讓有敵意的人湧進以色列。若是以色列接受阿拉法特的要求，遲早會迎來毀滅，而這也正是他堅持這個主張的真正原因。

為了達成大和解，以色列政府最後表示願意安置來自其他國家的一些巴勒斯坦人，但阿拉法特堅持到底，凡是符合他界定標準的難民都必須得以進入以色列。然而天底下沒有任何政府會接受、能接受這種要求的。事實上，巴拉克在四大議題上都做出了重大讓步，但阿拉法特全數拒絕，也沒有提出相對的解決方案[63]，也完全沒有他將預備按照什麼條件結束衝突的跡象。[64]

* 註釋：以色列歷史學者對一九四八年五月許多阿拉伯人要離開新以色列的局勢，有廣泛且相當激烈的辯論。關於這段史實的總評，可參見Efraim Karsh, Palestine Betrayed, New Haven, Connecticut: Yale University Press, 2012. 關於這個議題以及涉及到以阿衝突的其他任何議題，任何阿拉伯國家都沒有認真研究或誠實辯論過。

† 註釋：巴勒斯坦人主張的還鄉權，源自一九四八年聯合國大會一九四號決議案；決議案的主題並非此事，但它有一段文字提到讓所有難民回老家，而這「難民」隱含住在阿拉伯國家的猶太人。決議文並無拘束力，也從來沒有人打算讓它具有法律效力。阿拉伯各國政府從未讓離開他們國家的猶太人有這種「權利」，且當聯合國大會表決決議案時，他們也沒有參加表決。參見Efraim Karsh, "The Palestinians and the 'Right of Return,'" Commentary, May 2001; and Richard Schifter, "Origins of the Palestinian Claim of a 'Right of Return,'" Washington Jewish Week, February 28, 2014.

柯林頓時期以巴和平進程失敗的原因，固然是巴勒斯坦領導人有缺點，但絕不只如此。阿拉法特是個虛浮[65]、不切實際、善變、口是心非的談判者；他拒絕修正立場以便和以色列達成協議，反映出了他本人也有相當貢獻的巴勒斯坦政治文化。巴勒斯坦人自認為是受害方，天經地義有權要求消滅以色列。[66]他們根本不承認猶太人在中東有任何權利，認為對他們的終極要求有所妥協就是背叛。一九九八年，依循自一九四八年以來發展出的習慣，阿拉法特把五月十五日訂為巴勒斯坦假日，被稱為「Nakba日」。在這個假日的前一天，也就是一九四八年五月十四日，以色列宣布獨立建國，而Nakba在阿拉伯文中的意思是大災難。這件事使得巴勒斯坦人成為全世界獨一無二的民族，其國定假日並非為自己慶祝，而是詛咒別人，此外更透露出阿拉法特時期巴勒斯坦人的政治，根本不是民族主義運動，因為它志不在立國。巴勒斯坦領導人連續多次拒絕建國的機會，而只想摧毀另一個民族的國家。

鑑於巴勒斯坦政府文化的基本特質，毋怪乎阿拉法特拒絕了在最棘手、意見最分歧的議題上所有的折衷方案。而令人驚訝、百思莫解的是，既然有這麼多鐵證，為什麼美國還會持續相信阿拉法特最後會同意大和解呢？持平地說，美國支持和平進程，至少在柯林頓政府卸任之前，在某個程度來說美國是執行以色列總理巴拉克的意願。參與和平進程的美國人也在過程中，發展出了個人利害關係，因為他們花費大量時間和精力在這上面，政治生涯的聲望全繫於此。甚且，若是未能獲致和平，美國人並不用付出代價，反而是美國政治資本投資在這件事上雖不成功，卻不被視作無能，而是高尚。這一點至關重要，因為美國出於同樣的高尚情操，協助伊拉克建設民主政體和自由市場，卻因失敗遭到痛批。現在以阿和平進程出現負面結果，它卻毫無傷損。

美國的堅持不懈及失敗或許有一個最重要的原因，就是看不清問題之所在。在美國官員眼裡，和平進程涉及到一系列交易，就像勞資談判一樣，竅門在於找出皆大歡喜的折衷點，找出雙方都想要結束衝突、可接受的一套安排。此分析對以色列是對了，對巴勒斯坦人卻是錯了。按照巴勒斯坦人的界定，他們的最高利益不是結束衝突，而是終結以色列。他們不肯接受最終和解方案，也就是認可猶太國家在中東的正當性及永續存在。對他們來說，這是萬萬不可接受的選項。

就一方面來說，美國中東和平進程會失敗，其原因和美國想在伊拉克、阿富汗、索馬利亞、海地和巴爾幹促成民主和穩定卻不成功，道理是相通的。也就是說，當地的政治文化無法孕育美國要促成的果實。在上述案例中，當地人並不想要美國人認為他們應該有、誤以為他們一定會要的東西。說得明白一點，和平進程不只是複雜的交易，它是一個改造他國的使命。後冷戰時期美國外交政策在其他地方的失敗已經告訴我們，美國的以阿和平進程若要成功，需要在地社會大改造。和伊拉克、阿富汗、索馬利亞、海地和巴爾幹一樣，美國的使命失敗了，但不一樣的是，美國政府在這件事上並不了解這些國家其實是必須要被改造的，或者說，他們事實上是不肯承認，也因此從來不曾認真去改造。

阿拉法特在大衛營拒絕美方的求好和以色列的讓步之後，又恢復向來拿手的伎倆，開始採取暴力手段。他發動所謂的「第二次起義」（Second Intifada）。這次起義發生於一九八〇年代，巴勒斯坦青少年同步發動抗議以色列部隊開進約旦河西岸地區，向他們丟擲石頭。二〇〇〇年開始，武裝的巴勒斯坦人在阿拉法特鼓勵和支持下，殺害以色列平民。

第二次起義掀開以阿關係新頁。一九四八年至一九七三年之間，阿拉伯國家派軍攻打以色列軍隊。二〇〇〇年起，非國家團體使用非正規部隊殺害以色列男女老幼及觀光旅客，受害者當中很多並非軍人。奧斯陸進程失敗後的十五年內，以色列民眾拋棄了和巴勒斯坦人締和的幻想。然而，美國政府除了一個例外，仍然毫不動搖相信和平進程。至於阿拉伯人這方，則針對以色列發動小型戰爭，目標不在征服這個國家，而是製造恐慌、奪其志氣。和一九四八年、一九六七年及一九七三年一樣，以色列於這些戰爭中大勝。可是，縱使以色列在大戰中告捷，日後也在一些小衝突上致勝，卻未能帶來和平。

土地換來戰爭

按照美國政府的評估，世界上其他大部分國家也都相信的說法，以色列持續占有它在一九六七年戰爭搶來的土地，引起以阿衝突。它說，把這些土地交還給阿拉伯人，可以消除阿拉伯人對這個猶太人國家的怨恨。因此，以色列可以、也應該以土地換取和平。[67]

儘管和巴勒斯坦人或敘利亞政府沒有正式和平協定，以色列在一九九〇年代已開始撤出它在從事防衛戰爭時所占領的土地。它交出部分西岸地區，以及它在一九八二年攻打當地巴勒斯坦解放組織而占領的黎巴嫩南端，也退出一九六七年從埃及搶來的加薩走廊，不過埃及政府卻不要它。從這些地方退兵並沒有帶來和解。反而是，控制了這些以色列退出地區的阿拉伯團體利用它們對這個猶太人國家發動攻擊，想要徹底消滅它。

美國支持的和平進程按照阿拉伯人怨恨以色列是起自一九六七年這個假設，繼續推進。然而後冷戰時期諸多事件證明，它們的根源其實是在一九四八年。從阿拉伯人的角度看，爭議並不起自以色列一九六七年以後的疆界線，而是它在一九四八年以後的獨立建國。因此，以色列所進行的交易並不是以土地換和平，而是交出土地換來戰爭。

這些戰爭並未直接威脅到以色列的生存。以色列的阿拉伯敵人已經不抱擊敗以色列強大軍隊的希望，而設法繞過軍隊、殺害以色列平民。阿拉伯團體尤其借重兩種工具遂行其目的，一是自殺炸彈客，這些人滲透進以色列，引爆炸彈，儘可能多殺一些猶太人、自己也以身相殉；一是以火箭攻打以色列城鎮，有些武器粗製濫造、不準確，但也有相當精密、危險的武器。這些火箭愈來愈多由伊朗伊斯蘭共和國供應，使它成為以色列最強大的敵人。伊朗因為其宗教領導人深刻的反猶意識作祟，也為了讓自古以來反波斯人的阿拉伯人能接受它稱霸中東的野心，出手援助阿拉伯人反以色列。

這些攻擊意在打擊以色列人民的士氣。發起攻擊的人還犯了一九四八年以來阿拉伯國家所犯的錯誤，誤信自己的宣傳，以為猶太人天性懦弱、猶太社會弱點甚多，他們自以為猶太社會一被打就會崩潰。[68]除了打擊民心士氣，他們還有另一個目標：去正當化（delegitimization）。以色列人一反擊，攻擊者就聲稱以色列以殘忍、非法手段施暴，國際社會應該同聲譴責。[69]藉由這個伎倆，他們希望能夠從經濟上抵制、從政治上孤立這個猶太人國家。這套伎倆必須靠渲染誇大以色列自衛行為造成平民重大傷亡。它也要設法誇大以色列在人口稠密地區搜索阿拉伯人指揮官和武器的報復行動中殺害許多人。策畫攻擊的阿拉伯人評估，不但猶太人傷亡枕藉對他們有利，即使阿拉伯人死亡，他們在政治效果上也能有收穫。[70]事實上，以色列軍隊比起美國在內許多國家更加小心，避免傷及平民；但是指控他們殘暴不仁、行動觸法，在對這個猶太人國家本來就無好感的人士、在阿拉伯和穆斯林國家，以及歐洲某些輿論圈，都引起相當大的迴響。

雖然發生在二十一世紀的戰事的確有損以色列的國際聲譽——不過不是在美國，以色列在美國民眾心目中的地位仍然很高——它們並沒撼動以色列的民心士氣，而這方面美國的貢獻不小。有別於阿拉伯敵人的看法，以色列具有全世界最團結一致及堅忍不拔的社會。以色列人不僅挺過對付他們的五場戰爭，每次還愈打愈生猛。他們的軍隊占領約旦河西岸、加薩走廊和黎巴嫩南部，另外他們還掌握兩項軍事利器。

以色列針對敵人目標發動精準轟炸，剷除掉瞄準以色列城鎮的許多火箭，也癱瘓掉受訓操作這些武器的士兵。以色列也開發出兩種防衛技術，其一是長期戰爭史上習見的東西，另一是當代的創新。自古以來，國家都會挖壕溝、築寨牆，以抵禦外敵、保護人民。因此，以色列也建安全圍牆、檢查哨站，防堵自殺炸彈客從西岸地區潛伏進入以色列。同時，它發展出一套反飛彈系統，稱之為「鐵穹」（Iron Dome），它們在擊退針對平民的火箭上發揮相當作用。

以色列在這些衝突中能屢次告捷固然是因為本身的聰明才智和堅定信心，但也是因為得到美國奧援。美國政府雖然起先批評安全圍牆，慢慢地也覺得這些圍牆有效、且正當。美國也提供財務及技術援助以色列開發空中武力及反飛彈技術。以色列可以不需美國援助就克服阿拉伯人發動的打擊士氣及去正當化的戰爭，但是有了美國拔刀相助，它為生存該付的代價就小了許多。用軍事及戰略詞彙來說，美國是個堅定的盟國。

新世紀美以同盟的第一道考驗發生在大衛營談判失敗後爆發的種種暴力事件。巴勒斯坦人以石頭、火箭和自殺炸彈攻擊以色列。阿拉法特推諉說他沒有力量制止這些暴力攻擊，但事後證據曝光，是他本人策畫和煽動它們。他肯定毫不勸阻，而且他控制的巴勒斯坦臨時政府當局付薪水給某些暴徒。[71]在以色列人眼裡，這些攻擊使得和平進程完全失去可信度，主張和談的巴拉克輸掉選舉，辭卸總理職位。聯合黨的艾瑞爾．夏隆，一位強而有力、但有爭議性的前任將領，出面組閣。

經過又一年的自殺炸彈頻仍進攻，以及將近一個月的死傷枕藉，二〇〇二年三月以色列發動

「防衛之盾作戰計畫」（Operation Defensive Shield）大反擊，這是一九六七年以來在約旦河西岸地區最大規模的軍事行動。以色列軍隊開進區內各城鎮，實施宵禁，包圍阿拉法特設在拉瑪拉市（Ramallah）的總部。小布希總統新政府對以色列的作業頗有微詞，[72]但是它們成功敉平動亂。遭到巴勒斯坦恐怖攻擊死難的以色列人人數大幅下降。[73]雖然鎮壓下去，第二次起義卻建立一個模式，在往後十五年的以阿關係中一再出現。西岸地區維持相對平靜，部分原因是以色列部隊嚴密戒備，可是以色列在其北部及南部地區必須進行類似的作戰。

在北方，巴拉克於二〇〇〇年把一九八二年戰爭後即留駐黎巴嫩南部的一小支以色列部隊撤退回國。這塊地區落入什葉派穆斯林民兵組織真主黨控制，它由伊朗組織、訓練和裝備。真主黨堅稱黎巴嫩和以色列一定要抗爭到底，因為以色列人仍然控制黎巴嫩一小塊領土「希巴農莊」（Shebaa Farms）——聯合國證明以色列軍隊已經完全撤離黎巴嫩，可是民兵利用這個藉口保持武裝，並利用它崛起為黎巴嫩政局舉棋輕重的一股破壞性的勢力——遜尼派、什葉派、基督徒和德魯茲教派（Druze）等等黎巴嫩境內各股勢力，並沒有一支獨秀的族群。[74]真主黨靠著它擁有的武器，也替主子伊朗的政治目標效力。

二〇〇六年七月十二日，真主黨越境發動攻擊，打死三名以色列士兵、另俘虜了兩個人。以色列報復，雙方激戰三十四天。真主黨用伊朗供應的飛彈砲打以色列北部。以色列起先發動空襲反擊，但是過了幾星期，因夏隆突然中風而在二〇〇六年一月接任總理的歐胡德·歐麥特（Ehud

Olmert），下令出動地面部隊。

布希政府支持以色列，發動外交行動讓它的部隊盡可能有更多時間降低真主黨作戰力量：這個什葉派民兵組織是全世界最活躍的恐怖組織之一，殺害不少美國人和以色列人。與華府保持密切關係、遜尼派居多數的阿拉伯國家，尤其是沙烏地阿拉伯，視真主黨為他們首要敵人伊朗的馬前卒，希望以色列予以重懲。

最後，布希政府覺得戰爭打得夠久了，促使以色列停火。[75]真主黨雖然損失部分兵力，但大體上傷損不重，自稱打贏這場戰爭。以色列人一般也認為他們稱之為第二次黎巴嫩戰爭的這場戰事，至少初期是吃了敗仗。然而，以色列施於真主黨的打擊還是遏阻了什葉派繼續進犯。戰爭增強了以色列對北方的嚇阻。真主黨首領哈山・納斯拉拉（Hassan Nasrallah）也很罕見地坦承，發動這場戰爭是個錯誤。[76]以色列與黎巴嫩邊界大體上沉靜下來，但是南方的加薩可就相當亂。

二〇〇五年，夏隆總理與美國協調後，決定片面從加薩走廊撤走以色列部隊和猶太人屯墾區。[77]以色列人一撤走，加薩落入激烈反以色列、反猶太人的伊斯蘭主義團體哈瑪斯（Hamas）的控制。哈瑪斯是阿拉伯文「伊斯蘭抵抗運動」（Islamic Resistance Movement）的縮寫，它是埃及的「穆斯林兄弟會」衍生出來的組織。它推動其宗旨的主要戰術就是恐怖活動。哈瑪斯的章程明確表明，它的宗旨是摧毀以色列，不是建立巴勒斯坦國，而是建立伊斯蘭主義哈里發（Islamic caliphate）。[78]

二〇〇六年巴勒斯坦臨時政府當局國會選舉，為哈瑪斯控制加薩走廊掀開序幕。身為恐怖組織，哈瑪斯要參加選舉令人疑慮；以色列政府和巴勒斯坦臨時政府中的領導人（他們是哈瑪斯的巴勒斯坦人政敵「法塔」成員）私底下都希望不要讓哈瑪斯參選。然而，美國政府堅持應該允許哈瑪斯參選，結果它贏得最多席次。[79]次年，哈瑪斯和法塔在加薩爆發小型戰爭，哈瑪斯戰勝，控制了整個地區，建立獨裁專政。

哈瑪斯當家後，沒有集中精力建立政府機構，反而忙著對以色列發動戰爭，主要是向以色列轄區發射火箭，其中有三波最有名，分別發生在二〇〇八年至二〇〇九年、二〇一二年和二〇一四年。三波交手，以色列都占了上風，第三波時還摧毀哈瑪斯在加薩與以色列交界處挖的一套綿密的地下道系統，想用來針對以色列平民發動恐怖攻擊。每一次美國都在外交上支持以色列對抗哈瑪斯。美國政府把哈瑪斯認為是恐怖組織，與真主黨為一丘之貉。

然而，所有這些衝突過程中，美國外交政策體系仍堅守和平進程的正統論，繼續相信以色列以土地和約旦河西岸的巴勒斯坦臨時政府換和平的急迫性及可行性。但是有位高階美國官員不同意這個正統論，提議修正美國對以阿衝突的政策。他有相當大的影響力，因為他正是美國總統——可是，它並沒有決定性的影響力。

小布希就職時，並不像他的前任或後任展現出對和平進程的堅持。事實上他不熱衷是因為他的前任有過不愉快的經驗：就任之前他到白宮拜會柯林頓總統，柯林頓向布希痛陳遭到阿拉法特出賣。[80]

另外兩件事也影響到他對以阿衝突的對策。二〇〇一年九月十一日美國遭受恐怖攻擊使他對某些領導人和組織存了戒心，譬如阿拉法特或巴勒斯坦臨時政府，懷疑他們可能涉及恐怖主義；他也親自領教了阿拉法特的言行不一。二〇〇二年一月，美國海軍在紅海作業時抓到一艘巴勒斯坦貨船「卡琳A號」（Karine A），船上載了伊朗要交給巴勒斯坦臨時政府的武器，很明顯預備用來攻擊以色列。阿拉法特矢口否認與這批貨有任何瓜葛。以色列拿出無可反駁的證據，增強了布希對這位巴勒斯坦領袖與和平進程正統論的懷疑。[81]他遂針對美國的以巴衝突政策做出四點修正。

其中之一對巴勒斯坦人有利。小布希成為第一個美國總統明確留下紀錄，贊成奧斯陸進程的主張：建立獨立的巴勒斯坦國家。[82]布希提議的另三項新主張則是認同以色列立場；但是它們也把美國政策拉得更吻合中東地區的現實，因為它們涉及到支持若干條件，若沒有這些條件，以色列不會同意從約旦河西岸地區撤軍。[83]

布希承認巴勒斯坦人所認定的難民在任何和解方案下都不會遷入以色列安置：美國說，所謂的還鄉權不存在。[84]此外，美國和以色列就住在一九六七年邊界線（即一九四九年停火線）、通稱「綠線」以外的以色列人之地位達成協議。

一九六七年之後，以色列興建三種屯墾區：一在耶路撒冷，一在耶路撒冷和以色列另一個大城市特拉維夫（Tel Aviv）兩者近郊；以及離綠線更遠的地方，其中有些就位於巴勒斯坦人居住地區。屯墾區變成爭議議題。全世界大多認為它們非法，不過綠線和約旦河之間這塊地區在一九四八年之後並無已經講定、各方承認的合法地位。[85]美國政府認為它們會成為以色列以土地和巴勒斯坦人換和平的障礙，因為以色列不會搬出他們已經種植開墾的地方。然而，事實上，以色列依據和埃及的和約，一九八二年撤出西奈半島時就把屯墾者也撤了；二〇〇五年撤出加薩時，也要求屯墾者撤走；反而是大衛營會議及其後發展顯示巴勒斯坦人不願與以色列締結永久和平。

可是，美國和以色列還是為了屯墾區發生摩擦，[86]布希和夏隆總理協商，找到兩國都能接受的方程式，保住如果巴勒斯坦人回心轉意願與以色列和平共存，還可在西岸地區建立巴勒斯坦國的可能性。美以雙方的協議是，以色列不再興建新屯墾區，也停止鼓勵以色列人遷入超越綠線地區的辦法，但是既有屯墾區及耶路撒冷的自然成長不受此限。[87]根據這些條件，住在一九六七年線以外地區的絕大多數以色列人——實際上大多住在耶路撒冷和特拉維夫市郊，只占極小百分比土地——可以留在原地。這就使得可能性不堵死，一旦政治上出現可行性，巴勒斯坦國可在西岸地區絕大多數地方建立。[88]

最後，雖然支持建立巴勒斯坦國，布希堅持要說清楚講明白，它應該是民主國家，而且腐敗、專制的巴勒斯坦臨時政府應該實施政治改革。[89]訂清楚這個條件的好處是把注意力導向以巴衝突的最根本因素：巴勒斯坦的政治文化。

布希政府偕同俄羅斯、歐盟以及聯合國一位代表——中東外交術語稱它為「四人小組」——

談判出一份分階段推動的巴勒斯坦建國路徑圖（Roadmap to a Palestinian state），巴勒斯坦建國之前需先有政治改革。[90]儘管大衛營會議及其後的發展失敗、儘管第二次起義暴力肆虐，巴勒斯坦陣營出現一件大事，讓布希政府有理由樂觀，以為路徑圖可以循序推動。二〇〇四年十一月阿拉法特去世，二〇〇五年一月馬默德．阿巴斯（Mahmoud Abbas）當選，繼任巴勒斯坦臨時政府主席。

阿巴斯長久以來追隨阿拉法特，是巴勒斯坦解放組織高階成員之一。受到美國壓力，要求巴勒斯坦臨時政府要有政治改革，阿拉法特在二〇〇三年任命阿巴斯為巴勒斯坦總理，但不讓他有實權（和其他所有巴勒斯坦官員一樣），他在六個月後就辭職不幹。阿巴斯的個性和政治觀點似乎與阿拉法特南轅北轍，因此以巴和談突破的機率似乎上升：他比較溫和、不做戲；他比較穩定、不動輒暴怒；他說話直率、不是反射性地謊話連篇。他也比阿拉法特更強烈公開講話，反對巴勒斯坦人對以色列人動粗。

可是阿巴斯並沒有比阿拉法特更願意或更能夠做出大和解所必需的妥協，包括從巴勒斯坦人角度看所認為的最大的妥協：接受猶太人主權在中東的正當性和永久性。事實證明他是個弱勢領導人，沒能像阿拉法特那樣掌握巴勒斯坦人的效忠。阿拉法特在人民心目中是巴勒斯坦建國大業的英雄象徵；阿巴斯則具有官僚的氣質和魅力。[91]他個人也涉貪瀆，[92]儘管他做了承諾，並未改造巴勒斯坦臨時政府。他指派留美的改革派經濟學者沙蘭．法亞德（Salam Fayyad）擔任總理，但是他對待法亞德和阿拉法特之對待他並沒兩樣，不時反對或不理睬他的倡議。法亞德終於掛冠求去。

除了個人缺點之外，阿巴斯必須在巴勒斯坦民意框架之內活動，而巴勒斯坦人是絕對的敵視以色列，他完全沒有設法改變它，反而迎合它。譬如，他堅持「還鄉權」。甚且，他繼續阿拉法特助長煽動的政策。[93]阿巴斯也和阿拉法特一樣見人說人話、見鬼說鬼話，當著不同的人講不同的話。阿巴斯對西方人說他反對暴力，可是他向執行暴力的恐怖分子致敬（有時候還給錢）——稱呼執行恐怖活動而亡故的人為「烈士」。

加薩落到哈瑪斯手裡也削弱他的權力。他再也不能代表將來要納入巴勒斯坦國的此一地區談判，他也必須和比他自己的巴勒斯坦臨時政府更積極準備從事暴力行動——對手稱它為「抵抗」——的另一個團體，競逐已經充滿激烈反以思想的巴勒斯坦人民之效忠。

儘管阿巴斯做為巴勒斯坦人領袖的表現欠佳、儘管布希修訂了美國對以巴衝突的立場，和平進程正統論在小布希總統第二任期聲勢重振，它得到二〇〇五年出任國務卿的康朵莉莎·萊斯（Condoleezza Rice）支持。萊斯專門研究蘇聯軍事問題，學而優則仕，轉入政府公職。冷戰結束，代表她的專業不吃香了。她和歐布萊特不同，萊斯的學問底子深厚，出了好幾本重要著作。（歐布萊特也有博士學位，跟她父親在丹佛大學念書。）而且萊斯和她的前任鮑爾不同，她和布希總統私交甚篤，這是任何一位國務卿或任何一位內閣閣員最重要的資產。

萊斯在小布希總統第一任期內擔任國家安全顧問，得到他的充分信賴。在這個職位上，她必須與好幾位經驗無比豐富的前輩資深外交政策官員較勁：副總統錢尼曾經擔任過國防部長，國防部長倫斯斐是回鍋的前任國防部長，國務卿鮑爾曾經擔任過國家安全顧問和參謀首長聯席會議主席。[94]她做為國家安全顧問，職司協調相關部會和高階官員，殊不容易。[95]然而，或許正因為眾人星光熠熠，伊拉克局勢不順，民眾不滿的箭頭沒朝她而來。她以不尋常的強勢地位入主國務院。她決定以她的權威推進以巴大和解。

萊斯入主國務院的確證明和平進程正統論在美國外交政策圈的勢力強大，即使談判一再失敗，正統論還是被認為具備持久的必要性、且一直前途看好。布希告訴她，要她接掌國務院時，全世界那麼多問題，她只提以阿衝突。她在回憶錄提到橢圓形辦公室這番對話：「我轉到腦子裡一個實質議題。我說：『總統先生，我們需要取得協定，建立巴勒斯坦國家。』」[96]

中東成為她最常出差的地方，四年之內去了二十次。[97]她拋棄布希以巴勒斯坦民主改革做為建國先決條件的承諾，[98]和柯林頓政府一樣——與以色列總理歐麥德政府合作——設法解決最終地位議題。在她督促下，二〇〇七年十一月馬里蘭州安那波利斯市舉行一項國際會議，為談判先製造動力。她領導的談判就和柯林頓政府時期一樣，一路持續到布希總統任期屆滿。歐麥德像巴拉克總理當年在大衛營一樣，也對巴勒斯坦人做出重大讓步。事實上，讓步太廣泛，就和巴拉克二〇〇〇年一樣，根本不清楚以色列民意是否會同意支持它們。[99]但是也和過去努力到最後一刻一樣，布希政府的努力也以失敗收場。阿巴斯和阿拉法特一樣，認為以色列的讓步不夠，但也沒有提出對案。最後，他對歐麥德放到檯面上的提案乾脆相應不理，也不答覆。[100]不過，有一點他和阿拉法特八年前的先例不一樣，他沒有回去掀起一場戰爭。

歐巴馬總統上台時揚言要扭轉或放棄布希政府的外交政策，只有和平進程例外，新總統對它展現出比前任更大的專注。他上任第一天就和以色列及阿拉伯領導人通電話，充分展示他對這個問題的重視程度。[101]他委派曾在柯林頓政府擔任北愛爾蘭調停特使的前任民主黨聯邦參議員喬治・米契爾（George Mitchell）出任中東事務特使。除了和以色列政府及巴勒斯坦臨時政府會談之外，米契爾也經常到大馬士革拜訪敘利亞獨裁者巴夏爾・阿薩德（Bashar al-Assad）；他在二〇〇〇年父親哈菲茲過世後接掌大權。這些努力都沒有成果，米契爾在二〇一一年辭職。

歐巴馬接受或許可稱為正統版的和平進程正統論；根據這套理論，解決以巴衝突最大的障礙是以色列在一九六七年線之外的屯墾區。因此他要求屯墾區全面禁建，包括耶路撒冷的屯墾區。這項要求違背小布希—夏隆協議，美國政府在書面上講清楚哪裡可建、哪裡不可建；甚且，巴勒斯坦方面從來沒有要求以如此禁建做為和以色列談判的條件，歐巴馬還是提出此一要求。

班哲明・納唐雅胡在二〇〇九年五月又回任以色列總理。他峻拒這個要求，但是後來同意禁建十個月。不過，阿巴斯拒絕認真談判，歐巴馬初試身手要管理和平進程，也和前人柯林頓及小布希一樣鎩羽而歸。

歐巴馬在二〇一二年當選連任，挽請二〇〇四年競選總統失利的參議院外交關係委員會主席約翰・凱瑞出任國務卿。凱瑞二〇一三年上任時，世界已經變得更不穩定、更難預測。美國在歐洲、亞洲，乃至中東都面臨新浮現的挑戰。敘利亞內戰打得如火如荼，伊斯蘭主義恐怖分子團體哈瑪斯控制加薩走廊，阿巴斯擔任四年一任的巴勒斯坦臨時政府主席，連選連任，已進入第九年任期。在這樣的環境下，新任國務卿決定，最需要美國注意的議題，美國高級官員投下時間、美國投資政治資本最可能獲致成果的議題，再加上他個人直接、密集參與肯定會有回收的議題，非以巴衝突莫屬。

凱瑞全力投入另一回合的和平進程，結果也跟他的前人一樣。他宣布限期要完成和平協定。期限過了，協定還是不見蹤影。[103]歷史一再重演，只是略有不同。柯林頓和小布希認為衝突一直持續，咎在巴勒斯坦這一方，他們從來沒從最大論（maximalist）*立場退讓，或甚至根本沒有誠心談判最終地位議題。歐巴馬則責怪以色列。談到和平進程，美國外交政策圈在過去四分之一個世紀，就像法國波旁王朝王室（Bourbon House）既沒學到任何新東西、又忘不了任何舊東西。愛因斯坦把神經不正常界定為，一再重覆做同一件事，卻期待出現不一樣的結果。根據他這個標準，美國二〇一四年以前對待以巴和平進程的政策神經不會太正常。

---

* 譯註：政治學上指持極端立場、毫不妥協的人。

到了二〇一四年，以色列人對於他們和巴勒斯坦人的關係已經產生共識。過去，這個議題造成國家極大分歧。有人贊成保持一九六七年戰爭贏來的領土，它們是聖經上以色列領土的心臟地帶；有人主張以色列應該擺脫它們，才不會需要治理一大堆阿拉伯人。現在，大多數人相信守住西岸地區，代價很高，但是把它們交給巴勒斯坦人控制的話，鑑於過去二十年以色列為了追求和平，在北方、西方和南方退出許多地區，卻遭到來自這些地區的攻擊，若是交出約旦河西岸地區，國家勢必增加許多危險。批評以色列的人認為，以色列固守西岸地區是以巴衝突的原因。事實上，到了二〇一四年，倒過來講才對：以色列固守西岸地區是為了保衛自己不被巴勒斯坦武裝攻擊摧毀。絕大部分以色列人得到結論：現況殊不可取，但其他方案後果只會更糟。

巴勒斯坦人也得到共識；不過因為他們沒有民主的機會表達意見，相當難以查證。這個共識是阿拉法特協助創造，而且他和阿巴斯也據以推動他們的政策：在任何情況下，巴勒斯坦人都不會同意與猶太人國家和平共存，毗鄰而居。就他們來講，衝突會持續下去，直到以色列國家從中東消失為止。*

巴勒斯坦人共識來自許多個強大的源頭：巴勒斯坦社會的部落性格，它加深對其他團體的敵意、也厭惡妥協；[104]源自阿拉伯版的伊斯蘭信念，認為以色列今天所立足的土地是合法屬於穆斯林的土地；以及巴勒斯坦的政治結構，各個不同派系競相表現具有最極端的反以色列立場。[105]巴勒斯坦臨時政府領導人發現和平進程很有用處，但是和平本身並不可取。[106]

和平進程正統論在美國外交決策圈歷久不衰，部分原因跟美國沒有預料到會有二〇〇一年九月十一日的攻擊一模一樣：沒有想像力。美國人不能相信有人寧要抵死不承認猶太人在中東具有主權，而不要和平、繁榮的機會，以及建立自己的國家。從美國人的觀點看，這樣太不理性，因此不可能是巴勒斯坦人真實的立場。可是偏偏它就是。美國很難接受此一巴勒斯坦立場的真實性，因為接受它就代表接受以巴衝突這個問題永遠解決不了。反之，美國人的世界觀深植在美國經驗，他們認為每個公共問題都會有解決辦法，只要運用足夠的創意、善意和政治影響力，就會出現解決辦法。即使一再地不能成功，擁護和平進程的人士堅持，最好是嘗試解決衝突而失敗，

---

* 註釋：見David Pollock, "Hardline Views, But Also Pragmatism," PolicyWatch 2276, Washington, DC: The Washington Institute for Near East Policy, June 25, 2014.「受人尊敬的美國Greenberg, Quinlan, Rosner公司最近做了一項民意調查，發現三分之二的巴勒斯坦人承認，『長期下來，巴勒斯坦人必須設法收回所有土地、建立一個巴勒斯坦國家』，百分之六十認為，『實際的目標應該是從兩個國家開始，然後再往一個巴勒斯坦國家推進。』」Peter Berkowitz, "One State?" Jewish Review of Books, Winter, 2011, p. 38. 以色列著名學者所羅門・阿維奈里（Shlomo Avineri）曾任以色列外交部司長，堅定支持奧斯陸進程，他把過去二十年和平進程的教訓總結如下：「我們以為〔巴勒斯坦人〕要兩國方案，但後來發現他們要的是摧毀以色列，因為他們不能／也不會接受任何形式的猶太人民族自決……所有支持奧斯陸進程的人都以為我們討論的是兩個民族運動之間的爭議，而另一方的想法也一樣。我們都錯了！巴勒斯坦人方面……認為我們討論的是一個民族運動——巴勒斯坦——和終究必會滅亡的一個殖民帝國主義實體之間的爭議。」FrontPage Magazine, July 14, 2014, www.frontpagemag.com.

不能根本不嘗試。[107] 然而，美國人屢試不成，是要付出代價的。

美國處理和平進程的方式偏轉了對衝突真實原因的注意力。尤其是在歐巴馬政府期間，美國政府經常批評以色列在綠線之外興建住宅，如果巴勒斯坦人願意締結和約的話，它們或許可能阻礙和約的達成，但是美方幾乎從來不提巴勒斯坦人的反猶太復國主義、反猶太人煽動言行，以及他們不願締和的癥狀和原因，因此也就忽視衝突的根本因素。重點錯置，增強巴勒斯坦人攻擊以色列的策略，把這個猶太人國家貼上「不正當」的標籤，希望因而削弱它的政治地位。[108] 巴勒斯坦這個策略特別鎖定以歐洲為目標。歐洲國家有許多人相信對以色列的批評，因為一則是自古以來對猶太人的態度在作祟，再則是有必要安撫它們內部日益增加、且蠢蠢欲動的穆斯林人口，再加上對以色列強大的民族精神和軍事實力也有所保留。民族主義和軍事力量在二十世紀曾經兩度給歐洲帶來世界大戰的災禍，因此在歐洲名聲不好，可是以色列人認為這是他們生存之所恃。「去正當化」策略愈是得到支持，本來已經黯淡的巴勒斯坦人考量接受大和解的希望，就更加渺茫。他們可以告訴自己，他們的頑抗即將成功。和平進程因此反而成為阻礙和平的大石頭。

後冷戰初期的對中國及俄羅斯政策，一九九〇年代在索馬利亞、海地和巴爾幹半島的人道干預，接下來十年美國占領阿富汗和伊拉克，改造的使命全部失敗。同樣的使命是和平進程要成功的必要條件：以巴和平需要改造巴勒斯坦政治文化。這不會比美國企圖在巴勒斯坦人裡改造其國家的政治使命更容易。但是美國沒有去嘗試，因為美國政府高階官員沒看到這個需求——只有一個人例外。小布希總統的確看到有這個需要。他所發動的改造巴勒斯坦政治不成功，成為他要改造整個中東的大計畫之一個新啟示。可是，改造大中東的使命還是失敗。

民主議程

小布希總統把在全世界、尤其是中東阿拉伯人世界推動民主，當做是他第二任期內最重大的倡議。要把民主體制和政策推及到國外的思想，當然在美國歷史上已經相當悠久，可以上溯到共和國肇建之初，或甚至清教徒抵達新大陸那時候。[109]布希的民主議程也完全契合後冷戰時期美國外交政策的主導主題。他想把美國已經在伊拉克以及阿富汗推行的事，推廣到整個阿拉伯世界。目標和美國在中國、俄羅斯、索馬利亞、海地和巴爾幹半島所做的，即使不是完全相同、也很類似。然而，布希的倡議直接啟示並非來自柯林頓政府失敗的經驗，而是來自九一一攻擊。總統相信，民主可以提供恐怖主義最棒的解毒藥。因此推動民主成為保衛美國的一種方法。布希會想要推動民主，就和反恐戰爭、占領阿富汗和伊拉克，其功臣都是奧薩瑪．賓拉登。

布希多次發表重要演講，承諾美國要向外國傳播民主，其中最著名的當推他的第二任就職演說。[110]演講一開頭，提到恐怖攻擊，他訂出他希望可以做為他執政政績的基本概念：[111]

> 我們已經看到了我們的脆弱——我們看到它最深沉的來源。只要整個世界上仍在怨恨和暴政中慢火悶燒——傾向於助長仇恨和原諒謀殺的意識形態——暴力將會集結，並且倍增破壞力道，並跨越最受保衛的邊界，升高致命的威脅。只有一個歷史力量可以打破仇恨和怨恨的統治，暴露暴君的虛飾，並獎勵正直和寬容的希望，那就是人類自由的力量。
>
> 我們受事件和常識引導，得出一個結論：在我們的土地上自由的生存愈來愈依賴於在其他土地上自由的成功。我們世界和平的最佳希望是在世界各地擴大自由。

他發動一系列的計畫，譬如：中東自由貿易區計畫；中東夥伴關係倡議（Middle East Partnership Initiative），撥款補助本地區倡導民主的活動；大中東北非倡議（Broader Middle East North Africa Initiative），這是由八國集團督導的一項計畫（八國集團在一九九八年納入俄羅斯），這個民主國家俱樂部每年集會一次，討論全球經濟議題。[112]

起先，中東民主前景相當看好。二〇〇五年二月十四日，黎巴嫩總理拉菲克．哈利利（Rafik Hariri）在貝魯特遭到汽車炸彈暗殺身亡。接下來幾天：數十萬黎巴嫩人參加示威活動，要求已經占領黎巴嫩三十年的敘利亞退走（一般認為敘利亞與暗殺事件有瓜葛）。敘利亞部隊果真撤退，貝魯特親敘利亞政府垮台，新政府接管。

埃及統治者賀西尼．穆巴拉克（Hosni Mubarak）擺出寬容國內小型民主運動的姿態，主要是在言詞上安撫一番。[113]二〇〇五年二月，他首度表示要辦理由多位候選人參選的國會直接選舉。[114]沙烏地阿拉伯舉行選舉，由老百姓票選半數權力相當有限的市議會議員。[115]沙烏地女性不准開車，沙國王儲告訴康朵莉莎・萊斯，有朝一日沙國女性或許能夠投票、甚至競選公職。[116]

民主議程比起九一一攻擊所引爆的美國三場戰爭野心更大：它有志在整個中東地區推動政治改造。然而，它只產生相當溫和的結果。儘管初期出現成功跡象，民主倡議還是擱淺了。它並未如布希所願改造本地區。雖然敘利亞部隊撤離黎巴嫩，親伊朗的恐怖組織真主黨、也是敘利亞盟友，仍在黎巴嫩保有強大地位。二〇〇六年一月巴勒斯坦人的自由與公平選舉中，另一個恐怖組織哈瑪斯獲勝，它可沒有打算遵守民主政治的規則，果真後來運用暴力奪取全部權力，建立伊斯蘭主義的獨裁政府。

穆巴拉克並沒有開放埃及的政治制度。預定二〇〇五年選舉之前，他逮捕了某些最直言提倡民主的人士。沙烏地阿拉伯沒有有意義的選舉，更不用說會有女性可以投票的選舉。貿易計畫並沒能吸引本區域最大的經濟體，[117]而協助及鼓勵中東民主成長的計畫也沒有辦法爭取到美國政府內部官僚普遍的支持或慷慨撥經費。萊斯國務卿宣稱把民主推廣到中東是「一整個世代的承諾」。[118]事實上，它只勉強撐了小布希總統四年任期。

推動民主的計畫也碰上一個障礙，可是美國其他後冷戰使命並沒有遇上它們：也就是對其目標既喜亦憂。美國與好幾個政府有緊密、有建設性的重要關係，可是計畫的目標卻表明了企圖更換它們。譬如，埃及和沙烏地阿拉伯即由「友好的暴君」在統治。和冷戰時期反共的友好暴君一樣，即使它們打壓民主，美國還是和它們團抱在一起，穆巴拉克政權和沙烏地阿拉伯王室與美國有共同的地緣政治利益、但政治價值則迥異。布希在中東推動民主的計畫認為，與蘇聯的全球衝突已經結束，加上恐怖主義威脅興起，已經排除掉和友好暴君交往給美國產生的兩難。布希在他的第二任總統就職演說中強調：「美國的重大利益和它最深刻的信念現在合而為一。」換言之，在九一一事件之後，保衛美國（最高的國家利益）和對付其最大威脅（恐怖主義），需要推廣美國的最高政治價值——民主。

然而，在演講裡說說是一回事，真要以它做為美國中東政策的基礎可又是另一回事。萊斯二〇〇五年六月在開羅演講時宣稱：「過去六十年，我的國家美國犧牲民主，在中東本地區追求穩定，可是兩頭都落空。」[119]事實上，美國協助中東保持穩定、足以守護美國利益，[120]它持續保有這些利益，而友好的暴君協助保護它們。埃及政府為美國利益効力（倒不是向美國示惠，而是為了追求本身的利益），它保持和以色列的和平條約，保持蘇伊士運河暢通、方便國際航運，它也反對本地區激進的反美勢力。沙烏地阿拉伯很可靠地從它的大量蘊藏供應石油給國際市場。因此，美國政府內外的個人和機構都贊成繼續支持埃及和沙烏地阿拉伯這兩個國家。

由於根本無從判斷友好的暴君垮台後，後繼者會比較不暴虐、或是對美國利益同樣友善，美國公、私部門要求支持既有統治者的壓力相當大。冷戰就讓美國人見識到兩個令人警惕的先例：

反美、親古巴的桑定派威權政府取代了尼加拉瓜親美的獨裁者安納斯塔西奧．蘇慕薩（Anastasio Somoza）；伊朗伊斯蘭共和國宗教領袖推翻典型親美友好暴君巴勒維國王，建立反美的專制政權。

埃及和沙烏地阿拉伯親美、但不民主的政府如果失去權柄，換上來的政府極可能不是西方式的民主政府、而是伊斯蘭主義政權。坦白說，由於穆巴拉克政府鎮壓所有各式各樣民主政治活動，在埃及境內對它最強大的反對勢力不是民主派人士，而是伊斯蘭主義穆斯林兄弟會。[121]奧薩瑪．賓拉登的母國沙烏地阿拉伯，激進的伊斯蘭主義者獲得民眾相當的同情，而政府則透過教育系統和清真寺向全民疲勞轟炸，灌輸它奉為正朔思想的瓦哈比主義（Wahhabism）伊斯蘭原則。事實上就有一個伊斯蘭主義團體利用美國推動的民主，二〇〇六年在中東奪取權力，美國堅持在巴勒斯坦地區舉行選舉，哈瑪斯乘機贏得選舉。

由於箇中風險，美國後來並沒有以推廣民主做為它處理對埃及和沙烏地阿拉伯關係的唯一考量或甚至重要考量。[122]即使美國這麼做，它也不能保證任何一個國家會轉變為民主治理，其原因和美國後冷戰時期其他使命失敗的原因一樣。

一方面，對於埃及和沙烏地阿拉伯的統治者來講，維持不民主的政治制度，其重要性可比美國人要求改變它們大得太多。在地菁英預備投資更大的政治資本、金錢，甚至鮮血來阻礙民主，這股意志可比美國想動員來扶植民主的信念不知高出有多少。專制統治者不肯自願交出權力，美國政府並不預備像對付薩達姆·海珊那樣，動用武力推翻他們。

另一方面，即使這兩個國家的政府想要建立民主制度，它們的努力也會遇到美國自從一九九三年以來就嘗試過的其他政治改革所碰上的相同障礙。美國政府不能完全理解在中東建立民主政府的困難——中東從來就不曾有過民主政府——原因之一是，它對自己想在中東地區建立的政治制度，是基於錯誤的定義。

布希傾向於把民主和自由（freedom）混為一談：他把他發動的倡議集體命名為「自由的前瞻戰略」（forward strategy of freedom）。[123]就實務上來講，這個戰略集中在促進中東地區自由選舉。自由——指把社會和政治生活的這一範圍畫出來、不受政府控制——以及選舉，各自形成所謂民主此一政治制度的一部分，但兩者都不能單憑自己這一部分來界定民主制度。民主包含了兩者。贏得選舉、但不尊重政治、宗教或經濟自由的政府，譬如加薩走廊的哈瑪斯，它稱不上民主。

民主很難清楚界定，[124]顯示出要在阿拉伯人的中東世界建立民主的主要障礙。選舉很容易可以辦。反之，自由很難製造。宗教自由、經濟活動自由（包括私有財產機制）和政治自由——美國憲法修正案第一條至第十條所列舉的自由——的存在要依賴適當的價值觀，尤其是寬容歧異和尊重個人獨立。自由也需要有特別的習慣，尤其是妥協折衷的習慣。它也需要傳統，譬如領導人對他們所領導的人民要回應。最後，它需要機制：立法機關、公正不倚的司法刑事法庭制度，以及特別是所有機制的根本——法治。美國在索馬利亞、海地、巴爾幹、阿富汗和伊拉克的經驗告訴我們，這些東西都不會憑空出現，或是從國外隨時移植進來。[125]它們需要有時間生根和成長。它們是要花上好幾個世代的工作。自由不能在缺乏必要社會條件下繁盛起來。

以全世界各不同地區來講，「通往丹麥」的道路——意即實現西方式機制——在阿拉伯中東最為遙遠。[126]中東地區堪稱全世界最不民主的地區，[127]沒有安定、運作順暢的政治制度提供老百姓機會定期選擇領導人，也不小心地保護宗教、經濟和政治自由。根據知名的中東事務專家伯納德·劉易士（Bernard Lewis）的話來說，自古以來，西方人所了解的自由之概念，在中東社會根本不存在。[128]布希政府試圖把民主帶進已經注射疫苗防制民主的地區。這些疫苗包含好幾種成分。

在美國想創造現代、廉潔、繁榮國家體制的使命失敗的其他地區一樣，中東地區的社會結構不利民主，它不鼓勵支持以不講人情的規範為基礎的體制，可是這卻是民主政府所必要的條件。阿拉伯社會的基礎單元是部落。[129]

除了親屬關係，其他的狹隘的忠誠關係——宗派、宗教和族群——主宰中東。遜尼派和什葉派、穆斯林和非穆斯林、阿拉伯人和非阿拉伯人，都不認為住在同一個國家、每個群體政治權利平等是正常的。可是，這是民主的必要條件。中東其他國家也複製美國在伊拉克所碰上的這種分裂情形。布希政府無法政變這些基本的社會事實。

中東地區石油蘊藏量豐富也阻礙民主政治的發展。有了石油財富，政府不需要做民主國家最根本的事：傾聽他們所統治的人民之喜好和意見。一方面，這些政府因為出售石油，收入豐厚，他們可以提供社會服務給治下人民、不課稅，因而贏得民心或至少獲得接受。另一方面，石油財富使政府有資源可建設鎮壓機構來維護權位。阿拉伯政府因而被稱為「情報國家」（mukhabarat state），mukhabarat這個阿拉伯字意思是情報，用在這裡指的是國家受到情報機關或秘密警察控制。甚且，出售石油收進來的錢大半流入統治者銀行戶頭，使他們有強大的誘因要無限期掌握權柄，不能讓民主競爭來攪局。協調一致降低美國的石油使用量，或許可以削弱阿拉伯專制君主；但是在布希執政時期政治上不可能做到這一點，其實和之前的政府和之後的政府都一樣辦不到。

中東地區的經濟制度也有礙民主增長。自由市場經濟體制和實務可以促進政治民主，因為它最尊重一種基本自由——私有財產，另外它也創造出中產階級，做為民主的基礎。[130]阿拉伯國家沒有真正的自由市場。政府主宰所有的經濟部門，經濟成功不是因為像西方經濟那樣，業者提供受歡迎的產品或服務，而是透過和統治者有政治關係，這種安排普遍被稱為「權貴資本主義」（crony capitalism）。[131]

不僅是中東國家二十一世紀的特質、就連中東的歷史，也創造出對民主的偏見。自古以來，西方基督教國家一直是中東伊斯蘭世界最大的敵手，[132]對於中東人民而言，民主帶有出自西方的特徵。他們雖然歡迎某些西方的發明，如武器、汽車、電話和現代醫藥，中東的阿拉伯人對於自古以來即和他們爭逐全球權力的西方人所創造、且散布到全球的思想和體制，其實感觸良多。西方基督徒最強大的大國美國，來推廣民主，這一點不會幫它在中東增添受歡迎的機會。[133]

伊斯蘭本身在中東的影響力極大，它並不利民主的發展。由於它缺乏基督教文明裡已經是不可或缺的宗教與世俗分離，[134]嚴格講，宗教法適用在中東每個地方，使得選任官員制訂法律的空間不存在——可是這是民主政治的特質。甚且，由於宗教法是從伊斯蘭創教以來即世代相傳下來，因此它們被認為已臻完美，原則上，穆斯林不需要有任何種類的新立法。[135]

和其他主要宗教一樣，伊斯蘭有許多化身，也有許多傳統，並不是全都和民主相互排斥。事實上，二十一世紀有許多穆斯林住的國家——有些國家穆斯林也占多數——就是依民主法規和程序在治理。[136]然而，阿拉伯版的伊斯蘭卻傾向於恪遵最古老、最嚴格的解釋，因為阿拉伯世界是這個宗教的發源地——在阿拉伯半島、即今天的沙烏地阿拉伯，尤其堅守古訓。[137]

甚且，中東感受到一九七〇年代伊斯蘭風潮的全部力道，[138]它對伊斯蘭信仰提出最嚴格、最向後看的詮釋，在政治事務上產生極大影響，而它們卻與自由及全民主權完全不相容。一九七九年發生三個事件，使這個運動變成尤其強大：伊斯蘭革命，使伊斯蘭主義政府在德黑蘭奪得政權，決定擴大其勢力並擴散它定義的伊斯蘭規矩；反對沙烏地王室的基本教義派攻擊聖城麥加，理由是它已危險地偏離真正的信仰，王室因此設法宣傳更嚴峻的伊斯蘭教義詮釋及落實執行；第二次石油震撼，連同一九七〇年代初的第一次震撼，伊朗和沙烏地政府鈔票多多，可以花在宣揚他們崇尚的伊斯蘭。

沙烏地阿拉伯是個遜尼派國家（和伊朗什葉派居多不同），也是占大多數的穆斯林之代表，它在伊斯蘭世界崛起至雖非主宰一切、也是舉足輕重的地位，[139]依據十五個世紀大多數時間伊斯蘭史的標準來說，有顯著的扭曲效應。伯納德．劉易士在描述沙烏地的影響力時，他說：

想像一下三K黨完全控制德克薩斯州的一幕情景。三K黨控制了德克薩斯州全部的挖油機。他們利用這筆錢在所有基督教國家設置設施完備的大學與學校，售賣他們自己定義的基督教義。你就會大約知道現代的穆斯林世界是怎麼一回事了。[140]

就好比三K黨一樣，沙烏地伊斯蘭主義的訊息不是民主的訊息。伊斯蘭主義更加深刻生根在中東歷史和社會中，它也有更多錢去散布其訊息，它在中東地區具有更廣泛、更深刻的影響力，比起美國推進民主的力量更加強大。

所有這些對抗力量——美國政治投資在中東友好暴君上、移植必要的體制有困難、部落主義、石油、經濟制度和反西方的宗教史，以及伊斯蘭對民主的冷漠——都在阻擋布希的「自由的前瞻戰略」。這個倡議就和後冷戰美國在世界其他地區的類似使命一樣，沒有什麼進展，布希政府就在二〇〇九年初卸任，換上歐巴馬政府走馬上任。

歐巴馬跟在他之前、從另一政黨首長接棒的其他總統一樣，把自己的當選詮釋為承受新民意，要修正或拋棄前任總統的許多外交政策。

在中東，這代表要完成布希已經開始的從伊拉克撤出美軍部隊，以及放棄布希強調的在中東推動民主，後者當然不會像撤軍那樣大張旗鼓辦理。[141]二〇〇九年，伊朗爆發大規模和平抗議，反對神職人員的專制獨裁，歐巴馬政府幾乎完全不置一詞、也沒有任何行動去鼓舞他們。[142]新任總統沒想要去改造大中東，但至少他希望改善美國在中東世界的形象。然而，他選擇的工具不是美國的政治機構，而是只靠一名美國官員：總統本人。[143]

二〇〇九年六月四日，離他就任總統不到半年，他到開羅發表演講，大談美國和穆斯林的關係這個主題；它和過去總統的陳述有兩點重要的不同。[144]首先，它的對象不是埃及人民、不是任何特定國家或一群國家，而是向整體「穆斯林世界」發言。[145]歐巴馬這樣做，暗示著其他總統沒有這麼認為或至少沒這麼說，而他本人這麼說其實是並不正確的：因為並沒有一個政治上一致的穆斯林世界這種實體存在。（很諷刺的是，另一位這麼宣稱的國際人物竟是奧薩瑪．賓拉登。）其次，歐巴馬自認本身可以在穆斯林和美國之間居中解決關係緊張的問題。他在開羅宣稱，孩提時他住過另一個穆斯林國家——印尼——而他認為「身為美國總統，我也有責任與世界各地出現的針對伊斯蘭之負面刻板印象，展開作戰。」[146]過去美國總統的職責說明書裡可沒有包含這一項任務，也沒聽說有哪一位穆斯林占人口多數的國家之領導人認為美國有必要這麼做。

雖然這兩點大違過去總統先例，歐巴馬開羅演講在其他方面則依循一般熟悉的模式。美國總統往往覺得自己說的話非常重要。事實上，他們也是靠著言談才晉升到全世界最有權勢的大位。他們也相信本身人格的感召力，由於他們的政治事業就是靠著它們扶搖而上，因此也相信它們在國外也可產生和在國內相同的影響力。譬如，小羅斯福和尼克森都認為自己有特別的私交關係可以駕馭對蘇聯政策——前者與史達林長期交手，後者則與布里茲涅夫長期過招。

歐巴馬除了個人承諾將努力修復美國與全球穆斯林的破碎關係，以及有心在美國外交政策上開啟新頁之外，他也承諾要進行兩個重大改變。他在競選期間，曾經保證沒有預設條件，他願意與古巴、伊朗和北韓等敵對國家領導人會面，這可是與美國現行政策迥然不同的主張。[147]這項承諾出自於他的信念，就和他向伊斯蘭世界發表演講的初衷一樣，他以為如此會面可以改善美國在原本仇美的人——他指的是這些國家的專制領袖——心目中的地位。此外，他在開羅演講之前的兩個月，即四月四日，在捷克首都布拉格演講，呼籲全球廢除核武。挪威諾貝爾委員會認知、也欣賞歐巴馬宣布他預備要走的新路線，二〇〇九年頒給他諾貝爾和平獎。

和布希的「自由的前瞻戰略」一樣，歐巴馬的倡議到頭來也大多束諸高閣。新總統沒有和前幾任總統所迴避的敵國領導人會面。擁有核武的國家，包括美國在內，並沒有放棄核武的跡象。[148]全世界的穆斯林也沒有因為美國的國際活動對它增加熱情。[149]*

然而，這不代表歐巴馬任內中東沒有任何變化。反倒是，中東地區本土的抗議運動有一段時候似乎滿有希望，幾乎就要達成美國外交政策一直辦不到的事。中東地區一系列動亂推翻了長期在位的統治者。美國未能帶給阿拉伯世界人民民主的一些地方，這些人民本身在一小段時候裡展現他們預備好了、也可以靠自身力量為自己建立民主政府。不幸，它們也失敗了。

阿拉伯之春

二〇一〇年十二月十七日，突尼西亞西迪·包志德市（Sidi Bouzid）的水果攤販莫哈麥德·包濟茲（Mohamed Bouazizi）點火自焚，抗議地方官員對他的騷擾。這個行為在突尼西亞引爆反政府抗議風暴，很快就傳布到阿拉伯世界葉門、埃及、巴林、利比亞、敘利亞等國家。[150] 民眾對在位政府的嚴重和普遍不滿啟發這些示威活動，許多示威者要求這些毫無例外、都不是民主治理的地方進行政治上的民主改革。因此，起先看來，民主似乎終於來到中東；在莫哈麥德·包濟茲的國家，民主的政治制度果然也的確生了根。然而，其他地方則非如此。

二〇一〇年底和二〇一一年中東地區到處爆發的不滿示威，有許多相互不關連的起因：一大群年輕人失業或毫無經濟前景可言；經濟停滯、尤其是不產石油的國家，使得未來就業無望，更休想繁榮；高壓、濫權的政府透過壓迫手段保住權位；新技術、尤其是社群媒體使得通訊發達、比以往更易更快組織起示威活動。

---

* 譯註：本書寫至二〇一四年底，二〇一五年和二〇一六年歐巴馬相繼有兩項突破。二〇一五年美國和伊朗簽訂協定，伊朗放棄核武計畫，換來西方取銷對伊經濟制裁。二〇一六年美國和古巴恢復邦交，歐巴馬親赴古巴訪問，見了卡斯楚。不過，二〇一六年九月為止，北韓金正恩第五次進行核子試爆，東北亞局勢相當緊張；美國和南韓七月間決定在南韓部署高空飛彈防禦系統「薩德」。

美國對阿拉伯之春的反應則有幾個不一致的特色：因為對美國友好的政府受到圍剿而擔憂；對於能朝向自由與全民主權的政治制度發展，懷抱高度希望；對於在整個中東地區愈來愈混亂的環境下，如何才能促進美國的價值和利益，感到茫然和不確定。美國的政策包括，一方面介入以便引導本地區事件發展的方向，一方面儘可能避免捲入其中。有時候華府在同一國家、不同時間會採用這兩種作法。最後，除了利比亞之外，美國對阿拉伯之春起不了影響作用——美國的軍事力量在利比亞固然產生決定性的效應，卻未能帶來民主或甚至穩定。

二〇一一年一月二十五日，明顯是受到突尼西亞事件的啟發，群眾開始湧入開羅市中心的解放廣場（Tahrir Square），要求穆巴拉克總統下台，其實布希政府六年前就有類似的想法。抗議活動迅速蔓延到埃及其他城市。安全部隊奉命出動鎮壓，打死好幾百人。

美國政府當時倡導民主卻舉棋不定，現在它碰上埃及阿拉伯之春新頁又犯了老毛病。[152]一方面，從美國政治價值說，歐巴馬政府幾乎沒辦法反對推翻獨裁政府，尤其如果壓力是來自草根運動呼籲換上民主政府。另一方面，在埃及掌權三十年之久的友好的暴君一直都很優遇美國的利益。後來，歐巴馬政府決定，這位埃及領導人必須下台。歐巴馬親自打電話向穆巴拉克表達美方立場，不久之後，穆巴拉克在二月十一日辭職。[153]然而，他下台倒不是美國政府逼宮壓力大，而是埃及武裝部隊不再支持他。穆巴拉克原本出身軍旅——他曾經是空軍將官——但是軍人放棄他是因為他顯然計畫讓他兒子賈瑪爾（Gamal）接任總統，而賈瑪爾卻與軍方毫無淵源。[154]

次年、二〇一二年五月和六月，埃及舉行布希政府曾經盼望的一場自由、公平的選舉。最有組織的反對勢力——穆斯林兄弟會的首腦穆罕默德．莫爾西（Mohammed Morsi）當選總統。穆斯林兄弟會的伊斯蘭主義意識形態和美國格格不入，但是歐巴馬政府承諾尊重民主選舉的結果，而且也別無更好的選擇，設法與新政府發展良好的合作關係。[155]它的成績尚可，二〇一二年第二次加薩戰爭期間，美國和埃及設法在有限度的範圍內合作。

然而，美國雖預備容忍埃及新政府，許多埃及人卻不肯。穆斯林兄弟會當權後展現出專制又無能的一面，[156]二〇一三年六月底、七月初，爆發大規模的反政府示威。軍方出面，把莫爾西趕下台，或捕或殺，剷除掉穆斯林兄弟會數千名徒眾，接管了政權。二〇一四年五月，軍方領袖阿貝德．法塔．阿塞西（Abdel Fattah al-Sisi）經由選舉、出任總統。這件事又搞得美國左右為難，喜的是伊斯蘭主義的組織失去權力，尷尬的是這分明是軍事政變，歐巴馬政府決定實施溫和的經濟制裁。

到了二〇一四年，經過動盪不安的三年，埃及繞了一圈走回原點：從軍事統治做為起點，經過全國起義，長期當權的專制領導人被迫下台，選舉產生一位伊斯蘭主義的總統，再經多次示威抗議，這位總統又被趕下台，回歸軍事統治原點。從頭到尾，美國政府很關注地袖手旁觀，沒有積極參與。它對埃及戲劇化的事件幾乎毫無影響，[157]美國在二〇一一年至二〇一三年期間並沒能比二〇〇五年更有辦法在埃及創造民主。埃及繞了一圈又回到它在二〇一一年之前有六十年歷史的軍事統治，使美國比起先前更沒有影響力。占了上風的軍方和輸了的穆斯林兄弟會都覺得美國人對他們的大業沒有展現足夠的同情心。[158]甚且，埃及的政治動盪害慘它的經濟，強勢貨幣不夠、不足以購買人民需要的糧食和燃料。[159]美國並沒有出手幫助，反倒是對穆斯林兄弟會敵意很深、因而全力支持軍方的沙烏地阿拉伯政府介入，[160]在二〇一三年以後提供生死攸關的巨額金援給埃及。

中東另一個地方，針對與美國關係良好的阿拉伯專制統治者爆發抗議時，歐巴馬政府卻毫不躊躇，立刻跳出來支持其專制君主。巴林是波斯灣一個迷你產油國家，人民過半以上是什葉派，國王則是遜尼派。它也是美國海軍第五艦隊的基地港，因此巴林國王在美國心目中是個重要的盟友。二〇一一年上半年，巴林的什葉派老百姓發動和平示威，要求更民主的治理——亦即增加人民權力——沙烏地阿拉伯軍隊跨越邊界，進入巴林平亂。美國並沒表現反對的姿態。[161]

同樣是二〇一一年二月，[162]利比亞發生反政府叛亂。利比亞是個地理大國——非洲第四大——人口六百萬集中在沿地中海狹長地帶，利比亞對美國的重要性遠遠不及埃及、沙烏地阿拉伯或甚至巴林。利比亞在過去五十年曾經兩度引起美國注意：它擁有全世界第十大的石油蘊藏量；它的獨裁者穆阿瑪·格達費（Muammar Qaddafi）是個脾氣古怪、有自大狂的前陸軍上校，他採行狂烈的反美政策，包括資助對美國發動恐怖活動。然而，到了二〇一一年，格達費已經和華府修好，放棄恐怖主義，關掉預備製造核武的計畫。[163]

反格達費的動亂始於利比亞西部，以班加西市（Benghazi）為中心。格達費的支持者來自利比亞東部，尤其是首都的里波利（Tripoli）。反政府運動很快就升高為武裝叛變，格達費派出軍隊敉亂，爆發內戰。三月初，政府軍占上風，向班加西挺進。政府軍敉平亂事似乎已經指日可待。可是，他們並未獲勝，因為西方、尤其是美國，介入、制止了政府軍。

介入的動力起先來自英國首相大衛・卡麥隆（David Cameron）和法國總統尼古拉・薩科奇（Nicolas Sarkozy）。他們擔心會出現一九九〇年代巴爾幹半島大肆屠殺平民的可能性，力促聯合國通過決議案，在利比亞設立類似美國一九九一年在伊拉克北部所設的禁止飛航區。雖然用意是保護平民，這項措施必然有助於叛軍，因為利比亞的軍機全部在格達費控制下。阿拉伯聯盟（Arab League）的會員國很討厭格達費，他們贊成此一措施。歐巴馬總統決定採納英國與法國的政策，安全理事會通過決議文，要求採取「一切必要手段」保護利比亞的非戰鬥人員。

接下來美國帶頭發動空戰，對付利比亞空軍，很快就瓦解格達費的空中戰力，迫使他的坦克和其他武器補給降低。地面作戰陷入僵局，但是到了八月份，西方空襲成效日益顯著，叛軍開始推進，終於攻陷的里波利。格達費逃出首都，在鄉間藏身兩個月。九月間，北約組織軍機攻打載運他及其親信殘部的車隊，效忠利比亞新政府的部隊找到他、殺了他。

歐巴馬政府介入利比亞內戰乃是重演柯林頓政府標誌性質的人道干預政策。雖然美軍介入導致格達費遭推翻，但是它最初、表面的理由——經由聯合國核准——並不同：聯合國是要拯救平民性命，西方政府認為格達費部隊一旦將叛軍解除武裝就會殺了他們。

歐巴馬政府對於美國應否介入，意見分歧。主要職掌軍事政策的三名大員——國防部長、參謀首長聯席會議主席和國家安全顧問——加上副總統拜登，統統反對。[164]歐巴馬沒接受他們的建議，裁示派美軍部隊參加利比亞戰事。或許並非巧合，行政部門內最支持此一行動路線的人，全都和一九九〇年代的人道干預決策有關聯。駐聯合國大使蘇珊．萊斯（Susan Rice）曾經在柯林頓政府任職，就很遺憾當年柯林頓政府沒有介入盧安達。國家安全會議幕僚莎曼莎．包爾（Samantha Power）曾經在巴爾幹擔任戰地記者，後來寫過一本書，批評美國有多次機會卻未動用軍事力量制止平民遭到殺戮。[165]光憑她們倆人可能沒辦法在辯論利比亞政策時占到上風，但是她們有個高階盟友：國務卿。[166]

希拉蕊．柯林頓在她丈夫即將卸任總統時，當選代表紐約州的聯邦參議員。她在二〇〇八年競爭民主黨總統候選人提名時，各方都看好，但是她輸給歐巴馬。歐巴馬當選總統後，邀她在內閣擔任要職，她一口答應。

延攬主要政敵加入內閣團隊，歐巴馬這一招學自美國最偉大的總統之一——亞伯拉罕．林肯。林肯在美國南北戰爭期間組成一個「政敵團隊」。[167]希拉蕊．柯林頓夠資格被稱為歐巴馬的政敵，但是她和其他內閣閣員卻不是他外交政策團隊的重要成員。比起大多數總統，他更把決策權、尤其是外交政策決策權，集中到白宮。他的國務卿和國防部長權力更小，比起其他總統的國務卿和國防部長，在主要政策上發言份量更低。

希拉蕊．柯林頓在國務卿任內花了相當多時間飛到世界各地演講，大談女權等議題，不論對直接聽講的人產生什麼影響，它們增強她在國內的受歡迎程度。她在歐巴馬總統第一任期屆滿時交卸國務卿職位，離開公職，立刻成為二〇一六年民主黨總統參選的熱門人選。多年之前，越戰期間，她丈夫曾經寫了一封信解說，由於有心日後參與選舉政治，雖然他反對當時正在打的越戰，他還是預備接受徵召、到越南戰場服役。他寫說，我想要「保持我的政治生存力。」四十年之後，他太太以擔任國務卿達成問鼎白宮的相同目標。

歐巴馬為干預利比亞做解釋，拿出當年柯林頓介入巴爾幹半島相同的理由做根據：

推卸美國做為領袖的責任——更深層的是——我們對於處於此一情境的人類之責任，將是背棄我們之所以是我們的責任……身為總統，我拒絕等候屠殺和萬人塚的畫面出現才採取動作。[168]

英國和法國的承諾滿足了歐巴馬政府聲明，以多國部隊身份參加軍事行動的條件。歐巴馬也把干預利比亞描述為支持當時前景看好的阿拉伯之春的一種方式：

屠殺一定會驅趕數以千計的難民越過利比亞國境，對埃及和突尼西亞的和平——但仍很脆弱的——過渡增加極大的壓力。本地區乍現曙光的民主脈動，將被最黑暗的獨裁專制掩蓋光芒，因為高壓的領導人以為暴力是緊抓權力的最佳戰略。[169]

事實上，儘管美國介入利比亞，其他阿拉伯國家領袖也得到完全一樣的結論。

對於一位打著要收拾其前任總統開打的戰爭之旗號而當選的總統而言，卻把美國投入阿拉伯世界另一場戰爭，看來不太吻合他的政治性格；但是歐巴馬保證會避免布希戰爭的重大、政治上又不孚民心的代價，他會節制，不派美軍地面部隊進入利比亞。柯林頓對巴爾幹戰爭做過同樣的承諾，但是在波士尼亞和科索沃戰爭結束後，他派遣美軍部隊進駐當地巡守。反之，歐巴馬沒派美軍地面部隊進入利比亞，即使格達費政權崩潰了也不派兵進入。

格達費垮台並沒給利比亞帶來和平。反而是各式各樣的民兵混戰成一團，有的是因區域或部落不同而組成的民兵，有的是奉伊斯蘭信條而成立的組織。格達費以高壓統治勉強保持住利比亞相當程度的穩定。他一垮台，利比亞頓失能有效控制全局的政府。[170]暴力溢散到利比亞境外。格達費從馬利召募來的圖瓦雷克族（Tuareg）士兵，帶著武器回到馬利，掀起反馬利政府的叛亂。[171]格達費一垮，美國的注意力也轉移到別的地方，一直要到二〇一二年九月十一日，也就是蓋達組織恐怖攻擊紐約和華府十一週年那天，才又回神注意利比亞。這一天，伊斯蘭主義民兵攻擊班加西市美國兩個外交設施，殺害美國大使克里斯多福．史帝文斯（J. Christopher Stevens）等四個人。

利比亞行動不僅沒有在格達費獨裁政權垮了以後，扶立一個民主政府或甚至只是穩定的政府，它甚至還不夠格稱得上是成功的人道干預行動。後來的分析顯示，沒有理由相信格達費部隊在打贏內戰後會大肆屠殺平民；[172]而且西方的干預拖長了衝突，有一項估計說，如果美國及盟國不要介入，在二〇一一年三月讓格達費部隊打下去、贏了內戰，死難的利比亞人民人數可以減少七至十倍。[173]

在利比亞，美國的使命又失敗了。美國政府在利比亞的努力沒讓它走上丹麥之路。它們反而害了利比亞變成北非版的索馬利亞。[174]在歐巴馬政府幫倒忙之下，原本是阿拉伯之春的一個亮點變成失敗國家。然而，格達費一被剷除，除了班加西攻擊事件之外，美國政府、更不用說美國民眾，大體上不關心當地的動亂。二〇一一年另一個阿拉伯國家的人民起義反抗政府時，美國和其人民想要視若無睹也辦不到了。

這個國家就是敘利亞。二〇一一年三月，首都大馬士革出現反政府的和平抗議。阿薩德卻回敬暴力鎮壓，掀起阿拉伯之春最血淋淋的戰鬥。這場衝突演變成多邊內戰，而且是人道大災禍。到二〇一四年底，經過三年半浴血戰爭，二十萬人以上喪生，大多是非戰鬥員，遭到效忠阿薩德的部隊殺害。敘利亞全國人口一千八百萬人，大約兩百萬人逃到約旦、黎巴嫩、土耳其、伊拉克和伊拉克的庫德斯坦地區，還有更多人在國內流離失所。戰爭實質上使國家分裂，阿薩德政府控制西部地區，各式各樣反對勢力也各自割據一方。

起先，衝突使得住在農村或被迫離開土地、進入城市的窮人——這兩群人都受到嚴重乾旱之害——和不恤民瘼的政府對立。[175]但是很快地它就變成宗派戰爭，居多數的遜尼派起義要推翻由少數阿拉威派壟斷權力的政府。[176]

其他國家也捲入。伊朗支持它的長期盟友、同屬什葉派的阿薩德政府，派黎巴嫩的真主黨部隊出面幫阿薩德作戰。俄羅斯和敘利亞結盟的交情可以追溯到冷戰時期，也出來支持它。另一方面，沙烏地阿拉伯和其他波斯灣國家，基於遜尼派大團結，以及對抗什葉派、波斯人大敵伊朗的考量，提供軍火和金錢給叛軍。有些錢流向伊斯蘭主義團體，他們在反阿薩德的叛亂中占有重要角色，吸引來自世界各地渴望和什葉派進行聖戰的遜尼派穆斯林加入。

敘利亞內戰殺害的平民比利比亞內戰罹難者還多。甚且，和格達費不一樣，巴夏爾・阿薩德謝絕了歐巴馬政府撮合和以色列和談的善意，還繼續和美國為敵、並與美國在中東最大的敵人伊朗為盟友。因此，比起利比亞，歐巴馬有更強大的人道和戰略理由介入敘利亞。然而，歐巴馬很不願意美國介入敘利亞。直到二〇一一年八月，歐巴馬政府才表態，認為阿薩德應該下台。[177]歐巴馬抗拒武裝對美友善——或至少不是不友善的——阿薩德政府之對手，或是直接動用美軍力量拯救阿薩德政府攻擊的人。敘利亞實在跟它的鄰國伊拉克太像：在這個國家要認真追求美國的價值，包括保護受其政府威脅的平民這種人道價值，會需要美國派兵占領；而美國也很難在這個國家找到在地盟友願意、又能夠協助達成美國目標。

歐巴馬決定不介入敘利亞作戰，他只有一次在言詞上出現不同的論調。阿薩德政權擁有大批化學武器，二〇一二年八月，歐巴馬宣布，若是使用它們，就是跨越美國的「紅線」，會「改變我〔對美國看待戰爭〕的計算」。一年之後，阿薩達政府果真在若干城市使用化學武器攻擊遜尼派平民。接下來卻發生美國外交政策史上最奇異、也最尷尬的一段插曲。

歐巴馬決定應該反應，他要轟炸敘利亞的軍事目標。大衛・卡麥隆答應，英國部隊會參加行動。可是英國下議院表決不准參戰。歐巴馬也向美國國會徵求批准美國轟炸行動，可是情勢很快就清楚，國會不會點頭，原因是大多數美國人反對對敘利亞用兵。[178]因此，歐巴馬除了只跟幾個最親信助理談論，突然間也不徵詢任何人意見，就改弦易轍，宣稱美國根本不攻打敘利亞。

國務卿凱瑞在倫敦的記者會上被問到，是否還有什麼辦法可以阻止美軍空襲敘利亞。聽到他答話的人都覺得他是在開玩笑——他說，如果阿薩德同意放棄他所有的化學武器（大家都認為完全不可能的一件事），美國就不會動武。俄羅斯總統普丁不僅是阿薩德多年盟友，而且與美國日益交惡，普丁卻宣布他願意居中調停、促成此一協議；歐巴馬政府也答應。俄羅斯的提議給先宣布要攻打敘利亞、後又改口放棄而把自己逼到牆角的歐巴馬，打開一條出路。這番折騰沒有增強美國或其第四十四任總統的可信度或聲望，但是它的確使美國不用介入敘利亞內戰——至少暫時如此。[179]

最後把美國扯入敘利亞衝突的，並不是阿薩德政府的暴行，而是它的對手太強大了。包括蓋達組織相關的伊斯蘭主義團體，在反抗阿薩德政府的過程中愈來愈有名氣，它們跨過國界到伊拉克進行軍事活動，取得巨大勝利，宣布建立「伊拉克暨敘利亞伊斯蘭國」（Islamic State of Iraq and Syria），[180]志在將勢力延伸到整個中東地區。[181]

美國發動的轟炸行動，其人道目標是拯救被圍困的少數民族，戰略目標是援助親美的庫德族。美國還有另一個動機：伊斯蘭國有兩、三萬名戰士，在全世界遜尼派穆斯林當中顯然也有不少熱切的追隨者；美國擔心它鞏固占來的土地後，會利用它做為基地向美國發動攻擊，就像蓋達組織十三年前利用阿富汗一樣。

歐巴馬九月間向全國演講，宣布美國會「削弱及最終摧毀」伊斯蘭國。他說他要召集其他國家結盟、和伊斯蘭主義者作戰。總統向美國人民保證，他不會派遣美軍地面部隊進入敘利亞。這個戰略有三個問題，歐巴馬當時沒有提到如何解決它們。第一，當時根本不清楚伊斯蘭國是否以攻擊美國目標為最高優先，猶如奧薩瑪・賓拉登的蓋達組織。雖然原則上伊斯蘭國仇視美國，但是他們面臨挑戰，或許會想要集中力量堅守及治理它已征服的地區，這一點蓋達組織在阿富汗就沒做。

第二，摧毀伊斯蘭國之後，就得在它所占領的這一部分敘利亞和伊拉克地區扶立新政府，但是目前並無可行的替代團體。伊拉克與敘利亞受國際社會正式承認的政府應該是人選，但無論敘利亞和伊拉克的遜尼派有多麼厭惡伊斯蘭國的嚴厲統治，他們不可能再接受阿薩德家族或巴格達的什葉派政府。本地區其他國家也不會要占領伊斯蘭國已搶走的土地。如果美國決心要趕走伊斯蘭國，當下唯一可行之路是動用自己的部隊。

美國針對伊斯蘭國展開的轟炸行動，卻在無心之間產生協助大馬士革和德黑蘭政府的效應，這是第三個問題。以敘利亞的情況來講，美國的軍事行動有利於他的敵人，如阿薩德政府和他的真主黨盟友，以及在背後替他們撐腰的伊朗伊斯蘭共和國。二〇一四年，美國站在什葉派這一方介入宗派衝突，因而違逆中東遜尼派國家的利益或至少是偏好，而偏偏他們又是美國已有或想要爭取良好關係的國家，包括沙烏地阿拉伯、波斯灣小國、土耳其、埃及和約旦。因此，擔心會再次出現九一一攻擊是美國介入伊拉克和敘利亞的起因，可是歐巴馬為了避免類似攻擊所選擇的政策，日後驗證卻出現他所力圖避免的後果：行動過當、耗費龐大、反效果。

到了二〇一四年底，後冷戰美國三位總統每一位訂的主要目標在敘利亞統統失敗。它沒能做到柯林頓政府想做的拯救苦難人民不受自己政府迫害。它沒實現小布希政府想要播下民主種籽的心願。歐巴馬執政下美國對敘利亞的政策甚至都還沒做到他在就任總統時所宣布的：撤出、脫離中東戰爭。

如果說布希的民主倡議顯現美國沒有辦法在阿拉伯人的中東地區種植民主政府，那麼阿拉伯之春更證明，阿拉伯人本身也做不到。當地的政治文化抗拒自由和全民主權。二〇一〇年底起始的阿拉伯之春，四年之後證明，除了突尼西亞之外，在任何一個國家都未能實現美國的希望。阿拉伯之春的結果倒是解決了布希發動民主倡議時，和中東友好暴君們掀起的辯論——雙方都對了。美國人說，中東政治現狀不能長久不變，他們說的沒錯。阿拉伯專制君主說，換別人取代他們統治會更糟，也沒說錯。

阿拉伯之春的初期階段很像當年被稱做東歐地區的反共產主義革命。一九八九年，大體上和平的起義推翻了波蘭、匈牙利、捷克斯洛伐克、東德、保加利亞和羅馬尼亞不得民心的共產黨政府。[182]他們全都變成民主國家，保護宗教、經濟和政治自由，定期舉行自由、公平的選舉。捷克斯洛伐克分解為捷克共和國和斯洛伐克兩個國家；後共產主義的東歐（後來比較反映地理的正確性，改稱為中歐）[183]相當平穩地過渡到團結、民主的民族國家，得到住在其境內不同族群和宗教的人民之效忠。事實上，這些國家的公民展現出更開闊的忠誠：他們全都加入歐盟。

二〇一一年開始時就和一九八九年一樣。長期統治、但缺乏全民正當性的獨裁者逐一落馬。但是結局不一樣，出現新的壓迫和戰爭。歐洲持續向前邁進，建立後現代、跨國的治理和合作結構——歐盟，可是阿拉伯人的中東，在二〇一一年至二〇一四年期間，崩裂成現代時期之前的基本元素：宗派、部落、家族和伊斯蘭信仰。以美國人用來形容世界的詞語來說，中東走向美國人認為歷史會走的反方向——它倒退走。

阿拉伯之春展現出來的力量打斷了一度相信隨著歷史的演進全世界都會服膺美式價值的樂觀精神，這也說明為什麼二〇一四年象徵著美國以改造他國為外交政策之主軸的年代結束了。此外還有另外一個原因。冷戰結束之後，美國人相信其他國家的內部轉型是可能的，因為先前主宰所有主要國家外交政策的權力鬥急遽爭淡出國際舞台。一九九三年之後，美國可以把傳教工作當作外交政策，那是因為無論是美國的安全、基本的國際利益，以及美國致力於建立、捍衛的全球規範與制度都沒有遭到重大挑戰。這個快樂天堂在二〇一四年瓦解了。

第六章

舊秩序復辟

中國海軍百分之九十的時間都在思索，該用什麼神鬼莫測的方法擊沉我們的船艦、打下我們的飛機。

——美國海軍上將丹尼斯・布萊爾（Dennis Blair）[1]

誰能想到，柏林圍牆倒下二十五年後……歐洲還會發生俄羅斯入侵烏克蘭這種事？

——安吉拉・梅克爾[2]

後冷戰秩序的終結

二〇一四年是一次世界大戰爆發的第一百週年，舉世皆在紀念此事。大國全捲入歐洲戰爭互相征伐的局面，自一八一五年起足足一百年期間沒再發生，第一次世界大戰結束了這稍微寧靜的百年，也開啟了一個持久、全面性衝突的時代：先是接連兩次的世界大戰，之後全世界又陷入冷戰漩渦。說來巧合，二〇一四這一年也象徵了重大的歷史意義。冷戰之後的歐洲和世界享有比十九世紀更深刻的和平，在這年劃下句點。同時，美國外交史上一段特殊的時期也在二〇一四年告一段落，在那段時期，美國外交政策的重心放在改造其他國家國內的政治社會結構上，而非保衛美國利益。

二〇一四年落幕時，美國政府在中國、俄羅斯、在索馬利亞、海地、波士尼亞、科索沃、阿富汗、伊拉克和大中東等地區推動的國家改造悉以失敗告終。上述國家沒有一個照美國希望的樣子扶植成形，但這些失敗並不是終結後冷戰時代的原因，就和傳教士傳教失敗、未能使人改信基督，並無法撼動他／她自身的基督教信仰一樣，這些國家的不順服，並沒有摧毀美國想讓世界變得更美國的信念。美國人認為自身有改造他國的使命，這信念始於早年的北美拓荒者，從那時起美國人就相信，到一塊截然不同的土地上推動改造，是高貴可敬的目標。

然而這類改造失敗的代價不斐，尤其阿富汗和伊拉克這兩個案例必須付出的成本之高，使美國人幾乎打消了進行其他類似計畫的念頭。雖說如此，美國外交政策以改造他國為使命的時代的終結，並不全然肇因於此。畢竟在冷戰時期，美國參與韓戰和越戰付出的代價慘痛的多，可是美國並未放棄導致這些衝突的政策方針，亦即圍堵國際性共產主義和蘇聯。

美國外交政策在二〇一四年改弦更張，是因為世界變了。過去二十年來讓改造他國的使命之所以可行的國際大環境——數百年來最深刻、最普遍的和平——消失了。[3]締造該和平的原因除了不再有戰爭，還因為少了爆發戰爭的可能，人們不必花費氣力為迫在眉睫的戰事做準備，而地球上最強大的政治領袖們也不再認真考慮發動戰爭這回事。戰爭退場源於國際間不再有所謂的「安全競爭」（security competition）或「大國政治」（power politics）——即最強大的國家在政治和軍事上彼此敵對。由於國家必須確保其生存，這個目標高出一切，所以自古以來，大國政治，包括其最終極的表現——戰爭——影響各國彼此關係。冷戰結束後，它不再是國際政治的基本問題，使得全世界最富、最強的國家——美國，有餘裕投入國際活動來改善其他國家，而不必再汲汲於保衛自己及盟國。不用再牽掛安全之後，它可以把外交政策當作社會工作一樣來推動。[4]

國與國之間的安全競爭在冷戰之後消失這件事是如此不尋常，造成的效應更為深遠，直可比擬主權國家內部的革命，尤其是最初也最盛大的一七八九年法國大革命。在此之前，王室做為歐洲國家的統治階級，成員雖來來去去，但君主制度總還維持不變。直到法國大革命造成劇變，改變了法國的政府形式：這場革命不僅推翻了國王路易十六世，還推翻了綿延數百年的王室制度。和王室成員來去但王權制度不變相同，大國在歷史長河上起伏興衰，各國在國際權力階級上的地位會有變化，但是其制度的特色——安全競爭至上，以國家生存為最高原則——持續不變。國際政治宛如賽局，選手來來去去，局勢詭譎多變，但規則卻不動如山，也就是說，掌握權力的主權國家雖然會替換，其行為與運行的規則卻不會隨之改變。

但冷戰結束後，國際政治的規則不一樣了，這改變使得這之中最強大的選手得以不理睬外交事務的基本遊戲規則，不再需要去應付其他國家的國際行為，轉而想要改造他國政府對待治下人民的方法。

強權彼此敵對的大國政治之所以在冷戰之後告一段落，有部分原因是此先已出現一個共同趨勢：武器的殺傷力愈來愈大，造成的毀滅更勝以往，使得戰爭愈來愈不受歡迎。[5] 而前述提及的，美國在外交政策領域因歐洲共產主義崩潰，獲得餘裕進行其他社會工作的自由，也來自冷戰這一偉大歷史事件過後的世界權力分配：美國因其軍事、經濟實力遠遠超過其他國家，成為了國際上首屈一指的霸權。

美國的實力，加上冷戰後國際關係上的另三項特質，界定了小布希總統所謂的「世界新秩序」（new world order）。第一項是全球經濟的重要性上升。幾乎沒有國家不在全球經濟的籠罩範圍內，而且透過做為其成員能夠產生實質的經濟效益，這有助於緩和各國進行安全競爭的衝動。第二項是人類史上最危險的武器——核子武器——只被不會將之用於傳統權力競賽的國家擁有。第三項特色則是中國和俄羅斯本來都有能力像傳統大國那樣採取強硬的政策，把敵對、安全及軍事競爭置於國際關係的中心位置，但他們卻都對此毫無興趣。

美國在奉行改造他國使命的同時，也努力深化後冷戰世界這三項新世界秩序。然而，到了二〇一四年底，儘管美國在全球經濟、核子武器和大國政治這三方面都有所努力，卻因其政策上的錯誤使得它們變得不穩定。二十年之後再回頭看，一九九三年的世界新秩序與冷戰時的舊國際制度很相似，甚至也和過去數百年來的制度沒什麼太大差別。與大革命之後數十年的法國一般，君主制度復辟，舊習慣作風都回來了；二〇一四年年底世界局勢改變，美國沒有餘裕任性推廣其價值，只好變得跟過去一樣，必須以保護自身國家利益為優先。

各國參與全球經濟之所以會降低國際衝突，是因為比起結盟對抗相同的敵人，國際貿易或跨國投資更能締結夥伴關係。對一國而言，跨越國界的貿易與投資是為了致富，而彼此為敵的最極致形式便是戰爭，但戰爭只會帶來窮困而已。十九世紀是國際經濟第一個真正大整合的時代，當時，「貿易可以保證和平」的思想在英國這全球最大的貿易國家流行起來。雖然說一九一四年第一次世界大戰的爆發，顯示了這思想其實過度樂觀，但是在往後一個世紀之中貿易逐漸成為了國際關係的重要紐帶，尤其是冷戰過後，全球經濟的相互依賴降低了國際間的衝突，雖然未必完全天下太平，但的確紓解了緊繃的情勢。

第二次世界大戰之後，美國承擔了比其他國家更大的責任，負責籌劃和管理國際經濟。[6]一九九三年之後的十五年，美國的經濟運作格外順暢，獲得了比從前更高的利益、更能雨露均霑的成果。但金融盛景沒能長存，二〇〇八年，美國金融制度近乎全面崩潰，歐元也在二〇一〇年敲響警鐘。這兩件影響全球的大事，都有部分是起因於少數富有國家的政策錯誤。至此，四海昇平的金融時代畫下句點。

全球經濟福祉大翻轉削弱了世界新秩序。由於不再能維繫繁榮，新秩序對底下成員的吸引力也減弱了。作為世界新秩序盟主和主幹的美國和歐盟經濟活力削弱，在政治上也不再一言九鼎。二〇〇八年之後，國際制度比起過去，不利於美國在全球的改造使命。

並非每個國家都把冷戰結束看作是捨棄窮兵黷武這種傳統野心的機會，他們並沒想到要就此快樂地安於經濟上相互依賴的和平環境。世界新秩序還是會有些遭到抵制背叛的地方。這其中最吸引人，也是美國尤其關注的抗拒力量，來自二〇〇一年九月十一日在紐約和華府發動攻擊的伊斯蘭主義恐怖分子。然而，恐怖分子還稱不上排拒新秩序最危險者，這個殊榮要歸北韓和伊朗。這兩國政府都擁抱極端的意識形態，要犧牲別的國家且只圖擴張自身權力。比起蓋達組織等恐怖團體，北韓和伊朗政府不但治理國家還控制著領土，因此有更大潛力能興風作浪。最重要的是比起恐怖分子，此兩國政府更有能力取得當代國際政治最有破壞力、最危險的特殊武器——核子武器。

由於它們的破壞力極強，這些武器讓擁有他們的人在軍事上占據上風。北韓和伊朗在整個後冷戰時期都想要發展核武，以求至少可以威脅其他國家。他們若是控制了發展完備的核武，極有可能在其所在區域或世界各地重啟可怕的安全競爭。美國領導國際社會阻止這兩個國家取得核武。從冷戰時期開始，並持續到冷戰結束後，還算略有成績。

然而，二〇一四年時，伊朗和北韓都接近取得核武的臨界點，跨越臨界點之後，它們將威脅全球的安定和美國利益，而這會是西方勝過歐洲共產主義之後美國不曾遇上的困難。北韓和伊朗的核計畫，使後冷戰秩序基礎產生了巨大裂縫。

新秩序的核心，也就是區別它和過去秩序最大不同的特色，是國際政治傳統上圍繞著最強大的國家打轉，而今他們卻彼此不再有軍事和政治的競爭。中國和俄羅斯政府放棄他們共產主義和帝國時期前人的外交政策，這麼做的部分原因除了是在冷戰之後忌憚美國的恫嚇力量，此外還有別的因素。

一九九〇年代，美國發動倡議——把對中國貿易和人權問題掛鉤處理，以及設法移植自由市場經濟到俄羅斯——用意即在改造這些國家內部的政治和經濟結構，盼望可以藉此說服他們採取和平的外交手段。這些倡議雖然最終失敗，但是美國政府相信（或說盼望）二十一世紀的政治經濟大趨勢會和這些倡議的訴求有相同的效應。

上述期望並沒有成真。到了二〇一四年，中、蘇兩國都放棄了沉默與克制，恢復了典型的大國戰略，想要控制更多領土。[7]兩國都顯示了不排除以武力解決問題的意願，而俄羅斯更是不惜發動戰爭。中國強悍的海軍建軍和俄羅斯對烏克蘭的侵略，使得對美國及其盟國來說，安全的國際世界結束了。而這意味著，美國再也不能對美國的重大利益掉以輕心，而把注意力和資源放在改造其他國家了。中國和俄羅斯的外交政策，逆轉了冷戰結束時出現的國際政治大革命，恢復了昔日大國政治的國際體制，也因此帶給美國迥異於過去二十年來的新挑戰。

經濟泡沫

西方贏得冷戰多少得歸功於國際經濟情勢。當時的全球大對抗是發生在以下三個層面的競賽：軍事、政治和經濟。西方在經濟競爭上贏得決定性勝利，且經濟成功使得共產主義陣營失去了政治可信度，進而減弱他們軍事力量的衝擊。

美國為中心的西方同盟的經濟能夠成功，是因為它的經濟組織制度——自由市場——相較於共產主義的中央計畫，具有激發經濟成長的優點。自由市場導致跨國經濟活動。冷戰期間，西方的自由市場經濟彼此有貿易和投資往來。北美、西歐和日本組合起一個整合的國際經濟共同體，而且他們的整合增強他們的經濟表現，有助於他們對共產集團占了決定性的優勢。

冷戰結束時，全球經濟成為隨後的世界新秩序的關鍵特色。[8]除了少數孤立的例外，所有國家都參與追求經濟成長，全球各地都將它奉為國家最高目標。除了促進成長，國際經濟整合有助於抑制大國之間的權力鬥爭，因此維持住美國可以盡情專注於其改造使命的國際環境。在工業革命之前，國家可以不必調動軍事力量對付別人就能致富，是不可能的事情。當時財富來自於控制土地，土地則需要靠軍事力量去取得和保護。過去主權國家透過戰爭致富，可是跨國經濟活動愈來愈重要後，武裝衝突卻產生負面效果：戰爭只會勞民傷財。國際經濟整合靠的是合作，而非敵對。冷戰之後參與全球經濟的各國，合作益發普遍，重要性也益加明顯。

自由市場並不是在真空中運行。不論範圍是地方性、全國性或國際性，它們需要有穩定可靠的政治框架來培養人們從事經濟交易時所必需的信心。通常，政府提供這個框架。然而，由於從來沒有一個實質的全球政府存在過，全球經濟必須依賴單一一個國家來提供那個政治基礎。

十九世紀是全球經濟整合的第一階段，英國就是這個盟主。貿易和投資在遍布全球的大英帝國範圍之內流動，英國海軍除了本國的、也保衛其他國家的海上貿易，倫敦金融圈使用英鎊這個全世界最強勢的貨幣，以支持全球貿易與溝通投資。而支撐全球經濟整合的偉大構想——自由貿易能為所有國家創造利益——於焉誕生，最先在英倫三島流行起來。

第二次世界大戰之後，美國承接起英國的國際經濟責任。它帶頭重新建立兩次世界大戰和經濟大蕭條所破壞掉的體制。美國的軍事力量部署到全球各地以抑制共產主義的侵略，也增添保護國際商業的效用。美國提供美元做為普世通行的貨幣，又開放其國內市場、允許歐洲和亞洲商品進口，從而支撐起國際經濟活動。[9]

冷戰結束，共產主義崩潰，美國扶植的經濟秩序擴大，真正普及四海、籠罩全球。中國、印度及前共產主義歐洲國家都紛紛加入。美國繼續其扶植政策，但是支援變得難以提供，因為體系已經越來越大，有了更多的跨國貿易和投資活動；不過話說回來，支援也可以說變得更輕鬆，因為美國不再需要與強大的共產主義對手抗爭。

因此我們可以說，後冷戰的美國外交政策有兩個焦點。美國保護及協助管理全球經濟秩序，幾乎全部國家與所有重要大國都參與其中。美國為了這個目的所採取的政策，是它在其國境之外所執行者最為重要的政策。然而，由於它是延續冷戰以來的政策，已經變成常態，加上它又沒遭遇嚴重挑戰，美國為了支援跨國經濟活動的所作所為在美國或其他地方沒有受到太多注意。

同時，有幾個較不重要、但政治不安定的地區，如索馬利亞、海地、巴爾幹、阿富汗和伊拉克，變成美國注意的目標。雖然維繫全球經濟對美國及世界相當重要，平息及試圖改造這些麻煩國家在美國政府官員看來則是相當急迫的事。而人間事往往就是如此，急迫的事優先於重要的事。

國家參加國際經濟以便加速經濟成長，起先他們也都如願以償。從冷戰結束到二〇〇八年這段期間，幾乎到處都是歌舞昇平，它增強了全球對後冷戰秩序的效忠，即使不感激也尊重它的主要守護者美國。接下來，由於美國出了事，高度成長的時期戛然而止。

二〇〇八年九月十五日，美國投資銀行雷曼兄弟倒閉造成美國金融系統差點崩盤。雷曼兄弟與其他許多大型金融機構有牽絲攀藤的密切關係，它一出事引爆驚慌，有如電腦病毒在網際網路上迅速傳布。它的交易夥伴不曉得本身是否有償付能力。融資立刻凍結，而由於融資是現代經濟的大動脈，它立刻傷害到美國各式各樣的經濟活動。就經濟效應而言，它等於是人體的心臟病發作。[10]

雷曼兄弟的失敗引爆經濟心臟病，是因為它牽動了自由市場經濟中的一個巨大的金融泡沫。泡沫會形成是因為投資人過分有信心，把資產的價格推升到太高的地步。[11]最早、或許也是最著名的金融泡沫，就是十七世紀荷蘭人炒作鬱金香的故事。在二十一世紀的美國，大家炒作的資產是房地產。房地產泡沫擴張到極其誇張的地步，當它一破滅，危及到整個金融體系，因為太多人借了錢來吹大泡沫，更不要說還有最新發明、但大家不了解其玄機的金融工具助長它的漲勢。[12]

雖然受到慘重打擊，美國金融體系並沒在雷曼兄弟倒閉後完全崩解，但是它的困難導致美國經濟下墜極深，是一九三〇年代金融風暴引致經濟大蕭條以來最嚴重的危機。甚且，美國的經濟危機蔓延到全世界，透過歐洲大陸與美國金融機構的緊密關係殃及歐洲。由於美國大幅減少向亞洲採購，也波及到亞洲。

二〇〇八年九月十五日爆發的金融危機，對美國產生的心理和政治震撼，不下於恰恰七年前恐怖分子襲擊紐約與華府。對於全世界，其震撼則更為強大。這兩件事有一個共同點：想像力失敗。美國的政治當局儘管早先遭受恐怖分子攻擊，根本沒有想到會有蓋達組織在二〇〇一年九月十一日發動傷亡如此慘重的恐怖攻擊。[13]同樣地，七年之後，美國的經濟官員和有經驗的觀察家，儘管已聽到警告說房地產價格高得離譜，卻不認為這會導致市場崩盤——事實上它就發生了。[14]資產價格過去也大跌過，但是投資人和主管經濟事務的官員卻心存泡沫出現時財金界常見的僥倖心態，認為「這次不一樣啦！」。

這兩件事都讓美國政府和民眾心有餘悸。兩者都催生出極不尋常的措施——前者是要保衛不再發生恐怖攻擊，後者是要防止毀滅性的金融大崩解——它們意味著擴張美國政府的權力，即使沒超過、也逼近到美國法律及憲法所允許的界限。[15]針對兩大事件的回應，先不談它們是否合憲，證明相當有效。最惡劣的狀況沒再發生。美國沒有再遭遇到嚴重的恐怖攻擊，而在聯邦政府的援助和鼓勵下，融資又告出現。

的確，回顧起來，美國對九一五雷曼兄弟事件的處理相當不錯。借重一九九〇年代美國處理墨西哥和東亞金融危機的經驗，[16]美國的行動成功地保存住它幾個最大的金融機構，恢復融資流通，恢復對整體金融制度相當程度的信心。沒有財政部和聯邦準備理事會隨時機動伸出援手，美國經濟幾乎肯定會遭受更劇烈的傷害。美國當局也協助其他受影響的政府對付它們本身的金融危機。[17]

固然房地產泡沫化的傷害可以更糟，美國政府努力救援後，它的傷害仍然相當大。事實上，全世界每個國家都感受到它的震撼，有些國家受到的影響比起其他國家更嚴重。它所造成的損失使得全球經濟秩序的光環黯淡下來，失去吸引力。全球經濟秩序的參與人現在知道，除了好處，也會有代價。

二〇〇八年的經濟崩盤也使美國全球地位下降。[18]公允地說，金融危機的起因複雜、相當多樣化，不能全怪罪到美國身上。有些國家，主要是中國，基於本身的經濟和政治理由，不顧全球經濟整體利益，一再保持對美國經常帳的鉅額順差。他們賺的美元有許多又回流到美國經濟，推升美國的房地產泡沫。[19]可是，二〇〇八年及其後的全球經濟災禍，美國需負最大責任。這點美國難辭其咎，畢竟危機爆發在美國金融系統裡。回顧起來，是美國政府不理睬會出大事的明確警告。[20]美國經濟當局和經濟專家也透過另一個錯誤造成金融崩盤，這個錯誤類似一九九三年至二〇一四年期間美國改造使命會失敗的原因。

在這兩個個案上，美國失敗的主因是對於世界的運作方式有錯誤的看法，這種看法深深刻在美國的喜好和近期經驗裡。美國在索馬利亞、海地、巴爾幹、阿富汗和伊拉克的使命之所以會失敗，背後有個共通信念，即認為全世界各地人民都可以、也將會接受西方的政治和經濟體制。這個信念更因二十世紀末期的民主化趨勢，以及加入全球經濟體系有近乎普世的吸引力而特別根深蒂固。然而，在大部分推動政治社會轉型的地區，該社會都受到親屬關係主宰，因族群、宗教和宗派的分歧而分裂，它們不接受美國想要推廣的西方價值。

在民間部門及政府公部門參與金融事務的許多美國人，都認為金融市場會自我管理，不需要積極監督。[21]他們可以舉出若干證據：在二十世紀末、二十一世紀初時，美國及其他國家都普遍對金融解除管制，直到二〇〇八年，他們的經濟也都欣欣向榮。然而，就在這一年，就和認為普世都會接受民主和自由市場這個觀念錯了一樣，認為金融市場可以不需認真管制就能無限期平順運作，這個信念也錯了。

兩大失敗都脫不了無知這個因素。美國政治領導人對他們一廂情願要改造的社會毫無了解。甚至，美國經濟官員和專業經濟學家對二十一世紀美國的金融制度也不完全了解，它有許許多多不是銀行的機構，即後來通稱的「影子銀行體系」（shadow banking system），以及新而複雜的金融工具。

金融危機及其後續發展傷害了世人對全球經濟的信心。這個信心建立在以為參與全球化經濟活動會帶來穩定的成長此一假設之上。二〇〇八年以後證明大謬不然，許多國家遭逢重大經濟損失。

金融危機也傷害了美國能夠熟練管理經濟此一美譽。[22]此外，它也惡化了另兩個重要國家的既有感情。綜合其他因素，中國與俄羅斯兩國到了二〇一四年轉向要挑戰、而非支持後冷戰秩序。短期來講，中國躲過金融危機及其後景氣衰退的傷害，這一來增強其領導人的信心，認為他們可以在亞洲及其他地方擴張中國的影響力和權力，不用理會美國等其他國家的想法。反之，俄羅斯倒是在這一波金融危機和景氣衰退中身受重傷，因而增加了對美國、西方以及他們主導的全球政治經濟秩序的怨恨。

二〇〇八年及其後的發展讓美國付出非常高的經濟代價，使得全世界最強大的這個國家意興闌珊、也沒能力去擔任全球經濟及後冷戰秩序的監護人。[23]金融體系在鬼門關前走了一趟回來，然後國民生產長期不振，再加上伊拉克和阿富汗的戰局並不順利，美國轉而內向。民眾強烈贊成集中力量管好國內問題，別去管外國安不安定。[24]然而，在二〇〇八年已經受挫的全球經濟和國際秩序在翌年又遭逢另一重大打擊：歐洲金融危機。

國際經濟整合的優點，以及參與全球經濟的好處，在歐盟身上看得最清楚。歐洲整合的進程在第二次世界大戰結束之後不久就展開，到了一九九九年歐洲各國決定集主權之力建立單一貨幣歐元。到了二〇一四年，歐盟二十八個會員國有十九個使用歐元。歐洲經濟整合一路邁進，數百年來主宰歐洲大陸國際關係的安全競爭，終於落幕。從一八七〇年至一九四五年，法國和德國打了三場毀滅性一路升高的戰爭。到了冷戰結束時，因為種種原因，兩國經濟已經十分緊密交織在一起，使得他們再交戰的可能性幾近於零。

第二次世界大戰之後歐洲經濟整合和經濟快速增長可謂攜手並進。然而，在美國房地產泡沫化之後不久，歐洲本身也出現金融危機，為整個大陸帶來沉重壓力。和美國的危機一樣，歐洲經濟困境使得參與全球經濟與和平友善的外交手段失去了光環。[25]

和美國一樣，歐洲經濟危機也是因為泡沫化而起。歐洲的泡沫是歐元區的南歐會員國出售政府公債以挹注其赤字所引起。這些公債以歐元發行，看來完全安全，包括北歐的銀行在內的投資人紛紛搶購。但接下來，投資人心理變了，南歐政府必須大幅提高公債利率才能吸引投資人購買，這一來對他們的經濟產生極大的壓力。希臘實質上是破產了，而其他更大、更重要的國家——譬如義大利——也離破產不遠。大規模的全國性破產有可能毀了持有債券的歐洲銀行，北美洲和其他國家的銀行也不能倖免。

歐盟為了遏止此一可能性，趕緊借錢給告急的國家。歐洲中央銀行宣布它將無限制買進公債。歐洲處理危機沒有像美國政府對付金融風暴時那樣迅速果決，因為它本身不是一個統一的國家，只是一群政府的組合，它的行動需經過每個會員國同意。

到了二〇一四年底，歐盟所採取的措施成功地遏止了最壞的狀況：國家破產的情況蔓延到希臘以外，金融恐慌，以及歐元崩潰。但是危機還未完全停止。南歐國家要取得貸款所必須接受的條件，迫使其經濟陷入嚴重衰退，在其國內造成民粹的政治反彈。

和美國二〇〇八年的金融危機以及在全球各地推動的失敗使命一樣，歐元危機起自於一開頭的根本錯誤。歷史經驗和專業經濟學家的研究都得出一個結論：貨幣要能夠成功運行，需要有某些政治條件，可是歐元並不具備這些條件。它的會員國並未組成「最適的貨幣區」，除了其他原因之外，他們並沒有一個單一的共同政府。

和美國財經官員沒有理會危險的不動產泡沫正在形成的跡象一樣，西歐領導人在創造歐元時，也忽視歷史教訓和經濟學家對貨幣的專業知識。他們創造歐元是為了強化歐洲大陸的政治整合，進而增強歐洲在世界上的政治角色，以便加速經濟成長。[26]但是歐元遇險使歐洲在兩條戰線上都敗退，造成民眾的怒火和經濟停滯。因此之故，歐洲就和金融大地震後的美國一樣，在國際事務上失去了一言九鼎的地位。這一來削弱了後冷戰秩序的吸引力，使得美國和歐洲這兩大新秩序的支柱都黯然失色。

大體來講，西方金融危機對後冷戰國際秩序之影響，就和免疫系統減弱後對人體的影響一樣。它們降低了國際體系對抗挑戰的能力。免疫系統減弱並不是病，歐、美兩大金融危機也沒有帶回來安全競爭。但是它們使得有心恢復安全競爭的國家更有可能遂其心願，因為就像免疫系統減弱會增加病原侵擾的道理一樣。有四個國家顯得蠢蠢欲動。其中有兩個過去是、未來也將是大國，廣土眾民，又有豐富的軍事資源和進行侵略性外交政策的悠久歷史（不過，在冷戰之後它們並未呈現出來）。到了二〇一四年，中國和俄羅斯都恢復這種政策。另兩個國家是北韓和伊朗，它們構不上是大國或會對國際和平造成嚴重威脅，但有一點卻讓外交決策官員對他們不敢掉以輕心：因為它們都有可能取得人類史上殺傷力最大的武器。

到了二〇一四年，中國、俄羅斯、北韓和伊朗構成的挑戰已經足以讓國際秩序和美國外交政策必須為大國政治的復辟做好準備。未來又回到過去。中國和俄羅斯的領土野心，加上北韓和伊朗追求發展核武，使得美國外交政策的方向必須放下在其他國家傳播美式價值，改回到保護本身利益以防其他國家伺機下毒手。

流氓國家

新的國際情勢會產生新名詞。後冷戰世界不尋常的和平環境讓少數幾個不重視和平、或不與其他國家維持和平經濟關係的國家有了新名字。之所以有「流氓」（rogue）之名，或許是因為其來自「離群野象」（rogue elephants）的緣故，這些離群索居的年輕大象們常有危險行為。「流氓國家」和脫離群體生活的野象一樣，它們的目標及用以追求目標的策略與眾不同，迥異於國際社會上多數國家。這些國家想要有更多的權力、領土和影響力，甚至不惜動用武力。由於自古以來以武力拓展領土與獲得權力是多數國家習以為常之手段，因此把這些流氓國家視為異常、叛逆、違反國際規範，正好證明了這些規範其實從來就不尋常。

北韓和伊朗這兩個流氓國家特別受美國注意。兩國意識形態具有的侵略性可追溯至二十世紀兩個有害的、破壞力極大的政治信條——法西斯主義和共產主義。北韓一直是個正統的共產主義國家，以一種不正常的民族主義和所謂「主體思想」（juche）包裝一種北韓獨有的馬列主義思想——實際上它是由一個世襲家族控制一切政治、社會和經濟生活。伊朗則由伊斯蘭基本教義派統治，至少名義上是致力於在全國及世界執行伊斯蘭法律，讓伊朗的影響力無遠弗屆，以及毀滅以色列。伊朗的基本教義派和蓋達組織、沙烏地阿拉伯不同，後兩者也擁抱基本教義，想實施宗教法，可是伊朗的統治者（和公民）是什葉派，並非遜尼派。甚且，和恐怖分子不同，伊朗神職人士在支持恐怖主義之餘也控制國家。和統治沙烏地阿拉伯的紹德家族（al- Saud）不同的是，德黑蘭的穆斯林教士明言要以武力擴張其權力和影響力。

北韓和伊朗的外交政策就是反美，兩國都有與美國衝突的歷史。杜魯門政府在一九五〇年六月派遣部隊到朝鮮半島，對抗共產主義北韓的南侵。一九五三年停火之後，美國大軍仍然留駐南韓，以免北韓輕舉妄動。一九七九年伊朗革命推翻了美國的盟友巴勒維國王，改由激進的神職人員掌控德黑蘭大權，反美意識強烈。支持新政府的學生扣留美國外交官員當人質達一年以上，與美國作對。

後冷戰時期美國政府始終在提防這兩個國家，因為它們奉行侵略性政策和戰術，而這在冷戰結束後是極其少見的現象。另一個讓美國關注的原因則是這兩個國家都位於經濟上的重要地區，稍有騷動可能就傷害到美國及其盟國友邦。在後冷戰時期，此兩國變得愈來愈重要是因為核武的發展，一旦它們取得核武，它們將自可惡的麻煩製造者躍升為足以傷害美國利益、甚至美國本土的重大威脅。

雖然一九四五年以後再也沒有國家投擲核武，它們對冷戰卻有極大的影響。核武問題延長了冷戰：美、蘇兩國皆擁有大量核武，都無法以軍事力量推翻對方。同時，核武也牽制了敵對的雙方，制止了軍事衝突爆發，因為一旦開戰雙方就形同自殺。美國與蘇聯因坐擁最大量的核武被稱為「超級大國」，而以這兩國為基點的冷戰時期國際體系結構，則被稱為「兩極體系」。

核武的性質使它不僅受最大強國青睞，就連弱國也怦然心動。核武是在國際體系發揮力量的捷徑。只要有了它，即使缺乏現代軍事力量的基本要素——足夠的人口、足夠的工業基礎、高端先進科技——擁核國家會立刻躍升為軍事強國。核武可使小侏儒變為大巨人。[28]

由於擁核國家增多可能會增加核戰機率，其擴散也會降低擁核國的軍事優勢，因此美國和蘇聯都反對核武擴散。「核擴散」這個名詞使得核武的散布彷彿是國際政治上的一種傳染病。實際上，兩大超級強國和絕大多數國家也是這麼看待它的。由於普遍反對核武散布，一九六八年《禁止核子擴散條約》應運而生。根據條約規定，已經擁有核武的國家可以繼續擁有，但保證不給予別的國家，而占多數、沒有核武的國家則承諾不取得核武。到了二〇一一年，簽署《禁止核子擴散條約》的國家已達一百八十九國。許多國家，包括某些有能力製造核武的國家，如德國和日本，覺得可以放心棄絕核武是因為他們得到了美國的核保護承諾。另外，和冷戰時期《禁止核子擴散條約》等禁核制度同等重要，甚至可說更重要的，是美國的同盟體系。[29]

雖說如此，世界上某個角落總是還有人想要擁核。與蘇聯的衝突終止後，防止核擴散取代嚇阻蘇聯進攻，成為美國核武政策的主目標。要取得核武需經過三個過程：第一、製造可以產生核爆的原料；第二、把這原料變成核彈；第三、建立一套投射炸彈的系統（最有效的核武載具就是彈道飛彈）。在整個過程中，又以第一個過程最困難，因為需要把鈾濃縮至足以引起核爆的程度，或是將其純化為另一個化學元素：鈽（plutonium）。[30]

另外讓核不擴散的政治問題難度更高的是，鈾和鈽都是條約准許用在和平用途——發電——的原料。鈾濃縮到低於炸彈水平時可用來點燃電力反應爐，而核電廠的廢品之一就是鈽。國際原子能總署（International Atomic Energy Agency）就是為確保使用這些原料發電的國家，不會把它們轉化為核彈原料而成立。《禁止核子擴散條約》的簽署國，都同意讓國際原子能總署人員檢查他們的核能發電廠。

冷戰的結束使得核擴散更難防，原因有二。第一、蘇聯一瓦解，便無從勒管從前它懷抱核武野心的扈從小國，尤其是北韓。第二、數萬蘇聯核武突然散布於許多新興獨立國家。在柯林頓政府時期，美國發展出一個保護分散在前蘇聯各共和國境內的核武計畫。[31]正因為這個計畫，核武四散並流落野心分子手中的噩夢才沒有發生。

小布希隨後又增添兩個新的防擴散計畫。「擴散安全倡議」（Proliferation Security Initiative）嚴禁核原料秘密交易。布希政府也退出一九七二年美國與蘇聯曾簽署的、限制彈道飛彈防禦系統的《反彈道飛彈條約》（Anti- Ballistic Missile Treaty），並且開始部署此一系統。以既有的科技而言，這套防禦系統毫無機會制止繼承了蘇聯核武的俄羅斯可發動的大規模攻擊，但可以對付一、兩枚流氓國家朝美國盟國發射的核彈頭飛彈。

但美國的努力並未防止擁核國家的數量在後冷戰時期增加。一九九八年五月，印度首先進行核武試爆，巴基斯坦立刻跟進。雖然美國對此表達抗議，但旋即接受他們在國際間的新地位，因為一則是華府別無更好的選擇，無法逆轉他們已有核武的事實，再者是即使印、巴兩國擁有核武，似乎也不威脅美國利益。[32]印度是友好的民主國家，巴基斯坦的民主雖然不穩定，但在冷戰時期和後冷戰時期的大半時間是美國的盟友和扈從。

反之，北韓和伊朗既不民主也不友善。兩國都想方設法發展核武，而在九一一事件以後此企圖顯得益發危險。恐怖攻擊之後，像蓋達組織這類團體擁有原子彈的可能性大增。小布希總統在二〇〇二年發表的國情咨文就提到此一可能性，把北韓、伊朗和伊拉克劃歸一類，稱它們為「邪惡軸心」（axis of evil）。[33]美國攻入伊拉克，把它自可能擴散核武的名單刪除，也領導國際社會阻止另兩國獲得核武，然而這雖然延緩了它們的發展，卻阻擋不了核計畫。到了二〇一四年，北韓和伊朗的核武已幾乎能夠威脅美國安全，而這是冷戰結束後不曾發生過的事。

一九五三年韓戰停火，朝鮮半島正式分裂之後，南韓接納自由市場、加入美國領導的全球經濟，一切欣欣向榮。這時北韓堅守共產主義，變得愈來愈高壓、貧窮和孤立，同時持續侵略政策，不時針對南韓發動恐怖攻擊。一九六五年，北韓政府收到蘇聯給予的一座小型核反應爐。一九八五年，在蘇聯要求下，北韓簽署《禁止核子擴散條約》，然而一九八六年，北韓在第一座核反應爐所在地寧邊興建了另一座獨立規劃設計的反應爐。一九八八年，美國情報機關偵查到當地有一工廠從廢燃料中提煉鈽，而除了製造核彈之外，這顯然不會有其他用途。[34]

接下來，在一九九三年和一九九四年，北韓一系列動作讓美國政府十分緊張，嚴重考慮是否攻擊位於寧邊的核子設施。首先，北韓政府宣布它有意退出《禁止核子擴散條約》，接著又宣布要關掉寧邊反應爐，移走沒有輻射的燃料棒。一旦做了這些，北韓將可提煉廢料棒中所含的鈽，據以製造核武。[35]

美國於是力促聯合國對北韓實施制裁，平壤共產政府則宣稱，國際制裁即是宣戰。當時的美國國防部長威廉·裴利後來在回憶錄中透露：「有爆發戰爭的實質風險。」[36]適時，美國前任總統卡特跟幾個月後在柯林頓政府準備派兵攻打海地時一樣，[37]跳出來介入了這件事。當年六月，他親赴平壤拜會北韓大統領金日成，宣布他已找到解決爭議、避免動武的方式。雖然並不滿意卡特取得的條件，柯林頓政府還是決定以其為基礎繼續談判，後來達成所謂的「協議框架」（Agreed Framework）。依據協議，美國同意提供北韓兩座不能擴散的反應爐及一批燃料油，交換終止平壤的核武計畫。[38]北韓不遵守協議，於一九九〇年代末期從巴基斯坦取得製造核彈的技術，柯林頓政府仍堅持不懈，在第二任期內繼續與北韓談判，希望對方終止其彈道飛彈計畫。[39]然而，直到柯林頓卸任為止，兩國仍未達成任何協議。[40]

小布希政府上台後懷疑和北韓談判的效果，但還是決定繼續談下去。[41]二〇〇二年十月，布希政府對外公布，他們發現北韓有一座濃縮鈾秘密工廠，違反了規定。[42]二〇〇三年，北韓退出《禁止核子擴散條約》，不再允許國際原子能總署代表檢查核設施，並且開始把燃料棒移出寧邊反應爐。對美國在防止核擴散方面的努力而言，這次事件是個分水嶺，但不是好兆頭。十年前北韓做出相同的威脅時，柯林頓政府認真考慮要發動戰爭，但現在面臨威脅的小布希政府則有不同的對策，他們召開了六方會談，找來了北韓、南韓、中國、日本和俄羅斯，試圖限制北韓的核計畫。

六方會談沒有談出結果。二〇〇六年十月八日，北韓進行地下核子試爆，但顯然只有部分成功。無論其成功與否，六方會談還是得繼續談下去。二〇〇七年，北韓政府同意拆除寧邊設施，也承諾清楚交代核計畫，然而，它又再次不守信諾。雖然北韓只透露核計畫的部分內容，美國還是在次年做了善意回應，把北韓從幕後支持恐怖主義的國家名單中除名。[43]

二〇〇九年執政後，歐巴馬政府對北韓採取修好態度，一視同仁地待它和其他與美國不和的國家。然而，即使如此也沒什麼效果。這個共產主義國家於二〇〇九年測試了一枚長程飛彈，進行又一次核試爆，接著於二〇一一年興建濃縮鈾設施。[44]二〇一二年，金日成、金正日父子皆已去世，政權交到第三代經驗尚淺的金正恩手中。之後北韓又試射了一枚飛彈，其射程已可抵北美洲大陸。於此同時，北韓重新啟用了五年前關閉的寧邊反應爐。二〇一三年，北韓舉行了第三次核試爆。儘管美國明白宣示決心制止此一發展，然而在後冷戰時期，北韓仍發展成了有能力製造核武的流氓國家。[45]*

美國和北韓的互動有一個模式：這個共產政權採取或威脅要採取更接近擁有核武的一步；然後美國通常與其他國家合作，與平壤談判，接著達成協議，北韓會答應中止美國人認為對其構成威脅之舉動，藉此換取物質報酬。實質上，北韓得到了美國超過十億美元以上的援助。[46]然而，這一來一往之中有一點決不會變，那就是北韓會背信忘義，故技重施「敲詐循環」。[47]透過此循環的反覆運行，北韓核武計畫步步為營向前推進。一九九四年至二〇一四年這二十年裡，美國不斷付錢給北韓，要它放棄核武計畫。然而北韓笑納後，卻繼續推動核武計畫。於是美國就像面對

* 譯註：本書內容寫到二〇一四年，北韓在二〇一六年一月進行第四次核試爆，並在該年九月當二十國集團於杭州舉行峰會期間進行第五次核試爆，也發射彈道飛彈，專家研判其能力已經完備。

綁票犯一樣，一而再、再而三付贖金，人質卻始終沒有獲得自由。

這個經驗告訴我們，即使是窮困又落後的國家，只要堅定決心，也可以想方設法成為擁核國家。唯一一個防止核擴散的鐵手鐧是動武摧毀可能擁核國家的核設施，以色列一九八二年對伊拉克、二〇〇七年對敘利亞，就是如此痛下殺手。或是乾脆把擁有核武將構成嚴重威脅的政權予以推翻，美國二〇〇三年對付伊拉克即是如此。

美國沒有選擇以戰爭一勞永逸制止北韓取得核武。一九九四年，柯林頓政府已瀕臨戰爭爆發邊緣，但後來簽署了原以為會達成和平目標的協議。二〇〇三年時舊戲重演，布希政府沒有大動作。當時美國忙著伊拉克戰爭，未遑處理東亞問題，但當時與其後縛手綁腳，是因為還另有考量。

和北韓開戰的代價十分高昂，南韓尤其首當其衝。北韓有超過百萬兵員，並在北緯三十八度線、兩韓實質邊界上部署了數百門大砲，瞄準僅有五十六公里遠、人口九百八十萬的南韓首都首爾。真的開戰北韓必敗無疑，但南韓的損失卻無法估計。[48]簡單講，北韓的軍事力量嚇阻了外部的直接攻擊，即使他們不動用核武，美國也不敢造次。北韓以這些武器增強嚇阻力量、鞏固金氏家族政權，並以此為盾，讓自己可以躲在背後發動恐怖攻擊，甚至跨越國界侵略，乃至利用將取得核武這點做威脅，勒索全世界。

在談判無效、戰爭代價過高的情況下，歷任美國政府把阻止北韓核計畫的希望寄託於平壤政府的換人當家。在北韓，要達成核不擴散，竟必須搬出美國在索馬利亞、海地、巴爾幹、伊拉克和阿富汗那早已不靈光的舊計：由內改造另一個國家。

布希政府盼望以經濟制裁的壓力迫使共產政權放鬆權力。另一方面，南韓政府有時候得到美國同意，反其道而行。首爾透過「陽光政策」（sunshine policy）與北韓進行經濟合作。南韓期待或盼望這樣可以鼓勵北韓推動中國式的經濟改革、增加和世界各國的經濟和政治交往、降低國內的高壓治理，也有更友善的外交政策。

然而，兩個策略都不奏效。不過，當開始採取時，也看不出來它們必定失敗。反倒是在整個後冷戰時期北韓似乎都有可能出現政權變化，而且已迫在眉睫。[49]正統的共產主義在亞洲其他國家壽終正寢，歐洲共產主義全面崩潰，平壤傳統的大靠山蘇聯已經解體，金氏政權的經濟一向一蹶不振。由於經濟失能、蘇聯援助消失，它又把大量資源投注在軍事用途，[50]北韓在二十世紀最後三分之一的時間竟出現罕有的狀況：嚴重大飢荒。高達三百五十萬人餓死。在這種情境下，一般人都相信平壤政權的末日屈指可數、即將到來。

可是，末日並未降臨。平壤政府對人民的高壓控制防止了全民暴動，它戒備森嚴的武裝部隊嚴密監視也阻止了政變的可能性。此外，北韓特殊的世襲共產政府能夠屹立不搖還有另一個原因，就是它的北方鄰國中國替它撐腰。

中國共產黨拋棄中央計畫和經濟專制，改採自由市場、加入國際經濟，達成了不起的經濟成長，它對不知長進的北韓其實沒有太大同情心。然而中國還是提供大量糧食與燃料，數量遠超過任何國家的援助，北韓共產黨靠它才保住江山。[51] 北京雖然覺得金氏王朝當家主政不怎麼討喜，但是它若垮台，更加麻煩。

中國政府有很好的理由相信，北韓政府若垮台，勢必在中國的國境之南產生無政府狀況，屆時難民潮湧入中國，它就吃不消。從中國的角度看，北京合理地推論，這一幕將是最糟糕的結果：朝鮮半島由美國的盟友南韓統一，取代了第二次世界大戰後在其國境之南的反美的緩衝國家。[52]

南韓官員雖然公開場合不說，也有相同的看法。他們並不渴望承擔起把貧窮的北韓人民納入南韓社會的重擔，這些人毫無自由市場經濟或民主政治制度的經驗。這個負擔肯定要比一九九〇年兩德統一時，西德的負擔還更加沉重，西德比起南韓更加富裕。首爾政府也擔心北韓領導人在垂死掙扎之際會發動瘋狂軍事攻勢，給南韓造成重大人命死傷和財產損害。[53] 美國不能不顧北韓的鄰國、且可能遭其攻擊的南韓之意願去攻打北韓，更何況南韓還是美國的盟國。南韓則明白表示它可不希望再來一次韓戰。[54]

當然美國也不希望再來一次韓戰，但是美國的優先目標和中國、南韓的目標不同。美國的最高目標是防止北韓取得核武。另兩個國家也抱持相同目標，但是對他們而言，避免戰爭和北韓崩潰才是最重要。他們寧可冒允許北韓繼續推動核武計畫的風險，而不想因為制止它——於中國是切斷與平壤的所有貿易，於南韓是贊成發動軍事行動——然後反而可能發生對他們而言，比起有核武的北韓更大的噩夢。中國和南韓對北韓的優先順序與美國不同，毫無疑問，有一部分是因為北韓一旦崩潰，他們必須承擔起直接後果。

此外，北韓核計畫在後冷戰時期能夠成功還有一個原因：從其他每個國家的觀點看，固然北韓得到核武絕非大家之福，但是其代價尚可忍受。北韓在二〇一四年以前所進行的核原料的提煉、地下核試爆，以及彈道飛彈的試射，並未改變東亞的基本政治或軍事環境。美國在南韓有駐軍，核武實力十分強大，可以遏阻北韓的攻擊。畢竟打從韓戰結束以來，過去五十多年它都一直在遏阻非核武的攻擊，遏阻北韓核武威脅與美國已有的備戰動作沒有太大不同。

但是北韓核計畫持續進展下去，卻可能產生美國不能接受的隱憂。只要平壤提煉更多核原料，它就能製造更多核彈頭，[55]它也就愈有可能把其中一枚賣給恐怖組織，豈不就使小布希總統在二〇〇二年警告的噩夢可能成真？[56]北韓已有散布核彈相關技術——雖然不是核彈本身——給其他國家的紀錄。甚且，固然到二〇一四年，北韓還未展示它有能力製造可縮小到裝置在彈道飛彈上的核彈頭，或是射程可及美國本土的飛彈，[57]但以它在過去二十年發展出來的技術推論，它要達成這兩項目標可謂指日可待。

二〇〇六年，已經卸下國防部長職位多年的威廉·裴利發表一篇文章，他主張：北韓核彈頭飛彈瞄準北美洲對美國將構成極為嚴重的威脅，如果北韓部署了這樣的飛彈，美軍應該攻打它、摧毀它。裴利這篇文章有個共同作者，是他在五角大廈的同事艾許頓・卡特（Ashton Carter）。[58]二〇一四年底，歐巴馬總統提名卡特為國防部長。當他在二〇一五年二月上任時，兩位作者所謂的開戰理由，已經不太遙遠。[59]

到了二〇一四年，布希所謂「邪惡軸心」之成員伊朗，其核武計畫也接近於製造出從前很正常、但是冷戰結束後即已消失的威脅。後冷戰時期，美國與伊朗的堅持伊斯蘭主義、誓死反美的政府保持很奇妙的關係。一方面，兩國還是死對頭，從一九七九年伊斯蘭共和國成立以來即如此。和對付北韓一樣，美國領導國際力量阻止伊朗取得核武。然而，另一方面，美國的外交政策雖是無心，卻增強伊朗穆斯林教士的地位。阿富汗塔里班、薩達姆・海珊和伊斯蘭國，全部都是遜尼派穆斯林，也全部都是什葉派伊朗的死對頭。美國和這三者的戰爭因而對伊朗有利。美國在中東的政策沒有催生美國最想要的民主與和平，卻產生了美國在本地區利益最不想要的東西：愈來愈強大的伊朗。

伊朗的核武計畫始於美國的盟友、巴勒維國王統治時期，當時是完全正當的核能發電計畫。巴勒維治下，伊朗簽訂《禁止核子擴散條約》，准許國際原子能總署檢查。[60]穆斯林教士取代國王掌權後，利用核能發電計畫為基礎和掩護，發展核武。伊朗的核活動，加上它在中東及其他地區強硬的反美政策，在一九九〇年代的美國引起相當憂慮，國會及行政部門遂對此一伊斯蘭共和國施行各式各樣的經濟制裁。二〇〇二年，伊朗某個反對團體揭露，政府在巴基斯坦核武技術商人卡恩（A. Q. Khan）秘密協助下，興建兩個和武器有關的秘密設施：[61]一個是位於納坦茲（Natanz）的濃縮鈾工廠，一個是阿拉克（Arak）附近可製造鈽的重水反應爐。二〇〇九年九月，歐巴馬總統偕同法國總統尼古拉・薩科奇、英國首相戈登・布朗（Gordon Brown）透露，伊朗已在庫姆城（Qom）附近的佛爾多（Fordow）興建一座地下濃縮鈾工廠（想必是為了保護它不遭受空襲破壞）。

國際社會紛紛表達抗議。國際原子能總署從二〇〇三年至二〇一〇年發表三十份報告，細數伊朗如何違反《禁止核子擴散條約》規定，[62]聯合國安全理事會通過八個決議不贊成，其中幾個核准對伊朗實施經濟制裁。[63]英、法、德三個西歐最大國家負起和伊朗政府談判終止其核計畫的責任。所謂的「歐盟三國」（EU3）後來演變成聯合國五個常任理事國加德國，即所謂的「五常加一」（P5＋1）持續與伊朗交涉。

美國在伊朗的核擴散問題上扮演重要角色。和對付北韓一樣，布希政府盼望德黑蘭政府變天就可以終止它的核武計畫（即使美國忙著占領伊拉克，已經忙得不可開交），[64]可是後冷戰時期民主黨人主持美國外交政策時，他們也試圖和德黑蘭修好。在伊朗核武計畫的程度還未人盡皆知之前，柯林頓政府已經盡力尋求政治修好，甚至為一九五三年美國涉及推翻民選的穆罕默德・莫薩德總理（Mohammed Mossadegh）、把政權授與巴勒維國王的政變表示道歉。[65]歐巴馬政府克制住自己，不批評伊朗政府鎮壓德黑蘭民眾抗議二〇〇九年總統大選舞弊的示威行動，向伊朗人民表達溫暖致意，並且與伊朗的伊斯蘭主義領導人秘密通信。歐巴馬在第二任任期內尤其努力想結束美國和伊朗的失和，希望以和伊斯蘭共和國的大和解做為他外交政策的重大成就，可以和尼克森政府一九七〇年代與中國修好的成績前後輝映。[66]

同時，美國以秘密行動設法破壞伊朗的核武計畫。它執行一項很複雜的網路攻擊，與以色列合作，把電腦病毒植入濃縮鈾的離心機，使得製造炸彈的關鍵步驟延宕相當一段時間。這個「震網」病毒（Stuxnet）可以拖延，[67]但制止不了伊朗持續發展全面成熟的核武能力，譬如設計核彈頭和建造長程飛彈。[68]

美國政府也努力集結國際支持，展開鋪天蓋地的經濟制裁，對伊朗產生重大影響。此舉效果相當大，因為和北韓不同的是，伊朗沒有一個類似中國的靠山——一個強大、不畏違反禁運的鄰國。同時，伊斯蘭共和國雖然也是心狠手辣的獨裁政權，卻沒有堪可媲美北韓的箝制能力能完全控制國內的不滿聲音。對伊朗的經濟制裁終於產生政治衝擊，因為伊朗只有一個主要的收入來源：出售能源。經濟制裁遏制住伊朗能源出口，對它構成極大的經濟壓力，因而也產生政治壓力。[69]

二〇一三年的伊朗總統大選在經濟環境惡化下舉行，產生的勝選者至少在口頭上表示對外在世界要降低對抗關係。秘密談判在當年十一月就伊朗的核武計畫得到一個臨時協議。根據這項「聯合行動計畫」（Joint Plan of Action），德黑蘭同意將許多核武活動凍結六個月，美國和其他國家取消若干制裁措施，雙方開始談判，預備在六個月內完成永久解決的協議。[70]

根據大多數估計，伊朗離它能製造核武只剩幾個月時間。[71]這代表和北韓一樣，在二〇一四年底時，伊朗的核武計畫已接近於對美國構成蘇聯崩潰後即沒有過的威脅。由於沒有這種威脅，美國才能在後冷戰時期專心在全世界推動改造工作。

和北韓一樣，伊朗和美國進行談判時也經常耍了美國。伊斯蘭共和國不僅在取得核武上有進展，美國也從本身原始目標退讓。美國政府和聯合國起先要求伊朗停止所有會有威脅的動作，包括濃縮鈾（就一個石油豐富的國家來講，伊朗提出令人不能置信的理由，聲稱需要它來發電），但是到了二〇一四年，兩邊卻在談判可以准伊朗保留多少濃縮鈾的產能：美國已經不再堅持伊朗不得擁有濃縮鈾。

歐巴馬政府在這麼重要的一點上投降，翻轉了四十年來美國和全球的核不擴散政策。自從一九七〇年代中期以來，美國和其他國家的立場是，沒有核武的國家不應該被准許擁有濃縮鈾的設施，因為它們可被用來製造核武。美國歷任政府堅持，即使民主、友好的其他政府也要放棄濃縮鈾。[72]可是歐巴馬政府在二〇一三年正式承認一個既不民主、也不友善的政府有權利擁有濃縮鈾設施，而它的濃縮能力還是秘密弄到手的。歐巴馬政府這麼做，等於捨棄了美國和國際社會自從一九四五年以來，為了防止核武擴散，歷數十年功夫所打造的條約、組織、規則和政策的整體性。歐巴馬總統在上任的第一年，主張要廢除地球上所有核武，[73]可是到了第二任期的第一年，做出的讓步卻使得世界極有可能出現更多核武、而不是減少核武，更不用說是完全沒有核武了。

伊朗和北韓一樣，美國對其採取的懷柔手段都無法奏效，因為這兩個流氓國家不僅視取得核武為最重要目標，也因為他們都不真的想要美國給它們的東西（以北韓來說，也不想要南韓提供的東西）。美國承諾以貿易和投資去交換他們放棄或者限制其核武計畫，相信這些貿易與投資肯定會使北韓和伊朗人民更富裕。然而，讓他們所統治的社會與西方擴大接觸，卻有可能削弱金氏王朝和伊朗教士的掌控權力。對他們來講，掌權可比增進老百姓的物質福祉重要多了。伊朗政府喊美國是「大撒旦」，不是沒有道理。它指的是《聖經》伊甸園裡的蛇，它引誘亞當和夏娃偏離正道。伊朗教士希望取消經濟制裁，他們才好出售石油，用賺來的錢鞏固政權，並在國外遂行政治抱負。然而，他們並不希望和西方密切接觸，他們擔心增加接觸會使伊朗人民比起現在更加抗拒他們的統治。[74]

和北韓不同的是，美國的確有個對伊朗動武的備案。在亞洲，美國的主要盟友南韓，堅決反對以轟炸北韓的方法來制止其流氓鄰國的核計畫。在中東，美國的友邦、尤其是沙烏地阿拉伯和以色列，則願意支持此一行動路線。[75]事實上，以色列光靠自己就有軍事資源可以執行此一任務，雖然未必能執行得像美國那麼徹底。歐巴馬政府遊說以色列政府，拜託它別對伊朗核武設施空襲。[76]因為歐巴馬政府深怕這一來會壞了他想和伊斯蘭共和國修好的夢想，甚至有可能把美國又捲入另一場戰爭——我們得知道，美軍在阿富汗和伊拉克還未完全撤離呢。

美國的在中東的阿拉伯盟友也強烈贊成動用武力消滅伊朗的核武計畫，因為伊朗擁有核彈所產生的政治和實質破壞，一定會比北韓的情況更嚴重。伊朗進行的是比北韓更凶悍的外交政策，核武肯定可以保護它、鼓勵它。伊斯蘭共和國很有可能躍居為區域霸主，[77]對於伊朗而言，這是相當有可能實現的野心，北韓就不會有這種機會，因為中東國家並不像東亞國家在政治上團結、在經濟上蓬勃。反倒是，波斯灣產油國特別經不起攻擊和顛覆。

他們依賴美國保護他們，但是一旦伊朗有了核彈，會使保護工作變得很複雜。它會使冷戰時期歐洲「延伸嚇阻」（extended deterrence）的問題在中東發生：為防止蘇聯攻擊西歐，美國必須以有可信度的威脅嚇阻蘇聯，亦即如果蘇聯發動攻擊，美國一定得痛下殺手反擊。然而，從一九五〇年代末期起，蘇聯也可以以核武毀滅北美，使得美國威脅的可信度降低。法國總統戴高樂公開懷疑美國嚇阻的可信度，理由是蘇聯當局不會相信美國政府願意置紐約於險境來保衛巴黎。

美國為了讓蘇聯相信它若攻擊其歐洲盟國，美國一定會反擊報復，遂把美軍部隊派駐到歐洲大陸，意即將美國和歐洲像兩節火車車廂一般聯結起來，要動就得一起動。美軍派駐南韓同樣也是要增強美國承諾保護南韓、對抗北韓南侵的可信度，但是把美軍部署在伊朗核武能威脅到的國家，如沙烏地阿拉伯，就困難得多。南韓和美國的北約盟國是堅強的民主國家，其人民歡迎或至少不強烈反對美國駐軍。相反的，沙烏地阿拉伯的社會和教育系統產生奧薩瑪・賓拉登這樣的人，它可不是民主國家，而且環境也不適合派駐大量美軍部隊。

戴高樂以他所認為的蘇聯有能力對美國發動核彈攻擊、而美國的承諾靠不住，做為法國要自己擁有核武的理由。（戴高樂還有別的原因：他認為法國是世界第一等大國之一，身為大國就必須擁有核武。）然而，大西洋同盟的其他會員國，尤其是西德，不跟著戴高樂走，他們仍然滿意於接受美國提供的核保護：冷戰時期的歐洲沒有爆發核擴散的傳染病。同樣的，北韓的核計畫至少到二〇一四年為止，沒有刺激日本、南韓或台灣也來以核武武裝自己。他們其實都有能力這麼做。

如果伊朗成功地跨過核子門檻或甚至只是接近了，其他中東國家恐怕很難繼續自我克制。反對伊朗的國家不可能像冷戰時期的歐洲盟國，對美國的保證有那麼大的信心。在這些國家中，沙烏地阿拉伯肯定是、土耳其可能是，而埃及也不無可能，具有強大的動機取得自己的核武，以便在軍事上、政治上能遏制伊斯蘭共和國。[78]

中東核擴散會增加該地區爆發核戰的機率，因為最能防止美、蘇之間爆發戰爭的條件在中東並不存在。兩個超級大國擁有的核武數量龐大，如果一方發動大規模攻擊，另一方仍可保有相當數量的核武針對攻擊者展開恐怖的反擊作為報復：用專業術語來說，彼此都擁有「保證毀滅」對方的能力。由於彼此都擁有這個能力，產生了冷戰時期最令人心悸的一個縮寫「瘋狂」（MAD）——相互保證毀滅（mutual assured destruction）：只要有一方針對另一方發動核武攻擊，其實就等於自殺。也因此從來沒有發生過核攻擊。

相形之下，中東國家的核武數量不會太多，也保護得不夠好，可在承受攻擊後還具有保證毀滅對方的能力。[79]因此每個國家都有誘因，尤其是在危機時，先下手為強以便摧毀對方的攻擊能力。[80]先發制人這一誘因特別容易引起戰爭，這也是伊朗若是擁有核武非常可能帶給中東及全世界的危機。

中古時期有個男子被國王判處死刑的故事，最能形容美國在後冷戰時期處理北韓和伊朗核擴散問題的心態。這名男子向國王保證，賜我一年時間，一定教會國王的愛駒說人話。國王果真賜他一年時間。有人問這名男子怎麼會異想天開、要教馬說人話？男子答說：一年之內什麼事都有可能發生：他可能會死、國王可能會死、馬也可能會死——或許馬自己也學會說人話！就像故事中這名男子，美國的核不擴散政策要的是爭取時間。然而，到了二〇一四年底，時間已經不多。

伊朗核武能力的威脅，以及北韓有能力對美國發動核攻擊的威脅，在後冷戰時期大部分時候似乎都很不真實，可是現在已逼近實現。這一來對國家利益和國家安全的傳統思維再度顯得必要。考量是否要、何時要發動戰爭保護國家利益和國家安全，又被推上美國外交政策議程的優先事項。這可是冷戰結束以來未曾有過的現象。過去它們之所以從優先事項清單上被撤下來，是因為最有可能惹是生非、顛覆既有國際秩序的國家，已經不危險了。北韓和伊朗的核武計畫推翻了此一條件。它們不在優先事項清單上還有第二個原因，最危險的國家不再惹是生非。有辦法發動不利美國利益的國家選擇不惹麻煩。但到了二〇一四年底，由於中國和俄羅斯的外交政策改變，這個條件也不復存在。

中國崛起

後冷戰時期，中國崛起成為幾乎舉世公認的事實，並被視為二十世紀最後十年最重大的發展。中國曾是世界最富有國家，然而卻在十九世紀遠遠落於西方，二十世紀末它再度崛起，並以後起之勢堂堂邁入二十一世紀。中國在一九七〇年代末展開自由市場改革，獲致一連三十年、年年兩位數字的經濟成長，這是史無前例的佳績。[81]

財富帶來權力，而中國在冷戰結束時已是崛起中的大國，足以擾動國際政治。二十一世紀的中國讓人不禁要拿它和第一次世界大戰之前的德國相比，當時德國經濟的快速增長助長了其擴張領土的野心，像這樣的帝國控制是大國的傳統特權。德國的地緣政治野心，導致它和當時世界霸主英國所領導的同盟發生全球性衝突，而美國便是於戰爭將結束時加入了英方。一百年後的我們並不難想像，此時的中國就像德皇威廉領導的德國，而美國就猶如一九一四年以前的英國。

可是，在後冷戰時期大部分時間，此可能性並未對美國外交政策產生顯而易見的效應。坦白說，美國對抑止中國崛起的源頭也幾無辦法，它那了不起的經濟成長讓人束手無策。事實上，美國也沒想要阻止中國崛起，因為許多美國公司和消費者在該地投資、與其貿易或購買中國貨而受益。此外，美國在索馬利亞、海地、巴爾幹、阿富汗和伊拉克等地方還忙著處理更迫切的事務。

美國官方不擔憂中國的活力還有另一個原因：它深信即使中國變得更強大，也會不同於德皇威廉統領的德國，還會與世界各國維持和平、合作關係。美國人相信，以自由市場為基礎的經濟成長正在使中國政治更開放、更人性，也更加民主。他們也相信，一個國家的政治制度愈民主，其外交政策就會愈和平。[82]

根據這個世界觀、當代歷史進展的方向，和對中國未來的觀點，柯林頓政府如此說服自己。它的後繼政府對此信念的堅強程度雖有異，但也表認同。雖然美國透過貿易制裁手段逼迫中國政府尊重人權的努力失敗了，但並不代表中國威權的政治制度會永遠持續下去。反之，美國政策辦不到的那些，後冷戰歷史強大、非人為的力量會將之達成，而且會讓中國與其他國家和睦相處。

某個程度而言，此一對中國的樂觀評估是對的。中國經濟成長持續亮麗，中國公民隨之得到更多自由。他們可以出國旅行、擁有房地產、創業，以及公開討論廣泛議題。在毛澤東時期，這一切都是不可能的。然而，中國並沒有因此變成民主國家。當它愈富時，外交政策並沒有如美國預期的發展，反而變得更強悍。

中國人介意他們是文明古國，更曾是東亞霸主的身分。其政治文化裡有著根深柢固的願望，希望能恢復往日的光榮，因此中國人莫不渴望將他們的經濟奇蹟轉化為政治影響力。讓中國對外採取更強硬作風的另一個因素，則是它對世界的怨懟十分濃厚。中國共產黨當局相當強調中國人在列強手下受到「百年屈辱」，指的是自一八三九年第一次鴉片戰爭遭到英國欺凌開始，到一百一十年之後共產黨建立政權這段時間。[83]中國人會認為自己受西方（以及日本）壓榨也不是沒有歷史根據。*這影響了他們在二十一世紀看待美國的觀點，比方中國官員就經常指控美國遵循西方的作法，總是意圖削弱或圍堵中國的力量。[84]

中國官員的思維和民眾的反美、反西方傾向，也和國家的治理方式有關。放棄了毛澤東時代烏托邦的社會和政治目標，以及殘民以逞的高壓統治，中國共產黨改以兩件事做統治基礎：一是創造經濟成長，讓人人豐衣足食；一是共產黨致力於恢復中國的世界地位。共產黨承諾不僅讓國內人民富足，也要成為一個強盛、可敬的國家。

中國領導人鄧小平在展開經濟改革開放之初，就替中國與世界的交往訂下規則，要求中國「韜光養晦」。[85]但中國經濟突飛猛進之後，鄧小平的繼承人慢慢地偏離他定下的方針。中國人民對世界地位的期待、對自身歷史的觀點，再加上統治菁英的政治需求，使得這國家即使在經濟成長和擴大個體自由的正面效應之下，仍然出現了讓全世界人口最多國家與全世界軍力最強大國家失和的政策。

美國進口廉價的中國商品，提升了國人的生活水平，同時也替中國人製造了千萬個就業機會，然而即使中美皆因經濟關係獲益，雙方還是有了摩擦。美國對中國的抱怨包括：透過未經授權的盜版複製，竊取美商智慧財產；[86]對外來投資和在華外資企業設限；[87]此外還有不公平的貿易手段，尤其是人為壓低人民幣幣值以增強中國出口，並降低從美國進口的量。[88]二〇一二年美國總統大選時，共和黨籍麻薩諸塞州前任州長米特・羅穆尼（Mitt Romney），和民主黨的歐巴馬總統，都保證在經濟方面要對中國採取「強硬」的態度。[89]

中國政府把出口賺來的大量美元換成了美國國庫券。理論上，中國持有大量美元，實質上等於是美國的金主，對美國應該有影響力。然而，大量拋棄美元國庫券恐怕很難起作用。它固然會重挫美元的價值（假設中國可以找到買主，承接數千億美元債券的話），但這麼做也會降低中國出口量，並減少中國本身的財富，因為其絕大多數綁在了美國國庫券上。[90]

和其他國家一樣，美國官員一般認為中國設計的經濟政策是要增進其經濟福祉，但中國卻不顧維護與加強國際經濟秩序的責任，而問題就在於若少了整體的經濟秩序，世界各國也就無法共沾利益了。布希總統的副國務卿羅伯・佐立克（Robert Zoellick，他後來出任世界銀行總裁）表示，希望中國在國際上做個「負責任的利害關係人」（responsible stakeholder），承擔起維護開放的全球貿易和金融制度的責任。然而，中國的行徑卻比較像是經濟學家所謂的「搭便車」（free

---

* 註釋：「百年屈辱」包含一連串列強對中國發動的戰爭：英國在一八三九年至一八四二年，以及一八五六年至一八六〇年兩度發動鴉片戰爭。一八六〇年英法聯軍打入中國首都，火燒圓明園。一九〇一年八國聯軍攻打義和團。一八九五年遭日本擊敗。一九一九年巴黎和會把德國占領山東之權益劃歸給日本，以及日本自一九三七年至一九四五年侵略及占領中國。

rider），利用系統的漏洞圖謀私利，不顧整體利益。[91]

中方則指控美國應該為二〇〇八年的金融危機負責任（這一點不是沒有道理）。中國因為沒有完全整合進全球金融體制，逃過美國危機給歐洲造成的大災難。中國藉由擴大融資，把它導向大規模投資，避開了許多國家都出現的生產急降的危險。[92]

二〇〇八年的金融危機讓中國人覺得，第二次世界大戰後西方建立的、由美國主導運作的國際經濟體制和慣例，需要進行實質性的改革，甚至被取代。中國提議在亞洲建立區域貿易組織，把美國排除在外。[93]中國人協助建立了所謂金磚五國（包括巴西、俄羅斯、印度、中國和南非）的五大新興市場國家之開發銀行，並將總部設於上海。他們建議至今以美元為核心的國際金融制度應該改為依國際貨幣另建新秩序。於此同時，他們也努力提升人民幣的國際地位。[94]

這些經濟倡議出自中國從二〇〇八年金融危機得出的第二個結論。他們把金融危機及後續的全球大衰退，看做是美國國力衰退及其世界霸主地位動搖的徵兆。他們相信，美國式微給了中國實現野心的機會，增強了中國在東亞及其他地方的影響力。[95]然而，中國諸多倡議當中最有可能與鄰國和美國產生嚴重衝突的，並不是它的經濟方案，而是中國後冷戰的軍事政策。

冷戰期間和後冷戰初期，中國的武裝部隊對其海上鄰國或美國沒有構成立即的威脅。人民解放軍源自毛澤東的游擊隊，他們構成了陸軍的核心並贏得國共內戰，在毛澤東時期於人民共和國政治有相當重的分量。中國的部隊員額龐大，裝備卻極差，因此在越戰時沒有像在韓戰那樣投入地與美軍部隊廝殺。它在一九七九年初雖曾短暫占領北越一小塊地區，但為的是凸顯其政治決心而非軍事力量。

台灣是中國軍事備戰的主要目標。共產黨在台海對岸部署飛彈，意在一旦台灣正式宣布獨立會即刻出手嚴懲，而這也產生了壓抑對方的效果。中國在一九六四年即取得核武，但並未試圖趕上美國和蘇聯的核武規模。中國玩的是所謂「低度嚇阻」（minimum deterrence）手段，靠少量核武讓強大的對手不敢輕舉妄動。[96]鄧小平沒有把整軍備戰視為最高優先，在他提出的「四個現代化」當中，軍事現代化排行第三，次於農業現代化和工業現代化。[97]這顯示了中國在改革開放時期，是牛油重於槍砲，國民經濟優先於軍備。

然而，到了後冷戰時期，隨著經濟快速成長，中國的軍事投資開始增加。[98]在海軍方面，它在海南島建設了一個大型海軍基地，使得亞洲鄰國和美國相當不安。海軍建軍行動打破了中國的軍事傳統：自十五世紀以來，中國不曾有過強大的海軍。[99]甚且，中國的海軍計畫目標已經不只是恫嚇台灣、征服台灣，[100]其目的在讓中國有能力投射兵力於東海及南海，甚至更遠的地區。由於美國海軍自第二次世界大戰以來即稱霸西太平洋，中國海軍很可能會走上與其直接衝突之路。中國開發的許多武器，特別是反艦飛彈，其唯一想像得到的用途便是把美軍艦隊攔阻於東亞及東南亞以外。美國海軍把中國此一戰略稱為「反介入／區域拒止」（anti-access/area denial）。[101]

中國有不得不建立強大海軍的動機，他們非常依賴橫跨大洋的商務：把在中國沿海省分工廠組裝的產品運銷到世界各地。而且，中國愈來愈需要進口大量石油來維持經濟運行，這些石油大多來自波斯灣，且幾乎全以油輪載運。由於美國海軍控制了從波斯灣到亞洲海岸的海上航線，尤其是麻六甲海峽，也就是馬來西亞和印尼蘇門答臘島之間的海域，運往中國的石油幾乎都需要經過此路，因此中國的經濟福祉要全面依賴美國的善意。這種情勢令中國當局非常不放心，使得他們有坐擁強大軍事力量的強烈動機，以控制自己的經濟命運。甚且，中國海軍愈強大，就愈能控制南海蘊藏的大量石油。[102]

再說，以其歷史悠久和人口眾多來看，中國人把海權看做他們進取世界地位的希望之所寄是當之無愧。[103] 美國戰略家艾佛瑞德・賽爾・馬漢（Alfred Thayer Mahan）在他二十世紀初的著作中就強調海權是國際政治的中心。到了二十一世紀，他的觀點在中國找到了許多知音。[104]

伴隨著海軍兵力上升，中國對外海及南方海域的政策愈發強悍。它主張其他國家的船隻，包括軍艦，要經過其約三百二十公里「專屬經濟海域」時必須取得許可，美國和其他國家則對此一主張提出異議，主張船隻可自由通行。[105] 此外，中國為了東海的尖閣群島／釣魚台列島這五個沒人居住的小島主權屬誰，和日本發生了激烈爭執。另外在南海，中國以「九段線」界定其領海，可以直抵印尼附近海域，這不僅與印尼人所界定的領海衝突，也和越南、菲律賓和馬來西亞的主張牴觸。中國官方聲明宣稱這一大片海域和西藏、台灣同屬一類，是中國的「核心利益」，而這兩地是北京政府甚至誓言不惜開戰也要保護的。[106]

讓亞洲其他國家驚慌的是，中國對其海上權利的主張有超越言詞層次的行動。它在釣魚台列島附近舉行海軍演習，控制了一個其號稱擁有主權的菲律賓島礁，它還在越南主張的領海海域安置了一座海上石油探勘平台，造成兩國海軍船隻對峙，越南國內更爆發排華風潮。[107]中國的海上行動無一構成戰爭，但全都涉及到動用武力或威脅要動用武力。對其鄰國和美國來說，這一切加總起來使中國顯得比以前更具威脅性。東亞區域史至此已展開新篇章，亞洲其他國家和美國被迫得出結論：二十一世紀的中國人將角逐亞洲及世界霸權。

亞洲其他國家意識到中國稱霸對它們是不利的，便決定也跟著鞏固軍力，因此有若干國家的國防預算增加。[108]南韓堪稱最親中的非共產國家，但對北京縱容北韓發展核武大為不滿。[109]日本首相安倍晉三則主張修改二戰後美軍占領期間制訂的和平憲法，讓日本有更強大的軍事主動權。二〇一四年，他把東亞國際關係和一百年前，即第一次世界大戰前的英、德交惡相比，聲稱中、日情勢與當年的德、英十分雷同。[110]此外，日本也與另一個忌憚中國崛起的亞洲大國印度過從甚密。在這期間，越南訂購了六艘潛水艇，料想是要用來追蹤及對付中國在其外海的海軍活動，而對一個根本不富有的國家而言，此舉的成本相當高。

亞洲國家紛紛設法重新活絡冷戰時期與美國的安全關係，而越南這美國在冷戰時期的死對頭，則是設法重新建立交情。菲律賓在一九九〇年代初期關閉克拉克機場和蘇比克灣這兩個美軍基地，現在又邀請美國人回來，在二〇一四年簽訂了「強化防務合作協定」（Enhanced Defense

Cooperation Agreement），准許美軍使用菲律賓的軍事設施。[111]

針對中國愈來愈霸道的行徑及其鄰國的擔憂之情，歐巴馬政府宣布「轉向亞洲」（pivot to Asia）的戰略方向：美國將投注更多注意及資源到亞洲，此舉暗示了他們將減低對中東的關注。此外，美國國防部考量到中國海軍能力上升，為西太平洋地區設計了一套軍事理論，規劃出「空海一體戰」（Air Sea Battle）的戰略。[112]

然而，雖然憂心中國的意向，亞洲國家和美國卻都沒有想要籌組公然抗中的同盟。他們也不希望重啟嚇阻政策，明白地表示會對中國的侵略施加報復。冷戰時期，美國就是以此對付蘇聯。

他們不希望和中國變成勢不兩立的敵對關係，[113]反而希望維持與中國活潑的經濟互動。亞洲國家的經濟福祉全都在相當程度上依賴中國市場。因此，它們和西方針對中國擴張海權和海上強勢演習的回應方式不是嚴正的對立，而是採取「避險」的作法。就和投資人投資在某一資產上，是為了當另一資產虧損時有所補償一樣，他們採取步驟準備保護自己的利益，以防中國構成直接、嚴重的威脅。[114]

中國似乎愈來愈可能成為國際經濟和軍事上的挑戰，但目前發展方向仍撲朔迷離。其力量固然在上升，但是這股力量的根基卻出現了裂痕，到了二〇一四年，中國的經濟成長率已跌到兩位數以下。在過去三十年，以大量投資和大量出口為基礎達成增長的策略都相當成功，但現在似乎已不管用了。中國政府面臨瓶頸，找不到經濟擴張的新源頭和新方法。[115]

此外，中國的腐敗問題仍然很嚴重，並逐漸傷害到執政的中國共產黨在人民心目中的地位。中國領導人習近平在二〇一三年接班時，意識到這個問題的嚴重性，便展開反貪腐運動，把許多黨政幹部解職、送去坐牢（大部分入監之人湊巧是習近平的政敵）。香港居民在二〇一四年組織大規模示威活動，要求更加民主的治理，也許類似模式的示威活動可能傳播到大陸。除了政治問題，中國也正在失去人口紅利。由於中國共產黨在一九八〇年代起嚴格實施一胎化政策，退休人員和勞動人口的比例在二十一世紀第三個十年將嚴重失衡，這將會進一步抑制經濟成長，照護老年人的開銷則會增加，這些都削減了能在國際上耀武揚威的資源。

總合上述原因，中國在二〇一四年不僅未能在政治、經濟和軍事實力方面更上一層樓，還出現疲弱的跡象。然而，疲弱卻未必帶來比較和平、收斂的外交政策。反倒是若中國共產黨不能兌現人民所期待的經濟成長，它說不定會企圖以武力實現其國際野心，來維持民眾支持或至少容忍它的統治，而這就有可能導致中國與其亞洲鄰國或美國爆發衝突。

中國的未來前途尚不明朗。但是二〇一四年有一點算是清楚的是，支持美國在冷戰結束後對中國保持樂觀的假設——假設中國經濟成長可使中國在國內更民主、在國外更和平——再也不能做為美國在亞太地區政策的基礎。[116]

美國的中國政策在二十世紀歷經幾次轉折，[117]在二十一世紀又發生了變化。它又回到未來：美國又必須再次把中國當做潛在的威脅，而不是友善可靠的商業夥伴。以長遠歷史來論，與大國政治的告別十分短暫，轉瞬間又回到了亞洲，且不只亞洲如此。二〇一四年底，安全競爭也在歐洲捲土重來。歐洲原本就是安全競爭的起源地，過去幾百年經歷多次最血腥、最慘絕人寰的戰爭。歐洲會回到歷史上熟悉的國際關係模式，是拜歐洲最大國家俄羅斯外交政策之賜。

俄羅斯反撲

俄羅斯和中國一樣在二十世紀下半葉放棄正統的共產主義，只不過比起中國時間稍晚，但更加徹底。歐洲共產主義的崩潰象徵著這一時期被冷戰主宰的國際關係和美國外交的終結。蘇聯解體可以說是後冷戰時期的肇始事件。它遠比其他任何發展更使美國覺得安全，可以全力投入改造其他國家政治經濟結構的工作，而不是專注在千百年來大國之間的權力鬥爭上。

和對待中國時一樣，只是更加起勁，美國發起推動俄羅斯轉型走向民主和自由市場的道路。[118]也和對待中國時一樣，美國這項努力也失敗，而俄羅斯在一九九八年經濟崩盤後，俄羅斯政府不再歡迎美國的經濟援助和政治建議。不過，美國官員對俄羅斯仍懷抱著對中國相同的盼望：經濟成長可使俄羅斯的外交政策比起蘇聯時期更加親切、和善。

美國對後共產主義的俄羅斯會有什麼侵略性的外交政策，其實不是那麼關心，反倒是更重視中國會有什麼舉動，這是因為中、俄兩國之間存在根本差異。後冷戰時期的中國國力蒸蒸日上，俄羅斯的國力卻江河日下。新俄羅斯領土版圖僅及舊蘇聯約三分之二，人口為約一半。美國及其盟國投資數兆美元對抗的蘇聯軍事機器已大幅萎縮。一九九〇年代，中國經濟每年增長百分之十以上，俄羅斯經濟因蘇聯瓦解遭到沉重打擊，仍然步履蹣跚。因此，在美國人眼裡，中國國力在未來可能構成問題——甚至恐怕是唯一問題——不能掉以輕心，而俄羅斯國力會構成什麼問題則已屬於過去式。拜油價猛漲之助，俄羅斯經濟在一九九八年之後開始迅速成長，[119]不過仍不及中國增長快速。和中國一樣，俄羅斯在新千禧年開始之後的政治動向，也沒有循著美國盼望的路線走。事實上，按照美國的標準，俄羅斯在政治上大開倒車，更封閉、更僵化、更不民主，而且更加高壓。

隨著後冷戰時期的到來，俄羅斯也和中國一樣，在與世界各國的關係上以敵對取代合作。和中國政治菁英一樣，俄羅斯政治菁英對西方，尤其是美國，也懷有怨恨心理，認為俄羅斯國際地位重挫就是西方害的。而看衰俄羅斯則導致美國政府忽視或藐視俄羅斯在許多國際議題上的偏好，尤其是推動北約東擴，這只會火上澆油，增加俄羅斯人的憤怒和敵意。中國的大國輝煌盛世是十八世紀的事情，俄羅斯國際權力和聲望鼎盛的黃金年代則是一九八〇年代。許多官員的記憶猶新，因此俄羅斯總統普丁矢志恢復國家榮光。俄羅斯的外交政策，尤其是二〇一四年入侵其鄰國烏克蘭，具有劃時代的意義，終結了後冷戰時期史無前例的和平，使國際關係和美國外交政策回復到敵對、不安和劍拔弩張的舊模式。

柯林頓政府在俄羅斯的改造任務失敗，但是後任的小布希政府至少一開始與俄羅斯建立了似乎友善的關係。二〇〇一年七月，小布希總統與剛接替葉爾辛出任總統的普丁初次見面，宣稱對他印象良好。布希說：「我看著這位先生的眼睛，發現他很直率、值得信任。我可以感受到他的靈魂。」[120]二〇〇一年九月十一日，紐約和華府遭到恐怖攻擊，普丁是第一個打電話給布希、表示願意幫忙的外國領袖。次年，美、俄兩國交涉完成限制戰略核子武器的一項新協定，雙方領袖於二〇〇二年五月在莫斯科簽字。

可是，美、俄關係因為柯林頓政府的北約東擴已經走上坎坷之路，終究還是在布希政府期間日益惡化。俄羅斯政府反對布希片面廢止一九七二年的反彈道飛彈條約，以及美國計劃在波蘭和捷克共和國部署飛彈防禦系統。俄羅斯政府也和德國、法國同聲反對美國在二〇〇三年春天攻打伊拉克。北約東擴先是納入波蘭、匈牙利和捷克共和國等中歐國家，二〇〇四年又要納入愛沙尼亞、拉脫維亞和立陶宛等波羅的海三小國，俄羅斯非常不痛快，因為直到一九九一年，這三個國家仍是蘇聯的一部分。[121]這個柯林頓政府明白表示不接受俄羅斯加入的西方軍事同盟，[122]一下子擴張到了俄羅斯邊界。

普丁在美國（及西歐）對待前蘇聯加盟共和國獨立的國家的手段上，發現不能信任美國的新證據。俄羅斯對這些國家還抱著所有權人的態度，稱它們為「近鄰」（Near Abroad）。二〇〇八年至二〇一二年擔任總統、方便普丁以總理職位掌握最高權力的狄米崔・梅德維杰夫（Dimitry

Medvedev），把「近鄰」稱為俄羅斯享有特權利益的地區。

這些國家當中有三個同時爆發無暴力的抗議運動，反對貪腐、專制的政府。就像一九八九年發生在中歐和東歐推翻共產政府的類似運動一樣，它們也把政府推翻了。這些起義選用某一種顏色或花卉做為記號，因而被稱為「顏色革命」。

二〇〇三年十一月發生在高加索地區喬治亞共和國的「玫瑰革命」，迫使曾任蘇聯外交部長的謝瓦納澤（Eduard Shevardnadze）總統辭職。二〇〇五年春天，「鬱金香革命」推翻中亞吉爾吉斯共和國領導人的專制統治。從俄羅斯觀點看，最重要的是二〇〇四年十一月至二〇〇五年一月發生在烏克蘭的「橙色革命」。烏克蘭總統大選進入第二階段決選，可是舞弊盛行，民眾大規模抗議後重新計票，推翻原本開票結果，把因第一輪作弊問題才敗選的候選人逆轉成為獲得過半數選票而當選。

對俄羅斯而言，烏克蘭遠比喬治亞或吉爾吉斯重要。它面積更大，被公認為俄羅斯文化搖籃，曾經有很長一段時間是以俄羅斯人占多數的一個國家之一部分（追溯到十七世紀），在文化上、語言上更接近俄羅斯，而且它是俄羅斯境外俄羅斯裔人口最多的國家。[123]事實上，有些俄羅斯人根本無法想像烏克蘭是個獨立國家。這些人顯然包括普丁在內，據說他在二〇〇八年曾經對小布希總統說：「你不明白的，喬治，烏克蘭根本不是一個國家。」[124]

美國並沒有直接煽動顏色革命，不過俄羅斯官員一再指控美國政府背後教唆。由於這些運動呼籲民主政治，吻合布希倡導的「民主議程」，也因為它們顯然得到大多數民眾的肯定，美國政府給予政治上的支持。這使得華府和莫斯科不和。俄羅斯事實上出面替烏克蘭總統候選人雅努科維奇（Viktor Yanukovich）撐腰，但橙色革命推翻了他作弊的選舉結果。[125]

普丁反對顏色革命，尤其是烏克蘭的橙色革命，原因和美國政府支持它們的理由如出一轍：它們具有民主意涵。它們威脅到普丁，是因為他在俄羅斯打造的政治制度並不民主。因此，除了憤恨西方國家怎麼對待他們之外，俄羅斯的國內政治也導致了他們和西方及美國在二〇一四年爆發衝突。

俄羅斯在二〇〇〇年後出現專制的政治制度，普丁及其黨羽從這個制度汲取利益，他們必須捍衛可能危及他們獨裁專制的一切行為——包括鄰國出現民主楷模——再加上北約東擴所製造出來的反美情緒，又因美國在其他事件上不尊重俄羅斯政府的意願而產生推波助瀾作用，積怨就更深。它們促成俄羅斯採取侵略性的政策，到了二〇一四年就在歐洲故態復萌，玩起大國政治。俄羅斯的怨恨，加上俄羅斯的專制政府，替歐洲大陸和平的後冷戰時期拉下布幕。

從接任總統那一刻起，普丁就開始想方設法集大權於一身。他攻擊在葉爾辛時期發財致富、掌握權力，被稱為「寡頭」的一群人，沒收他們的財產、把他們打入大牢或逼迫出國流亡。他組織自己的統治菁英小圈子，起用他在列寧格勒任職期間的故舊部屬。普丁在蘇聯時期長期任職國家安全委員會（ＫＧＢ，俗稱格別烏）這個秘密警察單位，官階上校；他也借重格別烏人馬，這批人被稱為*siloviki*，俄文意思即為「力量」。列寧格勒幫和秘密警察這夥新貴形成普丁新的威權體制的核心。

在這套制度下，權力集中在上端，[126]普丁打算永遠緊抓住大權：俄羅斯繼續舉行選舉，但是既不自由、也不公平。反政府言論絕對禁止，政府也控制大眾傳媒，管制住絕大多數俄羅斯人民能接觸到的資訊。這套新政治制度被稱為「有管理的民主」（managed democracy）。[127]美國希望能在後共產主義的俄羅斯推廣西方式民主，而俄羅斯這套制度徒有西方民主的形式，沒有其內涵。葉爾辛有一段時候似乎原則上決定建立西方民主制度。普丁可不。在缺乏民主傳統的國家，他搞專制復辟沒遇上太多抗拒。

除了大眾傳媒之外，政府也控制住俄羅斯豐沛的天然資源，包括石油和天然氣。這使得一小撮俄羅斯人暗地裡竊取了國家的財富，政府成了一種「竊盜統治體制」（kleptocracy）。俄羅斯政府的主要目的變成是讓統治菁英致富發財，把出售國家資源賺來的錢絕大部分轉移到他們手上。[128]普丁擔任總統期間，油價飛漲，國家財富大增。[129]政府雖然也把部分財富分配到特權菁英圈之外，以便安撫城市居民，普丁和他的扈從更聚斂鉅額財富。根據估計，到了二〇一四年，俄羅斯人口一億五千萬中有一百一十名身家資產超過十億美元的巨富，他們控制了全國百分之三十五的財富。[130]後蘇聯的俄羅斯走上其他資源豐富的國家的路子，獨裁菁英為了自肥緊抓著政治權力不放。它也變成「石油國家」。[131]

和其他轉型失敗的社會一樣，俄羅斯缺乏民主制度不能沒有的超然公正的體制，尤其是法治。反而是個人親屬關係決定政治結果，尤其是財富的分配。俄羅斯的扈從網絡就等於是索馬利亞、阿富汗和伊拉克的部落結構。[132]

政治制度的特性也影響到二〇〇〇年之後俄羅斯的外交政策。針對西方的怨恨心理，加上認為需要抵擋西方對俄羅斯利益的圍堵，使得普丁的強勢領導獲得支持。政府鼓勵人民相信在國際上必須採取強硬立場，當局因而有理由遏制異議分子，俄羅斯官員指控這些人不愛國，因為這些人的言行削弱國家對抗西方掠奪的鬥爭。俄羅斯人普遍的反美意識，加上政府希望壟斷政治權力而從中操縱，使得俄羅斯和西方的關係在普丁第一度擔任總統的八年期間（二〇〇〇年至二〇〇八年），日趨嚴峻，並急轉直下。

二〇〇八年二月，科索沃宣布獨立，美國和西歐決定給予外交承認，不顧俄羅斯的意願，也渾然不理北約組織一九九九年介入科索沃戰爭時並未就科索沃是以塞爾維亞人為主的南斯拉夫之一省的地位提出異議。[133]西方國家在科索沃戰爭結束之後十年，才來支持科索沃獨立，看在俄羅斯政治菁英眼裡，充分展現西方的背信和偽善，也見證俄羅斯對自家鄰近事務的無能為力。

二〇〇八年四月初，北約組織在羅馬尼亞首都布加勒斯特召開領袖峰會，同盟宣布：「北約組織歡迎烏克蘭和喬治亞加入北約的歐洲、大西洋期望。我們在今天同意這兩個國家將加入北約。」[134]事實上這兩個國家還未被正式邀請加入，或提出入會前必須繳交的「會員行動計畫」。官方聲明含糊過去同盟內部某些國家的歧見，美國希望這兩個前蘇聯加盟共和國儘快入會，德國等其他國家則相當忌諱俄羅斯的反對，力主從長計議。[135]在布加勒斯特會議上，北約組織沒有立刻做出決定，反而是暫緩表決。然而，俄羅斯人不難得出結論，西方處心積慮預備把烏克蘭納入莫斯科的敵對陣營。

事實上，一年前普丁在慕尼黑的歐洲安全會議年會上，已經發表了歷年來俄羅斯領導人反對北約東擴的最強烈聲明。他說：「北約組織的擴大，與同盟的現代化或是確保歐洲安全，毫無任何關係。它反而是代表嚴重挑釁，傷害必此互信。」[136]他也利用這個場合對美國外交政策發動廣泛的抨擊：「今天我們在國際關係上目睹有人肆無忌憚地濫用力量——軍事力量——這股力量把世界拉扯進永久衝突的深淵……美國已在每一方面都逾越了它的國界。」[137]這一切乃是俄羅斯與西方交惡加劇的前兆，不久即爆發俄羅斯和喬治亞共和國的戰爭。

前蘇聯加盟共和國喬治亞境內有兩塊地區南奧塞提亞（South Ossetia）和阿布哈茲亞（Abkhazia），主要居民都不是喬治亞裔，他們在一九九一年喬治亞獨立後都不想留在喬治亞共和國底下。俄羅斯支持他們。玫瑰革命促成喬治亞新領導人沙卡什維利（Mikheil Saakashvili）上台，他和西方有密切關係，[138]熱切主張喬治亞加入北約組織，也堅決要把已經脫離喬治亞掌控的地區收復。根據喬治亞政府的說法，因為遭受大砲攻擊，喬治亞部隊在二〇〇八年八月七至八日開進南奧塞提亞。俄羅斯部隊也開進去，擊敗喬治亞軍隊，並占領喬治亞部分領土。[139]俄羅斯也在阿布哈茲亞開闢另一個戰場。隔了幾星期，俄羅斯部隊撤出喬治亞，但是承認南奧塞提亞和阿布哈茲亞獨立，確立它們是俄羅斯保護國的地位。

布希政府強烈反對俄羅斯的作法，但是美軍部隊還陷在伊拉克和阿富汗，而由於兩場戰爭所費不貲，政府在國內民間支持度很低，再加上任期已進入尾聲，它並沒有做出強烈反應。然而，喬治亞戰爭是一道里程碑。這是俄羅斯第一次真槍實彈動手反對後冷戰的政治格局，針對他們認為的挑釁和侵犯其他國家利益的行動做出反抗。這也是三十年前蘇聯在不同的地緣政治情境下派兵進攻阿富汗之後，俄羅斯軍隊首度未經允許跨過國際承認的邊界，構成吻合國際社會定義的侵略行為。

二〇〇八年的金融危機讓俄羅斯對美國的怨恨又加記一筆。和中國不一樣，俄羅斯和西方不僅有金融往來，而且透過能源買賣，關係不可謂不深。由於歐洲陷入景氣衰退，俄羅斯收入大降，經濟受傷慘重。[140]然而，幾個月後，歐巴馬取代布希，入主白宮。布希卸任時，與許多國家都處得不愉快。現在，歐巴馬試圖與莫斯科改善關係，宣布「重新啟動」（reset）美、俄關係，*他取消布希要在波蘭和捷克部署彈道飛彈防禦系統的計畫，也洽談對長程核彈頭飛彈的新的限制條約。然而，在二〇一四年，普丁已經回鍋擔任總統，以愈來愈高壓的手腕統治，國防預算也在升高，[141]俄羅斯再一次發動跨境攻擊，這一次攻打烏克蘭。烏克蘭戰爭不僅劇烈地使俄羅斯和美國、西歐的關係惡化，也開啟歐洲國際政治一個新時代。

選舉作弊被橙色革命推翻的雅努科維奇於二〇一〇年捲土重來競選烏克蘭總統，這一次沒有作弊就當選。他仿效普丁的作風治理，為自己及一票親信搜刮民脂民膏，也把一位主要政敵逮捕下獄。他持續其前任與歐盟展開的入盟協定（Association Agreement）談判。此舉是要拉近烏克蘭與歐洲經濟大國之間的關係，也是烏克蘭邁向加入歐盟此一漫長又不確定的道路的第一步。然而，雅努科維奇也和普丁討論烏克蘭加入俄羅斯主導的前蘇聯共和國經濟合作組織「歐亞關稅同盟」（Euraisan Customs Union）的可能性。普丁籌組這個組織想在前蘇聯領土上建立一個以俄羅斯為盟主的勢力範圍。

二〇一三年十一月，雅努科維奇得到俄羅斯承諾給他一大筆錢以緩和烏克蘭的財務困難（或許也答應付給他個人一大筆錢），他宣布放棄與歐盟的談判。這項宣布觸怒烏克蘭人民，尤其是西部和中部地區的烏克蘭人。這些人相信，與歐盟拉近關係才能改善經濟，也會享有更多自由。反之，對普丁投懷送抱只會適得其反。他們重啟橙色革命，在烏克蘭首都基輔市中心舉行大規模示威遊行，在二〇一四年初頭幾個星期吸引大批民眾響應。二月十八日及二十日，幾個示威者遭殺害——一般相信是親政府勢力下毒手。示威者和政府在二月二十一日達成妥協，可是翌日雅努

* 註釋：美俄親善動作一開始就不順，美國國務卿希拉蕊．柯林頓送給俄羅斯外交部長一個黃紅色的蜂鳴器，上面本來要鐫刻「重新啟動」以示兩國關係修睦，不料翻譯鬧烏龍，選用的俄文字意思是「充電過量」。

科維奇逃亡出國，他的政府垮台，反對他親俄立場的人士控制了政府。[142]

雅努科維奇出奔代表他的盟友普丁嚴重挫敗。在俄羅斯心目中最重要的前蘇聯加盟國烏克蘭，這下子溜出他的掌心，西方更是蠶食鯨吞，步步逼近他所界定的俄羅斯特權利益圈。此外，親西方的烏克蘭有可能循西方的政治和經濟路線發展。這等於是在俄羅斯的家門口建立橋頭堡，搞不好俄羅斯人民會覺得比普丁所要建立的制度更有吸引力。因此，親西方的烏克蘭威脅到普丁在俄羅斯的權位。

普丁先在克里米亞半島做出回應。克里米亞是烏克蘭的一個省，伸入黑海，十八世紀由帝俄征服、墾殖。一九五四年經由行政命令畫為烏克蘭的一部分——當時看來並沒什麼了不起，因為烏克蘭是蘇聯的一部分。克里米亞主要就是一座海軍基地（即使蘇聯解體，基地仍由俄羅斯掌控），當地居民大多數是俄羅斯裔。一九九一年時，克里米亞可以順理成章加入俄羅斯；它的居民大多數可能也會贊同。然而，為了遵循蘇聯各加盟共和國獨立為主權國家、其既有疆界維持不變這個原則，再加上它也沒和俄羅斯有任何領土接壤，克里米亞畫歸獨立的烏克蘭。

雅努科維奇垮台出亡之後，普丁先派出準軍事部隊、最後又派正規部隊進入克里米亞半島，趕走當地烏克蘭當局，在槍尖底下舉行是否加入俄羅斯的公民投票，以俄羅斯當局宣布的壓倒性多數票通過，克里米亞遂成為俄羅斯的一部分。自從納粹德國第二次世界大戰初期揮師東向以來，歐洲大陸從來沒有過這種以軍隊征服兼併的事例。

普丁對付烏克蘭的行動沒有因占領克里米亞就罷休。俄羅斯軍隊滲透進烏克蘭東部通行俄語的頓內茨克省（Donestsk）和盧罕斯克省（Luhansk）。他們占領政府大樓，宣布脫離烏克蘭政府而獨立。政府反擊，派出它人數不多、訓練不足、裝備又差的軍隊去對抗烏東叛軍。俄羅斯提供重型武器給叛軍，烏克蘭軍隊根本無力招架。此外，俄軍脫下軍服，到烏克蘭作戰。二〇一四年一路打下來，數千人死亡、數十萬人流離失所，莫斯科支持的一方占了上風。

因為烏克蘭並非北約組織盟員，西方沒有承諾要保衛烏克蘭領土完整，也沒有胃口要與擁有大量核武的俄羅斯對抗。然而，西方國家對於俄羅斯的侵略行為大為震驚，覺得毫無動作說不過去。[143]因此，他們針對和普丁政府關係密切的個人，以及俄羅斯經濟若干行業實施經濟制裁。七月十七日，烏東戰事仍在激烈交戰，幾乎可以肯定是由俄方支持的叛軍發出一枚地對空飛彈，據說是要打一架烏克蘭政府的飛機，卻把馬來西亞航空公司十七號班次飛機（MH17）打下來。由荷蘭阿姆斯特丹飛往吉隆坡的這架班機，乘客及機組人員二百九十八人全部喪生，其中一百九十三人為荷蘭人。慘劇震撼歐洲各國，大家決定擴大及加緊已經實施的經濟制裁。

這些制裁的確影響到俄羅斯經濟，到二〇一四年底止，因為全球石油價格大幅滑落，俄羅斯經濟不振。[144]兩者加在一起，俄羅斯氣勢矮了一截。但是就和中國的狀況一樣，目前還看不清楚俄羅斯是否就會有比較和緩的外交政策。

烏克蘭這齣大戲，美國只扮演龍套角色。[145]引爆衝突、導致俄羅斯侵略的加盟協定是由歐盟主導，不是美國。美國政府同情反雅努科維奇的抗議活動，但是並沒有鼓動它們，也未積極出面斡旋雅努科維奇和抗議派和解。由於歐盟與俄羅斯的經濟關係比美俄雙邊貿易關係密切，[146] 歐洲參與後侵略的經濟制裁效果比美國的行動來得大。

可是為了向全世界、其實最重要的是向俄羅斯人民辯解兼併克里米亞、攻打烏東的正當性，普丁把責任一骨腦統統推到美國身上。透過他本人的演講，以及尤其是俄羅斯媒體鋪天蓋地的宣傳，他把反雅努科維奇的亂事歸咎是反俄的烏克蘭「法西斯分子」的傑作，而宣傳機器暗示，這又是美國領導的陰謀。[147] 他描繪這一切也都是西方要圍堵俄羅斯、打壓俄羅斯的詭計。[148] 俄羅斯被西方一再地挑釁，現在他要讓全世界明白，俄羅斯終於反擊了。[149]

俄羅斯攻打烏克蘭反映出經過二十年之後，後蘇聯的俄羅斯變成什麼模樣：專制政府，無制衡的權力集中在一個人身上，他自命為國家利益和光榮的捍衛者，有很強大的吸引力，有助於他緊握住大權。俄羅斯政治制度使得普丁可以侵略烏克蘭，是因為它有兩個主要源頭。第一，上百年的威權主義政治傳統，一路延續到後蘇聯時期，這個傳統就和美國積極推動改造任務卻毫無成果的地方一樣，都沒有定期選舉或保障個體自由。第二，石油財富使普丁即使沒有經濟建樹，也能夠召募一批因吃香喝辣而忠心耿耿的追隨者，付點小惠收買民眾不說話，甚至還能整軍經武。

攻打烏克蘭也出自俄羅斯人仇視西方的心理，因為他們相信自從冷戰結束以來就被美國和西方不公平對待。普丁訴諸這股不僅存在於政治菁英、也是俄羅斯民眾普遍感受的情緒，來正當化他的烏克蘭政策。沒有這股長期以來的怨恨情緒，他無法號召國內那麼多人支持他發動的戰爭。這股情緒也是美國在無心之間造成的，最先是柯林頓政府思慮不周就決定北約東擴。[150]

從這裡來講，烏克蘭戰爭和二十世紀上半葉著名的英國愛爾蘭裔劇作家蕭伯納（George Bernard Shaw）的一則故事有點相似。蕭伯納在一場晚宴中坐在一位非常高雅的貴婦旁，他問她，願不願為一百萬英鎊和他巫山雲雨一番。她面紅耳赤、結結巴巴，給了個扭扭捏捏的答覆。接著他問她，願不願意只收六便士就上床。貴婦很氣憤，回答說：「閣下，你把我當做什麼樣的女人呀？」蕭伯納說：「噢！這一點我們已經搞清楚了。現在我們只是在談價碼而已。」就俄羅斯政府和俄羅斯大部分民眾而言，美國透過北約東擴政策已經做出決定，歐洲被一切兩半，而俄羅斯位於另一邊。烏克蘭戰爭是鬥爭的一部分，只是要決定界線畫在哪裡而已。

俄羅斯侵略烏克蘭違反了國際法的基本原則：主權國家邊界不得侵犯。它違反一九七五年為歐洲重申此一原則的赫爾辛基協定。它違反一九九四年的一項協定，當時烏克蘭同意放棄它從蘇聯繼承來的核武，交換國際保證其安全，而俄羅斯是簽約國之一。[151]俄羅斯侵略烏克蘭終結了美國相信和平的國際行為在歐洲已經是穩定的常態，並根據此信念制訂其歐洲政策的時代。

美國是歐洲最重要的安全組織北約的主幹，因此它也算是歐洲大國，再也不能輕忽俄羅斯。鑑於它願意侵略喬治亞和烏克蘭這兩個已經獨立的前蘇聯加盟共和國，俄羅斯侵略其他國家的可能性，不能排除，這包括愛沙尼亞、拉脫維亞、立陶宛（因為它們已是北約會員國，美國有明確的義務保障其安全）。[152] 美國也不能再繼續以為接觸西方和經濟成長就會化解俄羅斯政府可能暗藏的侵略動機。直言之，俄羅斯再次變成冷戰時期的美國、以及過去三百年歐洲列強所擔憂的軍事威脅。

俄羅斯侵略烏克蘭並沒有使冷戰復活。俄羅斯和蘇聯不一樣，軍事力量沒有遍及到全球，它也沒有一個反民主的意識形態、或是可取代自由市場的另類經濟制度要向全世界推廣。在歐洲重現的不是二十世紀下半葉的意識形態抗爭，而是一百年前蔚為常態的安全競爭。

歐洲恢復安全競爭，加上中國的外交政策愈來愈強悍，以及北韓和伊朗的核武計畫對美國構成愈來愈大的危險，改變了美國身處其中的世界，因此華府必須重新調整美國外交政策的大方向。冷戰結束之後大國政治消退，使得全世界最富、最強的國家有機會專心在原先不夠重要到會吸引其注意力的地方，如索馬利亞、海地、巴爾幹、阿富汗和伊拉克，去推動內部改造的使命。現在，美國重視的地區，如歐洲、東亞和中東又恢復大國政治角力，將使得這種使命變成美國再也負擔不起的奢侈品。

結論

從一九九三年至二〇一四年的後冷戰時期可謂美國外交政策史上第四個獨具一格的時期。第一個時期始於喬治・華盛頓總統一七八九年上任伊始，至一八九八年美西戰爭，美國的焦點大體上向內。美國立國於北美洲大陸，從一八六一打到一八六五年的南北戰爭決定了從大西洋岸至太平洋岸，南鄰墨西哥北接加拿大的這塊廣袤大地上，只能容一個國家，並且在內戰之後發展成為世界最大的經濟體。

一八九八年至一九四五年期間，美國目標朝外，扮演全球若干大國之一的角色。和其他大國一樣，它也取得帝國屬地。它和其他大國捲入兩場全球大戰：它在半途加入第一次世界大戰，成為勝利國之一；第二次世界大戰更是勝利陣營的主力。從一九四五年至冷戰結束，美國是兩大核子超強之一，是西方世界安全及經濟秩序的舵手和保護者。美國及其盟國在和另一個超級大國蘇聯歷時四十多年的鬥爭中勝出，邁入美國外交政策的後冷戰時代。

上述三個時期的每一階段，美國的國力都增長。這股力量賦與它不尋常的廣大行動自由，在冷戰之後可在世界上為所欲為。它選擇著手改造中國、俄羅斯、索馬利亞、海地、波士尼亞、科索沃、阿富汗、伊拉克和廣大的阿拉伯世界。這些任務全盤失敗。因此，相當弔詭的是，一九九三年至二〇一四年期間，美國國力鼎盛，可是它的外交政策卻罕如以前成功。

自古以來，涉及到外交政策時，主權國家的選擇很少：他們必須竭盡一切能事求生存。相形之下，美國在冷戰之後卻活在一個可遇不可求的世界。它沒有非維護本身生存不可的必要，反而去從事後來大家通稱的「國家建設」（nation-building）。可是美國為什麼一再選擇此一使命？

坦白說，美國沒有要在上述任何一個國家刻意展開曠日費時的「國家建設」工作。柯林頓政府曾經表示威脅，倘若中國政府不改變其政治制度去保護人權，美國將發動經濟制裁，可是中國峻拒，他很快就偃兵息鼓。柯林頓政府也應俄羅斯政府之請，為俄羅斯經濟提供技術援助，但是一九九八年金融崩潰後，俄羅斯停止了此一合作計畫。

柯林頓政府沒有入侵中國或俄羅斯，但它的人道干預行動倒是的確涉及到占領其他國家，試圖直接改造其政治和經濟體制。不過，當它介入索馬利亞、海地、波士尼亞和科索沃之初，柯林頓政府自認是扮演「好撒馬利亞人」（Samaritan）的角色——或者用現代的比喻來說，美國提供急難醫療服務——解救苦難人民，但不是重建有瑕疵的政府。小布希政府大軍開進阿富汗和伊拉克，不是為了幫他們建設國家。小布希政府的高級官員，尤其是國防部長倫斯斐，起先迴避這個主張，而是選擇了大家最熟悉的外交政策動機：保衛美國、對抗危害其安全的威脅。

至於歐巴馬總統，他上任時決定終止他（以及當時大多數美國人）所認為的小布希時代不智的干預行動，也要避免柯林頓政府採取的那些政策。基於表面上的人道理由，他的確批准攻打利比亞，但和兩位前任總統不同的是，在推翻格達費政府之後他不肯派遣美軍部隊進入利比亞。和柯林頓及小布希相同的是，歐巴馬希望讓世界更適宜美國人及其他人民安居樂業。然而，他不以美國軍事力量為工具，他要用自己的個人特質作為感召，他在上任之初就深信以個人特質可以改善美國和其他國家之間的關係。[1]這樣的策略是比前兩任總統的政策更省力，但並沒有更加成功。

然而，當美國在各地的干預行動已深陷在「國家建設」時，美國政府並沒有逃避此一任務工作。美國民眾整體而言並沒有特別強烈意願要運用美國力量去改造其他國家，但是外交菁英的意見最有份量，而且他們十分熱衷。他們在談到人道干預時，很少會說發生在當地的慘案令人遺憾但那不關美國的事，因為這會被罵是鐵石心腸，冷血無情。就「國家建設」而言，也很少聽到有人說，雖然把民主帶進伊拉克很偉大，可是美國沒有力量達成它，因為這會被罵是失敗主義，甚至被責備不配當美國人。即使事實已經很明顯擺在眼前，海地、巴爾幹、阿富汗和伊拉克人民在現有的條件下，不可能建立、維持西方式的社會體制，但要甘冒大不諱講出這種話，也會被各方責備為種族本位主義，幾近種族歧視。因此，美國近年的歷史經驗，美國本身的政治文化，以及後冷戰的世界局勢結合起來，使得美國從事的外交工作起初在主事者眼裡都認為是還挺有道理的。

冷戰期間，美國變得習慣在國際上當領袖，發展出對全世界事務的責任感，並且延續到後冷戰時期。甚且，冷戰結束湊巧伴隨著西方體制和習慣快速散布。其實，冷戰之所以結束，這是一個重要因素，而且美國的國家建設努力正是要建立西方的體制。[2]全世界的民主國家由一九七〇年的三十五個，增加到二〇〇〇年的一百二十個。[3]經濟組織的自由市場制度更是普獲歡迎，甚至傳播到抗拒民主政治的國家，成為普世現象。支持美國推動改造使命的人士和經理人有理由相信自己推動的體制和習慣，在全世界都炙手可熱。

近年來的歷史，再加上建國以來即有的理想，聯合起來產生對美國使命的支持。後冷戰時期美國外交政策經理人和前人一樣，相信美國的價值能適用到全世界，美國的體制對全世界都有用，美國有責任將兩者盡可能傳播出去。

他們也具備有些人所謂的「事在人為」精神，堅信有足夠的時間、耐心、資源、決心和智慧，美國人可以達成任何任務。國務卿希拉蕊·柯林頓是傳統智慧可靠的詮釋者，身為公職人員，她表達了這個普遍共有的信念：「美國人面臨挑戰從不畏縮。它就在我們基因裡。我們絕對相信無限的可能性。」[4]最後，共產主義在歐洲崩潰後美國的巨大力量，以及後冷戰時期美國的安全再也沒有嚴峻的挑戰，創造機會可把這些長期以來的理想付諸實行。

假如美國在冷戰結束後承擔的使命達成目標，肯定會使世界更美好。假如美國能在索馬利亞、海地、巴爾幹半島、阿富汗、伊拉克和整個阿拉伯中東世界，設法建立西方式的政治和經濟體制，這些地區的居民肯定會更安全、更繁榮。如果這些體制能在北韓和伊朗等流氓國家建立（事實上美國並未嘗試在它們那裡建立類似體制），或是在中國及俄羅斯出現（美國有嘗試），每個地方的人民都會更加安全。這四個國家對其他國家構成危險，其根源在於他們的國內政治。共產主義的北韓及伊朗伊斯蘭共和國的治理意識形態，為它們侵略性的外交政策提供基礎。中國和俄羅斯政府覺得有需要耀武揚威，顯示有能力保衛其被膨脹的國家利益，增強他們在民眾心目中的地位，突顯出他們在其地區推動的倡議——中國是在海上，俄羅斯是在陸地——有心終止後冷戰時期。民主的中國和民主的俄羅斯很可能會和鄰國有更和平的關係。[5]後冷戰時期美國外交政策最重要的改造任務，如果成功的話，將裨益美國及世界各國的福祉。然而，它們並未成功。美國高估的不是福祉，而是使其他國家仿效它的可行性。這個使命理論上值得欽佩，但實踐上卻失敗。為什麼失敗呢？

❖

轉型工作在某些國家會失敗，是因為這些國家的政府抗拒美國試圖要引入的改變。共產黨在中國保持住威權統治。普丁穩定地破壞前人葉爾辛試圖在俄羅斯建立、但還不堅實的民主。在流氓國家中，北韓政府對全國民眾保持窒息性的嚴密管控，掌握伊朗政府的穆斯林教士鎮壓抗議二〇〇九年總統大選不公的民眾。美國在這四個國家嘗試——在流氓國家或許該說是盼望——的改造使命，使得美國和他們的政府發生衝突。這些政府握有鎮壓工具，在位當權已久，很容易就占了上風。

在索馬利亞、海地、波士尼亞、科索沃、阿富汗和伊拉克，美國不需要和當地的政府搏鬥。美軍已經除去當地政府，占領它們。在這些地方使命失敗是因為缺乏必要的社會條件支持美國想要樹立的公共體制。這些體制需要當地人民具備某些他們根本沒接觸過、也不能接受的行為模式，畢竟體制要能運行，得靠他們才行。在這些個案裡，美國已經把馬帶到水邊了，可是馬兒不喝呀。

特別是這些文化的社會和政治效忠太狹隘，不足以支持美國想在其中移植的公正無私的規範之體制。譬如在海地和阿富汗，以親屬關係為基礎的效忠根深柢固，法治的概念，即政策決定和資源分配依抽象原則而定、不問個人交情關係，似乎違反當地民情，因此就沒有機會被採納。這表示親屬關係根深柢固的地方，一切必須依賴法治概念的現代國家體制，都無法有效地運作。同理，民眾只對特定族群團體或宗教、教派效忠的社會，當它有兩個以上的政治單元存在，類似波士尼亞、科索沃和伊拉克，它們就不安定，容易發生內部衝突。不同的團體不能組成單一民族的地方，就很難建立及維持一個團結的國家。美國卻試圖在這些狹窄忠誠十分強大的地方推動後冷戰的國內改造，這注定不會成功。

美國在後冷戰時期推動的「建設國家機制」和「國家建設」使命雖然失敗，還是有些國家建設成功。美國干預的國家，沒有一個出現現代政府——意即沒有一個「走向丹麥」——可是許多國家卻脫胎換骨走到丹麥。甚且，這些國家在過去某一段時候，其社會的親屬關係也是盤根錯節、十分強大。它們全都設法跨越狹窄的效忠，「擺脫親屬關係枷鎖」。[6]

然而，幾乎每個個案，「建設國家機制」和「國家建設」的過程都很冗長、複雜，沒有簡單、唯一的模式。[7]而且沒有任何個案是經由刻意設計，一蹴即成建立起現代國家。[8]美國人所謂的「國家建設」的確出現；它在現代世界一直不斷出現。然而，你不能去揠苗助長，逼它發生，特別是要以外力促成，但美國就是這麼幹。因此，回想起來，全世界最強大的國家在冷戰結束後於全世界追求的目標，竟然是不必要或不可能。

然而，美國卻基於這個計畫不是完全不可能的假設在推動它的外交政策。這個假設最後證明是錯的，但也不盡然完全是幻想。美國官員和外交政策圈人士往往舉幾個歷史案例來證明，憑藉外力也可以成功地建立有效運行的現代政治經濟體制：一是英國，它在美國之前即為世界最強大的國家；二是美國在一九四五年以後，協助二戰期間兩大敵國德國和日本政治改造；三是冷戰末期陸續有些國家轉型為民主政治和自由市場。

在這三個案例中，美國在後冷戰時期試圖推動的「建設國家機制」和「國家建設」都順利出現。然而，仔細檢查之後，三者都找不到足資美國參考的先例。倘若把歷史搞通了，就會發現它並沒提供好理由讓人相信美國的使命會成功。

英國透過它無遠弗屆的帝國，比起其他任何國家都更努力在全世界傳播現代體制。美國在後冷戰時期有幾分類似大英帝國——雖然也有重大差異。因為相似，讓人以為英國在十九、二十世紀的帝國經驗足以供美國後冷戰的外交政策從中汲取教訓。[9]然而，大英帝國的全盛時期早已在後冷戰時期之前很久的時候就已結束，等到美國發動其改造使命時，使英國和其他帝國能夠發揮的條件都已經消失。此時，一個民族已經無法在違背受統治者意願之下統治另一個民族，雖然過去這種作法沒有受到太大的抵抗。英國宰制印度跨兩個世紀；美國駐軍伊拉克還不到十年。

甚且，雖然英國在帝國某些地區的確留下現代體制，在帝國絕大多數地區，他們之做為帝國主人，這可不是他們企圖要達成的目標。對英國人來講，帝國的主要目標是經濟利益，不是要傳播英國的體制。[10]事實上，英國人在帝國許多地方刻意避免移植英國體制。他們普遍實施間接統治，保留地方習俗和地方統治者——英國人只是負責密切監督。[11]

最後，固然在英國人離開之後許久，有些前帝國屬地仍留下現代體制，可是包括阿富汗和伊拉克在內有些地方，卻沒有留下痕跡。（英國兩度占領阿富汗，但沒有將它正式併入大英帝國。）印度是英王王冠上的明珠，它倒是採納並保留了民主政府，有自由、公平、定期的選舉，也保障宗教、經濟和政治的自由。[12]然而，印度的民主相當大部分要歸功於它獨立之初的領導人，尤其是第一任總理尼赫魯（Jawaharlal Nehru），以及大英帝國的教導。其他國家，譬如印度的孿生兄弟國巴基斯坦，就不如印度幸運有堅持民主的領導人，出現相當專制的治理。民主在印度能持續還有另一個原因：印度太多樣化，只有民主的法規和程序，訂出和平寬容和妥協的規定，它才能維持住統一。因此，英國的帝國經驗和美國後冷戰改造使命，其實關係不大。

德國和日本在第二次世界大戰之後的經驗，倒似乎與這些使命比較接近。美國軍事力量推翻德、日兩國政府，美軍占領兩國，它們成為民主楷模，自由市場經濟欣欣向榮。然而，和索馬利亞、海地、波士尼亞、科索沃、阿富汗和伊拉克不同的是，德國和日本早在美軍踏上他們領土之前，各自就已發展出強大的國家認同和有效率的現代國家機關。他們不需要從零開始去創造保護自由的政府機制和自由市場。美軍持續屯駐兩國，毫無疑問有助益，但是德國人和日本人因為美軍保護他們不受蘇聯侵略，他們歡迎美軍。阿富汗人和伊拉克人可不歡迎美軍。冷戰期間，德國人和日本人把美國當做盟國看待，沒把它當做是占領國。

在冷戰的末期及其後，許多國家並不像美國在二戰期間的兩大強敵，他們沒有強烈的民族主義歷史，或是有效的現代體制，但還是設法採行民主政治和自由市場經濟制度。一般認為美國在這些發展所扮演的角色，可以用一九九〇年代外交政策圈流行起來的一個字詞來形容，即「軟實力」，而它在別的地方也應該能發揮，包括在冷戰之後美國介入干預的國家。

和「硬實力」——使用武力或威脅要使用武力——不同的是，國家透過文化體制、風俗、價值、信念、思想和聲譽等軟實力，在國際領域發揮影響力。[13]軟實力就是以樹立榜樣做表率所發揮的實力。這個概念之所以有相當吸引力是因為，它承諾不需威懾恫嚇就會有影響力。它對西歐人特別有吸引力，他們不再裝備強大的軍事力量，但是相信他們在第二次世界大戰後所建立的和平、繁榮、合作的共同體可以吸引別人來模仿。

軟實力這個字詞包含一個重要的事實。文化是很強大。如果戰爭是古希臘哲學家赫拉克立特（Heraclitus）所謂的萬物之父，那麼文化就是萬物之母。人們因為觀察到別人怎麼做，會改變自己的方法，效法新的行為模式。[14]人們會轉變，通常是被強有力的榜樣所說服，而不是遭恫嚇逼迫。冷戰就是這樣終止的。共產主義這一方不是在戰場上戰敗：透過很複雜的歷史因素轉折變化，它決定放棄其政治和經濟體制及作法，改採西方模式。[15]民主和自由市場在二十世紀終結時，透過榜樣的力量——意即軟實力——快速的傳播開來。

然而，軟實力這個字詞及從它引伸出來的涵義，卻產生很重要的誤導。文化是很強大的力量，但這種力量不能用來達成明確目標的力量。美國想把軟實力直接運用到索馬利亞、海地、波士尼亞、科索沃、阿富汗和伊拉克，全都失敗。文化其實就像大自然的力量，它很強大，但它無法控制。因此，後冷戰時期美國對「國家建設」工作的適當貢獻不是親手去進行建設，而是在當地環境有可能下，協助創造和維持「國家建設」的條件能發生。結果顯示，美國選擇進行改造使命的地方，並沒有這些條件。

大英帝國的經驗、德國和日本在一九四五年之後的繁盛，以及美國在冷戰之後改造使命失敗，其教訓就是美國對其他國家的「國家建設」能做的貢獻，不是設計，而是做園藝工作。美國沒有力量去進行「國家建設」，不論是軟實力或硬實力都不夠。但美國的確有力量培養條件，讓龐大而超然的力量——以園藝工作來講就是大自然的力量，以「國家建設」來講就是文化的力量——去發揮作用。美國能怎樣扮演好這個角色呢？

❖

名導演伍迪・艾倫（Woody Allen）在他那部經典羅曼史喜劇電影《安妮霍爾》（Annie Hall）一開場就講了個笑話：兩位女士在一家餐廳，甲女說這裡的東西真難吃，乙女說是呀，而且份量很少。這個笑話掌握了後冷戰美國外交政策的主要特質。美國一九九三年至二〇一四年在其他國家花了不少力氣要推動的工程失敗了。但是失敗並不重要，因為它們並沒影響到美國去干預的國家以外的世界。[16]

然而，這並不是說這些使命不重要。在大歷史中，它們本身的確沒有那麼了不得，但它們在影響所及範圍內還是有一定的重要性。在後冷戰時期，重要的是保持住它的定義性的條件：強勁的全球經濟促進經濟普遍增長，且更重要的是，化解了主宰人類歷史上國際政治的安全競爭——

最強大的幾個國家需要備戰，偶爾也需要打幾場大戰。美國決策者認為迫切的任務，他們承擔起的改造使命，在他們想要改造的社會的確是革命性的，可是其實美國最重要的後冷戰利益是非常保守的：維持穩定的和平以便美國能放手去發動這些使命。即使世界最強大的國家，在它們根本不存在的地方，不可能讓民主與自由市場開枝散葉。但是它可以像園丁想方設法創造一個環境，吸引會受惠的人一起為之打拚，最大化現代體制能夠盛開的機會。[17]

全面和平並沒有持續太久。到了二〇一四年，大國政治又恢復：在烏克蘭東部，它還爆發報復行動。坦白說，國際政治舊體制復活未必全然是因為美國在國際上做了什麼、或沒做什麼。美國在索馬利亞、海地、波士尼亞、科索沃、阿富汗或伊拉克，都沒辦法讓他們成為具有西方體制的現代國家，美國外交政策也無法完全控制國際制度。

中國對美國所主宰的東亞政治及經濟之挑戰，起自於中國本身經濟實力勃興，根深柢固的民族主義也在作祟。中國經濟上有錢了，老百姓認為中國也該強大了，這股情緒出現在它對鄰國的政策上。縱使中國有時候提出相反的論調，其實美國並沒有試圖阻礙中國在後冷戰時期的崛起。美國和中國的貿易往來、到中國的投資，幫助它的經濟長足進展。中國的成長導致它出現更具侵略性的外交政策時，美國根本不曾妨礙它，更不用說也不曾阻擋它。歐洲和亞洲的其他國家不會參加阻礙中國經濟的運動。美國的企業和消費者都從中國的成長得到好處，如果美國政府提議要抵制中國的經濟——事實上美國並沒有——他們也不會高興。

二〇〇八年的金融危機重傷全球經濟，這一點美國難辭其咎。畢竟危機源自美國的房地產市場，美國的公共政策的確不當。然而，這不是美國**外交**政策出錯。雖然它們對全球造成影響，但造成二〇〇八年九月十五日事件的倡議和監督，是出自美國的監理機關、投資人和中央銀行官員，不是出自美國外交官員。

另一方面，美國有三項外交政策——伊拉克戰爭，以阿和平進程，和北約東擴——的確對界定後冷戰時代特色、對美國異常有利的國際環境，造成重大傷害。甚且，這三項政策不只是失敗，還是錯誤，美國根本就不應該犯這種錯誤。

伊拉克戰爭最大的錯誤不是在相信剷除薩達姆·海珊是可取的、重要的這個想法。美國的錯誤是不顧所有的反對意見，認定海珊一垮台，伊拉克就會立即——甚至幾近自動——在巴格達成立穩定、廉潔的政府。這場戰爭的直接成本從以下幾方面來講，都超過後冷戰時期美國所有的使命所付出的代價：死傷人數、耗費的金錢（而且花得對美國無益、對伊拉克人也無益），以及這場戰爭在美國國內所造成的政治分裂。這些都是一個世代以前的越戰以來最嚴重的。

伊拉克戰爭還產生另一種代價：經濟學家所謂的「機會成本」——如果不攻打及占領伊拉克，所花掉的資源用在別的方面的價值，也被斷送掉。攻擊和占領伊拉克使美國政府的注意力分心，沒有盯緊北韓和伊朗的核武計畫，又花費掉許多軍事和經濟資源、政治資本，沒把它們用來對付這兩個流氓國家。北韓的核武計畫在二〇〇三年跨越極關鍵的重大門檻時，布希政府忙著處理伊拉克戰爭。[18]伊朗擴大其製造核彈能力時，布希政府和歐巴馬政府都不能強有力地威脅要動用武力制止它。伊拉克經驗的政治創傷使得他們都不願冒險發動和本地區另一個國家的武裝衝突，也不問伊朗政府是多麼危險。事後回顧起來，當然也要看伊朗怎麼推動它的核武計畫及追求區域霸權，美國人或許會覺得他們在二十一世紀頭一個十年，在中東打錯了國家。若沒有發生伊拉克戰爭，美國是否會採取更有力、更成功的措施對付這個流氓的核擴散，我們並不知道。但是伊拉克任務的代價出乎預料、令人驚駭的高，至少已使美國政府在伊朗不敢輕舉妄動。

美國在以阿和平進程所犯的錯誤，是後冷戰的三位總統都沒有注意到以阿衝突的基本原因：阿拉伯人、尤其是巴勒斯坦人，根本拒絕接受猶太人在中東享有主權。美國即使了解以阿衝突的根源，光憑這一點也終止不了以阿衝突。這需要巴勒斯坦人也來個政治文化大變革，而美國在索馬利亞等國都已經證明辦不到。然而，了解以阿衝突的根源或許可以使美國的政策降低其代價。看清楚衝突的本質之後，美國政府或許可以節制自己，別再浪費那麼多政府高層的時間精力，白花力氣想去解決它。美國花這麼多資源在以阿和平進程上，已經使它成為世界上最長久的一齣騙局。

美國其實沒有太大誘因去降低以阿衝突的代價，因為付代價的是以色列。和平進程往往與鄰近的恐怖分子團體對以色列平民發動的一系列戰爭同步發生——即使和平進程沒有刺激這些戰爭的爆發，至少肯定是沒有辦法制止它們。此外，由於巴勒斯坦人的抗拒，許多輪談判都失敗，全世界、尤其是歐洲國家，卻怪罪到以色列人身上。這一來提振了巴勒斯坦人追求他們的首要目標，不是要建立自己的巴勒斯坦國，而是要在其他國家心目中破壞猶太人國家的政治正當性，盼望最後會導致以色列的覆亡。可是，以色列雖是個小國家，以色列人卻是一個團結、堅忍的民族。美國人支持的和平進展給他們造成的代價，他們還頂得住。

北約組織往東伸展到俄羅斯邊界，又刻意排除不邀俄羅斯加盟，美國因此犯下雙重錯誤。一方面，這個倡議沒有得到好處：柯林頓政府聲稱北約東擴是為了確保新盟國的民主，其實並沒有這個必要。如果北約真的是孕育民主政府的搖籃，俄羅斯應該是第一個要納入的國家。另一方面，在提議東擴時就有許多人預料到這會讓俄羅斯不滿，逼它漸行漸遠。果不其然，這個歐洲最大、而且還有數千枚核武的國家，走上了二〇一四年攻打烏克蘭的道路。

持平地說，俄羅斯攻打烏克蘭至少有一部分是莫斯科有個專制政府，它的獨裁者選擇對外征服做為增強他在國內民意支持的方法。俄羅斯的專制政體其根源則在於它長期以來不民主的政治傳統。另外，石油財富也使普丁有誘因和工具壟斷大權。一九九〇年代莫斯科出現的搖擺、不完美的民主政治制度可能在任何情況下都不會存活下去。但是若非北約東擴（或是把俄羅斯納入大西洋同盟），一個不民主的俄羅斯未必會在國際社會上反對西方和美國。[20]它或許會是後冷戰版本的冷戰時期「友好的暴君」，即雖然在國內不民主，但是在國外合作或至少沒有敵意。可以肯定的是，若非北約東擴，俄羅斯領導人不能夠動員其人民對西方的怨恨和恐懼，來支持它對喬治亞和烏克蘭發動戰爭。普丁就不會那麼容易對老百姓把這些衝突詮釋為防禦性質，因為至少入侵烏克蘭明明就是侵略戰爭。

把反對美國當做俄羅斯外交政策既定立場後，北約東擴和俄羅斯人認為侵犯他們的利益、及違背冷戰結束精神的美國其他政策——尤其是干預巴爾幹及退出反彈道飛彈條約[21]——對於美國在前蘇聯以外的地區，也產生不利的影響。儘管對中國的地緣政治目標有深刻猜疑，也很擔心中國的崛起，俄羅斯還是加入上海合作組織（Shanghai Cooperation Organization）這個由中國主導的鬆懈的區域安全組織。[22]在中東方面，俄羅斯對伊朗的核武計畫採取的立場沒有美國的立場強硬，儘管俄羅斯的領土比北美洲更靠近伊朗飛彈的射程距離。它也堅決支持敘利亞總統阿薩德對反對他的叛軍之血腥鎮壓。[23]

和伊拉克戰爭不一樣，北約東擴在開始的時候，美國付出的代價微不足道：柯林頓政府正是因為如此才輕率躁進。然而，俄羅斯人的怨恨加深，俄羅斯的力量也擴大，就像人體裡的病毒慢慢擴散，對美國利益的傷害逐漸加深。隨著後冷戰時代結束，傷害似乎有增無已。歐洲共產主義崩潰後，大國政治退場的太平盛世已經不再，美國所面臨的挑戰清單裡，憤怒、危險的俄羅斯肯定名列前茅。在這種情況下，從歷史的角度看，北約東擴將是後冷戰時代美國後果最深遠的外交決策：在索馬利亞、海地、波士尼亞、科索沃，甚至阿富汗和伊拉克的使命失敗從人們記憶消逝後，它的苦果還將繼續作祟。

註釋

導論

1 外交政策圈在制訂外交政策所扮演的角色，會在本書九十六至九十八頁討論。

2 關於拯救庫德族的行動，見Lawrence Freedman and Ephraim Karsh, The Gulf Conflict, 1990–1991: Diplomacy and War in the New World Order, Princeton, New Jersey: Princeton University Press, 1993, pp. 420–425.

3 這句話源自Richard K. Betts, American Force: Dangers, Delusions, and Dilemmas in National Security, New York: Columbia University Press, 2012, p. 20.

4 美國統治菲律賓在一九四二年至一九四五年中斷，因為菲律賓遭到日本占領。

5 關於後冷戰的美國與大英帝國的比較，見本書四三二至四三四頁。

6 引自George Herring, From Colony to Superpower: U.S. Foreign Relations Since 1776, New York: Oxford University Press, 2008, p. 1.

7 這個區分源自理查・哈斯（Richard Haass）研究美國一九九一年和二〇〇三年在伊拉克兩次戰爭的心得，見War of Necessity, War of Choice, New York: Simon and Schuster, 2009.

8 Francis Fukuyama, Political Order and Political Decay: From the Industrial Revolution to the Globalization of Democracy, New York: Farrar, Straus, and Giroux, 2014, p. 399.

9 這是Francis Fukuyama, The Origins of Political Order: From Prehuman Times to the French Revolution, New York: Farrar Straus,

and Giroux, 2011」書的主要論點，尤其參見第三章至第五章。

第一章

1 引自Geoff Dyer, Contest of the Century: The New Era of Competition With China— and How America Can Win, New York: Alfred A. Knopf, 2014, p. 6.

2 George F. Kennan, "A Fateful Error," The New York Times, February 5, 1997.

3 甘迺迪的就職演說提到：「讓話從此時此地傳出去，火炬已經傳給新一代的美國人——他們在本世紀出生，經歷過戰爭的淬鍊，受到艱苦辛酸和平的考驗，更以我們古代傳統自豪。」柯林頓的就職演說則說：「今天，冷戰陰影下成長的世代承擔起在自由陽光溫煦、但仍有舊恨新患困惱的世界之新責任。」

4 小羅斯福總統本人曾在第一次世界大戰期間擔任海軍部助理部長。

5 冷戰結束於老布希總統任內，但是他任期內大部分時間花在處理將此一衝突做個收拾的工作上。

6 孟捷慕（James Mann）有一本討論從尼克森到柯林頓中美關係的佳作，書名就把這個模式刻畫得栩栩如生。〔英文版書名About Face: A History of America's Curious Relationship with China, from Nixon to Clinton, New York: Knopf, 1999.中譯本，林添貴譯，孟捷慕著《轉向：從尼克森到柯林頓美中關係揭密》（台北，先覺出版社：一九九九）〕。

7 Jonathan Spence（史景遷）, The China Helpers: Western Advisors in China, 1620–1960, London: The Bodley Head, 1969, chapters 2 and 6.

8 Andrew J. Nathan（黎安友）, "Preface to the Paperback Edition: The Tiananmen Papers— An Editor's Reflections," in The Tiananmen Papers: The Chinese Leadership's Decision to Use Force Against Their Own People— In Their Own Words, Compiled by Zhang Liang（張良）, Edited by Andrew J. Nathan and Perry Link（林培瑞）, New York: Public Affairs, 2002, p. viii.

9 Mann, op. cit., p. 187.

10 「死者人數估計在七百人至二千七百人之間。」Ibid., p. 192.

11 David M. Lampton, Same Bed Different Dreams: Managing U.S.- China Relations, 1989–2000, Berkeley, California: University of California Press, 2002, p. 258.

12 總共一萬一千多名中國人成為美國永久居民。Mann, op. cit., p. 105.

13 老布希總統否決這項法案，但發布一道行政命令給予留學生法案所要提供的相同權利。Ibid., p. 215

14 參議院未能推翻他的否決，法案沒有成為法律。Ibid., p. 263.

15 Ibid., pp. 101–103.

16 「過去很罕見的少許幾個場合也出現過這麼多觀眾，譬如一九六九年美國太空人登陸月球。」參見Harvard study quoted in Lampton, op. cit., p. 265.

17 Mann, op. cit., p. 236.

18 Ibid., pp. 241–245.

19 喬治・史帝法諾普洛斯（George Stephanopoulos）是眾議院多數黨（民主黨）領袖理查・蓋甫哈特（Richard Gephardt）的助理，非常同情中國留美學生，極力推動掛鉤處理方案，後來在柯林頓競選團隊擔任重要角色。

20 引自Lampton, op. cit., p. 32.

21 引自Ibid., p. 33.

22 Mann, op. cit., p. 280.

23 一九八〇年范錫辭去國務卿職位，但繼任者是緬因州聯邦參議員愛德蒙・穆斯基（Edmund Muskie），並不是克里斯多福。

24 引自Elizabeth Drew, On the Edge: The Clinton Presidency, New York: Simon & Schuster, 1994, p. 27.

25 Mann, op. cit., p. 301.

26 Ibid., p. 303.

27 關於以經濟制裁做為外交工具的成效，其大體紀錄見Daniel Drezner, The Sanctions Paradox, New York: Cambridge

University Press, 1999.

28 Mann, op. cit., p. 308.

29 Lampton, op. cit., pp. 137–138.

30 Mann, op. cit., pp. 247, 293; David Shambaugh（沈大偉）, China Goes Global: The Partial Power, New York: Oxford University Press, 2013, p. 50.

31 I. M. Destler, American Trade Politics, Fourth Edition, Washington, DC: The Brookings Institution, 2005, pp. 211–213; Mann, op. cit., pp. 283–287.到了一九九四年柯林頓政府的經濟官員改為反對掛鉤處理的政策。Ibid, p. 294.

32 國民黨和共產黨之間的戰爭，實際上始於一九二七年，但是在抗日戰爭和第二次世界大戰期間大致上中止，日本一九四五年戰敗後，國共又恢復內戰。

33 Andrew Nathan（黎安友）and Robert Ross（陸若彬）, The Great Wall and the Empty Fortress: China's Search for Security, New York: W.W. Norton, 1997, p. 204.

34 這是Alan Wachman, Why Taiwan? Geostrategic Rationales for China's Territorial Integrity, Stanford, California: Stanford University Press, 2007一書的重點。關於中國後冷戰的海上政策，見pp. 348–350.

35 「……對於北京而言，防止台灣法理上脫離大陸已經和政權的正當性、因此也是生存，難分難解糾纏在一起。」參見Lampton, op. cit., p. 99.

36 Nancy Bernkopf Tucker, Strait Talk: United States- Taiwan Relations and the Crisis With China, Cambridge, Massachusetts: Harvard University Press, 2009, p. 200.中譯本，林添貴譯，唐耐心著《一九四九年後的海峽風雲實錄：美中台三邊互動關係大揭秘》（台北，黎明文化公司：二〇一二年）。

37 如果美國認定中國不會構成任何軍事威脅，它就毫無戰略價值可言。即使在一九九〇年代，美國官員不是那麼深信，後續的事件證明他們正確。見本書四〇四至四〇六頁。

38 Mann, op. cit., pp. 316–318.

39 Ibid., pp. 337–338.

40 引自Mann, op. cit., p. 337.

41 中國不可能攻占台灣，但是它可以透過飛彈攻擊，對台灣造成實質損害，巨幅降低台灣的貿易和投資。

42 Lampton, op. cit., p. 138.

43 引自Lampton, ibid., p. 111.

44 Mann, op. cit., p. 294.「一九九〇年代，在華府很流行以以下兩個論據辯護為何要與中國維持友好關係：一個說法是有朝一日民主將無可倒退地來到中國。另一個論據是美國對北京的友好政策——如貿易、教育和文化交流——長期將有助於中國走上自由和民主。」參見Ibid., p. 376.另參見Ibid. pp. 236 and 357, and Lampton, op. cit., p. 276.

45 關於民主化對自由市場的影響，見Michael Mandelbaum, Democracy's Good Name: The Rise and Risks of the World's Most Popular Form of Government, New York: Public Affairs, 2007, chapter 3.關於經濟如何刺激中國政治自由化，見Mandelbaum, The Road to Global Prosperity, op cit., pp. 156–166.

46 「鄧小平及其改革派同僚看到十年文革之後，中共政權的正當性繫於他們是否有能力讓商品堆滿櫥架。」參見Lampton, op. cit., p. 113.

47 Mann, op. cit., p. 304; Lampton, op. cit., p. 44.

48 Paul Blustein, The Chastening: Inside the Crisis that Rocked the Global Financial System and Humbled the IMF, New York: Public Affairs, 2001, p. 229.一位經濟官員說：「他們認為我們是一群盲人瞎漢，侵犯他們的地盤。而我們認為他們願意把大把銀子任意撒在任何人身上，天真地以為這就會讓這個國家穩定下來。」參見Ibid., p. 229.

49 變得很困難的種種變化，在Destler, op. cit., chapter 7有深入討論。

50 Drew, op. cit., p. 288.

51 關於附帶協議，見Gary Clyde Hufbauer and Jeffrey J. Schott, NAFTA Revisited: Achievements and Challenges, Washington, DC: Institute for International Economics, 2005, p. 7.

52 Drew, op. cit., pp. 338–342.

53 「從一九八二年至一九九四年的十二年期間，私人資金流入新興市場增為六倍多，從二百四十億美元增加到一千四百八十億美元。」見Robert E. Rubin and Jacob Weisberg, In An Uncertain World: Tough Choices from Wall Street to Washington, New York: Random House, 2003, p. 17.「單以新興市場而論，從海外流入的私人資金，從一八九四至一九九〇年期間的一千八百八十億美元，激增到一九九一至一九九七年期間的一兆四百三十億美元。」見Blustein, op. cit., p. 17.

54 前任商務部資深官員Jeffrey E. Garten回憶說：「我們全力推動所有領域、包含金融方面的自由化……我每次出差，手提箱裡從來沒有不帶著有關自由化的建議或鼓勵。」引自Nicholas D. Kristoff（紀思道）with David E. Sanger, "How U.S. Wooed Asia to Let Cash Flow In," The New York Times, February 16, 1999, http://www.nytimes.com/library/world/global/021699global-econ.html.

55 這也是處理道德風險問題的方法。如果受援國能夠不受懲罰就躲過危機，它們就沒有誘因再避免造成這些危機的政策和作法。

56 政府決定伸出援手的理由詳見Rubin and Weisberg, op. cit., chapter 1.

57 Ibid., p. 24.魯賓點出情勢隱含的弔詭。為了說服國會投票支持撥款援助墨西哥，政府必須強調墨西哥經濟崩潰的危險，可是這一來又會使得投資人不願把資金留在墨西哥。Ibid., p. 19

58 Blustein, op. cit., pp. 87, 207–210.

59 這筆貸款總額五百五十億美元，是截至當時為止在這類情境下最大的金額。其中三百五十億美元來自國際貨幣基金和世界銀行，另兩百億美元是雙邊貸款，由個別國家承諾在必要時撥出。Ibid., p. 178.

60 Rubin and Weisberg, op. cit., pp. 232–241.

61 Blustein, op. cit., pp. 313–314.關於長期資本管理公司，見Roger Lowenstein, When Genius Failed: The Rise and Fall of Long-Term Capital Management, New York: Random House, 2001.

62 它的信譽很脆弱，因為巴西有非常高通膨的歷史。

63 國際貨幣基金建議的一項經濟措施並沒有涉及政治考量，就是捨棄固定匯率，改採浮動匯率。見Blustein, op. cit., p. 368

64 Strobe Talbott（陶伯特）, The Russia Hand: A Memoir of Presidential Diplomacy, New York: Random House, 2002, p. 8.

65 「……柯林頓和他的外交政策團隊以俄羅斯為最高優先……助理估計他每天『花大約百分之五十時間惡補，要了解這個地方。』」見James Goldgeier and Michael McFaul, Power and Purpose: U.S. Policy toward Russia after the Cold War, Washington, DC: The Brookings Institution, 2003, p. 89.

66 Ibid., p. 94.

67 Ibid., pp. 157, 160.

68 Ibid., pp. 126–130.

69 Ibid., pp. 136–144.

70 Talbott, op. cit., p. 195.

71 關於一九九六年俄羅斯總統選舉和美國的政策，見Goldgeier and McFaul, op. cit., pp. 144–156.

72 關於美國對一九九六年選舉的影響，Goldgeier與McFaul提到：「美國所有這些倡議有幫到葉爾辛連任嗎？未必盡然。俄羅斯選民不因柯林頓的建議而投票。一九九六年總統大選的核心，是在兩個不同的政治和社會經濟制度之間做選擇。它是對俄羅斯未來的公投，不是就外交或內政的特定議題表決。」見Ibid., p. 155.

73 俄羅斯全額償清蘇聯的欠債，最後一筆付款是二〇〇六年。

74 關於老布希對俄羅斯經濟的政策，見Goldgeier and McFaul, op. cit., chapter 4.老布希政府最後提供二百四十億美元給俄羅斯，但是強調其中沒有新增款項：它們全部來自原本已經核准的計畫。Ibid., p. 82.

75 美國直接贈與款的高點是二〇〇四年，數字為十六億美元。此後，一直到柯林頓政府卸任，每年數額平均約為一億五千萬美元。Ibid., p. 94.

76 和美國任何政府都無關係的顧問，整體影響力或許更大。「很奇怪的是，一九九一年和一九九二年，西方在俄羅斯最值得注意的是獨立的經濟顧問，其中又以哈佛大學教授傑斐瑞・沙克斯（Jeffrey Sachs）最著名。葉爾辛和蓋達爾（Yegor Gaidar）請來外國顧問，言聽計從的地步令人驚訝。」Anders Aslund, Russia's Capitalist Revolution: Why Market Reform Succeeded and Democracy Failed, Washington, DC: Peterson Institute for International Economics, 2007, p. 119.

77 Daniel Treisman, The Return: Russia's Journey from Gorbachev to Medvedev, New York: The Free Press, 2010, p. 208.

78 這個縮寫代表"Gosudartsvennye Kratkosrochney Obligatsii"—英文即「國家短期債務」（state short- term obligations）。Blustein, op. cit., p. 238.

79 關於這一部分，見Goldgeier and McFaul, op. cit., chapter 9.

80 Ibid., pp. 37, 88.

81 Aslund, op. cit., p. 118; Goldgeier and McFaul, op. cit., chapter 4, especially pp. 84–86.

82 Treisman, op. cit., pp. 231–232.

83 強烈支持自由市場的俄羅斯經濟學者Andrei Ilarionov說：「〔一九九八年八月十七日〕這場危機在意識形態上最嚴重的後果是，民意出現重大改變。『民主』、『改革』和『自由』等字詞，以及和它們有關的概念和人物都失去聲望。市場經濟、自由主義，和西方友好這些想法嚴重受傷。」引自Goldgeier and McFaul, op. cit., p. 233

84 Aslund, op. cit., pp. 288–292; Anders Aslund, "Building Capitalism: Lessons of the Postcommunist Experience," Washington, DC: Carnegie Endowment for International Peace, Policy Brief 10, December 2001.

85 有些國家在民主政府生根之前也經歷多次民主實驗的失敗。見Samuel P. Huntington, The Third Wave: Democratization in the Late Twentieth Century, Norman, Oklahoma: University of Oklahoma Press, 1991, pp. 41–43.

86 Mandelbaum, The Road to Global Prosperity, pp. 140–145.

87 列寧和同僚採用最簡單的手法相當快速地推行共產主義，祭出恫嚇、驅逐出境或謀殺等暴力手段消滅所有的反對勢力。民主人士無法這麼做，葉爾辛也沒有這麼做。因此之故，在舊社會仍有相當利益、或是仍舊懷念舊方法的許多俄國人，積極抗拒葉爾辛試圖建立的新作法。工廠和集體農場經理人爭取資源維持他們的部門運作，而在自由市場環境下它們是無法存活的。這一來造成嚴重的通貨膨脹。另一個結果就是所謂的俄羅斯「虛擬經濟」（Russia's "virtual economy,"），不賺錢的企業用以貨易貨方式交易，跳脫國家的現金經濟之外，設法維繫生存。見Clifford G. Gaddy and Barry W. Ickes, "Russia's Virtual Economy," Foreign Affairs, 77:5 (September/ October 1998).

88 這是Francis Fukuyama, The Origins of Political Order: From Prehuman Times to the French Revolution, New York: Farrar, Straus, and Giroux, 2011一書的重點。譬如參見頁四五三。福山認為，現代、西式的體制需要「脫離親屬關係」（p. 81）。另參見Lawrence Rosen "Understanding Corruption," The American Interest, Spring (March/ April 2010).

89 見Konstantin Simis, USSR: The Corrupt Society, New York: Simon & Schuster, 1982.關於蘇維埃之前，俄羅斯的世襲制傳統，見Richard Pipes, Russia Under the Old Regime, New York: Charles Scribner's Sons, 1974.

90 Fukuyama, The Origins of Political Order, p. 400.

91 Goldgeier and McFaul, op. cit., p. 214.

92 這是Treisman, op. cit的主題。譬如參見p. 242 and pp. 340–343.

93 「民意調查……顯示，整個社會瀰漫反美思想，現在可能比俄羅斯史上任何時刻都更深刻。相當大多數的人認為美國和西方刻意削弱俄羅斯，以便壓榨和羞辱它。」俄羅斯專家Peter Reddaway這句話載於Jonathan G. Clarke, "A Foreign Policy Report Card on the Clinton- Gore Administration," Washington, DC: The Cato Institute, Policy Analysis No. 382, October 3, 2000, p.8.

94 留在西方及東歐國家的短程「戰術」核武，則透過美國和蘇聯所採行的平行的、單邊撤除政策撤走。Goldgeier and McFaul, op. cit., pp. 44–45.

95 這項協議的正式名稱是《戰略武器裁減條約議定書》。烏克蘭在執行協議時極盡拖延之能事。又經過好幾年談判，烏克蘭繼承自蘇聯的核彈頭飛彈才交運到俄羅斯。Ibid., pp. 55–56.

96 這個點子出自紐約卡內基公司（Carnegie Corporation）總裁大衛．漢堡（David Hamburg）召集的一項會議，會議主題即如何處理前蘇聯各地的核武。

97 這是Michael Mandelbaum, The Dawn of Peace in Europe, New York: The Twentieth Century Fund, 1996一書的主題。

98 Jack F. Matlock, Superpower Illusions: How Myths and False Ideologies Led America Astray— and How to Return to Reality, New Haven: Yale University Press, 2010, pp. xi, 319 note 9; Treisman, op. cit., p. 316; Jonathan Power, "Breaking a Promise to Russia," Jordan Times, June 4, 2015, www.jordantimes.com/opinion/jonathan-power/breaking-promise-russia.

99 北約東擴是在「典型的柯林頓政府作風」之下做出決定，「沒有對各種不同觀點進行結構性的評估，沒有經過政治辯論，又不顧高階軍事將領初期的反對」。見R. W. Apple Jr., "Road to Approval Is Rocky, And the Gamble Is Perilous," The New York Times, May 15, 1997, p. A1.

100 Goldgeier and McFaul, op. cit., p. 195.「柯林頓顯然已在一九九四年春天或夏天某一時候已經決定要推動北約東擴……」Ibid., p. 201.斐利被告知此一決定的會議於是年十二月舉行。另參見James M. Goldgeier, Not Whether but When: The U.S. Decision to Enlarge NATO, Washington, DC: The Brookings Instiution, 1999, p. 163.

101 J. L. Black, Russia Faces NATO Expansion: Bearing Gifts or Bearing Arms? Lanham, MD: Rowman and Littlefield, 2000, p. 2. For Russians, NATO became "a four- letter word." Talbott, op. cit., p. 85.

102 Goldgeier and McFaul, op. cit., p. 191.

103 Ibid., op. cit., pp. 208–209, 173–174.

104 見pp. 354–366.

105 Goldgeier and McFaul, op. cit., p. 184.

106 根據俄羅斯駐美大使尤里·沃隆佐夫（Yuli Vorontsov）的說法：「〔擴大北約組織〕的決定一浮現時，我到國務院拜會當時的助理國務卿〔理查·郝爾布洛克先生〔Richard Holbrooke〕，有一番長談。我說：『你們在提出擴大北約組織這個想法時，有考慮到俄羅斯嗎？』他的回答非常誠實。他說：『沒有，完全沒有；你們跟這件事完全不相干。』我說：『啊哈，那就很有意思了。你看，邀請俄羅斯參加擴大後的北約組織，這個主意怎麼樣？』他說：『誰都可以參加，就是俄羅斯不行；你們都可以參加，就是俄羅斯不行。』……我從每個地方都得到同樣的回答：『誰都可以參加，就是俄羅斯不行；你們不行。』」見Transcript of Panel II, "The Emerging NATO- Russia Charter and Relationship," Conference on Russia and NATO, Washington, DC, George Washington University, February 4, 1997.

107 見pp. TKK–TKK.

108 見Michael Mandelbaum, NATO Expansion: A Bridge to the Nineteenth Century, Washington, DC: Center for Political and Strategic Studies, June 1997, Part II.史帝芬・賽斯坦諾維奇（Steven Sestanovich）在柯林頓政府參與俄羅斯相關事務，他回顧往事替擴大北約組織此一政策辯護，認為美國有最高利益需要維持北約組織，而俄羅斯不合資格當會員。見Steven Sestanovich, "Could It Have Been Otherwise?" The American Interest, Vol. X, No. 5 (May/ June) 2015.然而，美國官員在推動此一政策時，並不是這樣的說法。甚且，這個辯解把手段和目的搞混了。北約組織成立宗旨是加強美國在歐洲盟國的安全，擴大北約組織反而使他們更不安全。

109 Treisman, op. cit., p. 317; Goldgeier, op. cit., pp. 143, 167; Goldgeier and McFaul, op. cit., pp. 197, 202.

110 Goldgeier, op. cit., p. 4.

111 Goldgeier and McFaul, op. cit., p. 195.八位前任大使和國務院官員主張這麼做。Treisman, op. cit., p. 317.

112 加入的七個國家當中，三個波羅的海國家邊界與俄羅斯毗鄰。

113 美國官員「彼此開玩笑說，實在很難讓俄國人乖乖『吃下菠菜』。他們像是耐心的父母親，他們談話的對象則是不聽話的子女」。Treisman, op. cit., p. 328.

114 Mandelbaum, NATO Expansion, Part IV.

第二章

1 引自Doug Bandow, "America's Balkan Quagmire," http://cato.org/publications/commentary/americas-balkan-quagmire.

2 修昔底德斯在描述米蘭對話（Melian dialogue）時，把這種干預形容成非常接近國際關係法則的事情。他記下雅典人告訴勢力較它弱小的米蘭人，強者可以為所欲為，弱者只能俯首聽命：「……正義的標準要看是否有力量去迫使他人服從，而……事實上，強者做的是他們有力量做的事，弱者接受他們必須接受的事。」見Thucydides, The Peloponnesian War, Translated by Rex Warner, Harmondsworth, England: Penguin Books, 1954, p. 402.

3 一九〇四年狄奧多・羅斯福（Theodore Roosevelt）對門羅主義（Monroe Doctrine）的演繹推論，宣示類似的意圖：「……野蠻的惡行、或是無能，而導致文明社會的約束整個鬆弛，可能就會需要某個文明社會來介入，而在西半球，美國不容忽視此一職責。」摘自George C. Herring, From Colony to Super-power: U.S. Foreign Relations Since 1776, New York: Oxford University Press, 2008, p. 371.羅斯福把這個推論運用到多明尼加共和國身上，訂定一項條約讓美國控制多明尼加財政事務。然而，這項倡議不是完全無私：持有多明尼加公債的人，包括美國人，都得到經濟利益。Ibid., pp. 371–372.一九一四年美國短暫介入墨西哥期間，美軍部隊一度占領維拉克魯茲城（Veracruz）七個月，按照批准干預行動的威爾遜總統的說法，是基於全然無私的理由而做。Ibid., pp. 391–394.

4 引自Robert Merry, "America's Default Foreign Policy," The National Interest (September- October 2013), http://nationalinterest.org/print/article/americas-default-foreign-policy.

5 一般都把它的正式起源推至一六四八年《西發利亞條約》。

6 聯合國憲章第二條第四項：「各會員國……不得使用威脅或武力，或以與聯合國宗旨不符之任何其他方法，侵害任何會員國或國家之領土完整或政治獨立。」第七項：「本憲章不得認為授權聯合國干涉在本質上屬於任何國家國內管轄之事件。」

7 主權的至高性在十九世紀偶爾也受到挑戰。一八七六年，英國政治領袖威廉・格萊斯東（William E. Gladstone）譴責鄂圖曼帝國虐待當時鄂圖曼帝國保加利亞省境內基督徒臣民。他在一八八〇年英國大選中揭櫫此一反對做為他的政黨之政見。不過英國並沒有介入保加利亞。

8 最後出現了「二十多個聯合國人權協定」。見Stephen D. Krasner, Sovereignty: Organized Hypocrisy, Princeton, New Jersey: Princeton University Press, 1999, p. 105.

9 Samuel Moyn's The Lost Utopia: Human Rights in History, Cambridge, Massachusetts: Harvard University Press, 2010,描述在那

十年間國際上對人權的注意上升，並解釋它是源自於「原來的普世結構崩潰，人權被建構來取代它們。」p. 7.

10 例外情形是伊拉克一九九〇年入侵科威特，以及隨後在一九九一年發生的波斯灣戰爭。

11 “Secretary- General’s Address at University of Bordeaux,” United Nations Press Release, SG/ SM/ 4560, April 26, 1991,

12 例外情況是美國參加戰爭時。

13 鮑爾在他的回憶錄中寫下，他「認為我〔若回答〕，我就會得動脈瘤」。見Colin Powell, My American Journey, New York: Ballantine Books, 1995, p. 561.

14 Justin Vaisse, Neoconservatism: The Biography of a Movement, Translated by Arthur Goldhammer, Cambridge, Massachusetts: Harvard University Press, 2010, pp. 11–12, 223–236.

15 Johanna Neuman, Lights, Camera, War: Is Media Technology Driving International Politics? New York: St. Martin’s Press, 1996, pp. 14–15,描述「有視電視新聞網效應」，不過作者對此是質疑的。

16 John Mueller, “American foreign policy and public opinion in a new era: eleven propositions,” in Mueller, War and Ideas: Selected Essays, London and New York: Routledge, 2011, p. 171.

17 「以國外干預而言，民眾似乎運用相當合理的成本效益分析。如果敵人是國際共產主義或是攻擊珍珠港的國家，犧牲大量美國人性命或許可以忍受，但是冒性命之險為的是守護虛無飄渺、難以掌握，像索馬利亞或波士尼亞這樣小型、遙遠、不威脅到我們，而它又似乎長年不斷陷於麻煩的目標，就很難交待。」見John Mueller, “Public Opinion as a Constraint on U.S. Foreign Policy: Assessing the Perceived Value of American and Foreign Lives,” Paper prepared for presentation at the National Convention of the International Studies Association, Los Angeles, California, March 14–18, 2000, p. 9.

18 另一項是擴大北約組織。見pp. 68–74.

19 見pp. 3–4.

20 Derek Chollet and James Goldgeier, America Between the Wars: From 11/ 9 to 9/ 11— the Misunderstood Years Between the Fall of the Berlin Wall and the Start of the War on Terror, New York: Public Affairs, 2008, pp. 4–5.

21 南索馬利亞（South Somalia）從一九四九年至一九六〇年是聯合國保護地。

22 David Halberstam, War in a Time of Peace: Bush, Clinton, and the Generals, New York: Scribners, 2001, p. 249.

23 Mueller, "11 Propositions," p. 177.「或許從來沒有過，做了這麼多事，幫了這麼多人，而成本卻如此之低。」Ibid.

24 Halberstam, op. cit., p. 252.布希在宣布使命的演說中表示：「我們的使命是有限的目標，打通補給線，讓糧食流通，為聯合國維和部隊前進開路……沒有絕對必要，我們絕不多待一天。」引自Chollet and Goldgeier, op. cit., p. 54.

25 布希可能也覺得，一年前美國擊敗伊拉克軍隊，引爆庫德族起義，對庫德族的命運也有部分責任。

26 關於「有視電視新聞網效應」如何影響美國在索馬利亞政策，見Neuman, op. cit., pp. 227–230.

27 引自Halberstam, op. cit., p. 256.

28 Ibid. p. 256.

29 Ibid., p. 257.歐布萊特在《紐約時報》發表文章為新政策辯護，她說：「沒有〔針對艾迪〕採取行動，會對其他宗族首腦發出訊號，聯合國並未認真看待……我們必須做的決定是，是否要撒手走人、聽任索馬利亞墜入深淵，或是堅持方向、協助其國家與人民脫離失敗國家、進入新興民主國家之列。為了索馬利亞，為了我們自己，我們必須堅持到底。」Ibid., p. 258.

30 Mark Bowden, Black Hawk Down: A Story of Modern War, New York: Penguin, 2000對事件經過有詳細描述。這本書改編為劇本，二〇〇〇年經好萊塢拍成電影《黑鷹計畫》，贏得兩項奧斯卡金像獎。索馬利亞傷亡估計載於頁三三三。見Halberstam, op. cit., pp. 261–262對事件也有簡略敘述。

31 引自Chollet and Goldgeier, op. cit., p. 77.

32 Halberstam, op. cit., pp. 262–263; Chollet and Goldgeier, op. cit., p. 75.

33 Elizabeth Drew, On the Edge: The Clinton Presidency, New York: Simon & Schuster, 1994, p. 330.

34 艾斯平因為拒絕派坦克、裝甲運兵車和AC- 130空中砲艇到索馬利亞，備受批評；如果他同意派出，或許十月三日就會有不同的發展。事實上，他對於美國和聯合國在索馬利亞的整個任務持保留意見，但沒有機會向柯林頓直接表達意見，甚至連對國家安全顧問雷克討論的機會都沒有。然而，亞斯平任職一年期間，證明在國防部是個很沒有組織能力的管理人。見Halberstam, op. cit., pp. 259, 265; Bowden, op. cit., p. 335.

35 John Mueller, "Public Opinion as a Constraint on U.S. Foreign Policy: Assessing the Perceived Value of American and Foreign Lives," Paper prepared for presentation at the National Convention of the International Studies Association, Los Angeles, California, March 14–18, 2000, p. 28.

36 Halberstam, op. cit., p. 264.

37 這件事在Ibid., p. 269–272.中有提到。

38 見pp. 127–129.

39 有人估計，包括圖西族和胡圖族在內，死亡人數高達一百萬人。見Halberstam, op. cit., p. 277.

40 撤退部隊裝備不足以制止屠殺。見Alan J. Kuperman, The Limits of Humanitarian Intervention: Genocide in Rwanda, Washington, DC: The Brookings Institution Press, 2001, p. 94.

41 Kofi Annan, "Secretary- General Reflects on 'Intervention' in Thirty- fifth annual Ditchley Foundation Lecture," New York: United Nations Press Release SG/ SM/ 6613, June 26, 1998, p. 8.

42 Kuperman, op. cit., pp. 40, 78.美國是阻擋聯合國派出更強大部隊的國家。Ibid., pp. 110, 116.

43 這是Kuperman的主題。 Ibid.

44 Chollet and Goldgeier, op. cit., p. 92; Halberstam, op. cit., pp. 277–278.

45 Susan Woodward在她一九九五年出版的專書Balkan Tragedy: Chaos and Dissolution After the End of the Cold War, Washington, DC: The Brookings Institution中提出不同的看法，她主張，南斯拉夫聯邦會分裂、陷入戰亂，有經濟上的原因。「衝突不是歷史世仇造成的，也不是要回到共產主義統治之前的過去：它是想把社會主義社會改造成為市場經濟和民主此一政治決定的結果。失敗的一個重大因素是經濟衰退，而經濟衰退則大半是為了解決外債危機的計畫而產生。」第十五頁。

46 Steven L. Burg and Paul S. Shoup, The War in Bosnia- Herzegovina: Ethnic Conflict and International Intervention, Armonk, New York: M.E. Sharpe, 1999, p. 70.這是一本以英文寫作有關波士尼亞戰爭的權威著作。

47 Ibid., p. 26.

48 Ibid., p. 20.

49 Ibid., pp. 16–17, 25.

50 「〔第二次世界大戰期間〕波士尼亞—黑塞哥維納的塞爾維亞人遭到屠殺，數十萬人喪生，大多是遭到克羅埃西亞烏斯塔莎（Ustashe）的毒手。但是穆斯林顯然也參與烏斯塔莎的暴行，尤其在東部的黑塞哥維納，克羅埃西亞人依賴從當地雇來的穆斯林執行任務。」Ibid., p. 38.〔譯按：烏斯塔莎是一九二九年至一九四五年期間克羅埃西亞人的法西斯、極端民族主義團體，爭取克羅埃西亞獨立，但也殘殺不少塞爾維亞人、猶太人，後來被狄托率領的部隊擊潰。〕相當驚人。」

51 Ibid., pp. 29–32. “Bosniak”這個字只用來指稱波士尼亞的穆斯林。

52 一九九三年，歐洲共同體（European Community）改名為歐洲同盟（歐盟）〔European Union (EU)〕。

53 Burg and Shoup, op. cit., p. 123.

54 Ibid., pp. 137–138.

55 Ibid., pp. 169–171.

56 Ibid., p. 133.

57 「在最後的分析中，鑑於穆斯林被逐出塞爾維亞人控制地區的人數極多，驅逐過程手段又殘暴，塞爾維亞人犯下的暴行總數量相當驚人。」Ibid., p. 173.

58 Samantha Power, “A Problem from Hell”: America in the Age of Genocide, New York: HarperCollins Perennial, 2003, pp. 276–277.

59 Burg and Shoup, op. cit., p. 149.穆斯林有時候從這些安全地區對塞爾維亞人發動攻擊。Ibid., p. 287; Power, op. cit., p. 398.

60 Burg and Shoup, op. cit., p. 340.

61 美國軍方領導人也不希望介入波士尼亞。Ibid., p. 200.

62 Ibid., p. 33, 42.

63 Ibid., pp. 11, 13, 46–47, 60, 195–196.

64 Power, op. cit., p. 57.

65 Burg and Shoup, op. cit., pp. 81–85.

66 Kuperman, op. cit., pp., 1–2; Moyn, op. cit., p. 220.

67 柯林頓的立場吸引某些新保守派的支持，他們認為使用外交政策在全球防衛及促進美國價值觀非常重要。

68 Burg and Shoup, op. cit., p. 210.柯林頓政府剛上台不久，國務卿克里斯多福在一九九三年二月三日即對持續的暴力發言：「我們的良知對於要消極接受這種暴行的念頭，會要造反的。」Drew, op. cit., p. 147.

69 「柯林頓政府起先反對范錫—歐文方案，顯然是認為這項方案贊同種族瓜分。柯林頓顧問群可能也有國內政治的考量。據歐文說，他們把范錫看做是『老派的民主黨』，而柯林頓這些『新派的民主黨想要早早甩掉他們』。」見Burg and Shoup, op. cit., p. 233.

70 後來伊斯蘭國家運送武器給波士尼亞穆斯林，柯林頓政府就故做不知。它也鼓勵美國退役軍官協助克羅埃西亞培訓武裝部隊。Ibid., pp. 197, 307, 339.

71 柯林頓在職第一年對波士尼亞的相關談話洩露出他對派兵與否舉棋不定。見Richard K. Betts, American Force: Dangers, Delusions, and Dilemmas in National Security, New York: Columbia University Press, 2012, p. 53.

72 Burg and Shoup, op. cit., p. 253.

73 北約組織撤退部隊估計要六萬人，美國承諾提供兩萬五千人。Power, op. cit., p. 424.有些說法指出，直到一九九五年中期，柯林頓都沒查覺這個承諾——派遣大量美軍部隊進入歐洲交戰區——的影響將相當深遠。Burg and Shoup, op. cit., p. 323.同時，共和黨在一九九四年選舉大勝，於參、眾兩院都取得過半數席次，發現有機會在政治上挫殺柯林頓的銳氣，批評柯林頓的巴爾幹政策軟弱。參議院在一九九五年七月表決通過停止執行武器禁運。約半數民主黨參議員也支持此一決議。Power, op. cit., p. 429.

74 「美國透過運用表面上是民間的軍事約聘人員提供必要的訓練和顧問意見，俾便否認美國政府直接涉入協助穆斯林和克羅埃西亞建設軍隊。」Burg and Shoup, op. cit., p. 339.

75 Ivo Daalder, Getting to Dayton, Washington, DC: Brookings, 2000, pp. 122–123.

76 Burg and Shoup, op. cit., pp. 206, 248.

77 Ibid., p. 82.他們也在一九九三年十二月會商，修正范錫—歐文方案。Ibid., p. 284.

78 關於柯林頓政府和波士尼亞穆斯林之間的關係，見Ibid., pp. 315, 317, 318, 336, 360, and 383, and Daalder, op. cit., pp. 136–137.

79 這些權力當中包括有權召募及維持武裝部隊，剝奪了波士尼亞中央政府最核心的主權功能。Daalder, op. cit., p. 180

80 把波士尼亞瓜分為或多或少三塊族群同質性的區域，這番種族清洗就使得戰爭有可能依據實質的瓜分獲得和解。

81 Ivo H. Daalder and Michael E. O'Hanlon, Winning Ugly: NATO's War to Save Kosovo, Washington, DC: The Brookings Institution, 2000, p. 9.

82 和波士尼亞的情況一樣，當事人各方沒人贊成分割，不過，也和波士尼亞一樣，戰後還是實質上分割了。反對分割的理由，還是和波士尼亞一樣，塞爾維亞族群和穆斯林在地理上並不是楚河漢界分明地各自居住一塊地區。戰後在科索沃南部對塞爾維亞族群種族清洗的結果，塞爾維亞人集中居住到北部地區，鄰接塞爾維亞本土，使得分割容易。關於分割的討論，見Ibid., op. cit., pp. 15, 27, 66–67.

83 Tim Judah, Kosovo: War and Revenge, New Haven: Yale University Press, 2000, p. 124; Halberstam, op. cit., pp. 366, 397; Daalder and O'Hanlon, op. cit., p. 10.「科索沃解放軍〔初期的〕進攻發生在達頓協議簽字之後五個月。科索沃的阿爾巴尼亞人北望，羨慕克羅埃西亞和波士尼亞。他們看到，在國際社會協助下，塞爾維亞人在前者被完全擊敗、在後者部分失敗。國際社會承諾在波士尼亞—黑塞哥維納投入五十億美元，協助重建。阿爾巴尼亞族群雖然最早受米洛塞維奇迫害，卻什麼也沒分到。比較激進的阿爾巴尼亞裔認為，他們若是一直消極被動，外在世界會遺忘他們……」見Misha Glenny, The Balkans: Nationalism, War and the Great Powers, 1804–1999, New York: Penguin, 1999, pp. 653–654.

84 Judah, op. cit., p. 191.

85 Ibid., pp. xix–xx.柯林頓總統第二任期的國防部長威廉・柯恩（William Cohen）在戰爭之前說：「我關心的是，如果需要採取行動，它必須確保我們完全中立，不能讓科索沃解放軍利用北約組織替它辦事。許多個月以來，我一再聲明，我們不會是科索沃解放軍的空軍部隊。」Daalder and O'Hanlon, op. cit., p. 35.

86 「〔歐布萊特〕對於一個議題、一個人非常關切：巴爾幹和米洛塞維奇。當話題起來時，她不斷地提起慕尼黑。他絕對不能被姑息；唯有武力才能制止他。」 Halberstam, op. cit., p. 386.

87 冷戰期間，美國和實力不遜於納粹德國的敵手蘇聯對峙時，歐布萊特有不同的世界觀。她「支持凍結核武……反對援助尼加拉瓜游擊隊反抗軍，也反對〔一九九一年〕波斯灣戰爭。」見Charles Krauthammer, "Empty Threats, Useless Gestures," The Washington Post, March 5, 1999, p. A33.

88 Halberstam, op. cit., p. 370.

89 Ibid., pp. 376, 387.

90 Ivo Daalder and Michael O'Hanlon, Winning Ugly: NATO's War to Save Kosovo, p. 41.

91 Ibid., pp. 41–42.

92 Ibid., p. 44.

93 米洛塞維奇接到保證，監督人員會控制科索沃人，如果他們不遵守約定，穆斯林就會被責備掀起暴力。但是美國和歐洲都沒有遵守這些諾言。Ibid., pp. 57–58; Judah, op. cit., p. 230.

94 Daalder and O"Hanlon, op. cit., p. 64.

95 Ibid., pp. 75–77.

96 Judah, op. cit., p. 214.

97 這項方案也要求北約組織不受阻礙能進出南斯拉夫全境，也就是塞爾維亞本土。Ibid., p. 210.

98 Ibid.

99 Daalder and O'Hanlon, op. cit., p. 89.

100 Ibid., p. 221.歐布萊特說：「我不認為這是長期的行動。我認為這是可以在相當短期間內達成的事情。」Ibid., p. 91.

101 Ibid., p. 90.

102 Ibid., p. 109.

103 柯林頓政府可能誤以為波士尼亞戰爭可做為先例，當時北約轟炸，而米洛塞維奇合作，達成和解。恰恰相反，「轟炸波士尼亞開始於米洛塞維奇已答應要為波士尼亞戰爭找出外交解決方案之後。」Ibid., p. 93.西方有些人認為，事實上米洛塞維奇歡迎輕度轟炸，因為他可以用來當藉口遵守聯絡小組的方案，避免塞爾維亞人抨擊他對科索沃讓步太大。這個看法也大謬不然。 Halberstam, op. cit., p. 450; Judah, op. cit., p. 311.

104 Daalder and O'Hanlon, op. cit., pp. 111–112.估計這場戰爭有五千至一萬科索沃人喪生，塞爾維亞人也死了約五百人。Ibid., p. 110.

105 Glenny, op. cit., p. 658.

106 Daalder and O'Hanlon, op. cit., p. 97.

107 Ibid., p. 53.美國軍方並不贊成在科索沃動用地面部隊。Halberstam, op. cit., pp. 464–465.

108 Daalder and O'Hanlon, op. cit., p. 100.

109 Ibid., pp. 152–153.

110 Ibid., p. 142; Judah, op. cit., p. 258.

111 Daalder and O'Hanlon, op. cit., p. 106.

112 Halberstam, op. cit., pp. 461–462.

113 Daalder and O'Hanlon, op. cit., p. 19; Halberstam, op. cit., p. 452; Judah, op. cit., p. 251.

114 Daalder and O'Hanlon, op. cit., p. 157.

115 Ibid., pp. 157–158.

116 Chollet and Goldgeier, op. cit., p. 220.另參見Daalder and O'Hanlon, op. cit., pp. 161–162.

117 米洛塞維奇投降後，柯林頓和他當時的國家安全顧問桑繆爾．柏格（Samuel Berger）都說，米塞洛維奇若不投降，柯林頓也會要求他投降。Daalder and O'Hanlon, op. cit., p. 160.

118 波士尼亞戰爭期間，俄羅斯也同情米洛塞維奇，給予他政治支持。見Burg and Shoup, op. cit., pp. 301, 330, 343, 350.

119 Daalder and O'Hanlon, op. cit., p. 167.

120 Judah, op. cit., p. 274; James Goldgeier and Michael McFaul, Power and Purpose: U.S. Policy toward Russia after the Cold War, Washington, DC: Brookings Institution, 2003, pp. 253–254.

121 Daalder and O'Hanlon, op. cit., p. 142.

122 Ibid., pp. 160, 171, 205.

123 一九九九年五月二十七日，米洛塞維奇及另四個塞爾維亞人遭海牙前南斯拉夫國際刑事法院以「違反人道罪」起訴。米洛塞維奇二〇〇六年三月死於海牙監獄。Judah, op. cit., p. 280.

124 Judah, op. cit., pp. 286–287.戰爭過後，聯合國難民高級專員公署（United Nations High Commission on Refugees）和歐洲安全暨合作組織（Organization for Security and Cooperation in Europe）發表報告指出，科索沃的非阿爾巴尼亞人面臨「暴亂的環境，對非阿爾巴尼亞人普遍歧視，騷擾和恫嚇。」Ibid., p. 292.另參見Daalder and O'Hanlon, op. cit., p. 177.

125 Daalder and O'Hanlon, op. cit., p. 150.

126 見pp. 35–37.

127 Daalder and O'Hanlon, op. cit., p. 147.

128 David M. Lampton, Same Bed, Different Dreams: Managing US- China Relations, 1989–2000, Berkeley, California: The University of California Press, 2001, pp. 59–60.

129 後來的對話使得馬蒂．阿提薩理相信，米洛塞維奇同意接受聯絡小組方案，是因為他的理解是，俄羅斯會在科索沃北部地區建立安全區，以保護塞爾維亞人，一旦科索沃獨立，這塊地區可以併入南斯拉夫。Goldgeier and McFaul, op. cit., pp. 265–266.

130 Ibid., p. 253.同一時期，「俄羅斯境內民調顯示，人民反美情緒倍增，從百分之二十三上升到百分之四十九；親美比例由百分之六十七跌至百分之三十九。」Daalder and O'Hanlon, op. cit., p. 127.

131 關於俄羅斯的反應，見J. L. Black, Russia Faces NATO Expansion. Lanham, Maryland: Rowman and Littlefield, 2000, p. 149.

132 「……不干預原則必須要予以界定清楚。種族滅絕行為絕對不能視為純粹內政事務。當高壓統治造成難民大規模流出，使得鄰國動盪不安時，它們就可以被稱做『對國際和平與安全的威脅』。政府若奠基於少數統治，它們就失去正當性——南非不就是嗎……那麼我們要如何決定何時及是否干預呢？我認為我們需要謹記住五個要點。第一、我們對個案有把握嗎？……第二、我們是否已經窮盡所有的外交手段？……第三、根據對情勢的務實評估，我們可以明智、審慎地進行軍事行動嗎？……第四、我們做好長期準備了嗎？……第五、這裡頭涉及我們的國家利益嗎？」"The Blair Doctrine," http//www.pbs.org/newshour/bb/international-jan-june99-blair_doctrine.科索沃並不能視為少數政權，因為法理上它屬於南斯拉夫，而塞爾維亞人在其中構成多數。這兒也沒有涉及到美國利害得失。

133 Chollet and Goldgeier, op. cit., p. 221.柯林頓在任上最後一年也說：「如果世界社群有權力制止它，我們必須制止種族滅絕和種族清洗。」引自Kuperman, op. cit., p. 2.

134 Chollet and Goldgeier, op. cit., pp. 218–219.

135 譬如參見Gareth Evans, The Responsibility to Protect: Ending Mass Atrocies Once and for All, Washington, DC: Brookings Institution, 2008, p. 6.

136 Gary J. Bass, Freedom's Battle: The Origins of Humanitarian Intervention, New York: Knopf, 2008, p. 277.

137 美國在往後二十年並未完全退出索馬利亞。從二〇〇七年至二〇一三年，它花費逾五億美元訓練「非洲同盟」（African Union）部隊，試圖恢復索馬利亞秩序。二〇一三年十月，一小批美國教官和顧問秘密奉派前往索馬利亞。

Craig Whitlock, "U.S. advisers are first to be sent to Somalia since 1993," The Washington Post, January 11, 2014, p. A1.

138 James Fergusson, The World's Most Dangerous Place, Boston: Da Capo Press, 2013, p. 50.

139 refugeesinternational.org/ where- we- work/ africa/ somalia.

140 Jonathan M. Katz, The Big Train That Went By: How the World Came to Save Haiti and Left Behind a Disaster, New York: Palgrave Macmillan, 2013, p. 50.

141 Laurent Dubois, Haiti: The Aftershocks of History, New York: Metropolitan Books Henry Holt, 2012, p. 360.

142 Katz, op. cit., p. 2.

143 Daalder, op. cit., pp. 175–176.

144 Rajan Menon, "Breaking the State," The National Interest (May/ June 2011), p. 34.

145 「……這個國家的選舉和體制都反映，事實上也深化它的種族和宗教的分裂。」Menon, op. cit.. p. 34. 「在這個面積小於西維吉尼亞州、人口相當於俄勒岡州的國家，存在一百四十二個市、兩個高度自治的實體、十個cantons、一個特別區、一個中央政府，和一個國際派任的高級代表來監督它們。它大約有一百八十個部會首長、六百名立法議員，及大約七萬名官僚……一九九七年至二〇〇七年期間，五百二十九項法案有一百五十六項至自遭到否決，另一百一十三項未能獲得國會多數支持。」見Aleksandar Hemon and Jasmin Mujanovic, "Stray Dogs and Stateless Babies," The New York Times, February 21, 2014, www.nytimes.com/2014/02/22/opinion/sunday/stray-dogs-and-stateless-babies.關於達頓協議在實務上推行不了，亦可參見Milada Vachudova, "Thieves of Bosnia: The complicated Legacy of the Dayton Peace Accords," Foreign Affairs, March 3, 2014, www.foreignaffairs.com/print/38079.

146 達頓協議簽字後，波士尼亞得到一百五十億美元以上的經濟援助。「以人均數字而言，波士尼亞人口不到四百萬人，它的重建費用使得二戰之後重建德國和日本，看來都相當溫和。」Patrice C. McMahan and Jon Western, "The Death of Dayton," Foreign Affairs 88, no. 5, (2009), www.foreignaffairs.com/articles/bosnia-herzegovina/2009-08-17/death-of-dayton.

147 Alison Smale, "Roots of Bosnian Protests Lie in Peace Accords of 1995," The New York Times, February 15, 2014, p. A4. 「波

士尼亞人憤怒，並不奇怪。戰爭結束已經十八年，人民還是很窮、政客卻富有，而且貪瀆橫行。」“On fire,” The Economist, February 15, 2014, p. 48.

148 二〇一三年四月，塞爾維亞和科索沃達成協議，塞爾維亞不阻礙科索沃要和歐洲更緊密結合，科索沃政府承諾給予科索沃北部塞爾維亞人社區相當大的自治權。塞爾維亞本身也換到可以開始談判加入歐盟。見Naftali Bendavid and Gordon Fairclough, “Serbia, Kosovo Reach Tentative Deal,” The Wall Street Journal, April 20–21, 2013, p. A11.

149 套用一位歐洲人的說法：美國作飯，歐洲洗碗。

150 見pp. 63–64.「創建新的國家軍隊、警察部隊，以及國家和地方文職官僚，需要許多具備基本技能的識字的個人，而在貧窮、又衝突不斷的國家，它通常又嚴重不足。」Menon, op. cit., p. 31.

151 Francis Fukuyama, The Origins of Political Order: From Prehuman Times to the French Revolution, New York: Farrar, Straus, and Giroux, 2011.譬如參見pp. 438, 453.

第三章

1 引自Peter Baker, Days of Fire: Bush and Cheney in the White House, New York: Doubleday, 2013, p. 130.

2 Sherard Cowper- Coles, Cables from Kabul: The Inside Story of the West’s Afghanistan Campaign, London: Harper Press, 2011, reprinted on the inside cover.

3 Nigel Hamilton, Bill Clinton: Mastering the Presidency, New York: Public Affairs, 2007, p. 637.

4 華盛頓在美國革命戰爭時是總司令，林肯在南北戰爭時也是總司令；傑佛遜在獨立戰爭時是位重要政治人物，擔任維吉尼亞州長，也是《獨立宣言》起草人；狄奧多．羅斯福一八九八年辭去海軍部助理部長職位，召募一營士兵，率領他們參加美西戰爭，在古巴作戰。

5 小布希生日七月六日。柯林頓生日八月十九日。

6 有人認為、但是當然無從證明，柯林頓一九九八年醜聞纏身，以致於無心處理科索沃暴力升高情勢，否則美國或可避免掉一九九九年轟炸科索沃。
7 Baker, op. cit., pp. 17, 85.
8 見pp. 200–202.
9 引自James Mann, Rise of the Vulcans: The History of Bush's War Cabinet, New York: Viking, 2004, p. 256. 康朵莉莎・萊斯二〇〇〇年初在《外交事務》（Foreign Affairs）上撰文談論布希當選總統後可能的外交政策時，對進行人道干預是否明智提出質疑。後來她先擔任白宮國家安全事務顧問，後出任國務卿。"Promoting the National Interest," Foreign Affairs (January/ February 2000) pp. 53–54.
10 關於這個議題，見本書第六章。
11 中方把美國這封信解讀為道歉；美國人不以為然。
12 總共二千七百四十四人喪生。Lawrence Wright, The Looming Tower: Al- Qaeda and the Road to 9/ 11, New York: Alfred A. Knopf, 2006, p. 361.
13 Baker, op. cit., p. 128.蓋達（Al Qaeda）在阿拉伯文意即「基地」。
14 Wright, op. cit., p. 127.
15 Ibid., p. 234.
16 Peter L. Bergen, The Longest War: The Enduring Conflict between America and al- Qaeda, New York: Free Press, 2011, p. 24.
17 當時賓拉登寫信向沙烏地某位王室成員表示，他個人就可以召募十萬大軍保衛沙烏地王國。Wright, op. cit., p. 157.
18 關於這個題目，見Bernard Lewis, What Went Wrong? Western Impact and Middle Eastern Response, New York: Oxford University Press, 2002.
19 Max Boot, Invisible Armies: An Epic History of Guerrilla Warfare from Ancient Times to the Present, New York: Liveright, 20013, pp. 522–523.賓拉登誇口說蓋達組織人員協助索馬利亞部落居民，一九九三年十月在摩加迪休伏襲美軍部隊。見pp. 88–89.一九九三年二月二十六日第一次攻擊曼哈坦世界貿易中心，造成的傷害遠不及二〇〇一年九月十一日的兩次攻擊來得大，前一夥作案人顯然與賓拉登的組織沒有直接關聯。

20 9/ 11 Commission Report: Final Report of the National Commission on Terrorist Attacks upon the United States, New York: W.W. Norton, 2004, p. 277; Wright, op. cit., p. 350.

21 9/ 11 Commission Report, p. 344.

22 後來的調查顯示，爆炸可能出於意外，不是西班牙人破壞。

23 「二〇一一年十一月……倫斯斐接受電視訪問時說，『合理推論』賓拉登擁有某些化學和生物武歲。」 Mann, op. cit., p. 317. 「〔副總統〕錢尼長期以來對於世界的危險抱持黑色觀點，這些觀點在九月十一日似乎得到證實。他在職的其他時間都耗費在不是另一場九一一、而是更嚴重的劇本，恐怖分子不再只帶小刀片、而是帶著核子武器或化學武器。」Baker, op. cit., p. 9

24 「二〇〇一年秋天在白宮及其他敏感職位任職、接觸第一手情報檔案的官員都說，幾乎不可能再誇大布希政府高層官員在這幾個月期間腦子裡全是這些生死存亡大問題。」Jane Mayer, The Dark Side: The Inside Story of How the War on Terror Turned into a War on American Ideals, New York: Doubleday, 2008, p. 4.

25 依此一說法，冷戰可視為第三次世界大戰。

26 John Mueller and Mark G. Stewart, “The Terrorism Delusion: America’s Overwrought Response to September 11,” International Security, 37:1 (Summer 2012) p. 81.

27 九月十二日，「白宮到處都是槍，軍事單位在首都街頭布防」。「……攻擊過後的西廂幾乎無法辨識。個頭高大、凶神惡煞般的黑衣男子，手持衝鋒步槍，突然之間無所不在。遊客參觀取消。要到西廂，關卡重重。」Baker, op. cit., pp. 133, 156–157.

28 通常這代表他在離白宮有數公里的副總統官邸工作。Ibid., p. 155.基於相同的理由，傳統上，總統和副總統絕不搭乘同一架飛機。

29 「每天上午布希和錢尼都會收到一份全新的《威脅彙報》（Threat Matrix），從各種情報來源篩選出來的重大可能威脅之匯編，每天會有上百件……不論是多麼牽強，似乎沒有任何線索會被忽視。」Ibid., p. 157.

30 伊拉克戰爭是本書第四章的主題。

31 引自Jack Goldsmith, The Terror Presidency: Law and Judgment Inside the Bush Administration, New York: W. W. Norton, 2007, p. 104.

32 Baker, op. cit., p. 134; Goldsmith, op. cit., p. 106; Mark Mazzetti, The Way of the Knife: The CIA, a Secret Army, and a War at the Ends of the Earth, New York: Penguin Press, 2013, p. 88.賓拉登因陰謀殺害駐葉門美軍罪名，遭美國聯邦法院起訴。這一起訴對他的活動和美國的政策都沒有影響。Stephen Sestanovich, Maximal: America in the World from Truman to Obama, New York: Alfred A. Knopf, 2014, p. 265.

33 Walter Laqueur, The New Terrorism: Fanaticism and the Arms of Mass Destruction, New York: Oxford University Press, 1999, pp. 110–111.

34 蓋達組織為發動九一一攻擊，費用估計是四十至五十萬美元之間。賓拉登有能力自掏腰包支付——他也很可能就是這麼做。9/ 11 Commission Report, p. 172.

35 Boot, op. cit., p. 231.

36 英國著名歷史學者麥可・霍華德（Michael Howard）表達了歐洲人的觀點。他寫說，恐怖主義是「一種危險的反社會行為，沒有辦法完全消除，但是可以降低及克制在不威脅社會安定的水平。」Michael Howard, "What's in a Name? How to Fight Terrorism," Foreign Affairs (January/ February 2002), p. 8.

37 起先小布希政府排斥建立此一「超級機構」的構想，深怕它會成為官僚體制的巨獸。然而在國會壓力下，總統決定設立它。Baker, op. cit., p. 201.

38 Bergen, op. cit., p. 245.

39 John Mueller and Mark G. Stewart, Terror, Security, and Money: Balancing the Risks, Benefits, and Costs of Homeland Security, New York: Oxford University Press, 2011, pp. 1–3.

40 Ibid., pp. 160, 167.

41 二〇〇六年十一月六日，陸軍精神科醫官尼達爾・哈山（Nidal Hassan）少校，受到伊斯蘭激進主義啟發，在德克薩斯州胡德堡基地（Fort Hood）開槍濫射，造成十三死、多人受傷事件。Bergen, op. cit., p. 239.

42 關於這五十件企圖及疑似攻擊的清單和簡短敘述，見Mueller and Stewart, "The Terrorism Delusion," pp. 83–87.有兩起企圖在空中引爆炸毀民航班機的行動，差點成功；第一起是二〇〇一年十二月二十二日從羅馬飛邁阿密的班機，歹徒因為把炸彈藏在鞋子、上了飛機，後來被稱為「鞋子炸彈客」（shoe bomber），第二起發生在二〇〇九年耶誕節從阿姆斯特丹飛底特律的班機，歹徒被稱為「內衣炸彈客」（underwear bomber）。

43 這是Mueller and Stewart, Terror, Security, and Money的主題。

44 「……美國決策者通常認為，大動作反應是處理手上的威脅——乃至嚇阻」還在蠢蠢欲動、可能更大型威脅的唯一上策。」Sestanovich, op. cit., p. 8.

45 觀察及研究恐怖分子的專家們通常用以下的形容詞來描述恐怖分子：「無能、低效率、不聰明、愚蠢、無知、不夠格、缺乏組織、判斷失準、胡里胡塗、業餘」。Mueller and Stewart, "The Terrorism Delusion," p. 88.

46 關於中央情報局的歷史，尤其是著重其秘密作業，見Tim Weiner, Legacy of Ashes, New York: Anchor Books, 2006.

47 Baker, op. cit., p. 148.

48 Mark Bowden, The Finish: The Killing of Osama bin Laden, New York: Atlantic Monthly Press, 2012, p. 148; Mazzetti, op. cit., p. 129; Jack Goldsmith, "The Trust Destroyer," The New Republic, May 13, 2013, p. 32.

49 執行這項突襲任務的軍事人員隸屬聯合特戰指揮部，但基於法律原因，為執行此一任務，暫時轉移由文職機關中央情報局控制。

50 行動過程，有一架直升機降落不當，必須在現場予以摧毀。把賓拉登屍體丟到大海，是為了避免他的追隨者和同情者把他的墳地變成聖地。

51 Colin Dueck, The Obama Doctrine: American Grand Strategy Today, New York: Oxford University Press, 2015, p. 133.

52 引自David Sanger, Confront and Conceal: Obama's Secret Wars and Surprising Use of American Power, New York: Crown Publishers, 2012, p. 102.另參見Hussein Ibish, "The monster that won't die," Now, December 24, 2013, now.mmedia.me/ lb/ en/ commentaryanalysis/ 527155- the- monster- that- wont- die.

53 Mazzetti, op. cit., p. 90; Sanger, op. cit., pp. 248–249.

54 一九七六年，福特（Gerald Ford）總統頒令禁止美國政府執行暗殺行動。九一一事件之後，政府律師撰寫備忘錄，確認中央情報局和聯合特戰指揮部有權鎖定特定目標，奪其性命。Mazzetti, op. cit., pp. 300–301.

55 Ibid., p. 87.

56 Goldsmith, "The Trust Destroyer," p. 33.

57 二〇一三年五月發布的作業指南顯然已禁止再實行這類攻擊。Geoff Dyer, "Obama recasts rules on drone strikes in terror campaign," Financial Times, May 24, 2013, p. 4.

58 「上個夏天，皮優研究中心報告，針對歐巴馬的無人機計畫，『幾乎所有國家』，都有『相當大的反對』，尤其是穆斯林占多數的國家。」Goldsmith, "The Trust Destroyer," p. 34.

59 有一項估計指出，美國無人機攻擊造成的傷亡者，有百分之十三為平民。Micah Zenko, Reforming U.S. Drone Strike Policies, New York: Council on Foreign Relations Center for Preventive Action, Council Special Report No. 65, January 2013, p. 13.

60 引自Mayer, op. cit., p. 11.

61 一九四四年，聯邦最高法院裁示將日裔美國人送進集中營並不違反憲法。可是，一九七四年，福特總統承認這項政策錯了。一九八八年和一九九二年，國會通過立法，頒發賠償金給被關進集中營的人士。

62 「特別引渡不是為了反恐戰爭才發明。美國政府至少從雷根時期以來即執行引渡。但是它們原來用在極端有限的情況，而且目標用途也不同。」 Mayer, op. cit., p. 108. 「遭引渡的嫌犯最常見的目的地是，埃及、摩洛哥、敘利亞、約旦、烏茲別克和阿富汗，這些國家長久以來都被國務院認定是侵犯人權的國家……」 Ibid., p. 110.

63 這些「幽靈監獄」（ghost prisons）座落的國家，據說包括波蘭、羅馬尼亞和泰國。Ibid., p. 148.

64 Ibid., pp. 299–300.

65 這是Jess Bravin, The Terror Courts: Rough Justice at Guantanamo Bay, New Haven: Yale University Press, 2013一書的主題。

66 Mayer, op. cit., p. 150.

67 Ibid., pp. 151–152.

68 Mazzetti, op. cit., p. 118.

69 Mayer, op. cit., pp. 172–177; Bergen, op. cit., p. 119.

70 譬如參見Alan M. Dershowitz, Why Terrorism Works: Understanding the Threat, Responding to the Challenge, New Haven: Yale University Press, 2002.

71 國家安全局的任務是從全世界蒐集所有的「訊號情報」（signals intelligence）。

72 到了二〇一三年，各公司都說他們不再合作。Luke Harding, The Snowden Files: The Inside Story of the World's Most Wanted Man, New York: Vintage Books, 2014, p. 208.

73 被用來替繞過《聯邦情報偵察法案》做辯解的理由是說，依據美國憲法第二條，總統是全國三軍統帥，有權如此做。Baker, op. cit., pp. 163–164.

74 「元資料就是資料的資料。以電話紀錄來講，它可以包括撥打的號碼、日期、時間、通話長短，以及手機電話的特定辨識。網際網路的元資料可以包括電子郵件和網際協定位址（IP addresses），以及地點資訊、上過什麼網站及其他許多上網後留下的電子足跡。」 Ryan Lizza, "State of Deception," The New Yorker, December 16, 2013, http:// www.newyorker.com/reprting/2013/12/16131216fa_fact_lizza.

75 在海外竊聽電話並不違反美國國內法，針對外國領導人（甚至是友邦領袖）蒐集情報，也不是只有美國政府在幹。

76 Goldsmith, The Terror Presidency, p. 208; Harding, op. cit., p. 96.

77 Jerry Markon, "Long- delayed headquarters for DHS in doubt," The Washington Post, May 21, 2014, p. A1.國民態度轉變的另一

個指標是，二〇一三年七月有一項民調顯示，百分之三十九美國人認為保持隱私比調查恐怖活動更加重要。二〇〇二年的認同這項看法的人只有百分之十八。Harding, op. cit., p. 293.

78 德克薩斯州面積六十九萬六千平方公里，阿富汗面積六十五萬二千平方公里。

79 一九七三年，有位王室宗親推翻國王查希爾（Zahir Shah），宣布建立共和，但是杜蘭尼部族繼續掌控政治大權。關於阿富汗發展現代國家的標準歷史，見Vartan Gregorian, The Emergence of Modern Afghanistan: Politics of Reform and Modernization, 1880–1946, Stanford, California: Stanford University Press, 1969.

80 「〔阿富汗人民民主黨〕不僅有意統治阿富汗，也有心透過土地改革、教育和改變家庭法等革命性的政策，改造國家。他們著手摧毀反對他們的一切人士……」Thomas Barfield, Afghanistan: A Cultural and Political History, Princeton, New Jersey: Princeton University Press, 2010, p. 225.

81 Ibid., pp. 226–233.

82 阿富汗在十九世紀兩度遭到英國入侵，第一次是一八三九年至一八四二年期間，第二次是一八七八年至一八八〇年期間。英國人兩次都黯然撤軍。

83 Barfield, op. cit., pp. 171, 254.

84 蘇聯派了十一萬名部隊進入，估計有一萬五千人陣亡。Ibid., p. 242.

85 首都喀布爾災情尤其慘重。「喀布爾在戰爭期間因為有多重防線，沒有遭到兵災之厄，〔但在一九九二年之後〕三年卻慘遭蹂躪，很大一部分城區夷為廢墟。許多市民逃亡到其他安全地區，據信有二萬五千人死於戰火。」Ibid., p. 250.

86 然而，即使在當時，「沒有一個阿富汗領導人看到喀布爾中央政府垮台是爭取獨立的大好機會」。Ibid., p. 252.

87 Wright, op. cit., p. 230.

88 Baker, op. cit., p. 152.

89 塔里班領袖奧馬（Mullah Omar）對奉派來說服他放棄蓋達組織的一位巴基斯坦將軍表示，「你想的是討好美國人，我卻要侍奉真主。」Mazzetti, op. cit., p. 32.「……二〇〇一年十月，塔里班在坎達哈召開長老大會（Jirga），以決定如何回應美國所提交出賓拉登及策畫九一一攻擊事件人員的要求。部分與會人士認為，稍為有點耐心、以及再加點壓力，大多數人會逐漸改為贊同驅逐那些阿拉伯人及其他外國人，這些人違反了在普什圖社區作客的道理，竟然從阿富汗領土策劃九一一攻擊事件。」Cowper- Coles, op. cit., p. 290.

90 二〇〇一年九月十日，一名蓋達組織成員偽裝為新聞記者，當著阿富汗前任國防部長阿瑪德·沙·馬蘇德（Ahmad Shah Massoud）的面，引爆自殺炸彈，暗殺這位北方同盟領袖。

91 「美國對付塔里班的作戰方式是，發動美軍大規模空襲，配合數萬名北方同盟部隊，加上三百名美軍特種作戰部隊、一百一十名中央情報局特工。」Bergen, op. cit., p. 59.

92 「這場戰爭並沒有發生決戰。塔里班當時上台並沒打仗，靠著一箱箱的百元大鈔收買騎牆派的軍頭投靠，大家就把他們當做勝利者。現在，反其道而行。馬札爾淪陷後，他們被當做是輸家，他們名義上的盟友背棄了他們。」Barfield, op. cit., p. 270.

93 Bergen, op. cit., p. 60.

94 Barfield, op. cit., p. 283.塔里班被排除在外。

95 Steve Coll, Ghost Wars: The Secret History of the CIA, Afghanistan, and Bin Laden from the Soviet Invasion to September 10, 2001, New York: Penguin Press, 2004, p. 286.

96 這項大會稱為"loya jirga."這個名詞有時候被用來形容王室召開的長老大會，現在用來把二十一世紀的程序和阿富汗的歷史聯繫起來。阿富汗史上的大型會議通常都稱為loya jirgas，歷史學家就說這是「歷史的發明」（invention of tradition）。見Barnett Rubin, Afghanistan from the Cold War to the War on Terror, New York: Oxford University Press, 2013, pp. 467–468.關於這個模式，見Eric Hobsbawm and Terence Ranger, The Invention of Tradition, London: Canto, 1992.

97 Barfield, op. cit., p. 270.

98 Ibid., p. 275.

99 “Trapped in Afghanistan,” The New York Times, May 28, 2014, p. A20.

100 “Banyan: A gesture of defiance,” The Economist, April 12, 2014, p. 33; Seth Jones, In the Graveyard of Empires: America’s War in Afghanistan, New York: W. W. Norton, 2009, p. 206.

101 Bergen, op. cit., p. 176.同一項民調顯示，百分之八十的阿富汗人贊成國際部隊進駐，只有百分之八支持塔里班。

102 Barfield, op. cit., p. 318.

103 巴黎左傾報紙《世界報》（Le Monde）九月十二日頭版標題十分醒目，宣示「我們都是美國人。」

104 另兩個主要團體是「哈卡尼組織」（Haqqani network）和Hezb- i- Islami，後者由Gulbuddin Hekmatyar領導。他是個軍閥，在奈吉布拉政權垮台和塔里班崛起之間，兩度出任阿富汗總理。Jones, op. cit., p. xxiii.

105 Jones, op. cit., pp. 228 ff.

106 Bergen, op. cit., p. 185.

107 Jones, op. cit., pp. 210, 218.

108 Bergen, op. cit., pp. 310, 320.

109 「阿富汗出現叛亂是因為有一群不滿意政府的農民，以及一群受意識形態啟發的領導人出面號召而引起。」Jones, op. cit., p. 315.

110 Bergen, op. cit., p. 189; Jones, op. cit., p. 64.

111 James Joyner, “Was Afghanistan Worth It?” The National Interest, March 6, 2013, http://nationalinterest.org/print/commentary/was-afghanistan-worth-it.

112 「美國政府那麼多部會機關，根本沒有任何一個為後塔里班的阿富汗進行廣泛的規畫。它們既無時間、也沒有太多誘因做規畫。美國政策的重點擺在如何消除藏身於阿富汗的蓋達組織再次對美國本土發動攻擊的威脅。美國以為塔里班政權被推翻後，國際社會會出手收拾爛攤子。」見Dov Zakheim, A Vulcan’s Tale: How the Bush Administration Mismanaged the Reconstruction of Afghanistan, Washington, DC: Brookings Institution Press, 2011, p. 3.

113 擊潰塔里班之後兩年，阿富汗陸軍只剩下六千人。Bergen, op. cit., p. 317.

114 Jones, op. cit., p. 115.

115 Bergen, op. cit., p. 179; Jones, op. cit., p. 112.

116 Jones, op. cit., p. 116.

117 Ibid., pp. 118–120.「以駐軍部隊人數而論，阿富汗可謂國際社會最顯著失敗的案例之一。」p. 119.

118 這是Zakheim op. cit.的主題。「阿富汗需要三種國際援助在塔里班被驅逐後恢復安定。第一種是派遣國際部隊進駐全國主要地區……第二是大規模投資農業，扶助農村阿富汗人……第三是迅迅重建及擴大全國基礎設施……對阿富汗而言，很不幸的是，這些援助不敷需求。」Barfield, op. cit., pp. 312–313.

119 西方對阿富汗的無知是Rory Stewart, “The Plane to Kabul,” in Rory Stewart and Gerald Knaus, Can Intervention Work? New York: W. W. Norton, 2012的主題。

120 譬如，二〇〇八年，美國在阿富汗駐軍三萬五千人，在伊拉克則有十六萬人。Carlotta Gall, The Wrong Enemy: America in Afghanistan, 2001–2014, Boston: Houghton Mifflin Harcourt, 2014, p. 195.另參見Bergen, op. cit., p. 181.

121 Jones, op. cit., pp. 139–142.

122 Ibid., pp. 248–253; Sanger, op. cit., p. 47.

123 表面上要花在阿富汗「建設國家機制」的錢，相當大一部分用在支付西方人士的薪水，而且他們還不是全時住在阿富汗。Stewart, op. cit., p. 10; Bergen, op. cit., p. 183.

124 Jones, op. cit., pp. 201–202.

125 Rubin, op. cit., p. 462.

126 卡爾・艾肯貝利（Karl Eikenberry）曾任美國駐阿富汗大使。他說：「好像是在月球上的據點搞開發一樣。他們還停留在十四世紀。」「美國想在阿富汗軍醫院裡安裝價值十七億五千萬美元的器材，如麻醉劑、X光、呼吸器和電擊器等，但是……阿富汗職員完全沒有能力維護這些器材，因為他們沒有必需的技術專才。」Joel Brinkley, “Money

Pit: The Monstrous Failure of US Aid to Afghanistan," World Affairs Journal, http://worldaffairsjournal.org/print/6132?utm_source=World.

127 在傳統社會裡，女性還有明顯的前現代之地位。在阿富汗，她們經常遭到幽禁，很少有人唸書受教育。

128 Barfield, op. cit., p. 18.

129 「喀布爾中央政府決心推動現代化，將近一個世紀以來企圖促進社會變革。而幾乎同樣長一段時候，它們遭到阿富汗農村居民以及保守的伊斯蘭教士的反抗，他們不信任這些變革，把它們視為對傳統生活方式的威脅。最有爭議的政策是女權、世俗教育、國家法律（包括家庭親屬法）高於習慣法，以及降低伊斯蘭教士自主權等。」Ibid., p. 339.

130 「二〇〇二年，在喀布爾的一次聯合國會議中，我聽到阿富汗人出現共識，想要『依據民主、人權、法治原則，建立對性別敏感、多元族群的中央集權政府』。」 Stewart, op. cit., p. 34.其實這些目標在阿富汗農村根本沒有人支持，而阿富汗農村也缺少建構它們的先決條件。

131 Barfield, op. cit., pp. 298, 302, 337.

132 Ibid., pp. 303–305; Jones, op. cit., p. 130; Rubin, op. cit., p. 354.

133 Gall, op. cit., pp. 211–212.

134 Vanda Felbab- Brown, Aspiration and Ambivalence: Strategies and Realities of Counterinsurgency and State Building in Afghanistan, Washington, DC: Brookings Institution Press, 2013, p. 265.

135 譬如參見Ibid., p. 245.

136 Bob Woodward, Obama's Wars, New York: Simon and Schuster, 2010, pp. 65–66.

137 Barfield, op. cit., pp. 7, 237, 310, 341–342.反外情緒並不只限於農村阿富汗人。「哈馬德（Hamad）自命為南賈哈大學（Nangarhar University）學生會會長，定期組織示威活動反對美國及哈密德．卡札伊總統的政府。他說：『塔里班是保衛這個國家的人，外國部隊是侵略者。』」Nathan Hodge and Habib Khan Totakhil, "U.S. Funds Buy No Love at Afghan College," The Wall Street Journal, July 30, 2013, p. A1.

138 Tim Craig, "Afghan workers fear loss of aid," The Washington Post, June 10, 2014, p. A9.另一個估計的數字更高。「……世界銀行估計，阿富汗兩百八十億美元的國內生產毛額，有百分之九十七依賴開發援助以及外國部隊在國內的開銷。」Sanger, op. cit., p. 139.

139 Francis Fukuyama, The Origins of Political Order: From Prehuman Times to the French Revolution, New York: Farrar, Straus, and Giroux, 2011, p. 14.

140 「投下相當大的投資，加上運氣和許多年的努力，他們〔外國來的「建設國家機制」專家〕或許有希望把阿富汗改造成為其鄰國的貧窮版國家。」Stewart, op. cit., p. 39.

141 Wright, op. cit., p. 225.

142 Jones, op. cit., pp. 98–99.

143 一九七一年，美國派一艘航空母艦進入孟加拉灣，向印度傳遞訊息：美國反對巴基斯坦完全分裂。然而，戰爭結果，巴基斯坦還是部分分裂，東巴基斯坦獨立成為孟加拉。

144 印度在一九七一年至一九九一年期間與蘇聯結盟，這段期間印度向莫斯科購買武器，使印、美關係蒙上陰影，但是兩國從來沒有交惡。

145 就巴基斯坦軍方將領而言，戰略縱深代表「他們希望在西側邊界有一個柔順、親巴基斯坦的阿富汗，以防印度從東部邊界發動攻擊。」Bergen, op. cit., p. 248.

146 Barfield, op. cit., p. 48.這條界線是以當時英屬印度外交大臣莫提默·杜蘭爵士的名字命名。

147 巴基斯坦境內約有兩千九百萬普什圖人，阿富汗境內約有一千二百萬普什圖人。可是阿富汗總人口小得多，普什圖人占的百分比就相當大。

148 Rubin, op. cit., p. 367.

149 Mann, op. cit., p. 299; Jones, op. cit., pp. 88–89.

150 Daniel Markey, No Exit from Pakistan: America's Tortured Relationship with Islamabad, New York: Cambridge University Press,

2013, pp. 128–129.

151 Jones, op. cit., pp. 271–273.

152 「巴基斯坦希望阿富汗由普什圖人控制，才能穩住大局，但又不能允許這些普什圖人太強大，因為害怕普什圖人領導的阿富汗政府太強大了，可能會大力反對杜蘭線。巴基斯坦的戰略兩難是，它需要普什圖人控制阿富汗政府，但又需要他們管得零零落落。」John Ford, "In Afghanistan, It's Deja Vu All Over Again," The American Interest, February 13, 2015, www.the-american-interest.com/2015/02/13/in-afghanistan-its-deja-vu-all-over-again.

153 Sanger, op. cit., p. 7.

154 Markey, op. cit., pp. 16–18.

155 美國在巴基斯坦境內的無人機攻擊，有時候會以攻打巴基斯坦人、而非阿富汗政府的民兵為打擊目標。Mazzetti, op. cit., pp. 227–228; Sanger, op. cit., p. 250.

156 民主黨這場全國代表大會提名麻薩諸塞州聯邦參議員約翰・凱瑞競選總統、北卡羅萊納州聯邦參議員約翰・愛德華茲競選副總統。「凱、愛配」在大選中輸給競選連任的小布希總統和錢尼副總統。

157 傑西・傑克森是最重要的民權領袖馬丁路德・金恩牧師（Reverend Martin Luther King Jr.）的親信之一，他在金恩一九六八年去世後，利用這層關係於政壇上闖天下。他在一九八四年和一九八八年兩度參與民主黨總統提名初選，第二次得到的票數次高，僅遜於最後勝出的麻薩諸塞州州長麥可・杜凱吉斯（Michael Dukakis）。然而，傑克森從來不似有機會贏得民主黨提名，當然更不可能當選總統。

158 James Mann, The Obamians: The Struggle Inside the White House to Redefine American Power, New York: Viking, 2012, p. 85.

159 Ibid., pp. 63–64.

160 二〇〇四年歐巴馬的民主黨黨內主要對手因個人因素退出選舉，後來在兩黨候選人對陣時，共和黨對手又因故退選，換上另一位較弱的候選人，而歐巴馬輕鬆得勝，當選聯邦參議員。

161 「皮優最新一次全國調查於二月二十至二十四日向一千五百零八位成人問卷，百分之五十四的多數人認為，美國在伊拉克動用武力是錯誤的決定，認為是正確決定的人有百分之三十八。」“Public Attitudes Toward the War in Iraq: 2003–2008,” Pew Research Center, March 19, 2008. http://pewresearch.org/2008/03/19/public-attitudes-toward-the-war-in-iraq.20032008/.

162 Mann, The Obamians, pp. 86, 130.

163 Ibid., p. 64.

164 「二〇〇九年春天，阿富汗內政部長哈尼夫・艾特馬（Hanif Atmar）在喀布爾的辦公室有一張地圖，顯示全國將近半數地區對其官員都是危險地區。阿富汗全國三百六十四個地區，有十個標示為黑色，代表完全遭到塔里班控制，一百五十六個標示為紅色或琥珀色，代表對官員或與政府有關聯的人，是高風險地區。」Gall, op. cit., p. 196.

165 Mann, The Obamians, p. 130.

166 對於歐巴馬阿富汗政策持批評論點的報導，見Vali Nasr, The Dispensable Nation: American Foreign Policy in Retreat, New York: Doubleday, 2013, chapters 1 and 2.

167 Bergen, op. cit., p. 309.

168 Sanger, op. cit., pp. 19–20; Stewart, op. cit., pp. 28, 39.

169 Sanger, op. cit., p. 22.

170 Barfield, op. cit., p. 332; Sanger, op. cit., pp. 24–25.

171 領導這項評估檢討的是布魯斯・芮德爾（Bruce Riedel），曾任中央情報局南亞事務分析師，他在華府一個智庫任職，並參與幫歐巴馬競選。

172 見本書第五章。

173 Sestanovich, op. cit., p. 304; Mann, The Obamians, p. 126.

174 Sanger, op. cit., p. 31.

175 Mann, The Obamians, p. 31.

176 Ibid., p. 135.

177 「眾議院議長南希・裴洛西（Nancy Pelosi）提出警告說，眾院民主黨人對撥款支援擴大阿富汗戰事，『嚴重不安』。」Mann, The Obamians, p. 134.另參見Woodward, op. cit., p. 307.

178 Sanger, op. cit., p. 23.

179 Woodward, op. cit., pp. 159–160.

180 Ibid., pp. 167–168, 251; Mann, The Obamians, p. 128.

181 "Remarks by the President in Address to the Nation on the Way Forward in Afghanistan and Pakistan," http://www.whitehouse.gov/the-press-office/remarks-president-address-nation-way-forward-afghanistan-and-pakistan.

182 有位官員對歐巴馬阿富汗政策的軌線有這樣的描述：「我們剛開始時人人都認為是個務實的觀點，但是其核心是改變阿富汗行事作為的一個計畫。後來卻變成想要怎麼樣才能少管閒事。」引自Sanger, op. cit., p. 51.

183 好幾個人讀了Gordon Goldstein寫的書Lessons in Disaster (New York: Times Books, 2008）。這是依據麥克喬治・彭岱（McGeorge Bundy）回憶所寫的書；彭岱是甘迺迪總統的國家安全顧問，詹森接任總統初期幾年，彭岱亦續任國家安全顧問。Woodward, op. cit., pp. 129, 377; Mann, The Obamians, p. 131; Sanger, op. cit., pp. 26–27.

184 Mann, op. cit., p. 318.

185 Sestanovich, op. cit., p. 309.

186 打從歐巴馬總統一就職起，阿富汗政策一直就是軍方領導人和白宮關係緊張的一個源頭，政府官員覺得軍方不該對他們施加政治壓力，迫使他們承諾多派部隊到阿富汗去。Robert Gates, Duty: Memoirs of a Secretary at War, New York: Random House, 2014, pp. 338–339; Woodward, op. cit., p. 313; Sanger, op. cit., p. 30; Mann, The Obamians, p. 135.

187 事實上，美國在二〇一四年之後仍繼續進行一些戰鬥任務，如空襲及特種作戰突襲。Matthew Rosenberg and Mark Mazzetti, "More U.S. Troops Seen Staying in Afghanistan," The New York Times, March 20, 2015, p. A4.

188 二〇一四年九月底，美國和繼卡札伊之後出任阿富汗總統的艾什拉夫・甘尼（Ashraf Ghani）新政府簽署一份安全條約。它豁免美軍遭受阿富汗法律起訴的責任，也使美軍在二〇一六年後，若是美國政府願意的話仍可留駐阿富汗。Sudarsan Raghavan and Karen DeYoung, "U.S., Afghanistan sign security agreement," The Washington Post, October 1, 2014, p. A6.二〇一五年十月，歐巴馬決定維持美軍部隊在二〇一六年之後仍留駐。

189 美國軍方宣布在二〇一四年底結束它在阿富汗正式戰鬥的角色。Margherita Stancati, "U.S.- Led Forces End Afghan Combat Mission," The Wall Street Journal, December 29, 2014, p. A8.

190 「……阿富汗部隊文盲率很高，又有貪瀆和吸毒的毛病，要維持一支團結的部隊是很大的挑戰。美國人建立哨所；阿富汗部隊卻只有偶爾才去站崗。每年約有百分之十四的士兵擅離職守逃亡。」Sanger, op. cit., p. 45.

191 Gall, op. cit., p. 286.「這場戰爭已造成盟軍三千四百八十四人以上陣亡，包括兩千三百五十六名美軍和四百五十三名英軍，耗費估計一兆美元，成為美國打得最久的戰爭……」May Jeong, Geoff Dyer, and Victor Mallet, "'This is not over yet,'" Financial Times, December 15, 2014, p. 7.

192 二〇一三年十二月一項民調發現，僅有百分之三十美國人認為阿富汗戰爭值得打。反之，有百分之六十六認為不值得打。Scott Clement, "Most in U.S. now oppose Afghan war," The Washington Post, December 20, 2013, p. A19.

第四章

1 Toby Dodge, Inventing Iraq: The Failure of Nation- Building and a History Denied, New York: Columbia University Press, 2003, pp. 169–170.

2 David Fromkin, A Peace to End All Peace: Creating the Modern Middle East, 1914–1922, New York: Henry Holt and Company, 1989, p. 450.「葛特露德．貝爾（Gertrude Bell）有她自己一套建立統一的伊拉克之計畫，一位美國傳教士提醒她，不能忽略根深柢固的歷史事實。他說：『如果妳想在伊拉克四周畫一道線，稱之為政治實體，妳就是不懂四千年來的歷史！亞述（Assyria）永遠朝向西方、東方和北方，而巴比倫（Babylonia）卻朝向南方。它們從來不是一個獨立的單元。』」Ibid., pp. 450–451.〔譯按：葛特露德．貝爾生於一八六八年，卒於一九二六年，英國旅行家、考古學家，足跡踏遍大敘利亞、美索不達米亞、小亞細亞和阿拉伯半島。她和勞倫斯（Thomas Edward Lawrence）對二十世紀初期英國的中東政策影響力極大。」

3 「伊斯蘭的什葉派、遜尼派分裂並不是如常人所說，發生在西元六三二年六月八日先知穆罕默德逝世。它在兩派教義立場固化、宗教及社區差異定型之前好幾百年就已經一路演化。不過，沒有爭議的是，先知的繼承權構成此一分裂的基礎。」Ali A. Allawi, The Occupation of Iraq: Winning the War, Losing the Peace, New Haven: Yale University Press, 2007, p. 23.

4 「被強迫送作堆組成這個國家的鄂圖曼帝國三個省，分屬三個截然不同的世界：北方的摩蘇爾，關係和商務都和土耳其及敘利亞親近；至於巴格達和幼發拉底河畔的什葉派聖城納加夫和卡爾巴拉（Karbala）則傾向波斯，而巴斯拉望向波斯灣，與印度通商。」Fouad Ajami, The Foreigner's Gift: The Americans, the Arabs, and the Iraqis in Iraq, New York: Free Press, 2006, p. 158;另參見p. 312.

5 關於國家在建立民族方面的角色，見Ernest Gellner, Nations and Nationalism, Oxford, England: Blackwell, 1983, and Eric Hobsbawm, editor, Nations and Nationalism Since 1780: Programme, Myth, Reality, Cambridge, England: Cambridge University Press, 1990.

6 「〔伊拉克社會學家〕阿里．阿瓦迪（Ali al- Wardi）提出一種新式的社會學論說，認為分裂破碎的社會秩序在動盪的歷史傳統中相交作用。它強調伊拉克社會的脫節、雜亂的性質，因為在同一空間共同生存的地理需要而結合，並不是因為具有共同的歷史或目的意識而結合。」Allawi, op. cit., p. 15.

7 對伊拉克之援助包括經濟援助、出售軍民兩用科技和分享相關軍事情報。美國會這麼做是因為本地區友好政府、尤其是沙烏地阿拉伯提出警告，萬一伊朗勝利，大勢就不妙。

8 科威特也生產石油，只不過規模比沙烏地阿拉伯小。當時就有人說，如果科威特的主要出口商品是鬱金香，沒有人會有興趣拯救它。

9 見pp. 3–4.

10 「克拉克記得，小布希抓住他和少數幾個人，關上門。布希說：『我知道你有很多事該做，但是我希望你，一旦方便，就再全面檢查一遍。看看這是不是海珊幹的。看看他是否有任何牽連。』克拉克不敢置信，『但是，總統先生，這是蓋達組織幹的呀！』『我知道，我知道。但是再查查看海珊是否涉及到。請再查查看。我要知道一切枝微末節。』」Peter Baker, Days of Fire: Bush and Cheney in the White House, New York: Doubleday, 2013, p. 135.

11 倫斯斐當時的筆記記載：「他〔布希〕說我要你去發展一個攻打伊拉克的計畫。在正常管道之外去做。要有創意，這樣我們就不需要找一大堆掩護。」轉引自Mark Danner, "Rumsfeld's War and Its Consequences Now," The New York Review of Books, December 19, 2003, p. 87.

12 Michael R. Gordon and Bernard E. Trainor, Cobra II: The Inside Story of the Invasion and Occupation of Iraq, New York: Pantheon Books, 2004, pp. 88–89.

13 總共二十四萬人進駐該區域。Peter Baker, Days of Fire: Bush and Cheney in the White House, New York: Doubleday, 2013, p. 252.

14 這個名詞可能是故意要引起美國人連想到代表嚴重危急的另一個熟悉字詞。聯邦最高法院使用「清楚且當前的危險」（clear and present danger）來描述可以限制憲法修正條文第一條賦予的言論自由、出版自由和集會自由之情況。小布希這個字詞表達出危險不是那麼急迫；美國攻打伊拉克也是在他這麼說之後十五個月才開戰。

15 Derek Chollet and James Goldgeier, America Between the Wars, New York: Public Affairs, 2008, p. 15; Baker, op. cit., pp. 42, 6.

16 Baker, op. cit., pp. 5, 6–7.

17 Ibid., p. 211.

18 Ibid., p. 226.

19 John Mueller, War and Ideas: Selected Essays, London: Routledge, 2001, pp. 194–196.

20 James Mann, The Rise of the Vulcans: The History of Bush's War Cabinet, New York: Viking, 2004, p. 247; Philip H. Gordon and Jeremy Shapiro, Allies at War: America, Europe, and the Crisis Over Iraq, New York: McGraw- Hill, 2004, p. 70.

21 土耳其國會投票贊成與美國合作，但因為有些人棄權未投，議案沒有得到全體議員過半數票，因此未能獲得通過。Gordon and Trainor, Cobra II, p. 115.

22 缺了北方前線這一角，並不代表明顯有助海珊政權部署的防禦，但是這代表在巴格達北方及西方這片地區沒有美軍蹤影，而後來這是反美叛亂最猖獗的地區。

23 其中包括德國外交部長費雪（Joschka Fischer）。見Thomas Ricks, Fiasco: The American Military Adventure in Iraq, New York: Penguin Press, 2006, p. 93.另參見Gordon and Shapiro, op. cit., p. 8.

24 Gordon and Shapiro, op. cit., p. 144.

25 Michael Mandelbaum, The Case for Goliath: How America Acts as the World's Government in the 21st Century, New York: Public Affairs, 2006, p. 153.

26 席哈克說明法國反對伊拉克戰爭是因為它希望「活在多極世界……」Gordon and Shapiro, op. cit., p. 152.這種感情相當吻合戴高樂主義的精神。

27 鮑爾的回憶錄《我的美國故事》（*My American Story*）寫作、出版於他從軍中退役之後，但還未出任國務卿之前，洛陽紙貴，賣出一百三十五萬本。相形之下，老布希總統詳述他的政府面臨的重大外交政策挑戰的回憶錄A World Transformed，找來他的國家安全顧問史考克羅夫共同執筆，只賣了四萬九千五百本。David Halberstam, War in a Time of Peace: Bush, Clinton, and the Generals, New York: Scribner's, 2001, p. 238.

28 和艾森豪一樣，鮑爾從軍中退役後，傳聞可能參選總統。但是和艾森豪不一樣的是，鮑爾拒絕參選。

29 George Herring, From Colony to Superpower: U.S. Foreign Relations Since 1776, New York: Oxford University Press, 2008, p. 875.

30 和小布希一樣，東尼·布萊爾強力主戰，因此也和小布希一樣，政治上受到連累。占領伊拉克大失人心之下，布萊爾個人在英國的民意支持度也下滑。

31 小布希回憶錄談到伊拉克的那一章並沒有解答問題。George W. Bush, Decision Points, New York: Crown Publishers, 2010,

Chapter 8.一般而言，小布希政府缺乏有條不紊的方法做決策，至少在外交和安全政策方面是如此，這一點讓國務卿鮑爾相當挫折。Baker, op. cit., pp. 331, 363.另參見Richard Haass, War of Necessity, War of Choice: A Memoir of Two Iraq Wars, New York: Simon and Schuster, 2009, p. 272.

32 Baker, op. cit., p. 226.

33 Ibid., p. 206.

34 Gordon and Trainor, Cobra II, p. 72.

35 Haass, op. cit., p. 5.

36 Baker, op. cit., pp. 215–216.

37 "The Iraq Invasion Ten Years Later: A Wrong War," Interview of Richard Haass by Bernard Gwertzman, New York: Council on Foreign Relations, March 14, 2013, www.cfr.org/iraq/iraq-invasion-ten-years-later-wrong-war/p3.反戰論由老布希總統的國家安全顧問史考克羅夫公開提出，他在二〇〇二年八月十五日於《華爾街日報》發表專文，題目赫然就是〈別打薩達姆〉（Don't Attack Saddam）。Baker, op. cit., pp. 208–209.

38 Baker, op. cit., p. 92.

39 「布希在和十八位議員的閉門會議……也提出另一個沒有根據的說法。他告訴議員們：『薩達姆．海珊是個恐怖的傢伙，他和蓋達組織勾結。』」Baker, op cit., p. 221.另參見Ibid., p. 245.二〇〇一年十二月九日，副總統錢尼說：「〔九一一劫機者Mohamed Atta〕的確到過布拉格，四月份、即攻擊之前幾個月，在捷克斯洛伐克和一位伊拉克情報機關高階官員會面。」Dylan Matthews, "17 reasons not to trust Dick Cheney on Iraq," Vox, June 19, 2014, www.vox.com/2014/6/19/5822482/17-reasons-not-to-trust-dick-cheney.

40 Matthews, op. cit.; Ricks, op. cit., p. 51.

41 「〔二〇〇二年一月份的〕一項民意調查顯示，百分之七十七美國人支持在伊拉克採取軍事行動，只有百分之十七反對。另一項民調，幾乎相等的百分之七十六美國人認為海珊提供協助給蓋達組織，另外大約當時發表的另一份民調也顯示，百分之七十二認為海珊很可能或多少可能『親自涉及到九一一攻擊』。」Baker, op. cit., p. 191.

42 九一一調查委員會發現，「雖然蓋達組織和薩達姆．海珊的伊拉克有接觸，並無『合作作業關係』的證據。」Ricks, op. cit., p. 377.

43 Baker, op. cit., p. 348.

44 Baker, op. cit., p. 308; Stephen F. Knott, "When Everyone Agreed About Iraq," The Wall Street Journal, March 16/ 17, 2013, p. A13; Laurence H. Silberman, "The Dangerous Lie that 'Bush Lied,'" The Wall Street Journal, February 9, 2015, p. A13.「我在政府服務期間參加的所有會議，從來沒有哪位情報分析人員或相關官員公開說，或把我拉到一邊私底下說，伊拉克沒有擁有大規模毀滅性武器。」Haass, op. cit., p. 230.

45 Ricks, op. cit., p. 22; Baker, op. cit., p. 195; Gordon and Trainor, Cobra II, pp. 125, 126.

46 Baker, op. cit., p. 308; Gordon and Trainor, Cobra II, pp. 55–56, 64–65, 119, 121, 135.

47 見Michael Mandelbaum, The Nuclear Revolution: International Politics Before and after Hiroshima, New York: Cambridge University Press, 1981, Chapter 2.

48 「〔國防部副部長〕保羅．伍夫維茲在攻陷巴格達之後，告訴一位採訪記者，大規模毀滅性武器是最小公分母：『真相是基於和美國政府官僚體系有關的因素，我們決定採取大家都能認同的一個題目：那就是大規模毀滅性武器。』」George Packer, The Assassins' Gate: America in Iraq, New York: Farrar, Straus, and Giroux, 2005, p. 60.

49 「有位涉及伊拉克事務的政府官員說：『我現在告訴人們，我們進入伊拉克的唯一原因是，我們找某人的屁股去踢……阿富汗太輕鬆了。』」Baker, op. cit., p. 191.

50 Douglas J. Feith, War and Decision: Inside the Pentagon at the Dawn of the War on Terrorism, New York: Harper, 2008, p. 56.

51 Ibid., pp. 19, 81; Gordon and Trainor, Cobra II, pp. 18–19, 73–74.「根據在九月十一日後出席國安會會議的人士說法，『攻打伊拉克的首要動力……是拿海珊開刀，樹立一個樣板去導正任何冒冒失失想取得毀滅性武器、或嘲弄美國權威的人士之行為。』」Mark Danner, "In the Darkness of Dick Cheney," The New York Review of Books, March 6, 2014, p. 49.

52 根據主管政策的國防部次長道格拉斯・費斯（Douglas Feith）的說法：「過去看來遙遠、且可管理的危險，現在顯得更接近、更讓人憂慮。布希總統的國安團隊必須重新思考美國應該有多麼願意容忍威脅——或是應該有多麼積極去終止它們。」Feith, op. cit., p. 214;另參見p. 216.

53 Ibid., p. 181.「九一一之後，萊斯說，美國必須重新評估威脅。容忍像海珊這樣的危險人物似乎再也不行了。」Baker, op. cit., pp. 213–214.

54 Gordon and Shapiro, op. cit., p. 40.

55 Ricks, op. cit., p. 54; Baker, op. cit., p. 348; Feith, op. cit., p. 203.

56 Mandelbaum, The Case for Goliath, pp. 56–57.

57 引自Feith, op. cit., p. 391.

58 「民主國家當然不能發動明白的預防性戰爭。但是軍事領導人可以突顯危機，讓戰爭變成無法避免。」Reinhold Niebuhr, The Irony of American History, New York: Charles Scribner's Sons, 1952, p. 146.

59 Mandelbaum, The Case for Goliath, pp. 60–61.

60 Gordon and Trainor, Cobra II, p. 138; Thomas E. Ricks, "Army Historian Cites Lack of Postwar Plan," The Washington Post, December 25, 2004, p. A1.

61 Richard H. Shultz Jr.在他的書《陸戰隊攻下安巴》（*The Marines Take Anbar*）中，引述一位美國外交官描述更換政權的計畫，「根據的是《綠野仙蹤》的精神——『我們衝進去，殺了邪惡的女巫，小矮人們跳起來，他們很感謝，然後我們就坐上熱氣球離開。』」轉引自John Nagl, "Admiration of the Nation," The Wall Street Journal, May 11, 2013, p. A13.

62 Ricks, op. cit., p. 96; Baker, op. cit., pp. 207, 253.

63 前任駐葉門大使芭芭拉・鮑定（Barbara Bodine）在戰爭結束後曾經短暫在伊拉克服務過。她說：「有一個假設是……我們一進去，有個完全運作的官僚體系等著我們。他們全都守在辦公室裡，坐在位子上，紙筆都準備好。我們進去後，基本上就是使他們離開靜止鍵。然後伊拉克官僚就繼續運作，他們接管伊拉克、各城市，以及一切事務。」引自

Charles Ferguson, No End in Sight: Iraq's Descent Into Chaos, New York: Public Affairs, 2008, p. 88.另參見Gordon and Trainor, Cobra II, pp. 73, 105.

64 Robert Hormats, The Price of Liberty: Paying for America's Wars, New York: Times Books Henry Holt and Company, 2007, p. 264.

65 Gordon and Trainor, Cobra II, p. 169; Michael R. Gordon and Bernard E. Trainor, The Endgame: The Inside Story of the Struggle for Iraq from George W. Bush to Barack Obama, New York: Pantheon Books, 2012, p. 10.

66 「最後，不只是外交關係協會（Council on Foreign Relations）和戰略暨國際研究中心（Center for Strategic and International Studies），而是外交政策和軍事智庫所有機構——蘭德公司（Rand Corporation）、陸軍戰爭學院（Army War College）、美國和平研究所（United States Institute of Peace）、國防大學國家戰略研究所（National Defense University's Institute for National Strategic Studies）——全都提出意見出奇一致的報告。戰後伊拉克的安全和重建，需要大量的軍隊駐留很長一段時間，國際合作尤其不可或缺。」Packer, op. cit., p. 113.另參見Larry Diamond, Squandered Victory: The American Occupation and the Bungled Effort to Bring Democracy to Iraq, New York: Times Books; 2005, pp. 282–285, Haass, op. cit., p. 278; Ricks, op. cit., pp. 72–73, 101–102; Baker, op. cit., pp. 226–227; Gordon and Trainor, Cobra II, p. 158.

67 Baker, op. cit., p. 208; Ricks, op. cit., p. 48; Gordon and Trainor, Cobra II, p. 71.事實上，Pottery Barn連鎖店並沒有這樣一條規定。這句話是《紐約時報》外交事務專欄作家湯瑪斯．佛里曼（Thomas L. Friedman）最先使用。

68 Ricks, op. cit., p. 97.

69 見Richard K. Betts, American Force: Dangers, Delusions, and Dilemmas in National Security, New York: Columbia University Press, 2012, p. 156.

70 Ricks, op. cit., p. 98.伍夫維茲也不認為伊拉克的種族差異很重要。事實上在海珊垮台後，它成為伊拉克的最重要因素。Ibid., p. 96.小布希本人對東尼．布萊爾也有同樣的說法。Baker, op. cit., p. 244.

71 Gideon Rose, How Wars End, New York: Simon & Schuster, 2010, chapter 8對美國在伊拉克的戰爭做了很好的摘要報告。

72 Gordon and Trainor, Cobra II, chapter 9.

73 最著名的一次軍事失敗涉及到動用阿帕契（Apache）攻擊直升機出任務，它證明了這型直升機不適合奉派的任務。Ibid., chapter 14.

74 Ibid., pp. 374–375.

75 作戰陣亡人數不到一百五十人，比起一九九一年戰爭少了許多。 Mueller, op. cit., p. 198.

76 Gordon and Trainor, Cobra II, pp. 185–186.

77 Ibid., p. 51.

78 美國軍事指揮官也擔心伊拉克會像第一次波斯灣戰爭那樣，朝以色列發射飛毛腿（Scud）飛彈。不過，第二次波斯灣戰爭，伊拉克並未發射飛毛腿飛彈。Ibid., p. 91.他們也擔心出現大批難民潮，不過同樣也沒發生。Ibid., p. 139.

79 Ibid., p. 304.

80 Ibid., pp. 61–62, 122, 205–206, 366; Baker, op. cit., p. 262.

81 Gordon and Trainor, Cobra II, p. 314.

82 Ibid., p. 428.

83 Baker, op. cit., p. 268.

84 Gordon and Trainor, Cobra II, p. 428.

85 Toby Dodge, Iraq: From War to a New Authoritarianism, London: The International Institute for Strategic Studies, 2012, p. 132.趁亂打劫包括竊取發電廠設施。根據美國國際開發總署（United States Agency for International Develop-ment）一位官員的說法，「他們先從傳輸線的一端下手，然後變本加厲，拆卸電塔，剝走值錢的金屬，融解掉，賣到伊朗和科威特……在這段時期中東金屬市場行情大跌。」引自Gordon and Trainor, Cobra II, p. 468.

86 Rajiv Chandrasekaran, Imperial Life in the Emerald City: Inside Iraq's Green Zone, New York: Alfred A. Knopf, 2006, p. 46.

87 巴爾幹和阿富汗的戰後事務由國務院負責。Gordon and Trainor, *Cobra II*, p. 141.

88 Ricks, op. cit., p. 136.

89 根據芭芭拉・鮑定大使的說法，「初期的趁亂打劫只是日後更嚴重的安全真空的第一個癥兆，旋即出現街頭暴力、組織犯罪和民兵。」Ferguson, op. cit., p. 132.

90 見p. 3.

91 Gordon and Trainor, *The Endgame*, p. 11.

92 政府要賈納留下來，擔任新總管、前任大使保羅・布理莫的副手，但是他婉謝不幹。

93 Diamond, op. cit., p. 37.

94 布理莫抵達巴格達後不久宣示，他的最高優先是經濟改革，提出「三段計畫：第一是恢復供電、供水及其他基本服務。第二是讓「老百姓手上有流動現金」——重新開放銀行，提供放款和支付薪水。第三是把國有企業「合作社化和民營化」，以及「斷絕人們國家供應一切的念頭」。Chandrasekaran, op. cit., p. 61;另參見p. 115.

95 臨時聯合政府的壽命已經不長，它的許多職員留在伊拉克的時間更是只有它的一小段。Ricks, op. cit., p. 204.

96 二〇〇三年九月，國會通過補充支出法案，批准追加預算一百八十四億美元供伊拉克重建之用。一年之後，這筆預算只花掉十億美元。Joseph E. Stiglitz and Linda J. Bilmes, *The Three Trillion Dollar War: The True Cost of the Iraq Conflict*, New York: W. W. Norton, 2008, p. 14.

97 Chandrasekaran, op. cit., p. 91.

98 「事實上，臨時聯合政府裡沒人……會說阿拉伯語。最高階的四十、五十或七十名官員當中，或許只有五、六人有阿拉伯知識……」記者Yaroslav Trofimov這段話轉引自Ferguson, op. cit., p. 284; Chandrasekaran, op. cit., p. 11.

99 Chandrasekaran, op. cit., pp. 14–19.

100 阿里・阿拉威（Ali Allawi）是個伊拉克流亡人士，非常熟悉西方事務，在後海珊的伊拉克政府曾經短暫服務過。根據他的說法，來到伊拉克的美國人「分成三類：『初生之犢』年輕人，被賦予極大的職責和權力；還有『老舊官僚』，尋找事業第二春。最後還有一種『半生不熟的空想家』，他們對伊拉克抱持空幻的理念，一旦發現這個國家讓他們失望，立刻辭職走人。」Ajami, op. cit., p. 324.

101 Packer, op. cit., p. 385.「……從一開頭，也就是攻入及占領後幾星期，有位非常高階官員就告訴我，我們將以第二次世界大戰後重建歐洲的同樣方法來重建中東。」國家情報會議（National Intelligence Council）主席羅伯・哈勤士（Robert Hutchings）這段話轉引自Ferguson, op. cit., p. 556.另參見Ajami, op. cit., p. 136.

102 Chandrasekaran, op. cit., p. 119.

103 Allawi, op. cit., p. 13.

104 Dodge, Inventing Iraq, p. 161.

105 「在伊拉克，從二〇〇三年起至二〇〇六年底，美國執行的戰略假設基礎是，政治解決會帶動安全利益。」Meghan L. O'Sullivan, "The Iraq War at Ten," The American Interest, March 19, 2013, www.the-american-interest.com/article.cfm?piece=1398.

106 這二十五人當中，十三人為什葉派、十一人為遜尼派——五人為庫德族、五人為阿拉伯人、一人為土庫曼人——以及一名基督徒。其中九人在二〇〇三年四月以前，流亡海外。Chandrasekaran, op. cit., p. 79.

107 「治理理事會委員在書面上、照片上有模有樣，實際表現卻讓臨時聯合政府氣炸了。理事會花了好幾個星期才選出一位主席，然後通過九名常務理事輪流當主席，其中八名常務理事是海外歸國流亡人士。官位喬好了，許多委員就不來開會。他們拿新地位到河濱爭搶別墅豪宅、花政府公帑出國旅行。」Ibid., p. 163.

108 Baker, op. cit., p. 284.

109 Gordon and Trainor, The Endgame, p. 66.

110 Chandrasekaran, op. cit., p. 164.

111 因為怕按照已經公布的日期舉行權力移交會爆發暴力事件，移交日期提前。移交完成後，才對外公布。Baker, op. cit., p. 338.

112 Chandrasekaran, op. cit., p. 297.

113 達瓦黨出了多位總理，是因為它和另兩個什葉派政黨不一樣，它沒有自擁民兵，因此受到接納。Dodge, Iraq: From War to a New Authoritarianism, p. 158.

114 關於馬利基的背景，見Ned Parker and Raheem Salman, "Notes from the Underground: The Rise of Nouri al- Maliki and the New Islamists," World Policy Journal (Spring 2013).

115 擔任了幾個月臨時聯合政府委員後，拉瑞・戴蒙（Larry Diamond）寫了一份備忘錄給他以前的史丹福大學同僚康朵莉莎・萊斯，提到「……我在伊拉克住了幾星期，沒見過一位軍官私底下覺得我們有足夠的部隊。許多人覺得我們過去需要（現在也需要）再多幾萬士兵，在這一刻……至少再加一到兩個師兵力。」Diamond, op. cit., p. 241.

116 Ricks, op. cit., p. 96.

117 「到了〔二〇〇三年〕秋天，阿布格萊比監獄關了約一萬名囚犯。」Ibid., p. 238.

118 Ibid., pp. 291–293.

119 另外這兩家公司是通用儀器公司（General Instrument）和吉列德科學公司（Gilead Sciences）。

120 「受惠於九一一攻擊之後國防預算倍增，他設法完成許多改革：他大幅增加特種作戰部隊兵力；他改以旅、而非師為基礎，建立更靈活的陸軍；他在全世界數十個國家設立小型的『荷花葉』（lily pad）基地；他創設非洲司令部和北美司令部。」Mark Danner, "Rumsfeld: Why We Live in His Ruins," The New York Review of Books, February 6, 2014, p. 40.

121 「〔倫斯斐〕一再強調需要把軍隊改造為更輕裝、更敏捷的部隊，以致於他問起指揮官在伊拉克是否需要更多部隊時——他不只問一次——得到的回答都是不用，或許是因為將領們已經內化接受他的改造目標，也或許因為他們假設已經知道他希望聽到的回答。」Baker, op. cit., p. 479.布理莫至少有一次要求增派兵力。他的要求石沉大海，沒有得到回覆。Ibid. p. 332–333. 小布希一再說，兵力需求由前線指揮官決定。Ibid., p. 467.

122 小布希也有同樣的看法。Gordon and Trainor, Cobra II, p. 458.

123 Ricks, op. cit., p. 98.

124 沒能取得聯合國同意攻打伊拉克，損害爭取其他國家派兵的機會，但是這並不是說如果小布希政府取得安全理事會支持的話，其他國家就會提供大量兵力。

125 Ricks, op. cit., p. 163; Chandrasekaran, op. cit., p. 74.

126 Allawi, op. cit., p. 157.

127 布理莫解散軍隊「是試圖讓庫德族和什葉派放心，他們長期以來在海珊的政黨和安全機關底下吃盡苦頭。恢復軍隊可能觸發宗派反彈。布理莫後來說：『我們當下就會爆發內戰。』」Baker, op. cit., p. 272.另參見Feith, op. cit., p. 432.

128 Allawi, op. cit., p. 150; Chandrasekaran, op. cit., pp. 69–71.

129 這是Feith, op. cit的主題。

130 Ibid., pp. 494–496.

131 陸軍部長後來說，當時的假設是「作戰完成後九十天，我們將撤出第一梯次五萬人，然後每三十天再撤出五萬人，直到全部撤回國為止。這個觀點就是，不論在伊拉克留下多少兵力，都是要最小化。」轉引自Gordon and Trainor, Cobra II, p. 461.

132 戰爭發動前不久，國防部副部長伍夫維茲說，戰後的伊拉克「不會移交給一些『小薩達姆・海珊』。我們無意以另一個獨裁者取代一個獨裁者。」引自Ricks, op. cit., p. 96.

133 中東問題專家丹尼爾・派普斯（Daniel Pipes）在美國軍事告捷後不久就提出警告，認為美國長期占領會出現問題，他建議美國在伊拉克的政策要另闢蹊徑。Daniel Pipes, "A Strongman for Iraq?" The New York Post, April 28, 2003, www.danielpipes.org/1068/a-strongman-for-iraq.另參見Pipes, "Let Iraqis Run Iraq," Jerusalem Post, October 15, 2003, www.danielpipes.org/1281/let-iraqis-run-iraq.

134 Chandrasekaran, op. cit., p. 152; Allawi, op. cit., p. 114; Gordon and Trainor, Cobra II, p. 193.

135 「……美國一頭栽進在不穩定、又危險的環境中史無前例的重建工作。石油、電力、水和衛生，一個又一個部門，不斷跟不上目標，必須更改。伊拉克人持續飽受斷電和污水之苦。」Allawi, op. cit., p. 252.另參見Dodge, Iraq: From War to

a New Authoritarianism, p. 202.

136 見pp. TKK–TKK.

137 Gordon and Trainor, The Endgame, p. 114.

138 Ibid., p. 21; Allawi, op. cit., p. 175.

139 「〔遜尼派人士〕普遍有種感覺，外來勢力推翻了整個權力體系。它和伊拉克的歷史或經驗毫無關聯，因此不能被視為國家命運正當的裁決者。大家還有一種緬懷特權和優勢的失落感，因為前政府不成比例地賦予遜尼派阿拉伯人許多特權。」Allawi, op. cit., p. 136.

140 國防部長倫斯斐二〇〇四年到伊拉克視察，與士兵座談時，有人請他多派裝甲車輛來。倫斯斐的回答是：「你拿你已有的部隊去作戰，不是拿你後來可能需要、或是希望能有的部隊去作戰。」

141 轟炸之後兩個月，聯合國官員人數從六百五十人降到四十人，沒有一個是在巴格達。Packer, op. cit., p. 218.

142 美軍其他重大戰鬥是二〇〇四年四月及二〇〇六年夏天發生在伊拉克西部城市拉瑪迪（Ramadi）的作戰。Gordon and Trainor, The Endgame, pp. 64, 246.

143 這幾名包商遇害讓人注意到美軍在伊拉克作戰有一個不尋常的特色：雇了非常多的民間包商。「當美軍部隊人數約在十五萬人、盟軍也提供兩萬五千名兵力時，另外還有約六萬名民間包商提供支援。其中有一萬五千至兩萬人是拿槍的——也就是這些人受雇擔任保鑣或其他安全角色……」Ricks, op. cit., p. 371.「二〇〇八年，戰爭最激烈時，國會預算處（Congressional Budget Office）估計，花在伊拉克戰爭的經費每五塊錢就有一塊錢花在包商身上；這時候，發包項目總金額約八百五十億美元。這一年，包商在伊拉克雇用員工約十八萬人——通常來自第三世界國家——擔任保安、譯員、營建工人、洗衣工、伙伕和司機。他們人數比伊拉克美軍部隊還要多，成為第二支的民間部隊。」Trudy Rubin, "Worldview: The Real Winners in the War," The Philadelphia Inquirer, March 31, 2013, philly.com/ 2013- 03- 31/ news/ 38165576.

144 治理理事會一名重要遜尼派委員、聯合國代表拉克達・巴拉希米（Lakhdar Brahimi），以及英國政府對此都表達不滿。Gordon and Trainor, The Endgame, pp. 61–62, 66.

145 Gordon and Trainor, The Endgame, p. 120.

146 「橫掃什葉派伊拉克的伊斯蘭浪潮，其速度有如海嘯悄悄地、迅速地席捲南部。沒有人預料到這波浪潮的力量，以及它在本地區窮苦、赤貧人民中所激生的支持之深刻。」 Allawi, op. cit., p. 91.另參見p. 237.

147 馬赫迪（Mahdi）是什葉派神學裡一個啟示性的人物。

148 「到了二〇〇四年，馬赫迪軍控制了俗稱薩德爾城的這塊巴格達巨大的什葉派貧民窟。沒有得到馬赫迪軍的允許、通過它的哨站，任何人都進不了薩德爾城。」Ferguson, op. cit., p. 328.

149 Gordon and Trainor, The Endgame, pp. 67–69.

150 Ibid., pp. 100–105.

151 Allawi, op. cit., pp. 233–234.

152 Gordon and Trainor, The Endgame, p. 192.

153 Dodge, Iraq: From War to a New Authoritarianism, pp. 64–65, 68–69; Gordon and Trainor, The Endgame, p. 272.

154 「到了二〇〇六年，巴格達已經變成一系列碉堡式的貧民窟，暴力上升使得全市人口依據宗派重新組織起來。」 Dodge, Iraq: From War to a New Authoritarianism, p. 59.

155 Ajami, op. cit., p. 275; Gordon and Trainor, The Endgame, p. 83; Chandrasekaran, op. cit., pp. 130–131; Ricks, op. cit., p. 209.

156 Ajami, op. cit., pp. 106–107.

157 Allawi, op. cit., p. 305.

158 Dodge, Iraq: From War to a New Authoritarianism, p. 187; Gordon and Trainor, The Endgame, pp. 315–316.用來對付伊拉克美軍的一種最致命的炸藥是一種穿透彈（explosively formed penetrator），軍方賦予它縮寫代號"EFP."其零件在伊朗製造，再走私運入伊拉克。Ibid., pp. 151–153.

159 Gordon and Trainor, The Endgame, pp. 424, 534.

160 Ibid., p. 230; Ricks, op. cit., p. 409.

161 遜尼派在敘利亞人數居多數，卻遭政府壓迫，其情形有如什葉派在伊拉克人數居多數、卻被海珊欺壓，如出一轍。前者在二〇一一年起事反抗政府，引爆血腥內戰。見pp. 305–306.

162 「從沙烏地贊助的學校、大學和研討會散發出來的許多反什葉派文獻，成為最近在伊拉克活躍起來的遜尼派穆斯林必讀作品。巴格達遜尼派主要清真寺門口的書報攤……陳列由薩拉菲主義（Salafist）〔遜尼派極端保守的一支〕或瓦哈比（Wahhabi）啟示的文獻，絕大多數由沙烏地阿拉伯進口而來。」Allawi, op. cit., p. 236.

163 Gordon and Trainor, The Endgame, p. 231.

164 Allawi, op. cit., p. 178.

165 Ricks, op. cit., p. 170.

166 Baker, op. cit., p. 277.

167 Ibid., p. 292.高階官員首次公開承認美國在伊拉克所面臨的狀況，是二〇〇三年七月十六日，負責中東地區軍事作戰的中央司令部總司令約翰・阿畢札德將軍形容當地的狀況是「典型的遊擊隊式作戰」。Gordon and Trainor, Cobra II, p. 489.

168 Allawi, op. cit., p. 242.

169 Dodge, Iraq: From War to a New Authoritarianism, p. 77.

170 Baker, op. cit., p. 480.

171 Dodge, Iraq: From War to a New Authoritarianism, p. 77.

172 譬如，伊拉克部隊參加第二次法魯加戰役，但是表現不佳。Ricks, op. cit., p. 406.另參見Dodge, Iraq: From War to a New Authoritarianism, pp. 78.

173 Ricks, op. cit., p. 131.

174 Gordon and Trainor, The Endgame, pp. 98, 285.

175 Gordon and Shapiro, op. cit., p. 2.自從二〇〇一年九一一攻擊以來，民意支持度居高不下。見p. 190.

176 見p. 190.

177 Baker, op. cit., p. 344.

178 Ibid., pp. 341, 358.

179 Stiglitz and Bilmes, op. cit., p. 7; Chandrasekaran, op. cit., p. 151.

180 Baker, op. cit., p. 219.

181 Stiglitz and Bilmes, op. cit., pp. 21–24.

182 Robert D. Hormats, The Price of Liberty: Paying for America's Wars, New York: Times Books, 2007, p. xix.

183 Ibid., p. 271; Baker, op. cit., p. 293.

184 Baker, op. cit., p. 149; Betts, op. cit., p. 276.

185 每一場戰爭的開銷當然都會產生這種機會成本的效應問題，事實上政府每種支出也都會如此。但是很少有政府項目像伊拉克戰爭這樣到後來如此不得民心。到了二〇一四年六月，百分之七十一的美國人認為這場戰爭不值得打。Carrie Dann, "Not Worth It: Huge Majority Regret Iraq War, Exclusive Poll Shows," www.nbcnews.com/storyline/iraq-turmoil/not-worth-it.

186 Hormats, op. cit., p. 262.另參見Michael Mandelbaum, The Frugal Superpower: America's Global Leadership in a Cash- Strapped Era, New York: Public Affairs, 2010, pp. 19–29, 156–165.

187 這是Stiglitz and Bilmes, op. cit的主題。作者Bilmes後來把她的估計往上調升（把阿富汗戰爭的成本包含在總額內）。「伊拉克和阿富汗戰爭加總起來，將是美國歷史上花費最大的戰爭——總費用在四兆至六兆美元之間。」Linda J. Bilmes, "The Financial Legacy of Iraq and Afghanistan: How Wartime Spending Decisions Will Constrain Future National Security Budgets," Cambridge, Massachusetts: Harvard Kennedy School Faculty Research Working Paper Series RWP13–006, March 2013, p. 1.小布希也可能藉機針對北韓和伊朗的核武計畫進行更強大的反對。見pp. 325–343.

188 「雖然二〇〇三年的軍事撥款總額依通膨指數做過調整後，約略等於韓戰及越戰期間國防支出的高峰期，美國經濟在過去半個世紀的指數型成長卻意味，數字占全國國內生產毛額（GDP）的比例遠低於一九五〇年代或一九六〇年代。韓戰打得最熾熱時，軍事支出約占國內生產毛額的百分之十五，越戰打得最熾熱時則占百分之十，但是伊拉克戰爭開打初期只占百分之四。」Hormats, op. cit., p. 253.但是，從另一方面看，伊拉克戰爭的總費用卻超過過去一切戰爭的費用，只有第二次世界大戰開銷比它大。「……即使以最好的劇本推算，〔伊拉克戰爭〕這些費用估計幾乎是第一次波斯灣戰爭費用的十倍，比越戰總費用幾乎高出三分之一，是第一次世界大戰費用的兩倍。美國史上唯一一場戰爭費用大過它的，是第二次世界大戰。」Stiglitz and Bilmes, op. cit., pp. 5–6.

189 Mueller, op. cit., pp. 199–200.

190 越戰比伊戰掀起更大規模、更喧囂的反戰運動，它也沒有影響到伊戰的軌線。Mueller, op. cit., pp. 203–204.以伊拉克戰爭而言，反戰情緒得到民主黨助陣；而由於越戰是由民主黨籍總統打的，在越戰期間就比較少有民主黨嗆聲反戰的情事。

191 「……民眾對伊拉克的看重程度遠遠不及對以前〔在韓國及越南的〕戰爭……戰爭進行了兩年，支持度跌到只有百分之五十左右。可是，當年這一時刻，約有兩萬名美軍子弟在越南和韓國陣亡，而今在伊拉克只有約一千五百人陣亡。至少剛開始的時候，韓國和越南被看做是對抗國際共產主義重要的必需成分……雖然美國人最後不滿意〔越南〕戰爭，卻是比起伊拉克傷亡更加慘重後才發作。換句話說，就傷亡程度而言，對伊拉克戰爭的支持度遠比前面兩場戰爭任何一場，跌落得都更加快速。」Mueller, op. cit., pp. 200–201.

192 Ibid., pp. 197, 205. 「二〇〇三年秋天，百分之七十八的共和黨人仍支持伊拉克戰爭，但是百分之七十八的民主黨人不支持它。」Gordon and Shapiro, op. cit., pp. 192–193.

193 Joseph C. Wilson 4th, "What I Didn't Find in Africa," The New York Times, July 6, 2003, http://www.nytimes.com/2003/ 07/06/opinion/what-i-didn-t-find-in-africa.

194 整件事在法律上和道德上更可疵議的是，檢方採用法律上頗有疑義的手法對付李比。見Arthur Herman, "The Smearing

of Scooter Libby," Commentary, June, 2015; Peter Berkowitz, "The False Evidence Against Scooter Libby," The Wall Street Journal, April 7, 2015, p. A13; Peter Berkowitz, "Judith Miller Recants: Where's the Media?" Real Clear Politics, April 18, 2015, www.realclearpolitics.com/articles/2015/04/18/judith-miller-recants.

195 Mueller, op. cit., p. 204.參議院多數黨（共和黨）黨鞭、肯塔基州參議員米契・麥康諾（Mitch McConnell），在選舉前不久去見總統。「麥康諾告訴小布希：『總統先生，你的民意支持度低落將拖累我們失去國會控制權。』布希問：『米契，你希望我怎麼做？』麥康諾力促：『總統先生，把一些部隊從伊拉克撤回國。』」布希不肯。Baker, op. cit., p. 487.

196 它後來被稱為貝克—漢彌爾頓委員會。

197 Baker, op. cit., p. 513; Gordon and Trainor, The Endgame, p. 278.

198 二〇〇六年是美國在伊拉克最不順的一年，雖然它在五月份安排馬利基接任總理，六月份也擊斃蓋達組織在伊拉克的領導人札克威（Abu Musab al- Zarqawi）。Baker, op. cit, pp. 456, 474.

199 Gordon and Trainor, The Endgame, p. 370.

200 Ibid., p. 418.

201 Ricks, op. cit., p. 133.

202 這是Max Boot, Invisible Armies: An Epic History of Guerrilla Warfare from Ancient Times to the Present, New York: Liveright Publishing Corporation, 2013 一書的主題。

203 Mark Danner, "Warrior Petraeus," The New York Review of Books, March 7, 2013, p. 42.

204 Gordon and Trainor, The Endgame, p. 331; Fred Kaplan, The Insurgents: David Petraeus and the Plot to Change the American Way of War, New York: Simon & Schuster, 2013, p. 363.

205 小布希改變戰略，在他政府內部也遭到反對。轉任國務卿的萊斯（Condoleezza Rice）反對，伊拉克美軍司令喬治・凱西（George Casey）將軍和中央司令部總司令約翰・阿畢札德將軍也都反對。Gordon and Trainor, The Endgame, pp. 301,

307, 410.關於增兵伊拉克的計畫，陸軍參謀長彼得・休麥克（Peter Schoomaker）將軍告訴布希：「我們關心的是陸軍不堪負荷。」Baker, op. cit., p. 520.

206 蓋茲也擔任伊拉克研究小組委員，但是對新政策比較親善。

207 Gordon and Trainor, The Endgame, p. 366.

208 Ibid., p. 205; Boot, op. cit., pp. 542–543; Kaplan, op. cit., p. 266.在伊拉克建立行動電話系統使得追蹤叛軍領袖更容易。Dodge, Iraq: From War to a New Authoritarianism, p. 106.

209 和遜尼派「有可能合作，有大部分原因是伊拉克的遜尼派仍是部落社會。和酋長談妥了——承諾安全保障、交給他一大筆錢——他就可以率領整個部落歸附過來，即使這個部落往往在過去幾年都在殺老美。」Dexter Filkins, “Surging and Awakening,” The New Republic, May 20, 2009, p. 30.另參見Francis Fukuyama, The Origins of Political Order: From Prehuman Times to the French Revolution, New York: Farrar, Straus, and Giroux, 2011, p. 196.

210 Gordon and Trainor, The Endgame, pp. 35, 37, 96.

211 Ibid., pp. 347, 382–384.

212 美國人稱呼遜尼派新盟友為「伊拉克之子」（The Sons of Iraq）。Kaplan, op. cit., p. 262.有一項估計說，他們人數超過十萬人。Boot, op. cit., p. 533.

213 「從二〇〇七年至二〇〇九年，暴力事件減少九成以上。」Max Boot, “Doubling Down on Iraq,” The Wall Street Journal, November 2–3, 2013, p. C6.關於暴力事件減少的其他估計，見Dodge, Iraq: From War to a New Authoritarianism, p. 21; Gordon and Trainor, The Endgame, p. 338; Kaplan, op. cit., p. 267.

214 英軍占領巴斯拉，但在二〇〇七年底撤走。Gordon and Trainor, The Endgame, pp. 465–468.關於英軍在伊拉克的表現，見二〇一一年十Ibid., p. 481.

215 Ibid., chapter 25.

216 Ibid., chapter 26.

217 「……到了二〇〇八年底，認為美國的努力使情況改善的人，從百分之三十增加到百分之四十六，認為它們沒有影響的人，則從百分之五十一降到百分之三十二。認為美國做出重大進展的人，從百分之三十六上升到百分之四十六，認為美國將會贏得戰爭的人，由百分之二十一增加為百分之三十七。然而，儘管有這些變化……支持戰爭的人並沒有增加——針對另外的問題，是否贊成戰爭、是否覺得值得一戰或這是正確決定、或是否贊成有必要繼續留下作戰，也統統沒有增加。」" Mueller, op. cit., p. 214.

218 Gordon and Trainor, The Endgame, pp. 331–332, 437.

219 Ibid., pp. 529–532, 539–541, 556–558; Baker, op. cit., pp. 601, 619.

220 二〇一一年十二月十四日，在象徵美軍撤離的儀式上，歐巴馬總統說：「美軍部隊在伊拉克所做的一切——所有的作戰和捐軀、流血和建設，以及訓練和夥伴合作——全都導向這一刻的成功。」引自Adam Taylor, "World Views," The Washington Post, June 14, 2014, p. A10.

221 Gordon and Trainor, The Endgame, pp. 632, 638–639. Dodge, Iraq: From War to a New Authoritarianism, p. 152.根據二〇一〇年美國駐伊拉克大使的說法，「許多人認為歐巴馬政府當時支持馬利基。不是的。什葉派政黨在伊朗和新建的宗教團體支持下，堅持要由什葉派教徒出任新任總理。什葉派擁有國會半數席次，庫德族政黨擁有另外近百分之二十的席次，也偏向什葉派，馬利基是根本無可避免的選擇。」James Jeffrey, "How Maliki Broke Iraq," Politico, August 13, 2014, http://www.politico.com/magazine/story/2014/08/how-maliki-broke-iraq-109996.

222 Kaplan, op. cit., pp. 265, 269, 289; Gordon and Trainor, The Endgame, pp. 406, 506; Dodge, Iraq: From War to a New Authoritarianism, p. 81; Boot, op. cit., p. 544.

223 「伊拉克和美國官員，現任、前任都有，提到勒索、收賄、拿回扣和偷竊的種種故事。許多人涉及到竊取伊拉克的石油收入……」Dexter Filkins, "What We Left Behind," The New Yorker, April 28, 2014, www.newyorker.com/reporting/2014/04/28/140428fa.

224 Ibid.

225 「起先非常反對武裝及撥經費給遜尼派鬥士的主張，後來經由〔美國大使〕柯洛格（Ryan Crocker）和裴卓斯的強力遊說，馬利基終於放鬆立場，但是條件是由華府負擔經費。他後來同意雇用及出經費給某些部落戰士，但是大多數承諾都沒兌現——使得他們失業、氣憤，又遭到激進派誘惑。」Ali Khedery, "Why we stuck with Maliki— and lost Iraq," The Washington Post, July 3, 2014, www.washingtonpost.com/opinion/why-we-stuck-with-maliki.另參見Dodge, Iraq: From War to a New Authoritarianism, pp. 98–100.

226 Gordon and Trainor, The Endgame, p. 4.

227 "The slow road back," The Economist, March 2, 2013, p. 24.

228 Dodge, Iraq: From War to a New Authoritarianism, pp. 129,159, 174, 182, 206, 208.

229 見pp. 298–310.

230 在摩蘇爾，「小販穆罕默德說：『伊斯蘭國戰士來了好幾百人，又有許多戴黑面罩的人加入他們。許多人很樂意拿起武器。這是遜尼派革命的開始。』」Erika Solomon, "Mosul residents tell of army flight," Financial Times, June 14/ June 15, 2014, p. 4.在法魯加，「接受採訪的本地人說，在這個遜尼派居多數的城市最強大的占領部隊，不是蓋達組織，而是部落戰士，他們對馬利基的不耐終於爆發成為暴力相向。」 Mark Bradley and Ali A. Nabhan, "Iraqi Officer Takes Dark Turn to al Qaeda," The Wall Street Journal, March 17, 2014, p. A12.

231 伊斯蘭國的征服引起一個問題：美軍繼續駐在伊拉克是否就能阻止他們崛起呢？美國前任駐伊拉克大使認為阻止不了。James Franklin Jeffrey, "Behind the U.S. Withdrawal from Iraq," The Wall Street Journal, November 3, 2014, p. A15.

232 Chandrasekaran, op. cit., pp. 242–243.

233 「半自治的〔庫德族〕地區每年經濟成長率百分之十二，人均國內生產毛額比全國其他地區高出百分之五十。它的重要性日益上升有一個清楚跡象，就是本地區現在有二十五個領事館及外國代表處、七所大學和兩個國際機場。」David DeVoss, "The Other Iraq," The Weekly Standard, March 4, 2013, p. 27.

234 「有位庫德族朋友在艾爾比告訴我：『在庫德斯坦，領導人偷走約百分之二十，把百分之八十花在人民身上。在巴格達，百分比剛好反過來。』」Filkins, op. cit.

235 美國政府有時候出面扮演重要角色，緩和庫德族和鄰國土耳其之間的關係。Gordon and Trainor, The Endgame, pp. 450–455.

236 美國反對庫德族獨立有個例證，二〇一四年，庫德族不甩巴格達中央政府的想法，試圖在世界市場上出售石油，美國人站在巴格達這一方。見Steven Mufson, "How the U.S. got mixed up in a fight over Kurdish oil," The Washington Post, August 5, 2014, p. A1; Emre Peker, Sarah Kent, and Joe Parkinson, "In Challenge to Iraq, Kurds Pin Future on Stealth Oil Sales," The Wall Street Journal, July 22, 2014, p. A1.關於美國早先和庫德人的衝突，見Gordon and Trainor, Cobra II, pp. 448–450.

237 Gordon and Trainor, The Endgame, p. 291.

238 「認為〔伊拉克〕這件事是傻瓜白費力氣辦事，以及認為它是執行不力，這兩派可能要爭辯好幾年……我認為情報界在戰前評估說，戰後必定面臨艱鉅挑戰，其中有一層深義……就是不論如何專業地執行政策，挑戰與問題一定相當巨大……我認為，傻瓜白費力氣這個說法恐怕比較有道理。」美國情報官員保羅・皮拉（Paul Pillar）這段話見於Ferguson, op. cit., p. 532.

239 Ajami, op. cit., p. 343.

第五章

1 轉引自Elliott Abrams, Tested by Zion: The Bush Administration and the Israeli- Palestinian Conflict, New York: Cambridge University Press, 2013, p. 130.

2 "Remarks by President George W. Bush at the 20th Anniversary of the National Endowment for Democracy," November 6, 2003, www.ned.org/george-w-bush/remarks-by-president-george-w-bush.

3 Martin Kramer, "How Not to Fix the Middle East," Middle East Paper Number 7, Middle East Strategy at Harvard, December 2009, p. 1.

4 英、法兩國在第一次世界大戰之前都沒有完全脫離中東。英國從一八八〇年代起就主宰埃及。早在一八三〇年代，法國就將部分北非納為殖民屬地。

5 關於這些見Michael Oren, Power, Faith, and Fantasy: America in the Middle East, 1776 to the Present, New York: W.W. Norton and Company, 2007.

6 Joel S. Migdal, Shifting Sands: The United States in the Middle East, New York: Columbia University Press, 2014, p. 3.

7 Nadav Safran, Saudi Arabia: The Ceaseless Quest for Security, Cambridge, Massachusetts: Harvard University Press, 1985, p. 110.

8 「……實務上……雙元圍堵防衛性重於攻擊性，宣示性重於作業性。」Lawrence Freedman, A Choice of Enemies: America Confronts the Middle East, New York: Public Affairs, 2008, p. 301, citing Kenneth Pollack, The Persian Puzzle: The Conflict Between Iran and America, New York: Random House, 2004, p. 263.關於雙元圍堵，另參見Freedman, op. cit., p. 284.

9 一九五八年，美國短暫派兵進入黎巴嫩。當時艾森豪總統「希望傳遞訊息給納瑟和蘇聯」。Stephen Sestanovich, Maximalist: America and the World from Truman to Obama, New York: Knopf, 2014, p. 82.

10 英國期待它在歐洲大陸的盟國會在歐洲承擔作戰任務，大體上——直到二十世紀兩次大戰——國家情況也果真如此。」反之，美國並不期待它在中東的主要扈從沙烏地阿拉伯能夠保衛自己，當伊拉克一九九〇年威脅到沙烏地政權時，美國派出四十萬大軍來拯救它。

11 以色列是例外。它的民主制度是美國民眾支持它的原因之一。見本書三〇四至三〇六頁。

12 「友好的暴君」這個字詞和概念來自Daniel Pipes and Adam Garfinkle, editors, Friendly Tyrants: An American Dilemma, New York: St. Martin's Press, 1991.

13 冷戰時期有一段期間，希臘、西班牙和葡萄牙由專制政府主政。

14 關於馬德里會議，見Dennis Ross, The Missing Peace: The Inside Story of the Fight for Middle East Peace, New York: Farrar, Straus, and Giroux, 2004, pp. 80–81.

15 歌詞原文是「紐約最長久的騙局」。

16 「依據古蘭經教義，因為他們的偽宗教，先天上就低劣，不能被允許和穆斯林平等。對於穆斯林阿拉伯人而言，猶太人在穆斯林征服、且自從穆罕莫德以即由穆斯林控制的地區建立他們的國家以色列，只能說是太過分、斯可忍、孰不可忍。」Philip Carl Salzman, Culture and Conflict in the Middle East, Amherst, New York: Humanity Books, 2008, pp. 165–166.

17 Ibid., pp. 160–170.

18 埃及、約旦和敘利亞出動軍隊，伊拉克也派一支特遣部隊參與。

19 英國人氣憤埃及總統納瑟把英國人興建和經營的蘇伊士運河收歸國有。法國人則是報復納瑟支持阿爾及利亞人作亂、反抗法國殖民統治。

20 關於這場戰爭最權威的記載，見Michael B. Oren, Six Days of War: June 1967 and the Making of the Modern Middle East, New York: Oxford University Press, 2002.

21 關於美國對以色列獨立的政策，見Allis Radosh and Ronald Radosh, A Safe Haven: Harry S. Truman and the Founding of Israel, New York: Harper, 2009.

22 「詹森總統在白宮會見〔以色列外交部長阿巴．〕伊班（Abba Eban）之前，他的外交政策高級顧問華德．羅士陶（Walt Rostow）被迫到賓州蓋提斯堡（Gettysburg）前任總統艾森豪的家去拜訪。艾森豪交給羅士陶一份誓詞表明，一九五七年美國的確承諾，假如埃及再度關閉它，美方將會打開此一水道。」Oren, Six Days of War, p. 112.

23 這些協議列在Michael Mandelbaum, The Fate of Nations: The Search for National Security in the Nineteenth and Twentieth Centuries, New York: Cambridge University Press, 1988, p. 288.

24 挺諷刺的是，沙達特決定前往耶路撒冷是因為卡特政府的中東外交方向讓他起了戒心。他反對卡特政府召開國際會議、讓蘇聯有重要角色的計畫，因此前往以色列，設法阻止此一倡議。

25 結果變成「冷和」（cold peace）。二〇一三年，「以色列記者拿不到簽證赴埃及，埃及記者也因政府禁止，到不了以色列。以色列民航公司（El Al）因為營業及安全考量，停止飛往開羅的班機。開羅的「以色列學術中心」（Israeli

Academic Center）仍然開放，但主要僅供本地學生學習希伯萊文。而埃及政府也不鼓勵公民申請允許訪問以色列……」Ehud Yaari, "Israeli- Egyptian Peace: 40 years and Holding," Washington, DC: The Washington Institute for Near East Policy, Policy Watch 2149, October 2, 2013, p. 3.

26 美國也提供軍事人員駐在西奈半島，確保它維持非軍事化，這是條約所訂的條件之一。

27 他們最根本的怨恨是以色列的存在，美國處理這個問題的方式並不是阿拉伯世界樂見的方式。

28 關於聯結理論，見Dennis Ross and David Makovsky, Myths, Illusions, and Peace: Finding a New Direction for America in the Middle East, New York: Viking, 2009, chapters 2 and 3.

29 英國首相東尼．布萊爾特別強烈相信「聯結」理論，見Abrams, op. cit., pp. 39, 57.這個主張對歐巴馬政府高階官員的思想也有很強的影響。「『聯結』論——中東所有的爭議全都聯繫到以色列和巴勒斯坦人的爭議——成為歐巴馬政府的圭臬，而〔國家安全顧問詹姆斯〕瓊斯（James Jones）把它已經奉若宗教。他曾經當著以色列聽眾承認：『如果上帝在總統面前現身，聲稱祂可以在世間做一件事，那一定是兩國論方案。』」Michael B. Oren, Ally: My Journey Across the American- Israeli Divide, New York: Random House, 2015, p. 109.

30 「請注意埃及總統穆巴拉克二〇〇八年初的一段話，他和小布希總統共同主持記者會……提到兩人的對話：『我強調巴勒斯坦問題當然是中東問題和衝突的核心，也是防堵本區域危機和緊張的起始點……』」Ross and Makovsky, op. cit., p. 12.穆巴拉克玩的是轉移注意的手法。他說這段話是因為小布希政府公開向他施壓，要他做出它認為解決本地區問題最好的辦法、可是他堅決不幹（他始終也沒有做）的一件事：讓埃及的政治制度更加民主。關於這個議題，見本書三三六至三三八頁。

31 小布希總統「很清楚，儘管他們不斷高唱巴勒斯坦人權利，大多數阿拉伯領袖並未善待他們治下的巴勒斯坦居民，把自身利益放在遠遠超出號稱會保護的『巴勒斯坦』利益之上。」Abrams, op. cit., p. 2.副總統錢尼也有同樣的感覺。Ibid., p. 88.「在現實裡，阿拉伯國家往往只顧本身國家利益，阿拉伯人彼此的互動關係是他們自家的事，跟以阿衝突兩不相干。」Ross and Makovsky, op. cit., p. 88.

32 伊拉克研究小組由前任國務卿詹姆斯・貝克（James Baker）和前任國會眾議員李・漢彌爾頓（Lee Hamilton）擔任共同召集人。小組在二〇〇六年十二月提出報告，建議美軍撤出伊拉克。報告提到：「簡單地說，中東所有的關鍵問題——以阿衝突、伊拉克、伊朗、需要政治和經濟改革，以及極端主義和恐怖主義——全都錯綜複雜的糾纏在一起。」引自Ross and Makovsky, op. cit., p. 13.

33 Mandelbaum, op. cit., p. 281.埃及夠大、夠重要，它的總統可以單獨和以色列和談，其他阿拉伯國家和運動的領導人則不能、或至少不肯與以色列人單獨和解。

34 根據美國學界反猶太復國主義的主要人物東尼・賈德（Tony Judt）的說法，「中東危機的解決之道握在華府手裡。就此而言，大家普遍看法一致。」"An Alternative Future: An Exchange," The New York Review of Books, December 4, 2003, www.nybooks.com/articles/archives/2003/dec/04/an-alternative-future.〔譯按：賈德原籍英國，猶太人，長期在紐約大學任教，主要著作《戰後歐洲六十年》（*Postwar: A History of Europe Since 1945*）。〕

35 這是John J. Mearsheimer and Stephen Walt, The Israel Lobby and U.S. Foreign Policy, New York: Farrar, Straus, and Giroux, 2007一書的主題。關於這本書的扭曲和錯誤，特別參見Robert C. Lieberman, "The 'Israel Lobby' and American Politics," Perspectives on Politics, 7:2 (June 2009); Itamar Rabinovich, "Testing the 'Israel Lobby' Thesis," The American Interest, March/April 2008; and Jeffrey Goldberg, "The Usual Suspect," The New Republic, October 8, 2007. Goldberg指出，Mearsheimer和Walt指控以色列政府及其華府遊說團把美國推進二〇〇三年的戰爭，實際上以色列反對這場戰爭，認為伊朗才是更大的威脅。見pp. 49–50.

36 Yair Rosenberg, "U.S. Policy Is Pro- Israel Because Americans Are Pro- Israel, Not Because of AIPAC," Tablet, February 27, 2014, www.tabletmag.com/jewish-news-and-politics/164223.

37 「一九七三年之後再無以阿大戰，這件事證明以美、以同盟為基礎的這種大美和平（Pax Americana）是成功的。從現實主義的觀點看，支持以色列是維持中東某一部分地區秩序的低廉代價方法，由美國從境外管理、不必派出任何部隊。」Martin Kramer, "The American Interest," Azure, No. 26 (Fall 2006), pp. 21–33, www.martinkramer.org/sandbox/2006/12/

the-american-interest.

38 Migdal, op. cit., pp. 81–83.

39 關於以色列和美國與敘利亞之談判，見Itamar Rabinovich, The Brink of Peace: The Israeli- Syrian Negotiations, Princeton, New Jersey: Princeton University Press, 1998.作者是研究敘利亞的學界專家，一九九二年至一九九五年期間擔任以色列駐美大使，期間與敘利亞有廣泛的談判。儘管書名是「和平邊緣」，作者寫說：「這段期間（一九九二年八月至一九九六年三月）以色列和敘利亞從來沒有靠近突破的邊緣。」p. 235.關於這些談判，另參見Ross, The Missing Peace,尤其是chapters 5, 9, and 20–22,以及Martin Indyk, Innocent Abroad: An Intimate Account of American Peace Diplomacy in the Middle East, New York: Simon and Schuster, 2009,尤其是chapters 1, 6, 12–14.

40 Freedman, op. cit., p. 325.

41 Ross, op. cit., p. 142; Indyk, op. cit., p. 284.

42 「哈菲茲・阿薩德在大馬士革寫了一本舊劇本：反以色列的鬥爭高於其他任何事務的考量……告訴年輕世代，他們所渴望的麵包、自由和機會，他們想要接觸政府高牆所建立的大監獄之外的世界，必須等候敘利亞大旗在戈蘭高地升起以後。」Fouad Ajami, The Syrian Rebellion, Stanford, California: Hoover Institution Press, 2012, p. 70.另參見Barry Rubin, The Tragedy of the Middle East, New York: Cambridge University Press, 2002, p. 207.

43 Indyk, op. cit., p. 280.

44 Freedman, op. cit., p. 311.

45 在約旦，人數居少數的貝都因族（Bedouin）統治人數占多數的巴勒斯坦人。貝都因族不是沒有理由，他們害怕巴勒斯坦解放組織不只有意收復約旦河西岸地區，也覬覦約旦王國。

46 納唐雅胡二〇〇九年第二度出任總理時，在主持和平進程的美國官員心目中人緣更差，可是事件證明他對巴勒斯坦人的懷疑，比起美國對自身善意的信心，還更有事實根據。

47 阿拉法特在一九八三年說：「今天全體人類的命運正在受到一項真正的考驗，這是美國帝國主義瘋狂計畫的結果，它費盡心機努力要升高全球武器競賽……我們正在目睹美國是如何發動帝國主義戰爭。」引自Daniel Pipes, "Breaking All the Rules: The Middle East in U.S. Policy," International Security (Fall 1984) www.danielpipes.org/169/ breaking-all-the-rules-the-middle-east-in-us-policy.另參見Barry Rubin and Judith Colp Rubin, Yasir Arafat: A Political Biography, New York: Oxford University Press, 2003, p. 23.

48 「阿拉法特在第一次波斯灣戰爭後前往奧斯陸，不是因為他做出選擇，而是他別無選擇。他選錯邊和薩達姆・海珊站在一起，領導地位受到內、外挑戰。數十萬巴勒斯坦人被趕出波斯灣地區。巴勒斯坦解放組織失去它在波斯灣的財務基地後，陷入嚴重財務危機。阿拉伯世界許多人準備邊緣化他，特別是他似乎已經沒有新招。奧斯陸救了他。」Ross, op. cit., p. 766.

49 「奧斯陸進程從頭到尾，〔阿拉法特〕從來沒有宣布那些對以色列人執行恐怖及暴力行動的人不對、不合法、是巴勒斯坦大業的敵人。」Ibid., p. 776.

50 Freedman, op. cit., p. 318.二〇〇〇年，和平進程瓦解，他贊助和協助籌畫大規模的暴力行動。參見本書三二一至三二三頁。

51 「〔阿拉法特〕繼續推動對以色列的敵意行動。數以千計的巴勒斯坦兒童參加夏令營，被教導如何綁架以色列人。自殺炸彈客被稱為烈士……」Ross, op. cit., p. 766.另參見Rubin, The Tragedy of the Middle East, p. 221, and Rubin and Rubin, op. cit., p. 164.

52 Freedman, op. cit., p. 338.

53 「一九九八年，阿拉法特手下綁架〔在東耶路撒冷發行的〕《聖城報》（Al Kuds）總編輯，原因是他沒在頭版刊登一篇把阿拉法特比擬為薩拉丁（Saladin）的文章。薩拉丁是偉大的征服者，從十字軍手中收復耶路撒冷。文章是由吹捧阿拉法特的一個人撰寫，登在第三頁。總編輯因此被關了三天，還遭到毆打。」Edward Luttwak, "An Insufficient War," Times Literary Supplement, December 22, 2000, p. 12.另參見Rubin and Rubin, op. cit., p. 19.

54 Rubin and Rubin, op. cit., p. 225.

55 Ibid., p. 233.

56 Ibid., p. 144.

57 Abrams, op. cit., p. 24.

58 柯林頓中間缺席三天，到沖繩出席八國集團會議。

59 文章轉載於Indyk, op. cit., pp. 441–447.

60 Ibid., pp. 367–370.

61 「基於種種原因，在這段動亂時期〔一九四〇年代中期至一九五〇年代初期〕族群群體被強迫或自願、而且通常是在比巴勒斯坦人更惡劣的狀況下，經歷更長的距離而遷徙。不下於二十個不同的族群大遷徙——包括錫克族（Sikhs）、旁遮普的穆斯林和印度教徒、克里米亞的韃靼人、千島群島及庫頁島的日裔及韓裔居民、蘇聯的車臣人、印古什人（Ingush）〔譯按：在北高加索〕及巴爾卡爾人（Balkars）〔譯按：高加索地區一支突厥語民族〕……可是所有這些難民團體，除了其中之一，全都選擇盡其可能、努力克服新環境，大部分也都成功……唯一的例外就是巴勒斯坦人……」Andrew Roberts, "From an Era of Refugee Millions, Only Palestinians Remain," The Wall Street Journal, November 22–23, 2014, p. A13.

62 「回鄉權」在掌握約旦執政權的貝都因族中也很受歡迎，他們盼望巴勒斯坦人會因此大批地離開約旦，當然這個願望並未實現。"A kingdom of two halves," The Economist, March 8, 2014, p. 51.

63 柯林頓告訴阿拉法特：「沒有一個以色列總理會像巴拉克這樣思考得這麼深遠。可是他沒有得到阿拉法特有意義的回答。」Indyk, op. cit., p. 313.

64 「阿拉法特一到大衛營，就拚命想方設法逃跑。」Ibid., p. 326.

65 以色列外交部長所羅門．賓—艾密（Shlomo Ben- Ami）出席大衛營會議，他熱切主張和巴勒斯坦人妥協求和平。他說：「阿拉法特不是一個塵世的領袖。他自認為是個神話人物。他一直以現代的薩拉丁自居。因此，即使最具體的土地產權議題，他也不太感興趣。在大衛營，他很顯然不在尋求務實的解決方案，而專注在神話議題……他飄浮在伊斯蘭精神、難民精神和巴勒斯坦精神之上。阿拉法特的論述也從來不實際……到了進程末尾，你突然發現談判毫無進展，因為事實上你是在跟神話談判。」Ari Shavit, "End of a Journey," Haaretz.com, English edition, March 8, 2003.

66 「……以色列人傳統上想要和平，巴勒斯坦人則一直要求正義。」Oren, Ally, p. 323.

67 以色列在一九六七年後的情境正是國際關係學者所謂的「安全兩難」。見Mandelbaum, op. cit., pp. 254–266.

68 Rubin, The Tragedy of the Middle East, p. 196.

69 「哈瑪斯的策略是，躲在巴勒斯坦平民背後攻擊來招惹以色列反擊，以色列出手會殺了這些平民，讓全世界最大的新聞機構把傷亡情形拍下影片，他們知道國外群情激憤就會讓以色列人後悔莫及。這是很殘忍的策略，也是很有效的策略。它在記者合作下預謀規畫。」Matti Friedman, "What the Media Gets Wrong About Israel," The Atlantic, November 30, 2014, www.theatlantic.com/international/archive/2014/14/11/how-the-media-gets-israel-wrong.

70 阿拉法特說：「〔以色列人〕因為傷亡而痛苦。我不會。我的人民以成為烈士而光榮。」Indyk, op. cit., p. 352.

71 「巴勒斯坦內閣閣員伊馬德．法洛基（Imad Falouji）宣布，『自從主席阿拉法特從大衛營回來後，就在計畫』起義，他在大衛營『當著美國前任總統的面掀桌子，拒絕美方的條件。』」引自Ross, op. cit., p. 730.另參見Rubin and Rubin, op. cit., p. 258; Indyk, op. cit., p. 354; and Edward Luttwak, "The Facts about Palestine," Times Literary Supplement, January 19, 2001, p. 17.

72 Abrams, op. cit., p. 31.

73 「二〇〇二年，四百五十一個以色列人因恐怖攻擊喪生，許多人死在是年頭幾個月。次年喪生者二百一十四人，二〇〇四年再減半，只有一百一十七人喪生。二〇〇五年又再次減半。」Freedman, op. cit., p. 460.二〇〇六年罹難者只有十五人，Abrams, op. cit., p. 122.

74 Ross and Makovsky, op. cit., p. 21.

75 Abrams, op. cit., p. 186–191.

76 「戰爭過後，〔納斯拉拉〕承認，他『一點都沒想到搶占行動會在此時引起這麼大規模的戰爭』。早知如此，他就不會動手去占領，『絕對不會』。」Freedman, op. cit., p. 481.

77 有些說法說夏隆也打算退出大部分西岸地區，但是中風結束了他的事業，因此以色列沒有退出。Abrams, op. cit., p. 154.

78 關於哈瑪斯的章程，見Freedman, op. cit., p. 260.哈瑪斯最具代表性的公開言論是，它的一名領導人哈立德．馬夏爾（Khaled Mashal）在第二次起義期間宣稱：「真主保佑，明天我們將領導世界。〔你們異教徒〕今天就道歉吧，日後後悔不會有用。我們的民族向前推進，你們最好要尊敬勝利的民族……以色列滅亡之前，它一定會受到羞辱和輕蔑。真主保佑，在他們滅亡前，他們每天都會遭遇羞辱和輕蔑。」引自Richard Landes, “Why the Arab World Is Lost in an Emotional Nakba, and How We Keep It There,” Tablet, June 24, 2014, www.tabletmag.com/jewish-news-and-politics/176673.

79 Abrams, op. cit., pp. 144–146.美國國務院相信，法塔會贏得選舉，不料卻錯了。

80 「……柯林頓利用這個短促、且通常是禮儀性的見面機會，向他的接班人宣洩他的挫折感。他告訴小布希和副總統當選人錢尼，阿拉法特破壞和平進程；錢尼後來經常說，柯林頓非常氣憤，也一再強烈警告新團隊不能相信阿拉法特。」Abrams, op. cit., p. 5.

81 Abrams, op. cit., pp. 25–27; Freedman, op. cit., p. 454.

82 一九四七年十一月聯合國一八一號決議建議，在巴勒斯坦託管地建立一個猶太國家，美國投票贊成，也主張在它旁邊建立一個阿拉伯人的巴勒斯坦國家。

83 關於邊界和難民這兩項改變，寫在二〇〇五年四月十四日布希給夏隆的一封信內。Abrams, op. cit., pp. 104–109.

84 Ibid., p. 75.

85 約旦統治此一地區，但只有兩個國家正式承認約旦在當地的主權。

86 屯墾區也造成以色列內部意見分歧。有些以色列人強烈贊成維持和擴大它們、也有些人同樣強烈反對。見Gadi Taub, The Settlers: And the Struggle Over the Meaning of Zionism, New Haven, Connecticut: Yale University Press, 2010.

87 Abrams, op. cit., pp. 67, 260, 311.另參見Condoleezza Rice, No Higher Honor: A Memoir of My Years in Washington, New York:

Crown Publishers, 2011, pp. 281–283.

88 以色列有幾個方案是以綠線內的土地交換綠線外的土地，以彌補巴勒斯坦人，這些地方將是以色列的一部分。

89 Abrams, op. cit., pp. 41–42.

90 Ibid., p. 52.

91 「〔阿巴斯〕一向都是可以合作愉快的人物，他很有幽默感，對美國人也有好感……但是從主席以下，我們從當天起就很懷疑，他是否能兌現他的承諾。他的個性似乎更適合擔任北歐某個小而和平的國家的總理，而不是領導巴勒斯坦人。」Abrams, op. cit., p. 75.

92 Efraim Karsh, "Palestinian Leaders Don't Want an Independent State," Middle East Quarterly (Summer 2014), www.meforum.org/3831/palestinians-reject-statehood.

93 「巴勒斯坦最近正式煽動的另一個主題是把以色列和猶太人妖魔化，通常把他們貶抑為禽獸。譬如，二〇一三年一月九日，巴勒斯坦臨時政府電視台播放一位巴勒斯坦伊瑪目（Imam）的演講，當著巴勒斯坦臨時政府宗教事務部長的面，指稱猶太人是『人猿和豬』，又重覆gharqad hadith——這是傳統的穆斯林經文，提到穆斯林躲在樹林和巨岩背後殺猶太人，因為『在你和猶太人作戰之前，審判日不會到來。』」David Pollock, "Time to End Palestinian Incitement," Fathom (Autumn 2013）, http://fathomjournal.org/time-to-end-palestinian-incitement/.

94 Dov Zakheim, A Vulcan's Tale: How the Bush Administration Mismanaged the Reconstruction of Afghanistan, Washington, DC: Brookings Institution Press, 2011, p. 283.

95 George Packer, The Assassins' Gate: America in Iraq, New York: Farrar, Straus, and Giroux, 2005, p. 111.

96 Rice, op. cit., p. 293.

97 Ibid., p. 603.

98 Abrams, op. cit., pp. 196, 202, 216.

99 「歐麥德政治上愈趨弱勢，他就似乎愈發願意行險。就個人心理而言，這或許合邏輯，但是這會把以色列帶到哪裡去?他會走多遠?——或許更要緊的是，有人跟他一起去嗎?」Ibid., p. 233.

100 Ibid., pp. 288, 293.

101 Migdal, op. cit., p. 255.

102 Elliott Abrams, "Hillary Is Wrong About the Settlements," The Wall Street Journal, June 6, 2009, www.wsj.com/articles/SB12458874382743827950599.

103 巴勒斯坦的一項要求得到美國的支持，以色列釋放了一些巴勒斯坦犯人，其中有些因謀殺以色列平民被判處有罪。

104 Salzman, op. cit., chapter 7.

105 「在巴勒斯坦地區或阿拉伯世界，能有人組織政黨，鼓吹和以色列和平、共存與和諧嗎?反之，巴勒斯坦人和阿拉伯人能聽到的唯一聲音是，主張杯葛和『去正當化』以色列的聲音。任何巴勒斯坦人或阿拉伯人膽敢和以色列人說話，或是到以色列訪問的話，會被扣上推動與『猶太復國主義敵人』『關係正常化』的叛徒帽子。」Khaled Abu Toameh, "Where Are the Moderate Arabs and Palestinians?" Gatestone Insitute, online article, June 4, 2012, www. gatestoneinstitute.org/3091/moderate-arabs-palestinians

106 「接受〔和以色列〕修好，會把巴勒斯坦人從世界最悽慘的受害人一下子變成普通（而且極其可能的失敗的）民族國家。這會迫使巴勒斯坦領導人變成要負責任，說話算話，承擔起建國的艱鉅任務。」Efraim Karsh, "The Myth of Palestinian Centrality," Mideast Security and Policy Studies No. 108, Begin- Sadat Center for Strategic Studies, 2014, p. 3.

107 Ross, op. cit., p. 105; Abrams, Tested by Zion, p. 258.

108 Joshua Muravchik, Making David into Goliath: How the World Turned Against Israel, New York: Encounter Books, 2014, especially chapter 6.

109 見pp. 8–9.

110 這篇演講稿是由布希下列幾次先前的演講為基礎再衍伸而來：二〇〇三年二月在華府美國企業研究所（American Enterprise Institute）的演講、二〇〇三年十一月在華府國家民主基金會（National Endowment for Democracy）的演講，以及同月稍後在倫敦白廳宮（Whitehall Palace）的演講。

111 Peter Baker, Days of Fire: Bush and Cheney in the White House, New York: Doubleday, 2013, p. 373.

112 Tamara Coffman Wittes, Freedom's Unsteady March: America's Role in Building Arab Democracy, Washington, DC: Brookings Institution Press, 2008, pp. 85–97討論到這些計畫。

113 Steven A. Cook, The Struggle for Egypt: From Nasser to Tahrir Square, New York: Oxford University Press, 2012, p. 264.

114 Rice, op. cit., p. 337.

115 Ibid., p. 337.

116 Ibid., p. 379.

117 Wittes, op. cit., p. 85.

118 James Mann, The Rise of the Vulcans: The History of Bush's War Cabinet, New York: Viking, 2004, p. 367.

119 Rice, op. cit., p. 376.

120 Cook, op. cit., p. 252.

121 Wittes, op. cit., p. 74.「藉由悄悄允許保守的、反西方宗教運動的興起，阿拉伯專制者可以把自己向西方打扮成抵抗伊斯蘭主義惡鬼的堡壘的模樣。」Larry Diamond, Marc F. Plattner, and Nate Grubman, "Introduction," in Diamond and Plattner, editors, Democratization and Authoritarianism in the Arab World, Baltimore: Johns Hopkins University Press, 2014, p. xviii.

122 「……終〔布希〕政府執政期間，美國有關阿拉伯民主的勇敢意向，一再受到本地區基本變化的實質及預期風險所阻礙……最後，不論是執行或效應上，他政府的行動都及不上言詞的高亢。」Wittes, op. cit., p. 77.

123 Cook, op. cit., p. 260.

124 自古以來，自由與選舉——全民主權——被認為不能相容。一直要到十九世紀下半葉，才變得清楚，兩者可以成為同一個政治制度的一部分。Michael Mandelbaum, Democracy's Good Name: The Rise and Risks of The World's Most Popular

Form of Government, New York: Public Affairs, 2007, chapter 1.

125 「……彷彿魚往往最後才發現水，美國政治階級通常似乎都認為民主主要是一種技術性的運作，只要組織政黨、保障出版自由及投票就行，而不是態度上要具體體現特定的歷史經驗，它們在實務上絕非普世皆然。」Adam Garfinkle, “Reflections on the 9/ 11 Decade,” The American Interest, September 22, 2011, www.the-american-interest.com.

126 在中東地區，「攸關民主社會的某些規範——信任、政治利益和參與政治及公民社會組織——只得到相當淡漠的支持。」Diamond, Plattner, and Grubman, op. cit., p. xvii.

127 Wittes, op. cit., p. 2.

128 「西方人已經習慣以暴政及自由來判別好政府或壞政府。在中東，自由是法律名詞、不是政治名詞。它指的是某人不是奴隸；和西方人不同的是，穆斯林不用奴隸與自由做政治比喻。就傳統的穆斯林而言，暴政的反面不是自由、而是正義。」Bernard Lewis, What Went Wrong? Western Impact and Middle Eastern Response, New York: Oxford University Press, p. 54.

129 Salzman, op. cit., pp. 176–187.貝都因人對中東國家的凸顯形貌常用一句話來描述：「我跟我的兄弟手足幹架；我和我的兄弟手足又和堂表兄弟們幹架；但是我們兄弟手足和堂表兄弟聯手和陌生人幹架。」

130 自由市場和民主之間的關係，是Mandelbaum, Democracy’s Good Name, chapter 3的主題。

131 Wittes, op. cit., p. 60; Dalibor Rohac, “The Dead Hand of Socialism: State Ownership in the Arab World,” Washington, DC: Cato Institute Policy Analysis Number 753, August 25, 2014.關於阿拉伯經濟更廣泛的討論，見Marcus Noland and Howard Pack, The Arab Economies in a Changing World, Washington, DC: Peterson Institute for International Economics, 2007.

132 Lewis, op. cit., “Introduction.”

133 「阿拉伯主流民族主義者和伊斯蘭主義者動輒不用頭腦、以膝跳反應反對美國一切作為時，美國想要推展民主或做些什麼事，是很難產生影響力的。這種膝跳反應一向不是誠實的誤解、或是獨立檢驗了事實的結果，而是因為打反美這張牌很有用，可以挑激民族主義和宗教憤怒。」Rubin, The Long War for Freedom, p. 128.

134 Lewis, op. cit., pp. 100–101; Daniel Pipes, In the Path of God: Islam and Political Power, New York: Basic Books, 1983, p. 11.

135 關於阿拉伯伊斯蘭的元素與民主不相容，見Adam Garfinkle, “Missionary Creep in Egypt,” The American Interest, July 11, 2013, www.the-american-interest.com/garfinkle/2013/07/11.

136 「……民主在阿爾巴尼亞、印度、印尼、塞內加爾和土耳其相對成功——它們的穆斯林人口合計達五億——由此強烈證明沒有穆斯林秀異主義（Muslim exceptionalism）這一回事。」 Diamond, Plattner, and Grubman, op. cit., p. xix.

137 Pipes, op. cit., p. 92.

138 這是前註所引一書的主題。

139 Ibid., p. 304.

140 “What Went Wrong: Bernard Lewis Discusses the Past, Present, and Future of the Middle East,” Princeton Alumni Weekly, September 11, 2002, www.princeton.edu/paw/archive.劉易士在提出這段評語之前還交代了一段他的觀察：「瓦哈比派的伊斯蘭非常狂熱，可以說是完全不知寬容、非常壓迫女性。二十世紀有兩件事使得瓦哈比派十分的重要。第一是紹德王室的酋長是瓦哈比派，他們又控制了伊斯蘭聖地麥加（Mecca）和麥迪納（Medina），使他們在穆斯林世界有極高的聲望。第二、或許更重要的是，他們掌握了油井和石油帶來的無窮財富。」

141 James Mann, The Obamians: The Struggle Inside the White House to Redefine American Power, New York: Viking, 2012, p. 159.

142 Ibid., p. 161.

143 歐巴馬在當選總統之前說：「有一天我舉手宣誓就任美國總統時，世界將以不同的眼神看待我們……」引自Joseph Lelyveld, “Obama: Confessions of the Consultant,” The New York Review of Books, April 23, 2015, p. 10.

144 關於此一演說，見Mann, op. cit., pp. 143–147.

145 「我來到這裡尋求美國與全世界穆斯林的新開始……」“Text: Obama’s Cairo Speech,” www.nytimes.com/2009/06/04/us/politics/04obama.text.html?.

146 Ibid.

147 Mann, op. cit., pp. 83–84.

148 歐巴馬在二〇一三年發動與伊朗伊斯蘭共和國就其核計畫展開秘密談判。

149 Colin Dueck, The Obama Doctrine: American Grand Strategy Today, New York, Oxford University Press, 2015, p. 53.

150 「除了突尼西亞之外，埃及、葉門、利比亞、敘利亞、巴林和摩洛哥政府全都受到大規模抗議的擾動……約旦、伊拉克和沙烏地阿拉伯等其他國家則感受到較小抗議的針刺。」Migdal, op. cit., p. 330.

151 人口學家把這一群人稱為「青年膨脹」（youth bulge）。關於「青年膨脹」製造不安定的潛力，見Richard Jackson and Neil Howe, The Graying of the Great Powers: Demography and Geopolitics in the 21st Century, Washington, DC: Center for Strategic and International Studies, 2008, pp. 141–150.敘利亞爆發叛變時，它的「人口正好處於危險的年輕階段：百分之五十年齡不滿十九歲，而二十五歲以下人民有百分之五十七失業。」Ajami, op. cit., p. 71.

152 Mann, op. cit., pp. 266–267.

153 「……我正在和國家安全會議高級官員討論埃及局勢時，消息傳來穆巴拉克已被推翻。他們顯得很高興開羅有此發展——大家擊掌慶賀——很高興自己『站在歷史正確的一邊』。」Oren, Ally, p. 200.

154 Diamond, Plattner, and Grubman, op. cit., pp. xxiii, xxv.

155 Dueck, op. cit., p. 78.

156 關於穆斯林兄弟會執政期間的情形，見Samuel Tadros, “Victory or Death: The Muslim Brotherhood in the Trenches,” Current Trends in Islamist Ideology, Vol. 15, Washington, DC: The Hudson Institute, Center on Islam, Democracy, and the Future of the Muslim World, August 2, 2013, pp. 5–24, http://www.hudson.org/research/9687-victory-or-death-the-muslim-brotherhood-in-the-trenches.

157 Cook, op. cit., p. 302.

158 Ibid., p. 304. 「歐巴馬政府……設法讓軍方（以及軍方以外人士）以為它支持〔穆斯林〕兄弟會，然後又讓兄弟會以為它支持軍方。其實它是誰也不支持：它只是試圖避免在塵埃落定前失去所有的影響力而已……」 Adam Garfinkle,

"Our Storyteller in Chief," The American Interest, May 13, 2014, www.the-american-interest.com/garfinkle/2014/05/13/our-storyteller-in-chief/.

159 關於埃及財政困難的詳情，見Steven A. Cook, "Egypt's Solvency Crisis," New York: Council on Foreign Relations, Center for Preventive Action Contingency Planning Memorandum No. 20, April, 2014.

160 雖然兩者都正式擁抱伊斯蘭主義原則，穆斯林兄弟會認為紹德家族是阿拉伯半島不正當的統治者，因而和沙烏地阿拉伯政府結下大仇。

161 「歐巴馬和柯林頓打電話給巴林領導人表示關切，但他們對巴林抗議者表現的支持，遠不及對埃及解放廣場抗議者的支持來得強大……巴林鎮壓抗議時，美國呼籲警察和安全部隊節制，沒人理它。歐巴馬政府若要再進一步推動巴林的民主，就必須要願意冒撕毀美國過去七十年和沙烏地阿拉伯建立關係的風險。」Mann, op. cit., p. 272.

162 通常認為起義始於二月十七日。Christopher Chivvis, Toppling Qaddafi: Libya and the Limits of Liberal Intervention, New York: Cambridge University Press, 2014, p. 25.

163 Freedman, op. cit., pp. 485–486; Baker, op. cit., pp. 620–621.

164 Mann, op. cit., pp. 286–289; Chivvis, op. cit., p. 38.

165 Mann, op. cit., pp. 284–286.這本書是A Problem from Hell: America and the Age of Genocide, New York: Harper Perennial, 2003;第一版發表於二〇〇二年。

166 Mann, op. cit., p. 290.

167 二〇〇五年，Doris Kearns Goodwin出版的書，書名Team of Rivals: The Political Genius of Abraham Lincoln (Simon & Schuster).

168 引自Chivvis, op. cit., p. 92.

169 Ibid., p. 93.

170 二〇一四年底，「利比亞有兩個對立的政府、兩個國會、兩派人馬各自宣稱掌控中央銀行和國營石油公司，沒有正常運作的全國警察或軍隊，只有一堆民兵欺凌全國六百萬人民，掠奪國家殘餘的財富，破壞已經所剩無幾的基礎設施，在他們的地盤裡濫肆殺戮。」"The next failed state," The Economist, January 10, 2015, p. 10.

171 Alan J. Kuperman, "A Model Humanitarian Intervention? Reassessing NATO's Libya Campaign," International Security, 38:1 (Summer 2013) pp. 128–129; Joshua Hammer, "When the Jihad Came to Mali," The New York Review of Books, March 21, 2013.

172 這是Kuperman前引書的主要論據。特別參見pp. 108–113.「政府的確企圖嚇唬叛軍，揚言要全力追剿他們。譬如，格達費的兒子賽義夫（Saif al- Islam）在二月二十日宣稱，『我們會戰到最後一男一女和最後一發子彈。』兩天後，格達費也提出警告，宣稱他會派部隊到部落地區，『把利比亞每一寸土地都消毒乾淨』，『掃除這些鼠輩（叛軍）』。但是，這些言詞並未化為針對民眾的報復仇殺。」。Ibid., p. 112.

173 Ibid., pp. 116–123.估計死者人數在八千至一萬一千五百人之間。Ibid., p. 123.

174 二〇一四年七月的里波利變得十分危險，美國將其外交官員撤離。

175 Emile Hokayem, Syria's Uprising and the Fracturing of the Levant, London: Routledge for the International Institute for Strategic Studies, 2013, pp. 28, 43.乾旱可能因人為的氣候變遷而更加惡化。「馬爾薩斯（Malthus）從他墳墓朝著敘利亞方向笑逐顏開，氣候變遷侵襲本地，毀了敘利亞農村地區。降雨模式改變導致近年來整個中東地區陷入漫長的乾旱。但是災情在敘利亞最為慘重……全國各地紛傳水源短缺，有些農村地區成為赤貧災區。整個村子和田野遭到棄置、棄耕。敘利亞各城市的貧民窟擠滿了數十萬氣候難民。」Aymenn Jawad Al- Tamimi and Oskar Svadkovsky, "Demography Is Destiny in Syria," The American Spectator, February 6, 2012, www.meforum.org/3170/syria-demography.

176 Hokayem, op. cit., p. 39.

177 Ajami, op. cit., p. 154.

178 David A. Graham, "Attacking Syria Is the Least Popular Intervention Idea since Kosovo," The Atlantic, September 6, 2013. www.theatlantic.com/politics/archive/2013/09/attacking-syria-is-the-least-popular-intervention-idea-since-kosovo.

179 敘利亞政府交出部分化學武器，但不是全部。

180 有人簡稱它為「伊斯蘭國」（Islamic State），歐巴馬政府稱之為「伊拉克及黎凡特伊斯蘭國」（Islamic State of Iraq and the Levant）。

181 見pp. 240–241.

182 羅馬尼亞爆發亂事，共產黨獨裁者尼古拉·西奧塞古（Nicolae Ceausescu）遭到處決。

183 烏克蘭和烏拉山以西的俄羅斯屬於現在的東歐。

第六章

1 Geoff Dyer, Contest of the Century: The New Era of Competition with China— and How America Can Win, New York: Alfred A. Knopf, 2014, p. 47.

2 “How the west lost Putin,” Financial Times, February 3, 2015, p. 6.

3 關於這個議題，參見Walter Russell Mead, “The Return of Geopolitics: The Revenge of the Revisionist Powers,” Foreign Affairs (May/ June 2014).

4 Michael Mandelbaum, “Foreign Policy As Social Work,” Foreign Affairs, 75:1 (January/ February 1996), pp. 16–32.

5 關於戰爭式微，見Michael Mandelbaum, “Is Major War Obsolete?” Survival, 10:4 (Winter 1998/ 1999), pp. 20–38.

6 Michael Mandelbaum, The Case for Goliath: How America Acts as the World’s Government in the Twenty- first Century, New York: Public Affairs, 2006, chapter 3.

7 關於俄羅斯和中國行為的改變，見Gideon Rachman, Zero- Sum Future: American Power in an Age of Anxiety, New York: Simon and Schuster, 2011, pp. 233–240.

8 Michael Mandelbaum, The Road to Global Prosperity, New York: Simon and Schuster, 2014, pp. xiii- xxi.

9 Mandelbaum, The Case for Goliath, chapter 3.

10 Mandelbaum, The Road to Global Prosperity, pp. 87, 90–91.

11 Alan Blinder, After the Music Stopped: The Financial Crisis, the Response, and the World Ahead, New York: Penguin Press, 2013, p. 29; Mandelbaum, The Road to Global Prosperity, pp. 84–86.

12 關於二〇〇八年金融危機的總覽及其原因，見Blinder, op. cit., Part II.

13 見p. 142.

14 Martin Wolf, The Shifts and the Shocks: What We've Learned— and Have Still to Learn— from the Financial Crisis, New York: Penguin Press, 2014, pp. xvi, 194–196.

15 關於二〇〇一年九月十一日之後美國政府作法過當的討論，見本書一八〇至一八六頁。關於金融危機期間類近過當、或至少史無前例的一些措施之討論，可參見Blinder, op. cit., p. 136.

16 見pp. 45–49.

17 關於國際合作以抑制對全球經濟的傷害，見Daniel Drezner, The System Worked: How the World Stopped Another Great Depression, New York: Oxford University Press, 2014, chapter 2.

18 Wolf, op. cit., p. 9.

19 Ibid., p. 4; Mandelbaum, The Road to Global Prosperity, pp. 103–108.

20 Blinder, op. cit., p. 35.

21 Wolf, op. cit., p. 125, 136–138.

22 關於二〇〇八年經濟危機對美國全球力量的影響，見Rachman, op. cit., pp. 179–185.

23 「這些危機最後的代價有多大，仍然不清楚。但是，以美國和英國來說，財務代價大約相當於一場世界大戰，而經濟代價的現值恐怕還會更大，因為戰爭之後的經濟通常復原比金融危機之後來得更強大……」 Wolf, op. cit., p. 325.

24 可是，後二〇〇八年的國內重點還未包括處理美國主要長期問題，以及對其支持全球貿易、投資及和平能力的主要威脅，例如：美國巨大的財政赤字、國內醫療費用價格大幅攀升的後果，以及一九四六年至一九六四年期間出生的七千五百多萬「嬰兒潮世代」人口老齡化所產生的退休年金和醫療照護費用大增的問題。關於這些議題，見Michael

Mandelbaum, The Frugal Superpower: America's Global Leadership in a Cash- Strapped Era, New York: Public Affairs, 2010, chapter 1.

25 關於歐元危機的總覽，見Wolf, op. cit., chapter 2, and Mandelbaum, The Road to Global Prosperity, pp. 108–118.

26 Wolf, op. cit., pp. 289–291, 309; Mandelbaum, The Road to Global Prosperity, pp. 109–110.

27 柯林頓政府捨棄「流氓國家」這個字詞，改用「關心國家」（states of concern），但是新名詞沒有流行起來。Robert S. Litwak, Regime Change: U.S. Strategy through the Prism of 9/ 11, Baltimore: The Johns Hopkins University Press, 2007, p. 213.

28 Mandelbaum, The Case for Goliath, p. 41.

29 反擴散的體制也包括「核供應國家集團」（Nuclear Suppliers Group）和「飛彈科技管制體制」（Missile Technology Control Regime），Ibid., p. 47.〔譯按：前者成立於一九七四年，主旨是透過保護、監管、限制出口及轉運等方式，管控可能與核武相關的原物料及技術，以遏止核武在全球散布。後者是雷根總統一九八二年推動，現在有三十五個國家參與的自願組織，旨在規範與管制國家的飛彈技術輸出與擴散。〕

30 用在作戰的這兩顆原子彈，第一顆一九四五年八月六日投擲在日本廣島，它用的是鈾；第二顆在同年八月九日投擲在日本長崎，用的是鈽。

31 這個計畫名稱為「合作降低威脅倡議」（Cooperative Threat Reduction initiative），俗稱「努恩—魯嘉方案」，因為共同提案人是喬治亞州民主黨籍聯邦參議員山姆．努恩（Sam Nunn）和印第安那州共和黨籍聯邦參議員理查．魯嘉（Richard Lugar）。見本書第七十八至八〇頁。

32 從美國的觀點看，巴基斯坦的核計畫絲毫不懷好意。它的一位設計師卡恩（A. Q. Kahn）把敏感技術移轉給好幾個流氓國家。美國官員擔心巴基斯坦政府若是遭推翻或分裂，會使伊斯蘭恐怖分子有機會控制巴基斯坦的核武。見本書第二〇三至二〇五頁。

33 「這些國家及其恐怖分子盟友構成邪惡軸心，武裝起來威脅世界和平。藉由尋求大規模毀滅性武器，這些政權構成嚴重、且愈來愈大的危險。他們可以提供這些武器給恐怖分子，讓他們有手段實現其仇恨。他們可以攻擊我們的盟國或企圖勒索美國。」引自Peter Baker, Days of Fire: Bush and Cheney in the White House, New York: Doubleday, 2013, p. 186.

34 Litwak, Regime Change, pp. 247–249.

35 反應爐曾經在一九八九年關閉，當時估計已經從它提煉夠製造兩枚核彈的鈽。Robert S. Litwak, Outlier States: American Strategies to Change, Contain, or Engage Regimes, Baltimore: The Johns Hopkins University Press, 2012, p. 141.

36 Don Oberdorfer, The Two Koreas: A Contemporary History, Reading, Massachusetts: Addison- Wesley, 1997, pp. 305–306.

37 見pp. 90–92.

38 Litwak, Regime Change, p. 256.

39 「……柯林頓政府即使在一九九九年至二〇〇〇年間進行彈道飛彈談判時，已經接到零星報告，指出北韓違反核協定，秘密進行濃縮鈾計畫。」 Ibid, p. 260–261.

40 Ibid., p. 260.柯林頓政府承諾要保護受他們政府壓迫的人民，但是一碰上北韓的核計畫，統統化為烏有。國務卿歐布萊特以聲討的確邪惡的塞爾維亞領導人米洛塞維奇為其公職的代表作，可是當她二〇〇〇年訪問平壤時，卻恭維更加惡劣的北韓領導人金正日，只因為他「盛情款待」。金正日是在他父親一九九四年去世後接掌大位，其政權造成無辜人民喪生的人數遠超過米洛塞維奇。引自Michael Rubin, Dancing with the Devil: The Perils of Engaging Rogue Regimes, New York: Encounter Books, 2014, p. 118.

41 關於此一談判，副總統錢尼說：「我們不和惡魔談判；我們要將它擊敗。」引自Litwak, Regime Change, p. 246.

42 Rubin, op. cit., p. 120; Baker, op. cit., p. 227.

43 Litwak, Outlier States, pp. 145–146.

44 David Sanger, Confront and Conceal: Obama's Secret Wars and Surprising Use of American Power, New York: Crown Publishers, 2012, p. 403–404.

45 根據一項估計，北韓有足夠原料在二〇一四年底以前製造六至八枚核彈。“Nuclear Weapons: Who Has What At a Glance,” Fact Sheets and Briefs, The Arms Control Association, www.armscontrol.org/factsheets/Nuclearweaponswhohaswhat.

46 Rubin, op. cit., p. 132.南韓和日本也提供價值數億美元的援助。

47 這個字詞源自Sanger, op. cit., p. 406.另參見Rubin, op. cit., p. 133. Dancing with the Devil詳細探討和流氓國家談判必然失敗的種種原因。

48 「〔一九九四年〕當時的南韓美軍總司令蓋瑞・拉克（Gary Luck）將軍警告說，〔朝鮮半島若爆發大戰〕將造成一百萬人死傷，經濟代價一兆美元。」 Litwak, Outlier States, p. 142.

49 Rubin, op. cit., pp. 108–109.某些估計認為北韓經濟在一九九〇年代萎縮百分之五十。Litwak, Regime Change, p. 275.

50 北韓將估計約三分之一的國內生產毛額投注在軍事用途，遠比任何一個未積極交戰中的國家來得大。www.wisegeek.com/what-percent-of-gdp-do-countries-spend-on-military.

51 「北京實質上提供大量的補貼，北韓每年從中國的進口極大，比起它出口到中國的數字高出十億美元。」Richard N. Haass, “Time to End the North Korean Threat,” The Wall Street Journal, December 24, 2014, p. A15.

52 Sanger, op. cit., p. 384.

53 「……南韓官員談到需要『逐漸將北韓引回到世界社群』，這句話暗示對他們的噩夢劇本——朝鮮民主人民共和國劇烈內爆，對大韓民國產生深刻的社會和經濟衝擊——施行政治補助救。」Litwak, Regime Change, pp. 252–253.

54 「南韓總統盧武鉉……二〇〇三年五月訪問華府（海珊前幾個星期才遭到推翻），他告訴白宮，漢城不支持以任何軍事行動對付平壤。」Ibid., pp. 281–282.

55 美國情報機關估計，北韓在二〇一二年已有十二枚核彈。Litwak, Outlier States, p. 138.

56 小布希政府官員說，美國會採取行動對付核武如此轉移。Litwak, Regime Change, pp. 272–273.小布希總統本身也有比較不斷然的聲明。Baker, op. cit., p. 493.

57 關於這些議題，涉及到北韓核武能力的「操作能力」，見Gregory J. Moore, editor, North Korea’s Nuclear Operationality,

Baltimore: Johns Hopkins University Press, 2014.

58 Ashton B. Carter and William J. Perry, "If Necessary, Strike and Destroy," The Washington Post, June 22, 2006.

59 二〇一一年，國防部長蓋茨告訴中國領導人胡錦濤，北韓不再只是東亞區域性問題，正在「變成對美國的直接威脅」。Litwak, Outlier States, p. 153.關於北韓對南韓的威脅，見Robert E. Kelly, "Will South Korea Have to Bomb the North, Eventually?" The Diplomat, March 6, 2015, http://thediplomat.com/2015/5/03/will-south-korea-have-to-bomb-the-north-eventually.

60 Matthew Kroenig, A Time to Attack: The Looming Iranian Nuclear Threat, New York: Palgrave Macmillan, 2014, pp. 10–12.

61 Ibid., pp. 15–16.

62 Litwak, Outlier States, p. 167.

63 Kroenig, op. cit., p. 208.

64 Litwak, Regime Change, p. 225.

65 Ibid., pp. 213–214, 215.

66 Michael Doran, "Obama's Secret Iran Strategy," Mosaic, February 2, 2015, http:/ mosaicmagaine.com/ essay/ 2015/ 15/ 02/ obamas- secret- iran- strategy.

67 「由於能力不足，破壞和制裁，〔伊朗的核武計畫〕進度已經落後十年以上。」Sanger, op. cit., p. 141.

68 Kroenig, op. cit., p. 118.

69 「到二〇一三年夏天，伊朗石油出口已減少三分之二……伊朗貨幣里亞爾也崩盤，貶值約一半。」Kroenig, op. cit., p. 76.另參見Robert Litwak, "Iran's Nuclear Chess: Calculating America's Moves," Washington, DC: The Woodrow Wilson Center Middle East Program, July, 2014, pp. 44–45 and Sanger, op. cit., p. 148.

70 Litwak, "Iran's Nuclear Chess," p. 31對「聯合行動計畫」（Joint Plan of Action）有摘要介紹。二〇一五年七月，美國和聯合國安全理事會另四個常任理事國，以及德國，所謂的「五常加一」（P5+1），與伊朗政府就伊朗的核計畫達成協議。

71 Kroenig, op. cit., pp. 20–22, 28.

72 美國政府也反對「再處理」（reprocessing）鈽的設施，這是製造核彈的另一途徑。「當美國的盟友台灣和南韓在一九七〇年代末期開始再處理計畫時，美國即威脅說，若再繼續下去，美國就撤銷安全保障，兩國屈服。有位台灣科學家說：『美國人再堅持下去，我們台灣連教物理學都不能教了。』」Matthew Kroenig, "Why Is Obama Abandoning 70 Years of U.S. Nonproliferation Policy?" Tablet, June 15, 2015, www.tabletmag.com/jewish-news-and-politics-191479.

73 見p. 297.

74 Kroenig, A Time to Attack, pp. 99–100; Litwak, "Iran's Nuclear Chess," p. 81.

75 Sanger, op. cit., p. 160.美國聯邦參議院表達心照不宣、間接的支持。「二〇一三年五月，聯邦參議院以九十九票對零票通過決議，宣布『美國的政策是防止伊朗取得核武能力，並採取可能必要的行動執行此一政策。』」Kroenig, A Time to Attack, p. 108.

76 Michael B. Oren, Ally: My Journey Across the American- Israeli Divide, New York: Random House, 2015, p. 187.

77 Kroenig, A Time to Attack, pp. 133–134.

78 Ibid., p. 119; Sanger, op. cit., p. 119.

79 以色列被認為擁有核武力的潛水艇，它即使先遭到伊朗核攻擊，也有能力報復反擊。

80 Kroenig, A Time to Attack, pp. 141–143.

81 一九八〇年，中國國內生產毛額總值二千零二十億美元。到了二〇一四年，它已增長到超過七兆美元。Nina Hachigian, "Introduction" to Hachigian, editor, Debating China: U.S.- China Relations in Ten Conversations, New York: Oxford University Press, 2014, p. xiv.

82 即使美國領導人沒有有系統地表達，美國人普遍具有這套思想，見Michael Mandelbaum, The Ideas That Conquered the World, New York: Public Affairs, 2001, Part III and Michael Mandelbaum, Democracy's Good Name: The Rise and Risks of the

World's Most Popular Form of Government, New York: Public Affairs, 2007, chapters 3 and 4.

83 Dyer, op. cit., pp. 150–154.

84 Aaron Friedberg, A Contest for Supremacy: China, America, and the Struggle for Mastery in Asia, New York: W. W. Norton, 2011, pp. 134, 142.

85 Dyer, op. cit., p. 6.

86 Barry Naughton, "The Economic Relationship," in Hachigian, editor, op. cit., pp. 23–24.

87 Ibid., p. 24; Dyer, op. cit., p. 264.

88 Naughton, op. cit., pp. 25–26.

89 Robert Sutter, "China and America: The Great Divergence?" Orbis, 58:3 (Summer 2014) pp. 360–361.

90 中國持有美元的數量極大，有一項估計說超過兩兆美元，使得美、中經濟關係儼然是冷戰時期美、蘇核子關係的財經版，讓人相當不放心，可是又相當穩定。Dyer, op. cit., pp. 232–235.

91 「〔中國〕希望儘量少牽扯國外事務，除非這個交往能增強它的大國形象。如果涉及到它本身利益，它就會在國外活動，但不會為了大家的共同利益而做。」"What China wants," The Economist, August 23, 2014, p. 46.

92 Dyer, op. cit., pp. 244–245.

93 Sutter, op. cit., p. 361.

94 Dyer, op. cit., p. 236.

95 Ibid., p. 12.

96 Michael Mandelbaum, The Fate of Nations: The Search for National Security in the Nineteenth and Twentieth Centuries, New York: Cambridge University Press, 1988, pp. 243–248.

97 「四個現代化」是周恩來總理一九六三年最先提出，但是鄧小平把它們當做共產黨一九七八年改革計畫的中心。第四個現代化就是科技現代化。

98 「即使依通貨膨脹做了調整，中國過去二十年的官方軍事開銷每年增加約百分之十一。我和中國之外絕大多數分析家都相信，官方預算數字並不完整。詳盡的非政府分析認為，真正的支出超過中國官方數字百分之四十至百分之七十。」Christopher P. Twomey, "Military Developments," in Hachigian, editor, op. cit., p. 153.

99 中國在那個世紀的「寶船艦隊」遠征，因明朝皇帝諭令而終止，爾後再也沒有恢復。Dyer, op. cit., pp. 75–76.

100 兩岸關係事實上在後冷戰時期的後期階段已有改善，因為馬英九在二〇〇八年當選台灣的總統，他比前任陳水扁對共產黨政權較友善。馬英九在二〇一二年當選連任。

101 Twomey, op. cit., p. 156.或許不足為奇，中方對美國在其國境附近的軍事作業相當敏感。二〇〇一年三月三十一日，美方一架偵察機與中國一架軍機擦撞（過失應該是中國飛行員），必須緊急迫降海南島。中方要求美國發表聲明道歉，經過一番外交交涉，美方機組人員獲准回到美國。Baker, op. cit., pp. 99–100. See p. 198.

102 Robert D. Kaplan, Asia's Cauldron: The South China Sea and the End of a Stable Pacific, New York: Random House, 2014, p. 10.中譯本林添貴譯，《南中國海：下一世紀的亞洲是誰的？》（台北：麥田出版社，二〇一六年一月）。

103 二〇一〇年，在回應東南亞國家對中國國際行為的抱怨時，中國外交部長楊潔篪說：「中國是大國，其他國家是小國，這是事實。」Twomey, op. cit., p. 168.

104 Dyer, op. cit., pp. 27–29.

105 Ian Johnson（江憶恩），"The China Challenge," The New York Review of Books, May 8, 2014, p. 34.

106 Arthur Waldron（林蔚），"China's 'Peaceful Rise' Enters Turbulence," Orbis, Spring 2014, p. 165.

107 關於涉及到中國海權的其他類似事件，見Sanger, op. cit., p. 392, Waldron, op. cit., p. 177, and Dyer, op. cit., p. 91.〔譯按：二〇一四年五月中國海外石油公司「海洋石油九八一號」鑽油平台進入西沙海域作業，越南人民示威抗議轉為打砸外僑投資企業，受害最慘的卻是越南台商工廠。「海洋石油九八一號」於七月撤出，事件落幕。〕

108 "At the double," The Economist, March 15, 2014, p. 42.

109 Dyer, op. cit., pp. 84–85.

110 "The centenary delusion," The Economist, January 3, 2015, p. 30.

111 David Pilling, "China is stealing a strategic march on Washington," Financial Times, May 29, 2014, p. 9.

112 Dyer, op. cit., pp. 117–119.

113 印尼武裝部隊總司令在《華爾街日報》發表一篇大體上批評中國的文章，但是他提到：「印尼肯定不希望見到美國政策的演進，讓中國有理由懷疑要偷偷摸摸成立同盟，從軍事上包圍中國。」Moeldoko, "China's Dismaying New Claims in the South China Sea," The Wall Street Journal, April 25, 2014, p. A13.

114 澳大利亞總理陸克文（Kevin Rudd）說：「目標應該是把中國整合進國際社會，『同時準備部署兵力，以防事態有變』。」Dyer, op. cit., p. 100.

115 見Mandelbaum, The Road to Global Prosperity, pp. 156–168.

116 「……樂觀的一幕是，和平的中國與美國密切合作，這是華府一九七〇年代以來和中國來往的基礎，看來已經壽終正寢。」Waldron, op. cit., p. 178.

117 見pp. 18–23.

118 見pp. 56–60.

119 「一九九八年，一桶石油售價十五美元。到了二〇〇〇年，售價上升到三十二美元；經過三年的平穩後，它在二〇〇四年開始急升……到二〇〇八年已超過一百美元，是年八月達到將近每桶一百五十美元的巔峰。」Mandelbaum, The Road to Global Prosperity, pp. 140–141.

120 引自Angela Stent, The Limits of Partnership: U.S.- Russian Relations in the Twenty- first Century, Princeton, New Jersey: Princeton University Press, 2014, p. 62.

121 二〇〇二年北約組織通過東擴案。保加利亞、羅馬尼亞、斯洛伐克和斯洛文尼亞也加入。

122 普丁擔任總統的初期，表示俄羅斯有興趣加入北約組織，小布希政府和前任政府一樣，沒理睬他。Stent, op. cit., pp. 75–76.

123 關於烏克蘭，普丁說：「我們有共同的傳統、共同的心態、共同的歷史、共同的文化。我們……是一個民族。」引自 "Playing East against West," The Economist, November 23, 2013, p. 57.

124 Rajan Menon and Eugene Rumer, Conflict in Ukraine: The Unwinding of the Post- Cold War Order, Cambridge, Massachusetts: MIT Press, 2015, p. 1.

125 普丁本人七度到烏克蘭訪問，以示支持雅努科維奇。Stent, op. cit., p. 113.

126 俄羅斯人稱普丁時期政治制度的特色是「權力垂直化」（vertical of power）。Fiona Hill and Clifford Gaddy, Mr. Putin: Operative in the Kremlin, Washington, DC: Brookings Institution Press, 2013, p. 232.

127 普丁政府稱之為「主權民主」（sovereign democracy）。Stent, op. cit., pp. 142–143.

128 這是Karen Dawisha, Putin's Kleptocracy: Who Owns Russia? New York: Simon and Schuster, 2014一書的主題。

129 「俄羅斯在普丁時期賺進大把石油美元暴利：比起一九九九年，從二〇〇一年至二〇〇四年，每年平均多出三百三十五億美元；從二〇〇五年至二〇〇八年，每年平均多出二千二百三十六億美元；從二〇一一年至二〇一三年，每年平均多出三千九百四十億美元。」參見Vladislav Inozemtsev, "The Ruble's Wild Ride," The American Interest, December 19, 2014, www.the-american-interest.com/2014/12/19/the-rubles-wild-ride.

130 Dawisha, op. cit., p. 1.

131 關於石油國家，見Terry Lynn Karl, The Paradox of Plenty: Oil Booms and Petrostates, Berkeley, California: University of California Press, 1997 and Michael Ross, The Oil Curse: How Petroleum Wealth Shapes the Development of States, Princeton, New Jersey: Princeton University Press, 2013.

132 親信及扈從鋪天蓋地掌控政治和經濟網絡，使得政治學者稱呼俄羅斯為「新世襲國家」（neopatrimonial state）。Francis Fukuyama, Political Order and Political Decay: From the Industrial Revolution to the Globalization of Democracy, New York: Farrar, Straus, and Giroux, 2014, pp. 287–289.

133 Stent, op. cit., p. 161. See also chapter 3, p. 122.

134 引自Menon and Rumer, op. cit., p. 118.

135 烏克蘭人本身對是否該加入北約組織，意見分歧。Ibid., p. 152.

136 Ibid., p. 72.

137 引自Stent, op. cit., p. 147.

138 米海爾．沙卡什維利曾經留學美國，俄羅斯人認為他親美。

139 「二〇〇九年九月，歐盟發表一份三大冊、一千五百頁的報告《喬治亞衝突事件國際獨立真相調查委員會報告》（Independent International Fact- Finding Mission on the Conflict in Georgia）。它認為雙方都有過失。」Stent, op. cit., p. 172.

140 「……俄羅斯受到二〇〇八年全球金融危機的衝擊非常大。油價在六個月內跌到每桶三十五美元，股市同期市值跌了百分之七十五，貨幣準備從六千億美元跌到不足四百億美元。經濟成長率一年內由百分之七跌到百分之二至三。失業率攀高到百分之九……」Ibid., p. 183.

141 「根據詹氏資訊集團（IHS Jane's），俄羅斯的國防預算自從二〇〇七年以來，以名目貨幣計算，增加近一倍。光是今年一年就將增加百分之十八點四。」"Putin's new model army," The Economist, May 24, 2014, p. 47.

142 這些事件在Menon and Rumer, op. cit., pp. 53–81中有敘述。

143 以德國總理梅克爾二〇一四年十一月的話來說：「我們突然間面對一場可說是針對我們價值核心的衝突。我們不能容許這種踐踏國際法的舊式勢力範圍概念。」引自Gregory L. White and Anton Troianovski, "Putin's Year of Defiance, Miscalculation," The Wall Street Journal, December 18, 2014, p. A16.

144 "The end of the line," The Economist, November 23, 2014.

145 Menon and Rumer, op. cit., pp. 65–67.

146 Ibid., p. 122.

147 Ibid., pp. 82, 84; Dawisha, op. cit., p. 318.

148 Menon and Rumer, op. cit., p. 118.

149 普丁在二〇一四年十二月說：「問題不在克里米亞。我們是在保衛主權及生存權。」引自Ambrose Evans- Pritchard, “The week the dam broke in Russia and ended Putin’s dreams,” The Daily Telegraph (London), December 20, 2014, www.telegraph.co.uk/finance/economics/11305146/The-week-the-dam-broke-in-russia-and-ended-putins-dreams.

150 Menon and Rumer, op. cit., pp. 133–134.

151 Ibid., p. 25.

152 見Richard Milne, “Frontline Latvia starts to feel heat as Putin probes resolve of Baltic states,” Financial Times, October 9, 2014, p. 7, and Richard Milne and Neil Buckley, “Tensions on the frontier,” Financial Times, October 21, 2014, p. 8.

結論

1 「歐巴馬及他身邊最親近的人士，認為他的聲音、他的（非白人）臉孔、他的故事，可以幫忙引領世界人民走上更高的位置。」James Traub, “When Did Obama Give Up: Reading Between the Lines?” Foreign Policy, February 26, 2015, http://foreignpolicy.com/2015/02/26/when-did-obama-give-up-speeches/.

2 這是Michael Mandelbaum, The Ideas That Conquered the World: Peace, Democracy and Free Markets in the Twenty- first Century, New York: Public Affairs, 2002一書的主要論點。

3 Francis Fukuyama, Political Order and Political Decay: From the Industrial Revolution to the Globalization of Democracy, New York: Farrar, Straus, and Giroux, 2014, p. 399.

4 “A Conversation with Secretary of State Hillary Rodham Clinton,” The Council on Foreign Relations, September 8, 2010, http://www.cfr.org/world/conversation-us-secretary-state-hillary-rodham-clinton/p34808.

5 見Michael Mandelbaum, Democracy’s Good Name: The Rise and Risks of the World’s Most Popular Form of Government, New York: Public Affairs, 2007, chapter 4 and pp. 190–218.

6 這是Francis Fukuyama, The Origins of Political Order: From Prehuman Times to the French Revolution, New York: Farrar, Straus, and Giroux, 2011一書的主要論點。

7 或許「走上丹麥」之路最常見的特質是戰爭，不論它對鞏固現代體有什麼貢獻，它一向代價十分高昂。Ibid., p. 330.

8 十九世紀末期在明治維新之下，日本崛起成為現代國家，則是例外；但是在此之前，日本人老早就是團結一致的民族。

9 Niall Ferguson, Colossus: The Price of America's Empire, New York: Penguin Press, 2004的主題，就是比較早年的英國及日後的美國，尤其是pp. 9–10, 14–15, 25–26, and 222–226.另參見"Manifest destiny warmed up?" The Economist, September 16, 2003.

10 John Darwin, Unfinished Empire: The Global Expansion of Britain, New York: Bloomsbury Press, 2012, pp. xi, 20, 389.

11 Fukuyama, Political Development and Political Decay, pp. 299–308.

12 印度有過二十一個月之久的不民主治理時期，即一九七五年至一九七七年的「緊急時期」。

13 這個名詞由政治學者約瑟夫・奈伊（Joseph Nye）所創，見Bound to Lead: The Changing Nature of American Power, New York: Harper Collins, 1990.另參見Nye, Soft Power: The Means to Success in World Politics, New York: Public Affairs, 2004.

14 「通過絕大部分有紀錄的歷史，〔我們看到〕歷史改進的主要動力是，陌生人彼此接觸，造成兩方都重新考量、甚至改變他們熟悉的行為方式。」參見William McNeill, The Shape of European History, New York: Oxford University Press, 1974, pp. 42–43.

15 Mandelbaum, The Ideas, chapter 2.

16 伍迪・艾倫在影片中說明這則笑話對他的意義是：「我對人生基本上就是這樣一個想法。充滿了可憐、寂寞、苦難和不幸。」

17 這是Michael Mandelbaum, The Case for Goliath: How America Acts as the World's Government in the Twenty- first Century, New York: Public Affairs, 2006一書的主題。

18 見本書第三八六至三八八頁。

19 北約一個新盟國匈牙利雖然加盟，卻變得更不民主。見"Orban the Unstoppable," The Economist, September 27, 2014, and Rick Lyman and Alison Smale, "Defying Soviets, Then Pulling Hungary to Putin," The New York Times, November 8, 2014.

20 「如果蘇聯解體之後立刻接納俄羅斯為歐洲的一部分，北約組織或許已擴張納入俄羅斯，普丁在二〇〇〇年對此還懷抱相當大期望。此後在東歐發生的所有衝突，都是排除俄羅斯在歐洲同盟體系之外此一致命決定的結果，沒把她帶進諮商過程，反而另立一個與俄羅斯來往的軌道。如果俄羅斯被納入歐洲，整個烏克蘭的政治和文化衝突就可以避免，因為沒有什麼『文明選擇』了嘛！」Nicolai Petro, "How We Won the Cold War, but Lost the Peace," National Interest, September 4, 2014, http://nationalinterest.org/feature/how-we-won-the-cold-war-but-lost-the-peace.

21 「柯林頓總統支持北約不待聯合國安全理事會通過就轟炸塞爾維亞，以及北約東擴納入前華沙公約國家。這些舉動似乎違反美國不會藉蘇聯撤出東歐而占其便宜的諒解。一九九一年，民調顯示約百分之八十俄羅斯人對美國有好感。一九九九年，有反感的人數百分比恰是如此。」Jack F. Matlock Jr., "Who won the Cold War? And who will win now?" The Washington Post, March 16, 2014, p. B4.

22 除了俄羅斯和中國之外，上海合作組織二〇一四年其他會員國都是前蘇聯中亞地區加盟共和國，包括哈薩克、吉爾吉斯、塔吉克和烏茲別克。

23 「他們〔俄羅斯人〕對敘利亞沒有太大興趣，對於悽慘的人道狀況漠不關心。但是〔反阿薩德的〕叛軍大敗可視為勝過西方的甜蜜戰果。你現在可以聽到他們嗆聲了：『你還認為我們不重要嗎？』」Andrei Nekrasov, "Russia's motives in Syria are not all geopolitical," Financial Times, June 19, 2013, p. 9.

八旗國際 02

美國如何丟掉世界？
後冷戰時代美國外交政策的致命錯誤

作　　者　麥可・曼德爾邦（Michael Mandelbaum）
翻　　譯　林添貴
編　　輯　王家軒
助理編輯　柯雅云
校　　對　陳佩伶
封面設計　兒日設計

企　　劃　蔡慧華
總 編 輯　富　察
社　　長　郭重興
發行人兼出版總監　曾大福
出版發行　八旗文化／遠足文化事業股份有限公司
地　　址　新北市新店區民權路108-2號9樓
電　　話　02-22181417
傳　　真　02-86671065
客服專線　0800-221029
信　　箱　gusa0601@gmail.com
Facebook　facebook.com/gusapublishing
Blog　gusapublishing.blogspot.com
法律顧問　華洋法律事務所／蘇文生律師

印　　刷　前進彩藝有限公司
定　　價　580元
二版一刷　2020年（民109）10月
ISBN　978-986-5524-29-6

國家圖書館出版品預行編目（CIP）資料

美國如何丟掉世界？後冷戰時代美國外交政策的致命錯誤／麥可・曼德爾邦（Michael Mandelbaum）作；林添貴譯. -- 二版. -- 新北市：八旗文化出版：遠足文化發行, 民109.10
　面；　公分. --（八旗國際；2）
譯自：Mission failure : America and the world in the post-Cold War era
ISBN 978-986-5524-29-6（平裝）

1.美國外交政策　2.國際政治

578.52　　109013970